팰림시스트 위의 흔적들

식 민 지 조 선 문 학 과

해방기 민족문학의 지층들

지은이

오태영(吳台榮, Oh, Tae-Young)_ 전남 해남에서 나고 자라 상경하여 청소년기를 보냈다. 동국대학교 국어국문학과와 같은 학교 대학원에서 석사 및 박사과정을 마치고 「동아시아 지역주의와 조선 로컬리티」로 박사학위를 받았다. 동국대학교 다르마칼리지 강의초빙교수를 거쳐 현재 조교수로 재직하고 있다. 주요 논문으로 「식민지 말 전시총동원 체제와 조선문학」, 「해방 공간의 재편과 접경/연대의 상상력」, 「전후 남성성 회복과 여성 욕망의 금기」 등이 있고, 저·역서로는 『오이디푸스의 눈—식민지 조선문학과 동아시아의 지리적 상상』, 『아시아—태평양전쟁과 조선』(공역) 등이 있다. 제국-식민지 체제의 임계점인 '식민지 말' 한국 근대문학에 대해 지속적인 관심을 갖고 '방법으로서의 식민지문학'이라는 관점의 가능성을 모색하고 있다. 또한, 문학작품 · 여행기 · 지리지 등을 대상으로 체제에 의해 질서화되고 문법화된 이동의 형식들과 이동하는 주체의 욕망들, 그리고 그것들이 문화적으로 표상되는 과정에 나타난 인간의 지리적 상상에 대해 탐색하는 것을 통해 공간적 실천 행위의 주체로서 인간의 수행성에 관심을 갖고 공부하고 있다.

팰림시스트 위의 흔적들 식민지 조선문학과 해방기 민족문학의 지층들

초판인쇄 2018년 6월 1일 **초판발행** 2018년 6월 15일
지은이 오태영 **펴낸이** 박성모 **펴낸곳** 소명출판 **출판등록** 제13-522호
주소 06643 서울시 서초구 서초중앙로6길 15, 1층
전화 02-585-7840 **팩스** 02-585-7848 **전자우편** somyungbooks@daum.net **홈페이지** www.somyong.co.kr

값 38,000원
ISBN 979-11-5905-281-1 93810

팰림시스트 위의 흔적들

TRACES ON PALIMPSEST
Stratums of Korean Literature before and after the Liberation

오태영 지음

식민지 조선문학과 해방기 민족문학의 지층들

소명출판

책머리에

이광수는 1948년 출간한 『나의 고백』의 「서문」에서 식민지 말 자신의 친일 행위가 민족을 위한 것이었다고 썼다. 그는 통치 권력의 압제에 굴복하거나 신병 때문이 아닌, '민족을 위하는 일'로 여겨 제국-식민지 체제에 협력하는 길에 가담했음을 밝히고 있다. "나는 더 젊어서는 뜻이 커서 내가 능히 민족을 온통으로 건지리라고 생각하였었다. 적어도 인도의 간디를 기약한 것이 내가 서른 살에 상해에서 돌아올 때의 꿈이었다. 그러나 나는 점점 제가 몇 푼어치 못 되는 것을 깨달으매 큰 꿈은 글로 남기고 몸으로는 민족의 조그마한 이익을 구하는 데나 쓰리라는 생각을 하기 시작하였다. 비록 한 중생이라도 네 목숨을 던져 구할 수 있거든 다양하게 알라는 불교의 교훈이 내 마음에 맞았던 것이다. // 그럼으로 나는 내 이익을 위해서 친일 행동을 한 일은 없다. 벼슬이나 이권이나 내 몸의 안전을 위해서 한 일은 없다. 어리석은 나는 그것도 한 민족을 위하는 일로 알고 한 것이다." 그 자체로 한국 근대문학의 상징적 존재인 이광수가 근대 초기 민족을 이끈 지식인 문학자였다가 식민지 말 훼절해 소위 친일파의 대표적인 지식인 문학자가 되었던 것은 이미 익히 알려진 바이다. 그래서 이 『나의 고백』이라는 자기 서사self-narrative를 두고 자신의 친일적 행적이 민족을 위하는 길이라고 오판했다는 이광수의 변명에 지나지 않는다고 쉽게 치부할 수도 있을 것이다.

확실히 『무정』(1917)에서 이형식의 입을 빌려 무지하고 미개한 조선인들에게 과학적 지식을 보급하여 식민지 조선 문명화의 사명을 달성할 것을 역설했던 이광수와 「봄의 노래」(1941~1942)에서 제국 일본의 충직한 군인이 되어 천황을 위해 기꺼이 목숨을 바칠 것을 다짐하고 있던 식민지 조선인 청년 마키노 요시오를 그리고 있는 가야마 미츠로香山光郎 사이에는 건널 수 없는 간극이 있는 것처럼 보인다. 하지만 『나의 고백』이 비록 자기변호를 위한 변명으로 점철되어 있다고 하더라도, 그리고 그가 동아시아 제국-식민지 체제의 역사적 전개 과정에 대해 '어리석게도' 오인하고 있었다고 하더라도, 자신의 친일적 행위를 '민족을 위하는 일'이라고 명명한 것에 주목하자면, 마키노 요시오에게 이형식의 잔영殘影이 희미하게나마 드리워져 있다고 말하는 것은 그렇게 지나친 일이 아닐 것이다. 그리고 그렇다면 민족적 주체로서의 각성과 발전 과정을 서사화하고 있는 『무정』과 제국적 주체로서 자기 갱신의 과정을 서사화하고 있는 「봄의 노래」 사이에는 그렇게 큰 거리가 있는 것은 아닐지도 모른다. 민족주의자였다 변절한 친일파 지식인 문학자로서 이광수를 나누어 평가하는 것은 그 자체로 온당하지만, 적어도 이광수에게 있어서 『무정』과 「봄의 노래」의 서사를 추동하는 동력은 결코 다르지 않은 것이었다.

여기에서 소위 이광수의 친일적 행적이나 그의 '친일문학'을 변호하고자 하는 것은 아니다. 다만, 그것이 갑작스럽게 돌출된 것이 아니라 근대문학의 역사적 전개 과정 속에서 발생한 것이라는 점을 말하고 싶을 뿐이다. 좀 더 정확하게 말하자면, 전시총동원 체제기 제국-식민지 체제의 질서와 문법이 그러한 문학을 낳은 것인데, 거기에는 이전 시기의 문학의 흔적들이 비록 흐릿하게나마 남아 있다. 근대 이후 한국인들의 삶의 조건들을 재편했던 역사적 사건들이 발생했다는 점을 고려했을 때, 우리는 자연스럽게 그 사건을 임계점으로 그 이전과 이후를 단절적 관점에서 바라보고 이해하게 마련이다. 해방이라는 사건을 기점으로 제국-식민지 체제기와 탈식민-냉전 체제(형성)기를 구분해 사고하는 것이 이를 단적으로 보여준다. 하지만 사건 이후는 사건 이전으로부터 결코 자유롭지 못하며, 사건 이전의 흔적들은 어떤 형태로든 사건 이후에도 지속된다. 따라서 가야마 미츠로에게서 이광수의 흔적들이 발견되는 것은 그리 놀라운 일이 아니다. 이광수와 가야마 미츠로는 다르면서 같은 존재라는 이중의 모순된 위상을 갖는다. 식민지 말 제국 일본의 식민지 지방문학으로서의 조선문학과 해방기 민족문학으로서의 조선문학 또한 이러한 관점에서 이해할 수는 없는 것일까? 해방이라는 사건을 기점으로 변화된 체제의 질서와 문법이 식민지 조선문학과 해방기 민족문학을 가로지르고 있다면, 우리는 그것을 단절이나 연속의 관점이 아닌, 둘이면서 하나로 볼 필요도 있을 것이다. 이 책의 제목을 양피지 위의 글자들이 겹쳐 보이는 '팰림시스트 위의 흔적들'로 삼은 것은 한국 근대문학의 역사적 전개 과정 속에서 식민지 조선문학과 해방기 민족문학이 중첩되고 덧씌어진 상태를 염두에 뒀기 때문이다.

이 책에 실린 14편의 글들은 2007년부터 2017년까지 학술지에 발표한 연구논문들을 모은 것이다. 그래서 이 책의 곳곳에는 대학원 재학 이후 내 공부의 편린들이, 이 책의 제목을 빌려 말하자면 내 문학 공부의 과정들이 팰림시스트 위의 흔적들처럼 고스란히 드러나 있다. 하지만 그 흔적들은 자기 변혁과 갱신의 결과라기보다는 그때그때의 고민의 순간들이 그저 담겨 있을 뿐이다. 해서 책으로 엮기 위해 모아놓고 다시 읽어보니 역시나 부끄러울 따름이다. 그리고 어쩌면 이 부끄러움으로부터 영영 벗어날 수 없을지도 모를 노릇이다.

이 글들을 쓰는 사이에 나는 식민지 말 지식인·문학자들의 동아시아 지역에 관한 공간 인식과 경계 감각을 논의한 박사논문을 제출하고 그와 관련된 몇몇 글들을 모아 『오이디푸스의 눈』(소명출판, 2016)을 출간했다. 그러다 보니 자연스럽게 『오이디푸스의 눈』과 이 책의 논의 내용은 일정 부분 겹치기도 하고, 여기저기에서 유사한 문제의식이 반복되기도 한다. 특히 제2장 「식민지 문학자와 이동의 정치학」 중 3, 4절의 논의 내용은 『오이디푸스의 눈』에 산재된 논의 내용을 거의 그대로 가져온 것이다. 자기 복제의 혐의가 있지만, 동아시아 지역에 관한 공간 인식과 경계 감각을 논의한 기존의 글 중에서 식민지 말 조선인 문학자의 이동의 정치성을 살펴보는 데 도움이 된다고 여겨진 부분을 맥락을 달리해 구성하였다. 그럼에도 공부하는 사람으로서 스스로의 틀에 너무 갇혀 있는 것은 아닌지 자못 걱정스럽다. 또한, 기왕에 연구논문들을 모으기로 한 바에야 단행본의 형식과 체제에 맞게 원고를 수정했어야 함에도 불구하고, 몇몇 표현을 가다듬는 수준에서 그냥 둘 수밖에 없었다. 10년여의 시간이 지났다고 해서 기존의 논의를 수정·보완해 새로운 논의를 이끌어낼 수 있을 만큼 내 공부가 깊어진 것도 아니고, 문학에 대한 내 관점이 냉철해진 것도 아니어서, 잘 고칠 수 없다면 그대로 두는 것 또한 그 나름의 의미가 있는 것은 아닐까 스스로 위안을 삼아 본다.

식민지 말 전시총동원 체제기에서 한국전쟁 발발 이전까지의 한국문학과 문화를 대상으로 하고 있는 이 책은 총 3부로 구성되어 있다. 보론 성격의 제3부를 제외하면, 제1부와 제2부가 전체 논의를 구성하고 있는데 해방이라는 역사적 사건을 기준으로 장을 나누었다. 무엇보다 그것은 제국-식민지 체제의 임계점인 식민지 말 전시총동원 체제와 해방이라는 사건 이후 민족국가 건설 과정에 조응해 근대 한국인의 삶의 조건들이 재편되고, 사회 구조가 변동되었으며, 문화 생산의 동력이 재구축되어가는 가운데 한국 근대문학의 위상과 역할 역시 재정립되었다는 점을 염두에 뒀기 때문이다. 하지만 그것은 이 책의 제목처럼 해방을 분기점으로 해서 명확히 나뉘는 것이 아니라, 양피지 위에 여러 겹으로 쌓인 글자들처럼 그 흔적들을 남기고 있는 것이다.

제1부 「식민지 말 조선문학과 제국적 질서의 전유」에서는 제국-식민지 체제의 임계점인 식민지 말 전시총동원 체제하 식민지 조선, 조선인, 조선문학의 위상 변동 과정에 주목하였다. 그리하여 먼저 제국-식민지 체제하 식민지 청년과 문학자가 제국의 통치 권역으로 이동하는 공간적 실천 행위가 갖는 의미와 함께 이동의 형식과 조건, 그리고 문법에 대해 고찰하는 한편, 제국의 지방문학으로서 전쟁에 동원된 조선문학이 어떻게 체제의 질서와 문법을 전유해 자신의 위상을 재정립해가는 가운데 균열과 공백이 발생하고 있는지에 대해 살펴보았다. 또한, 식민지 말 이중언어적 위계 질서 속에서 언어적 예외상태에 놓인 식민지 조선인들의 삶의 조건들에 대해 대중 미디어를 통해 그 단면을 확인

하였다. 특히 제1부에서는 식민지 조선, 조선인, 조선문학이 제국-식민지 체제에 의해 배제되면서 포섭되는 과정 속에서 어떻게 제국의 주위를 배회하면서 끊임없이 그 경계를 위협하는 식민지 아브젝트들로 기능하고 있는지, 추방된 것들의 움직임과 목소리에 주목하고 싶었다.

제2부 「해방 조선의 민족문학과 국가 이데올로기의 자장」에서는 해방이라는 역사적 사건 이후 탈식민-냉전 체제 형성기 민족국가 건설의 기치 속에서 생산된 서사들의 의미를 주로 살펴보았다. 그리하여 해방기 민족 담론의 창궐 속에서 인민대중이 호명된 양상을 시작으로 하여 기억서사, 귀환서사, 가난서사, 남성서사 등 해방기 다채로운 서사들의 이데올로기적 효과를 논의하는 한편, 해방 조선의 지정학적 재정위 과정에 대해 고찰하였다. 제2부에서는 무엇보다 해방이라는 사건이 촉발한 민족담론의 광범위한 확산과 그에 대한 당대 서사의 응수에 주목하고자 하였다. 이에 따라 기억과 망각의 변증법 속에서 과거 식민지 체험을 서사화하면서 탈식민화의 움직임을 보이거나, 해방 조선의 민족이 되기 위한 지리적·심리적 귀환 과정에서 어떤 제의ritual를 수행해야만 하거나, 국가 부재의 상태 속에서 빈자들의 척박한 삶이 서사화되면서 민족국가를 상상하고 그 정당성을 추인하게 하거나, 식민지시기 상실된 남성성을 회복하기 위한 남성서사가 어떻게 젠더 정치의 맥락에서 여성을 대상화하면서 맨스플레인의 양상을 보이고 있는지 밝혔다. 이는 한편으로 해방기의 정치 · 경제적 혼돈, 그리고 그러한 혼돈 속에서의 새로운 가능성이 민족, 국가, 민족문학이라는 자장 속에서 통합되고 균질화된 데 대한 어설프지만 나름의 비판을 가하기 위한 것이었다.

제3부 「보론—논단과 현장」에서는 풍속-문화론적 연구와 문학 연구

의 차이점에 대해 논의하는 한편, 두 편의 서평 형식의 글을 실었다. 먼저 2000년대 이후 한국 근대문학의 위상 변동에 대한 인식이 문학 연구에 가져온 변화 중 하나인 문화론적 연구, 특히 풍속-문화론적 연구가 문학(의 언어)이 갖는 위반과 전복의 상상력을 무시하거나 폄훼하고 있는 것에 대한 반론을 통해 문학 연구 나름의 가치와 의미를 밝히고자 했다. 무엇보다 이는 문학을 공부하는 사람으로서 왜 다른 어떤 것이 아닌 문학이어야 하는지에 대한 내 나름의 답을 찾아가는 과정의 산물이라고 할 수 있다. 이어 차승기의 『비상시의 문/법』과 정종현의 『제국의 기억과 전유』에 대한 서평 형식의 글을 실었는데, 각각 제1부와 제2부의 문제의식에 닿아 있는 것으로, 식민지 말 조선문학 및 해방 조선의 민족문학에 대한 두 논자들의 논의에 깊이 공명하는 가운데 씌어졌다. 차승기의 논의를 통해 제국-식민지 체제가 어떻게 단일한 체제 속에 함께 연루되어 있으면서 차별적 구조를 재생산하고 있는지를, 그리고 정종현의 논의를 통해 1940년대 문학이 암흑기와 해방기로 단절되지 않고 연속되고 있는지를 확인할 수 있었다. 특별히 내 공부의 출발점에서부터 지금까지 지속적으로 영감을 주고 있는 두 분 선생님의 책에 대한 서평을 실을 수 있어 다행이다.

레이먼드 윌리엄스Raymond Williams는 우리는 '장구한 혁명'의 과정 속에 살고 있으며, 그것을 극명하게 묘사하는 것만이 일부분이나마 해석할 수 있는 길이라고 하였다. 그에 의하면, 인간과 제도를 변형시키는 진정한 혁명은 수백만의 사람이 활동함으로써 확장되고 심화되는 혁명이자, 동시에 공공연한 반동, 관습적인 형식과 사상의 압력에 의해 다양한 방식으로 지속적으로 저지되기도 하는 혁명이다. 이 자기모순적이고 불균등한 움직임은 그 자체로 인간을 닮아 있을 뿐만 아니라 장구한 시간 동안 진행되는 탓에 때때로 우리로 하여금 길을 잃게 만든다. 고백하건대 나 역시 어느 곳으로 가야 할지 길을 잃을 때가 많았다. 하지만 다행스럽게도 그때마다 문학 공부의 길에 들어서게 한 황종연 선생님의 가르침을 받으면서 스스로의 길을 되묻고 여기까지 올 수 있었다. 감사드리고 또 감사드린다. 어리석은 제자의 이 책이 조금이나마 감사의 마음을 대신할 수 있었으면 한다. 또한 박광현 선생님께서는 당신이 주관하시는 다양한 연구 활동에 함께할 수 있는 기회를 마련해주시면서 내 좁은 시야를 비판적으로 성찰할 수 있게 지도해주셨다. 여전히 나는 학문적으로 편협한 사람이라는 것을 자인하지 않을 수 없지만, 선생님 덕분에 그 편협함을 벗어나려고 노력하는 중이다. 감사드린다.

책 출간을 준비하면서 위의 두 분 외에도 그동안 공부하는 데 여러모로 도움을 주셨던 분들이나 함께 문학과 삶에 대해 얘기했던 분들을 떠올려보았는데, 그 끝을 가늠하기가 곤란했다. 내 인간관계의 폭이 넓어서가 아니라, 나 역시 망각의 동물이기 때문이었다. 무심결에 스쳐 보내고 잊고 있었다. 멀리 그 어딘가에서 너그러운 마음으로 이해해주시리라 믿는다. 여기에 일일이 감사의 마음을 밝히지 못하는 것 또한 혜량해주시길 바란다. 아울러 첫 번째 책에 이어 또 다시 소명출판의 따뜻한 후의를 받게 되었다. 책 출간을 결정해주신 박성모 대표님과 긴 시간 동안 난삽한 원고를 다듬어 멋진 책을 만들어주신 편집부 선생님들께 머리 숙여 감사드린다.

비록 더디지만 내 삶의 혁명은 여전히 진행 중인데, 그러한 과정 속에서 그 누구보다 김혜인을 만나 함께하고 있어 내가 어떤 길을 걸어가고 있는지 망각하지 않을 수 있게 되었다. 여전히 나와의 삶으로 인해 많은 것들을 포기하고 희생하고 있는 그녀가 지속적으로 나에게 남다른 위로와 격려를 주고 있다는 것을 말하고 싶다(오래 전 이 책의 제목과 관련된 아이디어를 그녀로부터 얻었다). 물론 친구이자 연인이고, 동료이자 남편으로서 나는 그녀의 삶에서 어쩌면 '의미 없는 사건'에 지나지 않을지도 모르겠지만, 내 삶의 혁명이 어떤 식으로든 그녀 삶의 혁명과 닿아 있기를 바란다. 그리고 바로 그 우리들 사이에 첫째 아이 도헌到憲과 둘째 아이 라헌羅憲이라는 두 개의 사건이 놓여 있다. 도헌이 태어난 지 얼마 되지 않아 첫 책 『오이디푸스의 눈』의 서문에서 내 아이와 우리의 아이들이 살아갈 세상이 조금이나마 나아졌으면 하는 바람에서 그러한 세상을 만드는 데 미약하나마 도움이 되는 사람이었으면 했는데, 그 사이 둘째 아이가 태어나는 동안 나는 무엇을 했는지, 그저 아비가 되어가는 것만으로도 힘겨워하고 있었던 것은 아닌지, 되묻지 않을 수 없다. 그럼에도 도헌과 라헌을 포함한 우리의 아이들 앞의 세상은 사람이 사람답게 살 수 있는 세상이었으면 하는 바람을 다시금 가져본다. 그리고 그 속에서 두 아이가 자신들의 이름처럼, '세상의 이치를 깨닫는 삶'을 살아가기를 염원해본다.

문득 오래 전 그날 막연하게 문학을 동경했던 그때, 우연히 접했던 백석白石의 「흰 바람벽이 있어」(1941)의 시구가 다시 떠오른다. 어쩌면, 의미도 알지 못하면서 그 시구를 삶의 방향으로 정했던 그때가 내 삶에 있어서 중대한 사건은 아니었을지, 시적 화자가 바람벽에 지나가는 이 글자들을 마주했던 때처럼. “나는 이 세상에서 가난하고 외롭고 높고 쓸쓸하니 살어가도록 태어났다. / 그리고 이 세상을 살어가는데 / 내 가슴은 너무도 많이 뜨거운 것으로 호젓한 것으로 사랑으로 슬픔으로 가득찬다.”

2018년 5월

다시, 남산 밑자락에서

오태영

차례

제3부 보론—논단과 현장

제1부

식민지 말 조선문학과 제국적 질서의 전유

제1장

식민지 청년의 이동과 성장의 임계

이태준의 『사상의 월야』와 우줘류의 『아시아의 고아』 비교연구

1. 동아시아 비교문학 연구의 관점

21세기 한국문학 연구의 흐름을, 그것을 소위 '흐름'이라고 부를 수 있을지도 의심스럽지만, 규정하는 것은 어려운 일이다. 하지만 그럼에도 불구하고 21세기 한국문학 연구의 흐름을 특징짓는 핵심에는 근대문학으로서의 한국문학에 대한 회의와 의심이 전제되어 있다. 즉, 근대문학으로서의 한국문학을 탈신비화하는 관점이 그러한 연구의 주된 흐름을 이끌고 있다고 해도 과언이 아니다. 문자 미디어의 쇠퇴와 국민국가의 구심력 약화, 근대적 자아에 대한 회의 등 근대문학의 역사적 조건들이 붕괴되었다는 믿음이 21세기 한국문학의 개념과 범주, 한국문학에 대한 인식, 한국문학이라는 장치와 그것을 둘러싼 제도, 한국문학을 구

성하는 담론 등이 이전 시기와 다르다는 것의 증거로 제시된다. 21세기 한국문학 연구는 그런 점에서 '문학 이후의 문학'과 무관한 것은 아니다. 물론 문학 이후의 문학을 모색하는 지난함보다는 문학의 파탄을 승인하는 편리함을 택하는 것이 손쉬운 방편이기도 하다. 하지만 그렇다고 해서 근대문학으로서의 한국문학이 문학 연구의 무대에서 퇴출된 것은 아니다. 아니 오히려 그것은 지속적으로 다양한 관점과 방법론에 의해 새롭게 조명되고 있다.

사실 한국 근대문학에 관한 연구가 다양한 관점과 방법론에 의해 이루어지고 있다는 지적은 새삼스러운 말이다. 다만 이 글에서는 그 대표적인 성과 중 하나로 동아시아 문학과 문화에 대한 학문적 관심을 촉발시켰다는 점을 거론하고 싶다. 소위 자국문학으로서의 근대문학에 대한 관심과 탐구가 동아시아 문화 권역으로 확장되었던 셈인데, 무엇보다 그것은 한국 근대문학의 성격을 제대로 이해하기 위해서는 그것의 형성에 개입한 통국가간transnational 장르, 관념, 실천, 제도 등에 유념해야 한다는 인식으로부터 촉발된 것이었다.[1] 또한, 20세기 전반 제국-식민지 체제기를 단일하고 통합된 국가와 문화 권역의 경계 내부에서 이해하는 것이 초래할 수 있는 오해와 논리의 허약함으로부터 벗어나기 위한 방편이기도 하였다. 세계 체제와 동아시아 지역 질서의 변동에 조응해 근대 한국의 위상이 바뀌고, 한국 근대문화의 발생과 변천 역시 그러한 과정 속에서 다층적으로 이루어졌다는 것은 상식에 속한다. 일

1 황종연, 「노블, 청년, 제국－한국 근대소설의 통국가간(通國家間) 시작」, 『탕아를 위한 비평』, 문학동네, 2012, 388쪽. 물론 황종연은 한국 근대소설의 근대적 성격을 이해하기 위해 통국가간 장르, 관념, 실천, 제도에 유념해야 할 필요성을 제기한 것이다.

국사적인 편협한 시야를 교정하기 위해서라도 동아시아라는 보다 확장된 영토로 시선을 돌릴 것을 요청받았고, 이에 부응해 다양한 학문적 성과가 축적되어 소위 '동아시아론'의 한 축을 형성하기도 하였다.

1990년대 이후 동아시아론은 문화적 관점에서 동아시아 경제발전을 설명하는 아시아적 가치론과 유교자본주의론, 유교와 민주주의의 조화를 모색하는 유교민주주의론, 동아시아 경제협력과 지역공동체 창출을 모색하는 동아시아 공동체론 등 다양한 형태를 띠었다. 그런 점에서 동아시아론은 한국사회의 주류담론이었던 민족담론과 통일담론에 비견될 만한 새로운 지적 공론으로서 담론권력을 얻고 있었다고 할 수 있다.[2] 1990년대 초 국내 민주화의 진전과 세계적 탈냉전의 흐름에 따라 새로운 이념을 모색하는 과정에서 동아시아를 발견하고 그곳에서 새로운 이념과 문명적 가능성을 찾고자 했던 것이 인문학 분야의 동아시아론이었다면, 아시아 지역이 경제위기를 겪고 1997년 'ASEAN+3' 체제가 출현한 뒤 정치 · 경제 영역에서 국가 간 협력체를 구축하는 방안을 모색했던 것이 사회학 분야의 동아시아론이었다. 백영서는 이러한 도식적 설명에 이어 '근대적응과 근대극복의 이중과제론'을 동아시아론과 연결하고자 하면서, 그것이 세계사적 근대에 대한 냉정한 인식과 분단 체제 극복이라는 실천적 지향이 결합된 것이라고 하였다.[3] 그러면서 자신의 동아시아론의 핵심적인 한 요소인 '이중적 주변의 시각'을 다케우치 요시미竹內好가 근대극복을 위해 '저항하는 아시아'를 탈중

2 장인성, 「한국의 동아시아론과 동아시아 정체성－'동아시아의 새로운 상상'과 '국제사회로서의 동아시아'」, 『세계정치』 제26집 2호, 서울대 국제문제연구소, 2005, 3~4쪽.

3 백영서, 『핵심현장에서 동아시아를 다시 묻다－공생사회를 위한 실천과제』, 창비, 2013, 60~62쪽.

심적 주체로 설정한 문제의식과 견주면서 다음과 같이 말한다. "단지 주변을 특권화하는 위험에서 벗어나기 위해 중심과 주변의 관계를 탈역사화하지 않고 역사적 맥락(특히 세계체제의 위계질서) 속에 위치시켜 근대세계를 총체적으로 다시 본다는 점, 그리고 이를 통해 근대적응과 근대극복의 이중과제를 감당하려 한다는 점에 차이가 있다."[4] '이중적 주변의 시각'을 핵심요소로 하는 동아시아론을 통해 근대 세계 체제를 총체적으로 재검토하고 나아가 근대적응과 근대극복의 이중과제를 수행할 수 있으리라는 가능성을 가늠하는 것은 뒤로 미루고, 여기에서 동아시아론이 근대 국민국가와 세계 체제에 대한 반성적 성찰로부터 촉발되었다는 점을 확인할 수 있다.

이런 점에서 동아시아 비교연구는 그 자체로 새로운 것은 아니지만 유력한 연구방법론으로 활용되어왔다. 특히, 근대 국민국가/세계 체제라는 로컬local/글로벌global 사이의 역학 관계를 염두에 둔 비교연구에서 그 사이의 매개로서의 동아시아라는 리저널regional은 담론적·실천적 지평으로 중요한 방법론을 구성케 했다. 동아시아 비교문학 연구 또한 이러한 관점의 산물이었다. 채지원이 거칠게 정리한 바에 의하면, 동아시아 문학에 관한 '전통적'인 비교문학 연구는 고대에서부터 현대에 이르기까지 한중일 삼국 간의 전파와 수용 관계에 초점을 맞추고 있는데, 이는 제국주의적 관점이라는 비판에 직면하기도 하였다. 그리하여 비교적 최근에는 근대라는 특정 시기를 대상으로 한중일 삼국의 근대가 서구의 근대와 어떻게 변별되는지를 구명하는 데 연구의 주안점

4 위의 책, 67쪽.

을 두었고, 이는 보편으로서의 서구 근대와 특수로서의 동아시아의 근대가 같으면서 다르다는 관점에 근거한 것이었다.[5] 한편, 이른바 보편적 문학가치의 실현이 동아시아 문학이라는 주변부적 맥락에서 어떻게 가능하고, 거기에 비교문학적 관점이 어떻게 기여할 수 있는가, 나아가 동아시아 공동의 문학을 어떻게 상상할 수 있는가에 대한 탐색이 이루어졌다. 특히 서구 중심의 비교문학이 세계문학이라는 보편적 지평 위에 비서구문학을 포획해왔던 것에 대응해 끝없는 자기 부정과 저항, 그리고 타자화의 과정 위에서 새로운 보편적 가치를 제시하는 것을 동아시아 문학의 목표로 설정하고, 동아시아 문학을 비교문학의 관점에서 다시금 해석하고 구성하기 위한 학문적 모색의 필요성이 제기되기도 하였다.[6] 여기에서 동아시아 비교문학 연구의 전모를 확인할 수는 없지만, 서양/동양, 세계 체제/국민(민족)국가 사이의 근대문학의 단선적 전파와 수용의 관계에 나타난 서양 중심주의적 관점의 문제점을 극복하기 위해 비교문학적 관점에서 '동아시아 문학'을 새롭게 구축하기 위한 일련의 학문적 움직임을 보이고 있다는 것을 확인할 수 있다.

이 글에서는 기존 동아시아 비교문학 연구의 관점을 비판적으로 수용하면서, 이태준의 『사상의 월야』와 우줘류吳濁流의 『아시아의 고아亞細亞的孤兒』를 대상으로 논의를 전개하고자 한다.[7] 각각 식민지 조선과

5 채지원, 「동아시아 문학의 비교론적 고찰－근대 문학의 형성과 발전」, 『문예시학』 제28집, 문예시학회, 2013, 275~293쪽.

6 박상진, 「동아시아 문학은 어떻게 가능한가?－해석을 통한 보편적 문학가치의 지향」, 『세계문학비교연구』 제15집, 세계문학비교학회, 2006, 35쪽.

7 이태준의 『사상의 월야』는 1941년 3월부터 7월까지 『매일신보』에 연재되었다가 뒷부분이 개작되어 1946년 을유문화사에서 단행본으로 발간되었다. 한편, 우줘류의 『아시아의 고아』는 1943년에 집필을 시작하여 1945년에 완성한 총 5편으로 구성된 장편소설로,

타이완 청년의 이동과 성장의 과정을 서사화하고 있는 이 두 작품을 비교문학적 관점에서 고찰하는 것은 무엇보다 제국-식민지 체제기 식민지인의 자기 구축의 논리와 존재 방식을 구명하기 위해서이다. 특히 기존의 관련 논의가 지배/피지배의 이분법적 구도 속에서 식민자와 피식민자의 관계에만 주목함으로써 20세기 전반 동아시아 권역을 법역화法域化하고 있었던 제국-식민지 체제의 통치성을 단순화했다는 문제점으로부터 벗어나기 위해서이다. 즉, 식민지 조선인의 삶의 조건과 존재 방식을 제국 일본에 수렴시키거나, 마찬가지의 방식으로 식민지 타이완인의 그것을 제국 일본에 수렴시키는 일반론적 오류로부터 벗어나고자 한다. 이를 위해 그간 주목받지 못했던 타이완문학을 '식민지문학'이라는 틀 속에서 조선문학과 겹쳐 읽고자 하는 것이다. 식민지 사회구조의 변동과 문화 생산, 식민지인의 자기 정체성 구축 과정은 대체로 제국적 질서 아래 구획된 것으로 이해되어왔는데, 그런 만큼 그것은 결국 제국의 심연으로 회수되어버리기 일쑤였다. 하지만 식민지 사회와 문화, 식민지인의 존재 조건과 방식은 제국적 질서 아래 균질화되지 않고, 동화와 이화, 포섭과 배제, 편집과 분열 등 유동적인 상태에 놓여 있었다는 것은 이미 여러 연구가 밝힌 바이다. 또한, 제국적 질서의 권역 아래 놓여 있다고 하더라도 각 식민지 나름의 차이를 보인다. 따라서 식민지문학으로서 조선문학을 이해하기 위해서 제국-식민지 체제

원제목은 『후즈밍(胡志明)』이었는데 일본에서 출판되면서 『아시아의 고아』로 제목이 변경되었다. 『후즈밍』은 일본어로 쓰였고, 1946년 타이완에서 가장 먼저 일본어로 한 편씩 차례로 출판되었다.(이에 대해서는 신민영, 「우줘류(吳濁流)의 장편소설 『아시아의 고아(アジアの孤兒)』에서 드러나는 식민지인의 정체성 연구」, 『인문논총』 제71권 2호, 서울대 인문학연구원, 2014, 213쪽)

라는 어떤 고유한 질서를 상정했을 때, 제국 일본과 식민지 조선 사이의 단선적 관계뿐만 아니라 제국 일본의 권역 내 여타 식민지와 다중적 관계를 고려할 필요가 있다. 특히 타이완은 서양 제국주의 세력의 반半식민지였던 중국이나 제국 일본의 괴뢰정부인 만주국과 달리 본격적인 제국 일본의 식민지 실험실이었고, 그러한 실험이 한편으로는 식민지 조선을 염두에 둔 것이었다는 점에서 식민지 조선 사회와 문화를 이해하는 데 있어 흥미로운 비교 거울이 될 수 있을 것이다.[8]

8 이와 관련해 식민지 근대화 교육을 대상으로 하여 제국 일본과 동아시아의 각 식민지 통치기구 사이의 정책 담론의 관련성을 문화통합의 관점에서 논의한 고마고메 다케시, 오성철·이명실·권경희 역, 『식민지제국 일본의 문화통합－조선·대만·만주·중국 점령지에서 식민지 교육』, 역사비평사, 2008을 대표적인 연구 성과로 들 수 있다. 이후 2010년대 한국의 인문사회분야 연구에서는 조선과 타이완을 비교 대상으로 삼아 식민지 정책과 제도에 관한 논의를 이어왔다. 대표적으로 식민지 통치모델, 구관조사, 경찰제도, 의료제도, 호주제, 화폐제도에 관한 논의와 역사편찬사업, 일본어교육 등에 관한 논의를 들 수 있다.(문명기, 「근대 일본 식민지 통치모델의 轉移와 그 의미－'臺灣모델'의 關東州·朝鮮에의 적용 시도와 변용」, 『중국근현대사연구』 제53집, 중국근현대사학회, 2012, 199~220쪽; 이승일, 「일제의 동아시아 구관조사와 식민지 법 제정 구상－대만과 조선의 구관 입법을 중심으로」, 『한국사연구』 제151호, 한국사연구회, 2010, 271~307쪽; 문명기, 「대만·조선의 '식민지근대'의 격차－경찰 부문의 비교를 통하여」, 『중국근현대사연구』 제59집, 중국근현대사학회, 2013, 66~99쪽; 문명기, 「식민지 '문명화'의 격차와 그 함의－의료 부문의 비교를 통해 보는 대만·조선의 '식민지근대'」, 『한국학연구』 제46집, 고려대 한국학연구소, 2013, 33~69쪽; 문명기, 「일제하 대만·조선 공의(公醫)제도 비교연구」, 『의사학』 제23권 2호, 대한의사학회, 2014, 157~202쪽; 이정선, 「식민지 조선·대만에서의 '家制度'의 정착 과정－'戶主·家族'과 '戶主相續' 개념을 중심으로」, 『한국문화』 제55집, 서울대 규장각 한국학연구원, 2011, 253~283쪽; 배성준, 「대만과 조선에서 '식민지 화폐영역'의 형성」, 『동양사학연구』 제121집, 동양사학회, 2012, 315~347쪽; 정상우, 「식민지에서의 제국 일본의 역사편찬사업－조선·대만을 중심으로」, 『한국사연구』 제160호, 한국사연구회, 2013, 143~181쪽; 장미경, 「'일본어교과서'로 본 植民地 교육－朝鮮 『普通學校國語讀本』과 臺灣 『公學校國民讀本』을 중심으로」, 『일본어문학』 제48집, 한국일본어문학회, 2011, 201~220쪽) 반면 문학 관련 논의는 매우 제한적으로 이루어지고 있는 실정으로, 근대 일본문단의 형성과 식민지문학 사이의 관련성을 고찰하거나 전시총동원 체제기 대동아문학자대회에 관한 논의, 한국과 타이완 문학작품에 나타난 '광복'의 기억에 관한 논의 등이 간헐적으로 이루어졌을 뿐이다.(김계자, 「근대 일본문단과 식민지문학자－김사량과 룽잉쭝을 중심으로」, 『아시아문화연구』 제22집,

또한, 이 글의 핵심적인 논의 대상인 이태준과 우줘류의 소설이 식민지 조선과 타이완 청년의 이동과 성장 과정을 서사화하고 있다는 점에 주목하여 서구 교양소설Bildungsroman을 하나의 비교 잣대로 삼아 논의를 전개하고자 한다. 프랑코 모레티에 의하면, 19세기 신분사회의 붕괴, 도시의 형성, 노동 구조의 재편 등 세대 간 연속성이 박탈되는 과정에서 새롭게 불안을 야기하는 자본주의의 힘에 의해 이동성mobility이 강요되었는데, 그것은 한편으로 예기치 않았던 희망을 줌으로써 그전보다 충만할 뿐만 아니라 항상 불안한 내면성interiority을 만들어내기도 하였다. 교육의 영향력 증대, 각 세대 내부의 결속력 강화, 자연과의 새로운 관계, 젊음의 '정신화spiritualization' 등 근대 젊음의 실제적 발전과정에 중요한 것들은 이동성과 내면성으로 요약되는 상징적 젊음에 자리를 내주었다. 그리고 그러한 젊음은 근대의 역동성과 불안정성을 강조한다. 바야흐로 근대의 '상징적 형식'으로서의 교양소설이 출현한 것이다. 그런데 내적인 불안성과 이동성이 소설 속의 젊음을 근대의 상징으로 만든다고 했을 때, 그것이 하나의 형식이 되기 위해서는 그 내재적으로 무한한 젊음의 역동성은 저지되어야만 한다. 근대의 정수를 배반해야만 근대가 재현될 수 있다는 역설이 여기에 있는 것이다. 역동성과 제한, 불안정성과 '종결의 느낌', 교양소설의 구조는 필연적으로 내

가천대 아시아문화연구소, 2011, 1~24쪽; 신지영, 「'대동아 문학자 대회'라는 문법, 그 변형과 잔여들」, 『한국문학연구』 제40집, 동국대 문화학술원 한국문학연구소, 2011, 33~87쪽; 김양수, 「한국과 타이완 문학 속 '광복(光復)'의 기억」, 『중어중문학』 제48집, 한국중어중문학회, 2011, 67~92쪽) 한편, 비교연구의 관점에서 전시총동원 체제기 식민지 조선과 타이완의 문화구조에 관한 논의를 통해 트랜스내셔널리티의 역사문화 연구의 가능성을 타진한 괄목할 만한 연구 성과로 한국-타이완 비교문화연구회, 『전쟁이라는 문턱—총력전하 한국-타이완의 문화 구조』, 그린비, 2010이 있어 주목된다.

재적인 모순적의 상태에 놓이게 된다.[9] 이처럼 교양소설을 근대의 상징적 형식으로서 규정할 수 있다면, 서구와 다르면서 같은 동아시아의 근대의 상징적 형식은 어디에서 찾을 수 있는가. 그리고 과연 식민지문학을 동아시아 근대의 상징적 형식으로 규정할 수 있는가. 이 글은 이러한 물음에 답하기 위한 하나의 모색이 될 수 있을 것이다.

2. 입신출세의 이동의 회로들

이태준의 『사상의 월야』와 우줘류의 『아시아의 고아』는 모두 식민지 청년의 자기 주조의 드라마이다. 그리고 이 드라마의 플롯을 추동하는 원동력은 다름 아닌 그들의 '이동movement'에 있다. 다시 말해 그들의 이동이라는 행위가 플롯을 구축하고 전개하고 있는 것이다. 이처럼 서사를 추동하는 힘이 초점화자의 행위에 있고, 그것이 이동의 양상으로 나타나는 것은 사실 특별한 것이 아니다. 시공간을 달리하는 인물들의 행위와 서사의 상관성에 관한 서사학의 몇몇 이론[10]만 살펴보아도 이는 상식에 속하고, 세르반테스의 『돈키호테』나 이광수의 『무정』 등 동서양 근대 장편소설의 서사 구조가 이미 그것을 증거한다. 그럼에도

9 프랑코 모레티, 성은애 역, 『세상의 이치－유럽 문화 속의 교양소설』, 문학동네, 2005, 27~31쪽.

10 대표적으로 H. 포터 애벗, 우찬제 외역, 『서사학 강의－이야기에 대한 모든 것』, 문학과지성사, 2010을 참고할 수 있다.

불구하고 이들의 이동은 알랭 바디우 식으로 표현하자면, 하나의 '사건'이다. 사건은 개인에게 새로운 존재 방식을 결정하도록 강요한다. 또한 사건에 충실하다는 것은 사건이 발생한 고유한 질서 속에서의 실질적 단절을 의미한다.[11] 따라서 이들 두 소설에 나타난 청년들의 이동을 사건으로 규정할 수 있다면, 그것은 이동이라는 고유한 질서에 의해 이동 전/후의 실질적 단절을 의미하는 것이자, 이동이라는 사건을 통한 새로운 존재 방식을 개인에게 요청한다. 물론 서사 전체에서 이들의 이동은 인과관계를 갖고 유기적으로 배치되어야 한다. 그래야만 이들의 이동이 곧 성장의 과정으로 서사화될 수 있기 때문이다. 성장은, 비록 그것이 달성되지 않더라도, 또한 실제로는 분절적이고 산포적인 것이라고 하더라도, 개인 내면으로부터 발아된 어떤 필연적인 행위들 속에서 지속적으로 욕망되어야 하는 것이어야만 했다. 이러한 관점에 기초해 여기에서는 먼저 이들 두 소설에 나타난 식민지 청년의 이동의 양상을 파악하고, 나아가 그들의 이동의 회로 및 그러한 이동을 가능하게 한 고유한 질서=레짐regime에 대해 살펴보고자 한다.

이태준의 『사상의 월야』에 나타난 이송빈의 이동 경로는 대체로 블라디보스토크→배기미·용담→원산→경성→도쿄인데, 이 이동의 과정에서 중요한 것은 식민지 조선의 지방에서 중앙 경성으로의 이동과 제국의 지방 경성에서 다시금 제국 일본의 중앙 도쿄로의 이동에 있다. 이송빈이 상경上京하기까지의 그의 이동 경로는 대체적으로 식민지 조선의 북선北鮮 지방이었는데, 그곳은 고통과 시련의 장소로 입신출세의

11 알랭 바디우, 이종영 역, 『윤리학』, 동문선, 2001, 54~55쪽.

욕망을 강화시키는 기제로 작동한다. 즉, 북선 지방은 고통과 시련의 극복을 통해 도달해야 할 곳으로 경성을 부각시키는 한편, 경성에 들어서기 위한 통과제의의 공간으로 기능하는 것이다. 이에 비해 경성은 북선의 각 지방을 전전하던 송빈에게 자신의 입신출세의 욕망을 실현할 수 있는 공간으로 인식된다. 하지만 경성에서의 생활 역시 고난과 시련의 연속이었고, 고학생의 처지에 놓인 그는 학교생활에도 잘 적응하지 못하게 된다. 물론 경성은 연모의 대상이었던 장은주와의 사랑을 확인하는 공간으로서 그로 하여금 나름의 욕망을 충족시켜주는 공간으로 기능하기도 한다. 하지만 사랑의 실패와 학문적 좌절을 맞은 그에게 자신의 입신출세를 위한 새로운 공간이 필요하게 되었는데, 그곳이 바로 일본의 도쿄였던 것이다.[12] 이처럼 『사상의 월야』에서 장소의 이동은 서사의 중요한 사건으로 기능하고, '공간지평'은 제국 일본의 권역으로 확장된다. 소설 속 인물들이 현재 머물고 있는 공간과 그들이 추구하는 이상적 공간 사이에는 현격한 거리가 발생하는데, 그러한 격차가 그들을 움직이는 근본적인 동력이 된다.[13]

12 오태영, 『오이디푸스의 눈－식민지 조선문학과 동아시아의 지리적 상상』, 소명출판, 2016, 224~229쪽.

13 권은, 「식민지 교양소설과 이태준의 공간지향－이태준의 『사상의 월야』를 중심으로」, 『상허학보』 제44집, 상허학회, 2015, 280쪽. 이 논문은 『사상의 월야』에 나타난 교양소설로서의 형식적 특징을 제국과 식민지의 정치・경제적 측면과 관련지어 고찰하면서 중심인물이 성장하지 못한 채 '지체된 상태'로 정체되는 현상에 주목하여 '식민지 교양소설'의 범주화 가능성을 타진하고 있는 흥미로운 글이다. 하지만 『사상의 월야』의 소설 형식의 특징이 식민지의 왜곡된 경제・사회적 토대에 의해 발생했다는 논의에 동의할 수 있다고 하더라도, 이송빈의 성장을 추동하는 것이 "조선의 식민지 현실을 극복하기 위한 민족주의적 투쟁"이고, 그것이 서구 교양소설과 구분되는 '식민지 교양소설'만의 독특한 특징이라고 논의한 것은 그 근거가 약하다. 또한, 이는 근대 장편소설로서의 노블과 국민국가의 민족주의 이데올로기 사이의 관련성을 다시금 확인하게 하는 것으로 '유럽 교양소설'의 일반적 특징이기도 하다. 아울러 식민지인이 제국-식민지 체제하 온전한

여기에서 이송빈의 거주와 이동의 경로가 식민지 지방에서 식민지의 중앙이자 제국의 지방인 경성을 거쳐 제국의 중앙 도쿄로 옮겨가고 있는 상황에 다시금 주목할 필요가 있다. 그것은 무엇보다 입신출세를 위한 식민지 조선인 청년의 이동의 회로를 파악할 수 있게 하기 때문이다. 이송빈의 입신출세의 욕망의 기저에는 말할 것도 없이 소위 '고아의식'이라고 부를 수 있을 만한 것이 웅크리고 있다. 부모의 죽음과 친척집의 더부살이 등 유동적이고 불안정한 생활과 그로 인한 성공에의 갈망 등은 모두 이 고아의식으로부터 나온 것이라고 할 수 있다. 그런데 그로 하여금 그러한 욕망을 싹틔우게 하는 데 봉명학교라는 근대식 교육기관이 놓여 있다는 것은 새삼스럽지만, 중요하다. 봉명학교에서 이송빈은 오문천을 만나 새로운 학문과 사상의 중요성을 자각하기 시작하는데, 도깨비불이 습기를 머금은 인광임을 알게 된 일화와 함께 이토 히로부미가 쓴 것으로 배운 한시漢詩[14]를 통해 학문을 통한 입신출세의 욕망을 발현하기 시작한다. 고아의식으로 대변되는 상실, 불안, 결여 상태를 극복하거나 치유하는 과정을 입신출세로 명명할 수 있다면, 근대식 교육을 통해 그것이 달성될 수 있다는 믿음이 여기에서 엿보이고 있는 것이다. 그리고 그러한 믿음이 유학이라는 이동의 형식으로 나타났던 것이다. 이와 관련해 이송빈이 원산의 물산객주에서 사환 노릇을 하던 중 상경하던 보성중학교 학생의 교모를 몰래 써보는 장면이 있는데, 이때의 보성중학교의 교모는 자신의 입신출세 욕망을 달성한 듯

근대인이 될 수 없다는 것을 자각하여 파국을 맞는다는 논의는 역시 재고할 필요가 있어 보인다.

14 "男兒立志出鄕關 / 學若無成死不還 / 埋骨豈期墳墓地 / 人間到處有靑山."(李泰俊, 『思想의 月夜』, 乙酉文化社, 1946, 106쪽)

한 환상을 증폭시키는 매개물이었다. 또한, 경성에서 열린 강연회 및 음악회에서 "시대를 투시하는 날카로운 눈과 정열에 찬 주먹으로 연단을 치는 사상"[15]을 가지고 있는 선도자로 동경유학생들을 인식하는 것 또한 같은 맥락에 놓여 있다. 마치 교육을 통해서만 입신출세를 달성할 수 있는 것처럼 여겨지는 이러한 구도는 쉽게 짐작할 수 있다시피, 근대 이후 개인들의 자아 각성과 자기 계발을 성장의 과정으로 이해하는 일반적인 자기 주조의 방식과 닮아 있다. 이송빈의 이동 또한 이러한 교육을 통한 개인의 성장과 그에 기초한 입신출세의 욕망이 발현되는 과정과 일치한다. 물론 입신출세주의는 근대가 만들어낸 환영으로 모더니티의 모순과 역설을 잘 보여주는 문화현상이었다. 따라서 입신출세를 위한 성장의 과정은 그 자체로 식민지 청년들의 허위의식을 보여주는 것이기도 했다.[16]

이런 점에서 이태준의 『사상의 월야』 서사 구조가 단선적 플롯으로 전개되고 있다는 점 역시 우연이 아니다. 이는 그 자체로 과거→현재→미래의 발전 구도를 구현하고 있는 것으로, 이송빈의 개인의 성장 역시 이러한 발전의 과정과 중첩되기 때문이다. 그런데 이러한 단선적 발전의 구도가 유럽 교양소설의 세 가지 공간인 고향마을village=철원, 지방province=경성, 자본주의적 도시capital city=도쿄의 양상을 보이고 있다는 점에서 그 자체로 모더니티의 조건을 이루고 있지만,[17] 여기에

15 위의 책, 315쪽.

16 조성면, 「입신출세주의의 문학적 의미-이태준의 『사상의 월야』와 그 밖의 작품들」, 『민족문학사연구』 제40권, 민족문학사연구소, 2009, 10~35쪽. 입신출세는 신분상승과 성공에 대한 열망의 표현이자 근대적 인쇄매체에 의해 매개되고 증폭된 문화현상이었다. 특히 근대 매체의 발달과 함께 입신출세 담론이 활성화되었는데, 이는 수양론·교양론 등과 연결되면서 근대적 주체 형성의 한 메커니즘으로 작동하게 되었다.

서 보다 주목해야 할 것은 바로 그 모더니티 조건을 작동시키는 고유한 질서로서의 제국-식민지 체제에 있다. 즉, 제국-식민지 체제 내 과거=철원, 현재=경성, 미래=도쿄라는 위계화된 공간 구획이 가능해지는 것이다. 무엇보다 이러한 위계화된 제국-식민지 체제 내 공간 인식과 경계 감각은 식민지 조선인의 내면을 형성하게 한다. 따라서 『사상의 월야』에서 이송빈의 이동=성장은 바로 이 제국-식민지 체제의 질서를 내면화하는 과정에 다름 아니었다고 해도 무방한 것이다. 도쿄 유학길에 오른 그가 부산으로 향하던 기차 안에서 식민지 조선의 마을 풍경을 보면서 무지와 미신의 상태에 빠져 있는 것을 개탄하는 장면[18]이나 도쿄에서 "현대인이 안신입명 할 길은 오직 과학의 길이다!"[19]라고 깨닫는 장면이 이를 상징적으로 보여준다. 여기에서 소위 과학의 발견이 전시총동원 체제기 제국 일본의 전체주의 담론으로 회수된다는 점을 지적[20]하는 것은 새삼스러운 것이지만, 식민지 조선이라는 현재를 도쿄로 상징되는 제국 일본이라는 미래에 의해 변화시켜야 한다는 논

17 허병식, 『교양의 시대—한국근대소설과 교양의 형성』, 역락, 2016, 178쪽.
18 "어디 조선에 문화가 있는가? 문명국 사람의 눈에 돼지울이로 밖에는 보이지 않는 저런 똥과 파리와 헌디와 무지와 미신으로 찬 가정이 조선 전 가정의 반이 무어냐? (…중략…) 『진멩이』 전체— 밭에서 돌을 추려내고, 원시적인 양잠(養蠶)을 개량시키구, 산림을 기르고 기와를 구어 좋은 집들을 짓게 하고, 학교를 세우고 과학을 들여오고…… 왜 그런 생각은 못하였던가!"(李泰俊, 앞의 책, 307쪽)
19 이태준, 『이태준문학전집』 7—사상의 월야·법은 그렇지만, 깊은샘, 1996, 203쪽. 이태준의 『사상의 월야』는 1946년 을유문화사에서 단행본으로 출간되면서 『매일신보』 연재본의 결말 부분에 해당하는 이송빈의 도쿄 이동 이후의 생활이 축소·개작되었다. 하지만 식민지 조선인 청년의 이동의 종착지가 제국 일본의 중앙 도쿄라는 점에서 이 축소·개작된 부분은 중요한 의미를 갖는다. 이에 이 글에서는 해당 부분의 내용을 1996년 깊은샘에서 발간된 『이태준문학전집』(증보판)에 기대 인용한다.
20 이에 대해서는 차승기, 「명랑한 과학과 총체적 포섭의 꿈—전시 체제기 기술적 이성 비판」, 『비상시의 문/법—식민지/제국 체제의 삶, 문학, 정치』, 그린비, 2016, 180~212쪽; 정종현, 「사실, 과학 그리고 문학의 신생」, 『상허학보』 제23집, 상허학회, 2008, 47~82쪽 참고.

리가 문명/야만의 진화론적 관점 속에서 재생산되고 있었던 것은 상기할 필요가 있다. 즉, 이송빈의 이동은 야만에서 문명으로, 무지에서 계몽으로의 진화의 과정에 다름 아니었던 것이고, 그것은 다른 한편으로는 식민지 조선의 지방에서 경성을 거쳐 제국 일본의 도쿄로 입사入社하는 과정이었던 것이다. 여기에서 식민지 조선 청년의 단선적 이동의 양상과 회로가 압축적으로 드러난다.

한편, 우줘류의 『아시아의 고아』에 나타난 식민지 타이완 청년 후타이밍胡太明의 삶은 말 그대로 끊임없는 이동의 연속이었다. 그리고 그러한 이동의 양상은 식민지 타이완 청년의 자기 구축의 지난한 과정을 상징적으로 보여준다. 그의 이동의 과정은 타이완(고향) → 도쿄 → 타이완 → 상하이上海 → 난징南京 → 타이완 → 광둥廣東 → 타이완으로 거칠게 정리할 수 있다. 이는 후타이밍이 자신이 나고 자란 고향마을이 있는 타이완을 중심으로 일본과 중국으로 이동했다는 것을 확인하게 하는데, 그런 점에서 그것은 단선적 발전의 구조 속에서 출향出鄕과 귀향歸鄕의 이동 양상이 반복되고 있다는 특징을 갖는다. 또한, 이러한 이동이 학업과 취업을 위한 길이었다는 점에서 그것이 학문을 통한 입신출세의 과정에 다름 아니었다는 것을 쉽게 알 수 있다. 그런데 그러한 입신출세의 욕망의 주체가 식민지 타이완 청년이었다는 점을 다시금 감안했을 때 그의 이동이 제국-식민지 체제의 동아시아 권역 내부에 그치고 있고, 결국 이동의 종착지가 출발지인 고향이었다는 점은 의미심장하다. 뒤에 다시 논의하겠지만, 그것은 그 자체로 식민지 타이완 청년의 이동의 가능성과 방향성, 그리고 성격을 규정하는 것이기 때문이다. 즉, 입신출세를 위해 끊임없이 제국의 권역으로 이동한 식민지 타이완 청년이 다시금 그 출발지로 돌아올 수밖에 없었다는 것은 학업과 취업을 위한 이동과 그러한 이동을 통한 입신출세의 욕망 달성이 처음부터 봉쇄되어 있다는 것을 단적으로 드러내는 것이다. 그럼에도 이 소설에 나타난 후타이밍의 이동 중 가장 눈여겨보아야 할 것은 일본으로의 유학과 취업을 위해 대륙으로 나아간 데 있다.

후타이밍이 일본 유학을 결심한 결정적인 계기는 공학교 교사를 근무하면서 민족적 차별을 받았기 때문이었다. 그는 일본인 교장의 타이완인 교사에 대한 차별에 거부감을 가지고 있는 한편 일본인 교사의 타이완인 학생에 대한 학대에 대해 반감을 가지고 있었지만, 타이완인 동료 교사들에게 '일본의 앞잡이'라고 멸시를 받을 정도로 타이완으로서의 민족적 정체성을 적극적으로 내세우거나 일본인 교사에게 저항하지는 않았다. 하지만 교육자로서 자신의 삶에 회의감을 느끼던 중 청曾 훈도가 내대일여內臺一如를 근거로 일본인 교사의 차별의 부당함을 폭로하고 학교를 그만두는 사건이 발생하자 "지금껏 자신이 건립해온 그 하찮은 명철보신의 자기 합리화 이론은 지금 이 시각을 기점으로 완전히 붕괴되었"고 "불안이 엄습해"옴을 느끼지 않을 수 없었다.[21] 지금까지 그는 제국-식민지 체제기 타이완 사회 구조의 변동 과정 속에서 현실도피적인 할아버지와 현실주의자인 아버지 세대와 스스로를 구분하면서 입신출세의 길을 걸어오고 있었다. 그리고 그것은 "청년으로서의 패기와 미래에 대한 환상"[22]이 있었기 때문에 가능했던 것이다. 하지만 국어학교 사범부를 졸업한 뒤 부임한 공학교에서 일본인 교사와 타이완

21 우줘류, 송승석 역, 『아시아의 고아』, 아시아, 2012, 87쪽.
22 위의 책, 77쪽.

교사 사이의 차별, 일본인 교사에 의한 타이완 학생에 대한 학대의 현실을 마주한 그는 자기 합리화의 근거를 상실하게 되었던 것이다. 그리하여 청 훈도가 학교를 그만두면서 보낸 편지에서 타이완 젊은이들이 출세의 수단으로 교육을 활용하고 있는 것에 대해 비판하면서 자신은 과학도의 길을 걷고자 한다고 전해왔을 때, 후타이밍 또한 자신의 삶의 방향을 전환할 필요성을 느끼게 되었다.

이처럼 제국 일본의 통치 권력에 의해 운영되고 있는 공학교 소재지인 타이완 시골마을은 후타이밍으로 하여금 제국의 중앙 일본의 도쿄행을 결심하게 한 식민지 타이완의 지방이었다. 이 식민지 타이완의 지방에서 타이완인 교사로서 제국 일본인과 식민지 타이완인 사이의 차별과 거리를 느낀 후타이밍은 그러한 차별과 거리를 해소하기 위해 일본 유학을 결심하기에 이르렀던 것이다. 유학길에 오른 그는 "과거에서 놓여나 미래로 나아가는 자신을 발견하는 기분이 들었다. 한 줄기 광명의 계시처럼 눈앞에 펼쳐질 이 미래의 운명이야말로 그에게는 자신을 구원할 수 있는 유일한 길로 여겨졌다. 한편으로 젊은 타이밍의 마음속에선 과거와의 결별이 주는 달콤함과 석별의 아쉬움, 미래에 대한 기대와 불안 등등이 한데 뒤섞여 복잡한 심정을 이루고 있었다".[23] 이처럼 일본으로의 유학은 과거 자신과의 결별이자 자기 구원의 방편으로 새로운 자기를 구축하는 길이었다. 교토京都에 도착한 그는 일본과 일본인을 유구한 역사와 최고의 문화도시, 교양 있는 사람들로 인식하면서 타이완 거주 일본인과 내지 일본인의 성정이 다르다고 생각한다. 이후

23 위의 책, 105쪽.

도쿄로 이동하여 인산인해의 사람들과 시끄러운 소음을 내뿜는 자동차 소리에 휩쓸리면서 공포감을 느끼기도 한다. 타이완 농촌에서 나고 자란 후타이밍에게 제국의 메트로폴리스 도쿄는 이질적인 공간이었던 것이다. 그런데 도쿄라는 대도시 자체가 주는 공포감 외 후타이밍은 유학 생활을 통해 식민지 타이완으로서 자신의 위치를 명확하게 자각하지 않을 수 없게 된다.

일본인 육군장교 미망인 집에서 하숙하면서 학업에 매진하던 후타이밍은 사범학교 시절 동창생이었던 란藍의 방문을 받고, 그로부터 타이완 사람이라는 것을 밝히지 않는 것이 좋다는 충고를 듣고 의아해한다. 란은 그에게 타이완인의 일본어 발음이 규슈九州 지방 출신자들의 발음과 유사하니 후쿠오카福岡나 구마모토熊本 출신으로 속이라고 한 것인데, 일본사회에서 차별을 받지 않기 위해 자신의 출신을 속이는 것에 대해 후타이밍은 강한 거부감을 지니고 있었다. 또한, 란으로부터 '타이완 청년'의 동인이 될 것을 권유받기도 하였으나 그는 정치운동이 아닌 '과학을 연구하는 학생으로서의 길'에 매진하고 싶다고 밝힌다. 그는 식민지 타이완 청년들이 정치운동에 가담하는 심정을 잘 이해하고 있었지만, 학문 탐구라는 자신의 목표를 명확히 하고 있었다. 이처럼 그는 타이완에서와 마찬가지로 도쿄에서도 학문을 통한 입신출세의 욕망을 지속적으로 지니고 있었다. 그런데 란과 함께 참석한 중국재일동학동창회 주최 강연회에서 그는 자신의 민족적 위상을 자각하지 않을 수 없게 된다. 쑨원孫文의 삼민주의와 중국 건국에 관한 강연이 끝난 뒤 참석자들에게 타이완 출신이라고 자기를 소개한 후타이밍은 그들로부터 '스파이' 취급을 받게 된다. 일본 고등특무정책의 앞잡이 노릇을 하는 타이완인으로 비춰졌던 것이다. 중국인들 사이에서 타이완이라는 이유로 일본의 스파이 취급을 받은 그는 란으로부터도 힐난을 당하고 "우리 두 사람 마음에 이미 아무리 해도 안 되는, 도저히 메울 수 없는 어떤 틈이 있"[24]다는 것을 절감하게 된다. 그 스스로 한 번도 중국인임을 의심해보지 않았던 후타이밍, 타이완에서 타이완인(=중국인)이기 때문에 일본인들로부터 차별과 멸시를 받았다고 생각했던 그는 제국 일본의 심연 도쿄의 중국인 유학생들 사이에서 타이완인(=일본인)이기 때문에 다시금 차별적 대우와 멸시의 시선 앞에 놓이게 되었던 것이다. 여기에서 식민지 타이완 청년 후타이밍은 일본인도 중국인도 아닌 타이완인이자, 일본인에 의해서는 중국인으로 중국인에 의해서는 일본인으로 규정되는 이중적 소외 상태에 처하게 된다. 사실 후타이밍이 일본으로 유학을 간 것은 식민지 타이완인으로서의 자신의 제한적·폐쇄적 위치로부터 벗어나 새로운 자기를 구축하기 위한 것이었는데, 역설적으로 바로 그 일본에서 자신의 이중적 소외의 상태를 확인할 수밖에 없었던 것이다.

이러한 상황은 중국 대륙으로의 이동에서도 마찬가지로 나타난다. 일본 유학 후 귀향한 후타이밍은 취직난 속에서 구직활동을 이어가다 분가하여 책 속에 파묻혀 관념의 세계를 탐닉할 뿐이었다. 그러다 우연히 중학교 시절 동료교사 황을 만나 그가 경영하고 있던 사탕수수 농장 회계원으로 일하게 된다. 그런데 여공 아신싸오의 출산 후 사망 사건을 통해 식민지 타이완 하층민 삶에 무지에서 비롯되는 비극이 있다며 농

24 위의 책, 124쪽.

장에 근무하던 여공들을 대상으로 일본어, 산수, 생리, 위생 등에 대해 교육한다. 이후 농장이 적자를 면치 못함을 알고 고향으로 돌아온 그는 제국-식민지 체제하 식민 권력에 의해 피폐해져가는 타이완 농촌의 현실과 마주하면서 번민과 고뇌의 나날을 보내고 있었다. 특히 타이완 하층민들의 무지와 관리들의 수탈에 항거할 수 없는 무력감 속에서 그는 그러한 번민과 고뇌로부터 벗어나 "자유롭게 호흡할 수 있는 새로운 신천지"를 꿈꾸었는데, 그것은 "바다 저편에 있는 선조들의 땅, 대륙의 꿈"이기도 하였다.[25] 그리하여 과거 동료교사였던 청의 권유로 중국 행을 결정하면서 '협소한 세상'을 탈출할 때가 온 것이라고 여겼다. 여기에서 후타이밍의 중국 행을 이끄는 데 사탕수수 농장을 중심으로 한 무지와 미개의 상태에 놓인 타이완 시골 마을이 놓여 있음을 알 수 있다. 그런데 중국 행을 결심한 그에게 한 가지 불안감을 자아내는 것이 있었는데, 그것은 그의 국적이 일본이라는 데 있었다. 그는 자신이 일본 국적이기 때문에 중국 대륙으로 가는 것을 고국으로 돌아가는 것이라고 할 수 없다는 데 번민하면서 '고국으로 돌아간다'라는 시 구절을 '대륙을 주유한다'로 바꾸어 자신의 대륙 행의 성격을 규정하였다. 여기에서 이미 중국 대륙의 중국인들과 결코 동화될 수 없는 후타이밍의 식민지 타이완인으로서의 위상이 단적으로 드러난다. 중국 상하이로 건너온 후타이밍은 청의 공관에 더부살이하면서 외출을 삼간 채 베이징어 학습에 몰두한다. 무엇보다 그것은 타이완 출신이라는 것이 알려지는 것을 꺼려했기 때문으로 식민지 타이완 출신자들이 중국 사회에서 신용

25 위의 책, 162쪽.

을 얻지 못하는 현실을 반영한 것이었다. 이는 후타이밍이 일본 유학 시절 중국인들에게 일본인 스파이라고 의심받았던 상황이 중국 대륙에서도 동일하게 반복되고 있는 것으로 당시 중국을 고국이라고 인식하고 있으면서도 일본 국적을 가지고 있었던 타이완인들은 "숙명적인 기형아 같은 존재"[26]였던 것이다.

상하이 프랑스 조계 일대의 서구적 근대 풍경을 접한 후타이밍은 자신이 그동안 가지고 있었던 중국에 대한 지식의 일천함을 자각하는 한편, 인간의 정신을 마비시키는 괴물 같은 도시로 상하이를 인식한다. 이는 소위 '시골 출신' 타이완인의 코스모폴리탄 세계도시로서의 상하이 체험에 기인한 것으로, 그곳은 중국인과 일본인, 그리고 서양인이 공존하는 부조화의 조화를 이루고 있는 곳으로 다가온다. 몰락한 청조의 잔영을 간직하고 있던 타이완인 후타이밍에게 코스모폴리탄 세계도시로서의 상하이는 고전적 유아함과 근대문명이 공존하는 헤테로토피아Les Hétérotopies였던 것이다. 이후 후타이밍은 청을 따라 쑤저우蘇州를 거쳐 난징으로 이주한다. 그는 난징에서 한복漢服을 착용하면서 비로소 중국인의 무리에 들어갔다는 안도감을 느끼는 한편, "자기도 모르는 사이에 이방인의 감각과 신경을 마비시켜 버리는 이 중국이란 사회의 불가사의한 동화작용에 관해 생각"[27]하기도 하였다. 그러니까 그는 한족漢族을 상징하는 한복을 입고 그들과 동화되었다는 모종의 안도감을 가지고 있었지만, 결국 이방인으로서의 자기를 자각할 수밖에 없었던 것이다. 이후 모범고중에 근무하는 한편, 슈춘과 결혼해 딸을 낳고 정착

26 위의 책, 177쪽.
27 위의 책, 191쪽.

하려고 했지만 후타이밍은 만주사변 발발 후 상하이에 인민전선이 결성되어 테러가 빈번히 발생하고, 학생들의 제국주의 타도와 항전구국을 기치로 내건 시위행진을 보면서 "무언가 어울리지 않는 거북하고 불안한, 그래서 초조한 심정이 되어 버리는 것"[28]을 느끼게 된다. 그러다 1936년 시안사건西安事件 발생 이후 혼란한 정국 속에서 스파이 혐의로 경찰 당국에 의해 구금된 후타이밍은 일어학교 제자들의 도움으로 탈출하여 타이완 고향 마을로 돌아왔던 것이다.

입신출세를 위해 일본 유학길에 올랐던 후타이밍이 일본에서 중국인들로부터 소외되는 경험을 한 뒤 다시금 중국 대륙 행을 결심했던 것은 스스로를 중국인들과 다르지 않은 민족이라고 여기고 있었고, 그래서 신중국 건설에 투신하여 자신의 입신출세의 욕망을 달성할 수 있을 것이라고 판단했기 때문이었다. 하지만 그의 중국 대륙으로의 이동에 '여권'이 필요했던 것처럼, 그는 일본 국적의 식민지 타이완이었다. 다민족 제국에 속한 피식민자인 타이완인은 조국 중국인과 인종적인 문화를 공유하면서도 국민국가의 정치적·군사적 충돌 속에서 '적'으로 타자화되게 마련이었다.[29] 그래서 그는 중국 사회에서 이방인으로서의 자신의 위치를 자각하지 않을 수 없었고, 바로 그 이방인의 감각을 지니고 살아갈 수밖에 없었다. 또한, 제국 일본의 중국 침략과 전쟁의 소용돌이 속에서 일본 국적의 타이완인이라는 신분으로 인해 스파이로 의심받아 구금될 수밖에 없었던 것이다. 결국, 그의 중국으로의 이동은 일본으

28 위의 책, 235쪽.

29 주훼이주, 「식민지 타이완문학에서 '고향'의 계보」, 동국대 문화학술원 한국문학연구소 편, 『'고향'의 창조와 재발견』, 역락, 2007, 156쪽.

로의 이동이 그러했던 것처럼, 입신출세의 욕망을 실현하기 위한 선택이었지만 식민지 타이완인의 민족적·인종적 한계를 체감할 수밖에 없는 길이었고, 그리하여 학문을 통한 입신출세의 욕망이라는 환상 속에서 무의식적으로 마주하기를 거부했던 식민지 타이완인으로서의 자기와 대면하게 되는 역설적인 상황에 처하게 된 것이었다. 그의 출향과 귀향의 반복이라는 서사 구조가 이를 확인하게 한다.

3. 식민지 청년의 성장 (불)가능성

이태준의 『사상의 월야』와 우줘류의 『아시아의 고아』를 이동서사로 규정했을 때, 그러한 이동의 과정이 식민지 청년의 자기 성장의 과정과 중첩된다는 것을 확인할 수 있었다. 이들 두 장편소설이 식민지 청년의 자기 성장의 서사를 펼쳐 보이고 있다면, 주목해야 할 것은 각각의 서사의 주인공이 어떻게 (식민지) 청년으로서의 자기 발견과 각성, 그리고 그에 기초한 자기 성장을 위한 내면을 구축해가고 있는가에 있다. 즉, 어떻게 한 개인으로서의 자기 내면을 기획하고 창출해가고 있는가가 주목되는데, 여기에서 다시금 물어야 할 것은 과연 그러한 성장은 가능한 것인가이다. 성장은 소여로서 주어지는 것이 아닐뿐더러 '식민지 남성 청년'이라는 정치적·사회적·문화적·젠더적 위상이 성장의 조건들로 작동한다는 점을 감안했을 때에만 그들의 성장의 임계와 그 의미를 파악할 수 있기 때문이다. 따라서 식민지 남성 청년의 성장의 (불)가능성을 탐색하는 작업은 그런 점에서 제국-식민지 체제하 식민지인의 행위와 욕망, 그리고 존재 방식을 고찰하기 위한 하나의 방편이 될 수 있을 것이다. 여기에서는 이러한 점에 주목하여 『사상의 월야』의 이송빈과 『아시아의 고아』의 후타이밍의 자기 발견과 정체성 형성 과정에 초점을 맞춰 논의를 전개해나가고자 한다. 특히, 이들 두 작품의 주인공들이 '고아의식'을 가지고 있다는 점에 착안해, 결핍된 존재로서의 자기 인식과 함께 그러한 결핍을 어떻게 보상받으려 하거나 치유하려고 했는지, 그들 각자의 욕망의 방식에 주목해 논의를 이끌어나갈 것이다.

이태준의 『사상의 월야』에서 이송빈의 이동은 '유학'으로 규정할 수 있다. 그가 식민지 조선의 북선 지방을 전전하다 도착한 곳이 경성이었고, 다시 그러한 식민지 경성을 떠나 제국의 수도 도쿄로 이동한 양상을 식민지 지방에서 제국의 중앙으로, 제국-식민지 체제 내 주변에서 중심으로의 이동의 회로를 보이는 것으로 이해할 수 있는데, 거기에는 식민지 조선인 청년의 입신출세의 욕망이 내재되어 있다. 따라서 제국-식민지 사이의 위계화된 관계 속에서 식민지 청년의 욕망의 대상이 제국의 심연에 있고, 식민지 청년의 욕망의 회로가 결국 제국으로 회수된다는 점은 쉽게 확인할 수 있는데, 여기에서 다시금 주목해야 할 것은 그러한 욕망이 달성 가능할 수 있을 것이라는 환상을 강화시키는 데 '학문'과 '교육'이 놓여 있다는 점이다. 즉, 이송빈의 이동은 입신출세의 욕망을 달성하기 위한 배움의 과정으로서의 유학인 것이다. 물론 어떤 인간이 자신의 욕망을 달성하기 위해 고향 마을을 떠나 도시로 나가 근대적 문물과 제도를 접하고, 근대적 개인으로서의 내면의 발견과 자아를 각성하면서 성장해간 과정은 이미 많은 문학작품에서 찾아볼 수 있다. 사실 『사상의 월야』의 서사 시간 내 시대적 상황을 염두에 둔다면, 이는 이송빈에게만 특별한 것이 아니다. 그럼에도 고아의식을 가지고 있는 식민지 조선인 청년이라는 그만의 결핍된 자아가 그로 하여금 유학을 통한 입신출세의 욕망을 강화시키는 핵심적인 기제로 작동하고 있다는 점은 주목할 만하다. 또한, 이 고아의식은 가난으로 인한 수치심과 그것을 극복하기 위한 의지로 분열되어 나타났는데, 그런 점에서 그것은 식민지 조선과의 은유적 동일시나 작가의 식민지 체험의 무의식적 발현이라기보다는 개인적 성장 환경에 의해 결정된 것이라고 볼 수 있다.[30]

그렇다면 유학길에 들어선 이송빈은 자신을 둘러싼 세상에 대해 어떠한 인식과 체험을 하는가, 그리고 그러한 과정 속에서 어떻게 자기를 구축해나가고 있었는가에 대해 살펴볼 필요가 있다. 상경 후 배재학당 보결시험에 합격했으나 학비가 없어 입학을 포기한 이송빈은 청년회관 야학교 고등과에 입학한다. 그런데 이송빈의 성장 과정에 있어 중요한 계기가 된 것이 청년회관에서 개최되었던 강연회와 토론회 참석 경험이다. 그는 연사들의 강연회에 청중으로 참석하여 웅변이라는 것이 위대한 것으로 무엇보다 남자의 기상을 드러내는 것[31]이라고 여기게 되고,

30 이에 대해서는 김명훈, 「고아들의 감정교육, 해방 전후 이태준 소설의 인정투쟁」, 『상허학보』 제41집, 상허학회, 2014, 59~91쪽. 이 논문에서 김명훈은 '고아의식'이 식민지 조선문학의 현저한 특징 중 하나로, "'아버지-국가'를 잃은 '고아-식민지 조선인'이 자신의 '아버지-조선'을 살해하고 그 자리를 대신하여 차지한 '가짜아버지-제국 식민지 자본주의'에 적응하거나(이광수) 반항하는(카프), 혹은 적응하면서 동시에 반항하는(일제말기 소설들) 오이디푸스 콤플렉스 서사의 확장판으로 재정립된다"고 지적하면서도, 그것을 이태준의 소설에 도식적으로 적용하는 것은 문제가 있다고 논의하였다.

토론회에 직접 연사로 나서 많은 청중 앞에서 사업을 성공하는 데 금전보다 의지가 중요하다고 연설하여 청중들의 갈채를 받기도 한다. 이 강연회와 토론회의 참석은 단편적이지만, 소외되고 타자화되었던 이송빈으로 하여금 말할 수 있는 청년 주체로서의 체험을 하게 했다는 데 의미가 있다. 이후 보결시험 합격 후 휘문고보에 다니면서 도쿄 유학생 순회강연회와 음악회에 참석한 그는 당시 여타 조선인 청년들과 마찬가지로 도쿄 유학생들로부터 새로운 사상을 전파 받는 한편, 식민지 조선에 신여성이 등장하는 새로운 풍속도를 접하기도 하고, 남녀 간의 연애에 대한 인식의 전환을 하기도 한다. "세상에 어려운 일, 청년들만 할 수 있는 일은 그들이 먼저 다 맡아 버린 것처럼 부러웠다"[32]고 생각할 만큼 그는 도쿄 유학생들에 대한 선망을 시선을 통해 청년으로서의 자기 인식에 다가갈 수 있었던 것이다. 그리하여 방학 때 귀향하여 그곳에서의 유학생 순회강연에 참석하여 부러움의 대상이 되는 등의 모방행위도 할 수 있었던 것이다.

이처럼 이송빈이 유학이라는 이동 행위를 통해 자기를 구축해나가고 있었고, 그러한 가운데 도쿄 유학생들의 영향이 한 축을 이루고 있었다는 점을 감안했을 때, 역시 그의 유학의 최종 종착지인 도쿄에서의 체험과 인식이 그의 이동의 성격을 규정하는 핵심에 놓이게 된다. 그런데 해방 이후 을유문화사에서 발행된 단행본에서는 김옥균과 아버지

31 "용담 학교에서 듣던 오 선생의 연설쯤은 문제가 안 되게, 위엄스럽게 조리 있게 정열과 충동에 찬 훌륭한 연사가 많았다. 칠팔백 명의 청중은 당장 그의 손아귀에 든 듯이, 그의 한 마디 한 마디에 이리 쏠리고 저리 쏠리고 하였다. // (웅변이란 위대한 것이다! 무엇보다 남자의 기상답다!) // 송빈이는 강연회에서 나설 때마다 감격하였다."(李泰俊, 앞의 책, 167쪽)

32 위의 책, 220쪽.

등 개화파에 자신을 빗대어 일본에 투쟁하기 위해 학문과 사상을 배우러 가는 '진정한 애국청년'으로서의 자기 현시를 보여주고 있다[33]면, 『매일신보』 연재본에서는 관부연락선이 도착하는 모지門司, 시모노세키下關 일대의 풍경을 바라보면서 감상적인 여성들의 노래를 들으며 마치 유원지에 들어선 것 같은 느낌을 갖는다.[34] 물론, 해방 이후 개작을 통해 낭만적 감상의 주체가 민족적 주체로 전신하고 있다는 점을 쉽게 확인[35]할 수 있지만, 현해탄을 건너는 행위 즉 제국의 지방에서 중앙으로의 이동이 주체 구성에 있어 중요한 사건으로 제시되고 있다는 점을 다시 한 번 확인할 수 있다. 이후 이송빈은 도쿄에서의 유학생활을 통해 자기를 구축해나가기 시작하는데, 그러한 자기 구축의 원동력으로써 '과학'을 발견하게 되는 것이 특이하다. 이는 앞서 간단하게 언급했듯이, 당시 전시총동원 체제에 접어든 제국-식민지 담론권력의 자장을 보여주는 것이기도 하지만, 이송빈이 기존의 자기를 구축했던 낭만적 사랑을 부정하거나 극복하기 위해 과학을 제시하고 있는 것이기도 해서 그러하다.

33 "김옥균 선생이나 아버지께서 일본에 조국을 팔기 위해서가 아니라 일본의 유신을 본받으러 가셨듯이, 일본에 협력하기 위해서가 아니라 이 앞으로 일본과 투쟁하여 조선을 찾을 그런 준비로 학문과 사상을 배우러 가는 진정한 애국청년들이 더러는 있을 겁니다!"(위의 책, 317쪽)

34 "푸른 물결에 다을 듯이 석별에 가지 느러진 소나무들, 차츰 가까워지는 문사(門司), 하관(下關) 일대의 수목 울창한 육산들의 부드러운 곡선들. '마루시게'에 당홍 속옷자락을 해풍에 풍기며 쎈치한 노래를 부르는 여자들을 보며 보아 그런지 무슨 유원지역(遊園地域)에 드러서는 것 가튼 다감다정한 풍물이엿다."(이태준, 앞의 책, 192쪽)

35 이와 관련해 김흥식은 근대문명의 세계를 향한 작가=주인공의 욕망이 『매일신보』 연재본의 경우에는 신체제 국책담론을 추수하는 방향으로 나타났고, 을유문화사 단행본의 경우에는 해방정국의 이념노선에 편승하는 것으로 귀결되었다고 밝혔다.(김흥식, 「『사상의 월야』 연구-개작 문제를 중심으로」, 『한국현대문학연구』 제35집, 한국현대문학회, 2011, 195~221쪽)

이송빈이 자기의 내면을 구축하는 데 낭만적 사랑, 연애의 감정을 위치시키고 있다는 점은 각별히 주목할 필요가 있다. 일개 고학생으로서 자기를 규정하고 있던 그가 부잣집 무남독녀인 장은주와 사랑을 주고받는 것은 사회적으로 소외된 자신의 위치로부터 벗어나는 듯한 환상을 맛보게 한다. 물론, 이러한 연애관계는 장은주의 결혼으로 파탄나지만, 그들의 연예관계의 지속성보다 중요한 것은 그러한 연예관계를 추동시키는 낭만적 사랑에 대한 감각에 있다. 그래야만 이송빈은 사랑, 열정 등을 감각하는 주체로서 자신을 위치시킬 수 있게 되고, 그때에야 비로소 소외된 상태를 벗어날 수 있는, 즉 고아의식을 극복할 수 있게 되기 때문이다. 그리고 무엇보다 낭만적 사랑, 고양된 열정은 바로 청년으로서의 자기를 구축하는 데 핵심적인 성격을 부여하는 것이 된다. 그런데 흥미로운 것은 이러한 낭만적 사랑, 고양된 열정이 문학으로부터 나온 것이라는 데 있다. 이송빈은 휘문고보 재학 중 도서관에서 빅토르 위고의 『레미제라블』, 톨스토이의 『부활』, 투르게네프의 『전날 밤』, 괴테의 『젊은 베르테르의 슬픔』 등을 탐독하면서 문학의 힘이 위대하다는 것을 느끼는 한편, 이 세계문학 속 "전형적 인물들의 원대한 사상, 무궁한 사랑, 운명의 비극들"[36]을 향유한다. 그리하여 『부활』의 '카츄사', 『전날 밤』의 '에레나', 『젊은 베르테르의 슬픔』의 '롯데' 등 여주인공의 이름에서 한 자씩 가져와 장은주를 '카레데'로 명명하고, 그녀에 대한 강한 열정을 느낀다. 따라서 상황이 이러하다면, 장은주에 대한 낭만적 사랑 역시 문학의 향유를 통해 감각된 것이라고 보아야 할 것이다. 식민

36 李泰俊, 앞의 책, 206쪽.

지 조선인 청년의 내면을 구축하는 데 세계문학이 놓여 있다는 것, 특히 낭만적 사랑과 고양된 열정을 가진 청년으로서 자기를 인식하는 데 세계문학의 독서 경험이 놓여 있다는 것은 의미심장하다.

이송빈은 원산에서 생활하던 중 『해당화』란 이름으로 초역된 『부활』을 읽은 경험이 있었고, 도일 후 '빼닝호프'를 만나 책사에서 구리야가와 하쿠손廚川白村의 『근대문학십이강』을 고를 정도로 문학에 깊은 관심을 가지고 있었다. 그런 만큼 그는 소위 '문학'을 통한 자기 형성에 몰두하고 있었다. 그리고 그것은 장은주와의 연예관계를 통해 욕망과 감각을 투사하는 형태로 표출되었다. 하지만 그녀와의 연예관계가 파탄난 뒤 도일하여 소위 '과학'을 발견하게 되는데, 이는 마치 문학에서 과학으로 나아가고 있는 형국으로 나타난다. 이런 점에서 관심이 가는 것은 그가 '빼닝호프'를 만나 와세다早稻田대학 기독교 청년회 기숙사로 거처를 옮긴 뒤 과학적 사고의 중요성을 자각하는 과정에 있다. 처음 겪는 지진을 통해 우주만물의 실체는 물리적 현상에 있다고 인식한 이송빈은 연인은 감정유희로 활성화시킨 것이라고 폄훼한다. 그는 부모의 자식에 대한 사랑은 본능이고, 연애는 감정유희에 불과하다면서 과학적 사고의 중요성을 부각시키는데, 이는 할머니(가족)에 대한 부채의식으로부터 스스로를 놓여나게 하는 방편이자, 장은주(연인)에 대한 집착으로부터의 해방을 위한 방법이었다. 즉 이송빈은 자기 구제의 방편으로서의 과학을 제시하고 있는 것이다. 그런 점에서 그가 "현대인의 안신입명할 길은 오직과학의 길이다!"[37]라고 했을 때, 그것은 전시총동

37 위의 책, 203쪽.

원 체제기 과학기술담론의 문법을 재생산한다고 볼 것이 아니라 가족에 대한 부채의식과 실연에 의한 애정결핍에 대한 보상체계로써 부상한 것이라고 보아야 할 것이다. 즉, 부채의식과 애정결핍에 휩싸인 '식민지 고아 청년'의 욕망의 기제로서 '과학'이 등장한 것이고, 그러한 과학만이 성공을 약속할 수 있다는 확신 속에 자기를 재구축하는 동력으로 작동한 것이다. 문학을 통한 낭만적 사랑에 휩싸였던 청년이 이제 과학을 통해 이성적인 주체로 갱신하고 있는 것이다. 물론 문학에서 과학으로의 전환이 이송빈의 성장을 확보해주는 것은 아니다. 식민지 조선인 남성 청년의 성장은 언제나 제한적이거나, 미완의 상태로 남아 있게 마련이기 때문이다.

우쥐류의 『아시아의 고아』에서 후타이밍 또한 『사상의 월야』의 이송빈과 마찬가지로 학문과 교육을 통한 자기 계발과 성장의 과정을 거쳐 입신출세의 욕망을 달성하려고 한다는 점에서 일반적인 근대적 개인의 성장 과정을 보여준다. 그의 이동이 유학과 취업을 위한 것이었다는 점이 이를 단적으로 확인하게 한다. 그렇다면 무엇이 그로 하여금 근대적 학문과 교육을 통한 입신출세의 길로 이끌었는가? 앞서 간단하게 언급했듯이, 그것은 1895년 타이완이 제국 일본의 식민지가 되면서 식민지 타이완 사회 구조가 변동한 데 원인이 있었다. 물론 이 소설에서는 식민지 타이완의 변화상에 대해 구체적인 서술이 드러나는 것은 아니지만, 인물군상에 대한 묘사를 통해 그러한 정황을 짐작케 한다. 특히 제국-식민지 체제의 새로운 질서 속에서 몰락해가는 타이완인들에 대한 인식이 후타이밍으로 하여금 그들과는 다른 삶을 기획하게 한다. 후타이밍의 집안은 유교적 질서가 지배하는 세계이다. 그의 할아버지는 중국 고대문화에 대해 동경을 가지고 있는 한학자이고, 그의 아버지 후원칭胡文卿은 한의사로 예의와 체면을 중시하는 인물이다. 이 집안은 정성공과 그의 아들 정경이 반청反清을 기치로 내걸면서 타이완에 진출하여 유교 교육 및 법제를 실시하고 중국식 관습과 문화를 이식한 통치 질서에 따라 삶을 영위해오고 있었고, 한족 계통의 객가인客家人으로서의 민족적 정체성을 유지하고 있었다. 후타이밍 역시 이러한 유교문화 속에서 성장하면서 자연스럽게 그것을 내면화했던 것이다.

하지만 타이완이 식민지가 된 이후 기존의 유교적 질서가 힘을 발휘하지 못하고, 식민통치 권력에 의해 그것에 균열이 발생하기 시작한다. 후타이밍이 사촌 즈다志達가 순사보가 된 뒤 일본어를 사용하거나 일본 제품을 사용하는 모습을 보고 '문화적인 냄새', '새로운 시대의 풍조'라고 느낀 것이 이에 해당한다. 변화하는 시세에 대해 인지하고 있었지만 할아버지의 반대로 근대식 교육기관인 공학교에 진학하지 못했던 후타이밍은 린林 선생의 권유와 설득으로 공학교에 진학한 뒤 변발辮髮을 자르고 학문에 정진한다. 유교적 질서에 균열이 발생하던 타이완 사회의 변화 속에서 후타이밍은 근대적 교육과 학문을 통해 자기를 구축하기 위한 길을 선택했던 것이다. 또한 그는 쇠락해가는 고향 마을, 특히 식민 통치 권력에 의해 수탈당하는 타이완[38]을 목도하면서 기존의 유교적 질서와 가치 체계가 송두리째 흔들리고 있다는 것을 절감하게 된다. 『아시아의 고아』에서 그것은 유학자인 펑 수재의 죽음에 대한 후타이

38 이와 관련해 『아시아의 고아』가 제국-식민지 체제기 제국 일본의 통치 권력에 의해 좌절과 고통을 겪었던 각계각층의 타이완인들의 삶을 증언하거나 고발했다는 논의를 참고할 수 있다.(이선옥, 「吳濁流와 타이완 의식」, 『중국문학』 제50집, 한국중국어문학회, 2007, 162쪽)

밍의 감회로 드러난다. 자신의 한학 선생이었던 펑 수재의 몰락에 이은 죽음은 후타이밍에게 "망해 가는 시대의 상징적인 하나의 풍경"으로 여겨지거나, "고대의 망령, 고대의 허물 속에서 도망쳐 나온 것 같은 느낌"을 갖게 한다.[39] 후타이밍은 펑 수재의 죽음을 통해 자신만의 새로운 시대가 도래했음을 느끼게 되는 것이다. 펑 수재로 대표되는 과거 유교적 질서로부터 벗어나 제국-식민지 체제라는 새로운 질서 속에서 후타이밍은 근대적 문물과 제도를 접하고, 교육과 학문을 통해 성공에 이를 수 있을 것이라고 여기게 된다. 그런데 유교적 질서가 지배하는 세계이든, 제국-식민지 체제의 통치 권력에 의해 운용되는 세계이든, 입신출세의 방편으로 교육을 통한 자기 계발이 제시된다는 점은 동일하다. 비록 한학이 더 이상 존립 근거를 잃었다고 하더라도 그 또한 소위 '출세'를 위한 것이었다는 점에서 다르지 않다. 그러니까 유학의 이념에 따라 학문에 정진하여 자기를 계발하고 세상에 나가 이름을 떨치고자 하는 것과 제국적 질서 아래 근대적 학문을 통해 그것을 달성하고자 하는 것 사이에 근본적인 차이는 없는 것이다.

그런 점에서 후타이밍의 내면을 구성하는 데 유교적 질서가 잔존하고 있다는 점을 상기할 필요가 있다. 즉, 근대 제국-식민지 체제의 새로운 시대가 도래했음에도 불구하고 그의 자아는 유교적 질서로부터 쉽게 놓여나지 않는 것이다. 이는 할아버지를 중심으로 한 가풍에 직접적인 영향을 받았기 때문이기도 하지만, 한족으로서의 민족적 의식과 결코 무관한 것이 아니다. 『아시아의 고아』 곳곳에서는 유교적 이념과

39 우줘류, 앞의 책, 95쪽.

질서에 의해 인간을 평가하는 후타이밍의 모습을 발견할 수 있는 한편, 한시를 통해 자신의 처지와 입장을 드러내는 그의 면모를 확인할 수 있다. 그는 취직을 위해 중국 대륙으로 향하면서 칠언율시七言律詩 한 수를 암송하는 것을 통해 자신의 이상을 펼쳤고, 슈춘에게 연정을 고백할 때 역시 시를 지어 보여주었으며 그녀의 한문학적 소양에 만족해한다. 단적인 예이지만, 여기에서 유교적 질서와 가치 체계 속에서 자기의 삶을 영위해가고 있는 후타이밍의 모습이 부각된다. 이런 점에서 그는 변화하는 시세 속에서 새로운 자기 구축에의 열망을 가지고 있었지만, 유교적 세계와 한족의 후예로서의 자기를 탈각하지는 않는다. 그리하여 입신출세의 욕망이 지연되는 것에 번민과 시름을 가지고 있는 그였지만 『춘추』와 『제자백가』와 같은 한문학 서적을 탐독하는 것을 통해 자신의 번뇌가 작고 하잘 것 없는 속인들의 것이었다고 치부할 수 있었다. 물론 그 스스로 유교적 세계가 그 힘을 상실했다는 것을 느끼고 있었고, 타인들로부터 '추상적 논리'와 '관념의 탑' 속에 유폐되어 있다는 비판에 직면하기도 하였다.

한편, 식민지 타이완인이라는 제한적·폐쇄적 위상 역시 후타이밍의 내면을 구성하는 데 핵심적인 동력으로 작동한다. 이 소설에서 후타이밍은 타이완인으로서의 자기 인식과 규정을 명확히 드러내고 있지는 않지만 그의 이동과 성장 과정 속에서 식민지 타이완인이라는 굴레는 결코 벗어날 수 없는 조건으로 그를 구속한다. 이와 관련해 식민지 타이완 남성으로서의 한계를 절감하게 한 사건으로 일본인 여선생 나이토 히사코內藤久子에 대한 사랑의 좌절을 들 수 있다. 그는 공학교 동료교사인 나이토 히사코를 세상에서 가장 아름다운 완전무결한 절대적 이상형의 여성으로 위치시키는 한편, 섹슈얼리티의 대상으로 그녀를 인식하고 그녀에 대한 열정을 강화해간다. 하지만 결국 민족적 차이로 인해 그녀와의 사랑은 이루어질 수 없게 되고, 그로 인해 공허감을 느끼게 된다. 그의 공허감은 청년으로서의 패기와 미래에 대한 환상을 가지고 있었던 타이완 남성이 일본인 여성을 소유할 수 없다는 데서 오는 것인데, 후타이밍은 일본인과 타이완인의 민족적 차이를 "그 누구도 부인할 수 없는, 그 누구도 바꿀 수 없는 엄염한 사실"[40]이라고 인정하면서도 자기 자신을 '더러운 피'를 가진 오염된 자로 규정한다. 흥미롭게도 일본인 여성과의 사랑이 좌절된 타이완인 남성이 자기를 규정하는 데 있어 오염된 자, 더러운 피를 가진 자로서 자기 혐오에 빠지고 있는 것이다. 이는 순혈주의에 기초한 민족적 차별의 지점을 드러내는 것이자 제국-식민지 체제 내 식민지인의 자기 규정의 한 양상을 단적으로 드러내는 것이다. 그러니까 오염된 자로서 타이완인은 순결한 일본인과 관계 맺기를 거부당할 뿐만 아니라, 그 자신 또한 일본인이 될 수 없게 되는 것이다.

후타이밍은 이동을 통한 성장의 과정 속에서 끊임없이 자기 갱신을 요청받았음에도 불구하고 자기를 적극적으로 변혁시키지는 않는다. 일본 유학 시절 정치운동에 투신한 동료 유학생들이 함께할 것을 적극적으로 권유했지만 학문에의 뜻을 근거로 거절하였고, 중국에서 항일구국운동에 참여할 것을 종용받았을 때에도 마찬가지로 행동하지 않았다. 그런 점에서 그는 식민지 타이완으로서 자신의 위치를 견지하면서

40 위의 책, 64쪽.

그 안에 한족으로서의 민족적 정체성을 지니고 있었지만, 그로 인해서 결국 일본인으로서도 중국인으로서도 자기를 정립할 수 없었던 것이다. 앞서 살펴보았던 것처럼, 그가 스스로를 '더러운 피'를 가진 오염된 자로 규정하거나 중국 사회에서 이방인의 감각을 지니고 있었던 것, 그리고 일본과 중국 양쪽에서 모두 '스파이' 혐의를 받았던 것은 타이완 객가인으로서의 자기를 정립하고 있었기 때문이었다. 그런 점에서 『아시아의 고아』에서 식민지 타이완 청년 후타이밍은 '청년' 일반의 속성으로 여겨지는 변화에의 갈망이나 적극적인 자기 투신을 보여준 것은 아니었다. 물론, 중국 건설을 위한 헌신적 태도와 낭만적 사랑에의 열정을 보이기도 했지만, 그는 시류에 휩쓸리지 않고 '사색하는 인간'으로 남아 있었다. 그리하여 청년으로서의 자기 인식이 어떤 행동으로 적극적으로 발현되지 않았던 자신의 삶에 대해 후타이밍은 다음과 같이 정리하였다. "진지하고 성실하게 산다고 살아왔지만 외려 그 모두가 스스로를 속이기 위한 것은 아니었을까? 현실을 넘어뜨려 깔아뭉갤 용기도 없었고 그저 오로지 타협하는 것만이 모든 것의 전부는 아니었을까? 타이완 출신으로 고등공업학교를 나와 최고의 교육을 받았다고 자부하지만 대관절 그것이 무슨 소용이란 말인가? 그야말로 버러지처럼 무력하고 무용한 존재가 아니었을까?"[41] 결국 식민지 타이완인으로서 후타이밍은 자기 혐오에 빠지고 말았던 셈이다.

하지만 '무력하고 무용한 존재'로서의 자기 혐오가 입신출세의 욕망이 좌절된 자가 도달한 지점이라고 단정할 수는 없다. 왜냐하면 그것은

41 위의 책, 380쪽.

후타이밍이 가지고 있는 고아의식의 지양이나 극복 불가능성을 말하고 있기 때문이다. 이태준의 『사상의 월야』에서 조실부모한 이송빈과 달리 후타이밍은 부모를 여의고 홀로 자라거나 경제적으로 극도로 궁핍한 상태에 놓여 있지 않았다. 그는 가족의 후원과 격려 속에서 일본과 중국 대륙으로 이동하였고, 자신의 욕망이 달성되지 못했을 때에도 고향마을의 가족으로 돌아올 수 있었다. 그럼에도 불구하고 그는 상징적 고아의식을 지니고 있었는데, 이는 식민지 타이완이라는 정치적·사회적·문화적 위상에 기인한 것이었다. 이런 점에서 타이완은 중국 대륙과는 구별되는 역사 공간으로, 후타이밍의 정체성을 구성해주는 최종심급에 놓인다.[42] 일본 국적의 식민지 타이완인, 객가인으로서 한족의 민족적·문화적 정체성을 지니고 있는 자로서 그의 이동과 성장은 사실 바로 그 모순적 상태로부터 벗어나기 위한 일련의 과정이었다고 할 수 있다. 하지만 그는 총력전 체제하 일본군 군속으로 징집되어 구국의용대 소속 중국인이 총살당하는 광경을 무기력하게 바라볼 수밖에 없는 자였다. 그는 자신의 출신 성분으로 인해 처한 모순적 상황 속에서 "말할 수 없는 자괴감과 회의, 고통"을 느끼고, "격심한 정신적 동요와 자책"을 하지 않을 수 없었던 것이다.[43] 그런 점에서 후타이밍은 결여의 상태를 극복하기 위해 지속적으로 욕망하고 있었지만, 그러한 욕망의 좌절 속에서 다시금 결여의 상태에 직면하지 않을 수 없었다. 그가 입신출세를 위해 일본과 중국으로 이동하였지만, 결국 타이완으로 돌아올 수밖에 없었던 것, 그리고 일본인으로서도 중국인으로서도 새로운 자기를 구축

42 신민영, 앞의 글, 233쪽.
43 우줘류, 앞의 책, 286~287쪽.

할 수 없었던 것, 자기 회의와 자기혐오의 상태에서 광란에 휩싸였던 것은 모두 이에 해당한다.

4. 미완과 광기, 식민지적 불안

지금까지 이 글에서는 이동서사와 성장소설의 측면에서 이태준의 『사상의 월야』와 우줘류의 『아시아의 고아』를 비교・검토하였다. 이를 통해 식민지 청년들의 입신출세를 위한 이동의 양상과 회로를 확인하는 한편, 그러한 이동을 통한 성장이 불가능하다는 것을 확인할 수 있었다. 그리고 이 두 소설의 서사를 통해 제국-식민지 체제기 '식민지 남성 청년'이라는 정치적・사회적・문화적・젠더적 위상이 스스로를 청년으로 규정하고 끊임없이 새로운 자기를 구축하기 위한 동력으로 작동하면서 입신출세의 욕망을 강화시키는 한편 역설적으로 그것을 좌절케 했다는 점을 알 수 있었다. 그럼에도 식민지 청년들의 결핍된 자로서의 자기 인식은 그러한 결핍을 극복하거나 지양하기 위해 제국-식민지 체제하 교육과 학문으로 그들을 이끌었지만, 결국 그러한 교육과 학문을 통해서도 결핍을 해소할 수 없다는 것을 절감하는 순간 그들은 성장을 멈추거나 포기하게 되었다. 물론 성장은 어떠한 경우에도 달성되지 않고 지연된다. 그것은 욕망하는 주체가 자신의 욕망이 달성됐다고 여기는 순간 또 다른 어떤 것을 욕망하게 되는 것과 같은 이치이다.

어떤 대상에 대한 욕망이 달성될 수 있다면, 바로 그 순간 주체는 사라지고 개인은 그 존립 근거를 상실하게 된다. 그런 점에서 이태준의 『사상의 월야』와 우쥐류의 『아시아의 고아』는 욕망하는 주체로서의 식민지 남성 청년의 고백서이다. 이제 이들 욕망하는 자들의 불안을 살펴보는 것으로 이 글을 마무리하고자 한다.

『사상의 월야』의 서사 말미에서 이송빈은 '빼닝호프'의 주선으로 와세다대학 전문부 정경과에 입학하여 학문을 이어간다. 그러나 '빼닝호프'의 후원과 지지 속에서 성장의 길을 걷던 그는 결국 스코트 홀을 나오게 되는데, 표면적으로 그것은 조선인 유학생에 대한 '빼닝호프'의 부정적 인식 때문으로 보인다. 그리고 이를 근거로 조선인으로서의 자의식을 지니고 있는 이송빈의 모습에서 민족적 주체로서의 각성과 성장 가능성을 가늠하기도 한다. 나아가 이 소설의 서사가 '파국'으로 종결된다는 점에 주목하여 제국의 중심부에서 식민지 현실에 대한 각성을 통해 자발적 '불화'의 길을 걷게 되었다고 의미 부여하기도 한다.[44] 하지만 이는 피상적인 분석이다. 보다 근본적인 이유는 '빼닝호프'가 이송빈을 미국에 보내 체육을 연구하고 돌아와 스코트 홀 체육부 사업을 맡기려고 한 것과 기독교를 믿으라고 한 데 있다고 보아야 할 것이다. 즉, 소위 과학의 발견을 통해 새로운 자기 구축과 성장 가능성을 가늠한 그에게 체육과 종교는 과학의 세계를 부정하는 것이 되고, 결국 그것은 자기 기획의 핵심적 동력의 상실로 이어지는 것이다. 이송빈이 '빼닝호프'의 후원을 거부하고 스코트 홀을 나오는 장면에서 이 소설이

44 권은, 앞의 글, 295쪽.

끝난 것을 두고 다양한 해석을 낳게 하지만, 성장소설의 서사구조 상 새로운 자기 구축의 동력인 과학을 발견한 청년으로서 이송빈이 그것을 부정하는 세계와의 결별하는 것은 지극히 자연스러운 것이다. 하지만 이 선택이 그 자체로 식민지 조선인 청년의 성장을 완성시켜주지 않는다. 그것은 전시총동원 체제기 식민지 조선인 청년에게는 『별은 창마다』의 어하영의 삶처럼 '제국적 주체'가 되는 길 이외의 길은 차단되었기 때문이다. 전시총동원 체제기 제국적 주체로의 성장은 곧 '군인'의 삶으로 귀결되고, 군인이 되기 위한 멸사봉공滅私奉公의 투신은 결국 자기 파괴의 길에 다름 아니다. 그런 점에서 『사상의 월야』의 연재를 마치면서 이태준이 "주인공의 이 앞으로의 모든 것은 좀더 신중히 생각할 여유가 필요하게 되엿습니다"[45]라고 했던 것은 바로 이 성장 과정의 파국을 예감했던 것 때문인지도 모른다.

한편, 우줘류의 『아시아의 고아』의 서사는 후타이밍이 광란에 휩싸여 종적을 감추는 것으로 종결된다. 그는 중국을 탈출하여 타이완으로 돌아온 뒤 대륙에서의 자신의 삶이 일장춘몽에 지나지 않았다고 여겼고, 전시총동원 체제기 황민화운동이 가속화되어도 대다수 타이완 농민들은 동요하지 않고 있으며 곧 일본이 패전할 것이라고 판단하고 있었다. 물론 그럼에도 식량국 외곽 단체인 미곡협회에서 회계업무를 보기도 했지만, 조카의 특별지원병 지원을 만류하기도 하는 등 전시총동원 체제기 타이완 '황민 보이'나 '모범 청년'들과는 거리를 두는 삶을 살고 있었다. 그런데 이복동생 '즈난'이 노무봉공반勞務奉公班에 소집되

45 이태준, 앞의 책, 208쪽.

어 과도한 노동에 시달리다 사망에 이르자 지금까지 자신의 삶의 회고하면서 "자책과 반성의 마음이 폭풍우처럼 타이밍의 전신을 요동치게 했다."[46] 그리고 그는 죽은 자의 환청을 들으면서 광기에 휩싸여 일본 제국주의의 폭정을 비판하는 시구를 남겨놓고 종적을 감추게 되었던 것이다. 이 후타이밍의 광란과 행방불명을 어떻게 이해할 수 있을까? 이 서사의 결말 또한 후타이밍의 민족적 주체로서의 각성과 성장의 완성를 의미한다고 볼 수는 없을 것이다. 제국 일본의 식민 통치 권력의 폭력성을 폭로했다고 해서 갑자기 민족적 주체가 될 리도 없지만, 후타이밍은 이미 한족으로서의 민족적 정체성을 지니고 있었다. 따라서 이 서사의 결말은 제국-식민지 체제 내 타이완 청년의 성장 과정의 임계점이 광기였다는 그 자체로서 의미를 갖는다고 보아야 할 것이다. 즉, 식민지 타이완이 청년이 자신을 규정하고 있던 조건들을 벗어나려고 하면 할수록 광기에 사로잡힐 수밖에 없다는 것, 그러니까 처음부터 그의 성장은 디스토피아로 향하고 있다는 것을 말하고 있었던 것이다.

이처럼 이태준의 『사상의 월야』는 식민지 조선인 청년의 성장의 중단을, 우줘류의 『아시아의 고아』는 식민지 타이완 청년의 성장의 파국을 말하고 있다. 제국-식민지 체제기 식민지 청년으로서 그들의 정치적·사회적·문화적·젠더적 위상이 입신출세의 욕망을 강화시켰고, 그들은 제국적 질서 아래 자신들의 삶을 기획하고 새로운 자기를 구축하기 위해 여념이 없었지만, 결국 그들의 욕망은 부인되고 그들의 성장은 파탄났다. 따라서 이들 두 소설은 식민지 청년의 이동과 성장의 임

46 우줘류, 앞의 책, 380쪽.

계를 서사화하면서, 제국-식민지 체제하 식민지인의 욕망의 구조와 존재 방식의 한 축도를 보여준다. 교육과 학문으로 대표되는 근대성의 세계 속에서 자기를 기획하고, 자율의지에 의해 선택하며, 스스로 자기의 내면을 응시하고 욕망하는 주체로서 자기를 정립해갔다고 믿었던 식민지 청년들이 그러한 자기 기획과 욕망의 구조가 제국-식민지 체제의 산물이었다는 것을 자각하는 순간, 그들은 성장을 멈추거나 미칠 수밖에 없었던 것이다. 따라서 『사상의 월야』와 『아시아의 고아』는 식민지 청년의 끊임없는 이동과 성장의 과정을 서사화하면서 결국 식민지 청년이 결핍된 존재로서 남게 된다는 것을 역설한다. 그런 점에서 이들 소설은 20세기 전반 동아시아 근대의 상징적 형식이라 할 만 하고, 또 그런 점에서 그 자체로 식민지적 불안을 증거하고 있다.

제2장

식민지 문학자와 이동의 정치학

이석훈의 문학작품을 중심으로

1. 조선문인협회와 문예동원의 길

조선문인협회회칙(朝鮮文人協會會則)(**초**(抄))

제1조(第一條) 본회(本會)는 조선문인협회(朝鮮文人協會)라 칭(稱)하고, 그 사무소(事務所)를 경성(京城)에 치(置)함

제2조(第二條) 본회(本會)는 국민정신총동원(國民精神總動員)의 취지(趣旨)의 달성(達成)을 기(期)하고 차(且) 문인 상호(文人 相好)의 친목(親睦) 향상(向上)을 도(圖)하므로써 목적(目的)으로 함

제3조(第三條) 본회(本會)는 본회(本會)의 취지(趣旨)에 찬동(贊同)하는 문인(文人)으로써 조직(組織)함 단(但) 본회(本會)에 가입(加入)하랴면 간사(幹事) 일인(一人)의 추천(推薦)에 의(依)하여

간사회(幹事會) 차(此)를 심의 의결(審議決定)함

제4조(第四條) 본회(本會)는 본회(本會)의 취지 목적(趣旨 目的)을 실행(實行)하기 위(爲)하야 좌(左)의 기관(機關)을 치(置)함

가, 명예총재(名譽總裁) 일명(一名)

나, 회장(會長) 일명(一名)

다, 간사(幹事) 약간 명(若干 名)

제5조(第五條) 회장(會長)은 대회(大會)에서 선거(選擧)하고 간사(幹事)는 회장(會長)이 이를 지명(指名)함

제6조(第六條) 본회(本會)의 경비(經費)는 회비(會費) 급(及) 유지(有志)의 찬조금(贊助金)으로써 차(此)에 충(充)함

제7조(第七條) 본회(本會)의 회비(會費)는 연 일원(年 壹圓)으로 함

제8조(第八條) 본회(大會)는 연 일도(年 一度)이며 (신상제(神嘗祭)에 개최(開催)) 회장(會長)이 이를 소집(召集)함 단(但) 필요(必要)에 응(應)하여 임시대회(臨時大會)를 소집(召集)할 수 있음.[1]

1939년 조선문인협회가 창립되었다. 10월 17일 발기회를 시작으로 22일 회칙과 강령을 결정한 뒤, 29일 부민관 중강당에서 결성대회가 개최되어 시오바라 도키사부로鹽原時三郎가 명예총재로 추대되고, 회장에 이광수, 간사에 모모세 지히로百瀨千尋, 스기모토 나가오杉本長夫, 가라시마 쓰요시辛島驍, 쓰다 다카시津田剛 등 일본인과 김동환, 정인섭, 주요한, 이기영, 박영희, 김문집 등 조선인이 임명되었다. 조선문인협회 회

1 「朝鮮文人協會의 結成」, 『人文評論』, 1939.12, 100쪽.

칙에는 국민정신총동원의 취지[2]를 달성하고, 문인 상호의 친목 향상을 도모한다는 목적이 명시되어 있다. 또한, 성명서에서 "조선朝鮮에 있어서 진실眞實로 시국時局의 중대성重大性을 인식認識하는 동지 상합同志相合하야 '조선문인협회朝鮮文人協會'를 결성結成하고 흥아興亞의 대업大業을 완성完成시킬 황군적皇軍的 신문화 창조新文化 創造를 위하야 용왕매진勇往邁進코저 맹서盟誓하는 바"[3]라고 하여 당시 국책에 호응하여 조선문인협회가 결성되었음을 쉽게 짐작할 수 있다. 이는 결성대회 석상에서 다시 한번 확인할 수 있다. 이광수는 "이번 협회의 창립의 참뜻은 새로운 국민문학의 건설과 내선일체內鮮一體의 구현에 잇다 인류는 유사 이래 국민의 생활을 써나서 생활을 해온 일이 업다 문화도 국민생활을 써나서는 존재할 수 업는 것이다 반도 문단의 새로운 건설의 길은 '내선일체'로부터 출발되어야 할 것이다 오늘의 협회 창립도 아름다운 내선 문화인의 서로 신애하는 정으로부터 비저낸 것이라고 하겠다"라며 내선일체를 강조하는 취임사를 하였고, 명예총재 시오바라 도키사부로는 "문학이 국가에 씨치는 영향은 실로 위대한 것이다 붓을 가진 사람의 책임은 전선에 나아가 총칼을 잡은 병사와 맛찬가지의 것이라고 생각한다 압흐로 본 협회 회원의 활약은 신동아 건설에 새로운 박차를 가하는 것이 될 것이라고 미더 의심치 안는다"며 문필봉공文筆奉公을 역설하는 내용의 인사말을 전했다.[4] 조선문인협회의 결성은 중일전쟁 이후 전시총동

2 국민정신총동원 조선연맹의 강령은 '황국정신의 현양(顯揚)', '내선일체의 완성', '생활의 혁신', '전시경제 정책에의 협력', '근로보국', '생업보국', '총후의 후원', '방공방첩', '실천 강령의 조직에 의한 지도의 철저' 등이었다. 이에 대해서는 朝鮮總督府, 『朝鮮に於ける國民精神總動員』, 朝鮮總督府, 1940, 67~70쪽 참조.

3 「聲明書」, 『人文評論』, 1939.12, 101쪽.

4 「日本精神을 發揚! "文의 內鮮一體"를 絶叫 朝鮮文人協會 結成大會 盛況」, 『每日新報』,

원 체제 아래 식민지 조선의 문학계가 재편되는 상징적인 사건이었던 것이다.

조선문인협회에서는 1939년 12월 3일 사업계획 협의간담회를 열어 추후 사업계획에 대해 논의하였는데, 그것은 ① 문인회관을 건설할 것, ② 문예상을 제정할 것, ③ 협회 내 문예상 심사위원회를 둘 것, ④ 협회 결성 피로연을 겸한 '문예의 밤'을 21일 부민관에서 개최할 것, ⑤ 내년 봄 평양, 대구, 함흥 등 지방 중요 도시를 순방하여 '문예의 밤'이나 '좌담회'를 개최하여 국민문화운동을 전개할 것, ⑥ 내년 봄 도쿄에서 '문예의 밤'을 열어 중앙문단에 조선과 조선문단을 인식시키고 내지문단인과 제휴할 것 등이었다.[5] 여기에서 흥미로운 것이 ④, ⑤, ⑥ 항목의 내용이다. 먼저 경성에서 '문예의 밤' 행사를 개최한 뒤, 이듬해인 1940년 봄 조선의 각 지방과 일본의 도쿄에서 이를 이어간다는 것은 국민정신총동원 조선연맹이 구축한 제국 일본의 중앙 도쿄-제국 일본의 지방이자 식민지 조선의 중앙 경성-식민지 조선의 각 지방이라는 위계화되고 단선적인 구조 속에서 국민문화운동을 전개해 나가겠다는 것을 밝힌 것에 다름 아니기 때문이다. 또한, 그것은 중앙 내지문단과 지방 조선문단이 상호 제휴하여 국민문화운동을 펼쳐나가겠다는 것으로, 이때 조선문인협회의 활동은 철저히 중앙/지방으로 재편된 제국-식민지 체제의 지정학적 역학 관계 내부에서 이루어졌던 셈이다.

한편, 1939년 제2차 세계대전의 발발 이후 1940년 파리함락으로 상

1939.10.30.

5 「文藝賞에 文人會館 "文藝의 밤"과 時々로 地方도 巡廻 半島文人協會 事業大綱」, 『每日新報』, 1939.12.5.

징되는 '근대의 종언'이라는 세계사적 파국의 진단 아래 식민지 조선의 문학자들은 '서양문학=근대문학'을 추수했던 기존의 조선문학을 넘어 새로운 조선문학을 수립하기 위한 움직임을 보였고, 그것이 1940년 신체제운동과 연계하여 문단 혁신운동의 일환으로 진행되었다. 잘 알려진 대로 1940년 『동아일보』와 『조선일보』가 폐간되고, 경무 당국의 주도 하에 1941년 『문장』과 『인문평론』이 통합되어 『국민문학』이 창간된 것은 이러한 흐름 속에서였다. 『국민문학』 창간에 조선문인협회의 결성에 참여했던 재조일본인 및 조선인 지식인과 문학자들이 대거 참여한 점과 『국민문학』 편집요강이 국민정신총동원의 취지와 별반 다르지 않다는 점을 통해 조선문인협회의 창립과 『국민문학』의 창간이 조선문단의 재편이라는 점에서 동궤에 놓여 있었다는 것을 알 수 있다. 그리하여 1939년 조선문입협회의 창립에 이은 1941년 『국민문학』의 창간으로 조선을 거점으로 한 재조일본인 문학자와 식민지 조선인 문학자들은 '문단'이라는 새로운 결사체 속에서 당시 국가주의 이데올로기를 적극적으로 수행해나갈 수 있었던 것이다.[6]

이와 관련해서 식민지 말 조선 문학계의 문예동원과 관련해 주목할 만한 논의를 전개하고 있는 글이 『국민문학』 1942년 1월호에 실린 좌담회 「문예동원을 말한다」이다. 이 좌담회는 1941년 9월 27일 반도호

6 이와 관련해서 조선 내 내지인 문단의 형성사라는 관점에서 조선문인협회를 고찰한 글에서 박광현은 "문인협회의 결성과 『국민문학』 창간 이후 조선 안에서 내지인과 조선인의 문단이 대면하고 서로를 '발견'하게 된 것이"며, "조선 내 '문단'이라는 이름으로 구성될 수 있는 내지인 문단의 형성사라는 측면에서 『국민문학』의 역할을 생각할 때, 그것은 '내지인 반도작가'가 욕망을 발화하기 위한 공간이자 그들과 그들 문학의 재생산을 위한 공간이었다고 할 수 있다"고 논의하였다. 이에 대해서는 박광현, 「조선문인협회와 '내지인 반도작가'」, 『현대소설연구』 제43호, 한국현대소설학회, 2010, 79~111쪽 참고.

텔에서 열렸는데, 참석자는 경성제국대학 법문학부 교수 가라시마 쓰요시辛島驍, 경성일보 편집국장 시마모토 스스무嶋元勸, 경성일보 학예부장 데라다 에이寺田瑛, 녹기연맹 주간 쓰다 다카시津田剛, 경성보호관찰소 소장 나가사키 유조長岐祐三, 조선총독부 보안과장 후루카와 가네히데古川兼秀, 조선총독부 도서과장 혼다 다케오本多武夫, 조선총독부 보안과 마쓰모토 야스오松本泰雄, 국민총력조선연맹 문화부장 야나베 에이자부로矢鍋永三郎, 녹기연맹 배상하(창씨명 星野相河), 경성방송국 제2방송부장 노창성(창씨명 八幡昌成), 매일신보 학예부장 백철, 평론가 임화, 그리고 인문사 편집주간 최재서였다. 대표적으로 가라시마 쓰요시는 문예동원을 고도국방국가 건설에 문예가를 동원하는 것이라고 정의한 뒤, 문예가에게는 결국 대중을 지도하고 계발하는 입장에서의 동원과 자기 수양과 재건을 위해 수행해야 하는 동원이 있다고 말한다. 그러면서 전자에 포함되는 것으로 시국적 작품 발표와 지방 강연, 지방문화 현황 보고를 통한 문화정책 수립에의 기여 등을 들었고, 후자에 포함되는 것으로 내지 성지순례여행, 현지 병영생활이나 근로봉사 참여, 그리고 지원병훈련소 견학 및 신사참배 등을 들었다.[7]

이 글에서는 1939년 조선문인협회 가담 이후 대중 지도와 자기 수양이라는 문학자의 문예동원 요청 방식을 누구보다도 적극적으로 수행하고, 이를 작품화한 이석훈李石薰(창씨명 牧洋)의 문학작품을 검토하는 것을 통해 식민지 말 조선인 문학자의 욕망과 그것의 균열지점에 대해 살펴보고자 한다. 1929년 『조선일보』에 동화 「아버지를 찾아서」를 발표

7 「文藝動員を語る」, 『國民文學』, 1942.1, 104~105쪽.

한 이후 본격적으로 작품 활동을 시작한 이석훈은 시, 소설, 희곡 등 다양한 장르의 문학작품을 창작하는 한편, 조선일보사, 개벽사, 경성방송국 등에서 근무하였고, 1939년 조선문인협회 창립 이후에는 간사 및 상무로 재직하였다. 1930년대 중반까지 그의 작품은 주로 룸펜 인텔리의 고뇌와 방황을 그린 자전적 작품이거나 사회의 구조적 모순에 대한 비판적 인식을 담아낸 작품이 주를 이루었다. 하지만 오락물의 성격이 강한 통속 연애서사를 쓰는 등 이 시기 이석훈의 문학작품은 조선문단 내부에서 크게 주목받지 못한 형편이었다. 한편, 이석훈은 작품 활동 초기부터 일본어 창작을 염두에 두고 있었지만 본격적으로 내지문단에 일본어 창작을 발표하지는 않았고, 『경성일보』와 『부산일보』에 일본어로 창작한 시, 동요, 콩트 등의 글을 실었을 뿐이었다.[8]

이석훈의 문학작품에 관한 논의는 주로 식민지 말 그의 일본어 창작에 집중되고 있다고 해도 과언이 아니다. 식민지 말 그의 문학작품에 관한 기존 논의는 대체적으로 '친일문학'과 '전향'의 측면에 초점이 맞춰져 이루어졌다. 김재용은 1937년 중일전쟁 발발 이후 1938년 10월 일본군에 의해 무한 삼진이 함락되자 식민지 조선의 문학계가 식민주의에 대한 협력과 저항으로 양극화되었다고 전제한 뒤, 이석훈은 조선문인협회 주최의 문인순회강연 참석을 계기로 자발적 친일 협력의 길을 걸었으며, 그의 「고요한 폭풍」이 "내적 논리에 입각한 자발성을 넘어 그것이 한 개인의 내면에 자리잡게 되는 내면화의 과정을 보여준다"[9]고

8 이에 대해서는 시라카와 유타카, 곽형덕 역, 『한국근대 知日 작가와 그 문학연구』, 깊은샘, 2010, 339~410쪽 참고.

9 김재용, 『협력과 저항－일제 말 사회와 문학』, 소명출판, 2004, 27쪽.

하였다. 또한, 이원동은 식민지시기 이석훈의 민족주의에서 일본주의로의 전회轉回 과정을 논의한 글에서 식민지 말 그의 "일본주의 수용은 서구지향적인 계몽주의의 자기해체적인 길의 논리적 귀결"[10]이라고 설명하였다. 하지만, 식민지 말 이석훈의 문학자로서의 행위와 그 속에 내재된 욕망, 그리고 그의 작품을 이해하는 데 있어서 '친일문학'과 '전향'이라는 관점은 다소 제한적이다. 무엇보다 '친일문학'과 '전향'이라는 관점은 식민지 말 문학 장에서 이석훈이라는 한 문학자의 선택과 행위에 내재한 욕망과 그러한 욕망이 드러난 문학작품이 갖는 특성을 변별적으로 파악하는 데 있어서는 효과적이지 않다. 이에 따라 이 글에서는 식민지 말 이석훈의 문학자로서의 행위를 '이동성mobility'의 측면에서 바라보고, 그의 문학작품을 '이동 서사narratives of movement'라는 측면에서 고찰하는 것을 통해 식민지 조선인 문학자의 욕망의 한 지점을 포착하고자 한다. 본론에서 본격적으로 논의하겠지만, 이석훈은 1939년 조선문인협회 가담 이후 각종 문예동원의 행적을 보이면서 식민지 조선과 제국 일본, 만주국 등 제국의 권역을 계속해서 이동하였으며, 그러한 이동의 체험을 적극적으로 작품화하였다. 이 글에서는 식민지 말 조선인 문학자 이석훈의 연쇄적인 이동과 그가 그러한 이동의 과정과 체험을 작품화하는 것을 통해 자신의 행위에 의미 부여하고 있는 점에 주목해 식민지 문학자의 욕망의 회로를 추적하고자 한다.

10 이원동, 「주체의 시선과 타자 경험의 정치학－이석훈 소설의 내적 논리」, 『語文學』 제112집, 한국어문학회, 2011, 343쪽.

2. 문인순회강연과 새로운 '자기'의 구축

조선문인협회는 앞서 사업계획에서 논의된 각 지방 순회강연을 실시하기 위해 경부, 호남, 경의, 함경 등 철도선에 따라 4개의 반을 구성하고, 각 반에 4~5명의 문학자를 배정하여 1940년 11월부터 12월에 걸쳐 파견하였다. 이석훈은 이효석, 함대훈 등과 함께 함경선 반에 편성되어 12월 5일부터 11일까지 원산, 함경, 성진, 청진, 나남, 춘천 등을 순회하며 강연하였다.[11] 문인순회강연반 통신에서 함대훈은 "오일五日 야夜 경성京城을 써나 육일六日에 함흥咸興에 와서 제일성第一聲을 발發하고 칠일七日은 성진城津 팔일八日인 오늘 청진淸津에 왓습니다 함흥咸興선 공회당公會堂에서 성진城津은 읍사무소 강당邑事務所講堂에서 모—두 성대盛大히 강연講演을 마칫습니다 청진淸津까지 오는 동안은 기차汽車가 이삼 시간 식二三時間式 연착延着하여 큰 곤란困難이엇습니다 웨 그리 만만적漫々的인지 가슴이 답々햇습니다 원채 시간時間이 업는데 기차汽車까지

11 문인순회강연회 연사 및 일정

구분	연사	일정
제1반 경부선	百瀨千尋(歌人, 철도국), 김동환(잡지 삼천리사 사장), 유진오(작가, 보성전문 교수), 박영희(작가, 연맹선전부장)	12월 8일(부산), 9일(마산), 10일(진주), 11일(대구), 12일(청주), 13일(공주)
제2반 호남선	寺田瑛(경성일보 학예부장), 정인섭(평론가, 연희전문 교수), 이헌구(평론가), 杉本長夫(시인, 법전 강사)	11월 1일(광주), 2일(목포), 3일(군산), 4일(전주), 5일(이리), 6일(대전)
제3반 경의선	辛島驍(경성대학 교수), 백철(매일신보 학예부장), 津田節子(녹기연맹 부인부), 최재서(평론가, 인문사 사장)	11월 30일(평양), 12월 1일(신의주), 2일(선천), 3일(진남포), 4일(해주), 5일(개성)
제4반 함경선	杉本長夫, 이석훈(작가), 이효석(작가, 평양공전 교수), 함대훈(평론가), 鎌田澤一郎(평론가)	12월 5일(원산), 6일(함경), 7일(성진), 8일(청진), 9일(나남), 11일(춘천)

* 비고 : 『每日新報』 1940년 11월 25일 기사에 의함.

연착延着하여 강연講演하고는 곳 기차汽車에 올러야 하니 잠을 못 자고 다니는 형편形便입니다"라며 순회강연 일정의 촉박함을 토로하였고, 이석훈은 "무엇을 엇고저 하는 청중聽衆들의 쓰거운 눈, 눈…… 내 힘이 미약微弱함을 느끼면서 더욱 분발奮發하고 잇습니다 북국北國은 춥고 기차汽車는 느림보나 동해東海는 아름답습니다"라고 하여 강연회 연사로서의 사명감을 피력하였다.[12]

이 문인순회강연의 체험을 서사화한 작품이 잘 알려진 「고요한 폭풍」이다.[13] 이 소설은 조선문인협회가 조선의 각 지방으로 문인들을 파견하여 개최한 문인강연회에 참석한 소설가 박태민朴泰民의 '전향' 과정을 서사화하고 있다. 한때 동반자 작가라는 평가를 받았던 박태민은 1937년 중일전쟁 이후 혼란스러운 식민지 조선의 시세 속에서 작가로서 자신의 존재를 발견하지 못하여 고뇌하고 있는 인물이다. "시대의 거친 움직임이 모든 감상과 편견을 타개하여 새로운 역사를 창조하려 하고 있었다. 어지럽게 돌아가는 소용돌이 속에서, 그는 작가로서의 자신의 존재 방식을 발견하지 못하고 고뇌하고 있었다. (…중략…) 이 땅에서 작가로 살아가기 위해서는, 이런 거친 폭풍의 시대를 극복하지 않으면 안 되었다. 그것은 단순히 무의식적으로 생활해서는 안 되었다. 의식적으로 시대를 호흡해야 했다."[14] 식민지 말 불안과 동요의 시대를 살고

12 「文人巡廻講演班通信(第四班)」, 『每日新報』, 1940.12.12.

13 이석훈의 「고요한 폭풍」은 총 3부로 이루어져 있다. 1부는 『국민문학』 1941년 11월호에 「靜かな嵐」이라는 제목으로, 2부는 『국민문학』 1942년 6월호에 「夜 : 靜かな嵐・第二部」라는 제목으로, 3부는 『녹기』 1942년 11월호에 「靜かな嵐(完結篇)」이라는 제목으로 각각 게재되었다. 또한, 작자 표기의 경우 1부는 '李石薰'으로, 2부와 3부는 '牧洋'으로 명시되어 있다. 이후 이 3부작은 1943년 매일신보사에서 발행된 단행본 『靜かな嵐』에 전재되었다.

있던 박태민은 문인강연회 강연자로 지명을 받고 앞으로 자신이 나아갈 방향을 알 수 있을지 모른다며 사상적으로 거칠어 아무도 지원하지 않는 함경선 반에 자원한다. 그는 자기를 단련하기 위해서는 시련이 필요하다며, 반反제국주의적 사상 경향이 강한 함경 지방의 순회강연에 지원한 것이다.

이 소설에서 함경 지방은 반제국주의적 사상 경향이 강한 곳으로만 드러나지 않는다. 그곳은 황량한 북국의 풍경이 펼쳐진 식민지 조선의 지방으로, 과거 좌익사상이 휩쓴 곳인가 하면 현재 백계 러시아인의 망명지이기도 하다. 또한, 한편으로는 근대 전환기 이후 조선인 청년들의 기독교 문화가 지속되고 있는 곳이기도 하다. 이처럼 박태민이 자기 단련을 위한 시련의 공간으로 인식하고 있는 함경 지방은 그 지리적 · 문화적 위치의 특수성으로 인해 근대 이후 제국주의적 규율 권력에 틈을 발생시키거나, 문화적 혼종성을 지닌 국경지대로서의 장소성을 반복적으로 재현한다. 물론 이 소설에서 함경 지방의 이와 같은 로컬리티locality가 구체적으로 드러나는 것은 아니다. 그런데 이석훈이 실제로 함경 지방을 순회강연한 사실보다 중요한 것은 「고요한 폭풍」 서사 속에서 그곳을 박태민의 시련의 무대로 장소화하고 있다는 점에 있다. 왜냐하면 그것은 함경 지방이 '자기' 재구축의 서사에서 서사적 긴장감과 인과성을 부여하기 위한 하나의 장치로서 기능하고 있기 때문이다. 대부분의 문인들이 기피했지만 박태민 스스로 자기 단련을 위해 자원했던 곳, 순회강연 도중 끊임없이 청중들의 비난의 시선을 받을 수밖에 없었던

14 李石薰, 「靜かな嵐」, 『國民文學』, 1941.11, 157~158쪽.

곳, 함경 지방은 박태민의 전신轉身을 위해 마련된 무대였던 셈이다.[15]

그런데 그는 순회강연에서 무엇을 말해야 할지 모를 정도로 어떤 신념을 가지고 있지도 않았고, 시국 공부회라는 모임에서 군 장교의 고도국방국가 체제란 어떤 체제냐는 질문에 당황할 정도로 시국에 대한 인식이 일천한 자였다. 사실 그에게 순회강연은 소심하고 겁이 많음에도 불구하고 허영심이 높고 줏대가 없는 자신과 문단 사람들을 자학하거나 경멸하는 괴로움으로부터 벗어나기 위한 선택이었다. 「고요한 폭풍」에서 경성제국대학 출신의 가가와賀川와 마키노牧野, 그리고 이전부터 교우가 있던 정태호鄭泰浩와 함께 함경선 반 순회강연을 떠난 박태민 일행의 여정은 경성→함흥→성진→청진→나남→원산→경성→춘천→경성의 순서였고, 각 지방의 관청·경찰서·헌병대 등의 지원이 있었던 것을 통해 확인할 수 있듯이, 문인순회강연은 제국주의 국가권력에 의해 운용되고 통제되는 행사였다. 이 순회강연회에서 박태민은 자신은 빈약하지만 조선 작가의 한 사람이라고 밝힌 뒤, 작가로서의 자신을 되돌아봤을 때 동반자 작가라는 소리를 듣기도 했지만 민족주의적 색채의 작품을 써온 것이 사실이라고 말한다. 그러면서 민족주의적 색채의 작품을 써온 자신이 시국강연회에 참가한 것을 경박하다고 하는 것은 안이한 생각이라며, 실은 그런 사람들에게 자신의 이야기를 들려주고 싶다고 말을 잇는다. 그는 작가의 본분은 작품을 쓰는 데 있지만 그 전에 어떤 생활을 하고 있는지 반성하지 않으면 안 되는 상황

15 이 글에서 본격적으로 논의하지 않았지만, 식민지 말 문예동원의 체험을 바탕으로 문학작품을 창작하고, 그것을 통해 새롭게 자기를 재구축하려는 이석훈의 행위(와 그 속에 내재된 욕망)를 수행성의 측면에서 연극 무대 위 배우의 퍼포먼스로 이해할 수도 있다.

에 직면해 있다며, 그 점에서는 작가도 학생도 회사원도 농민도 모두 반성하지 않으면 안 된다고 역설한다. 이어 박태민은 3천 년 조선의 역사에서 중심과 통일이 없는 민족의 생활이 이어져온 것을 부끄럽게 여긴다며 이제 조선(인)의 생사는 일본의 운명 속에 놓여 있다는 논지의 강연을 한다. "나는 이상을 갖고 싶다. 밝은 행복을 얻고 싶다. 그리고 동포 모두가 그 밝은 행복을 맛보길 원한다. 그러기 위해서 우리들은 커다란 로망을 가지자. 우리들이 행복의 피안에 일본이라는 광명을 찾아 민족의 새로운 신화를 갖는 것은 어떨까. 이 신화야말로 우리들의 새로운 창생기創生記인 것이다. 그리하여 우리 동포는 영원히 구원을 받을 것이다."[16]

이처럼 박태민은 과거 동반자 작가로 평가받으면서 민족주의적 색채의 작품을 써온 자신이 시국강연회에 참가한 이유가 조선인의 행복을 위해서는 일본과 함께 해야만 구원을 받을 수 있다고 생각했기 때문이라는 내용의 강연을 한다. 즉, 그는 조선 민족의 구원자로서 일본상을 제시하고 있는 것인데, 순회강연회에서의 청중들의 반응은 대체적으로 냉담한 편이었다. 또한, 그의 이러한 강연 내용에 대해 과거 좌익사상에 심취해 있던 나성희가 함흥으로 찾아와 강연에서 한 말이 진심이냐고 묻자, 박태민은 일본을 의식하지 않는 조선 민족론은 거짓이라며 자신의 입장을 명확히 밝힌다. 다음 날 성진에서 같은 내용의 강연을 한 박태민에게 지방지 신문기자가 강연 내용이 너무 관념적이고 정치적이며, 논리가 비약적이라고 비판하자, 그는 동의를 표하면서도 민

16 牧洋, 「夜 : 静かな嵐・第二部」, 『國民文學』, 1942.6, 195쪽.

중을 계몽시키기 위해서는 비약적 논리가 필요하고 정치성을 띠는 것은 당연한 것이라고 응수한다. 이에 신문기자가 다시 무언가를 두려워하고 시대에 아부하는 것 아니냐고 반론을 제기하자, 그는 조선 민족을 위한 것이라면 아부하는 것도 괜찮다고 말하기에 이른다. 끝으로 아무리 시국 강연이라고 하더라도 일본주의를 주장하는 것은 양심적 작가의 추락이라며 신문기자가 격분하자, 박태민은 1940년 11월에 과거의 박태민은 죽고 새로운 박태민이 태어났다며, 신문기자를 향해 당신이야말로 동포의 눈을 가리는 에고이스트라고 힐난한다. 이후 문인순회강연 일정을 마치고 돌아온 박태민의 심경은 아래 인용문에 잘 나타나 있다.

> 박태민은 함경선의 강연 여행에서 돌아오자, 강연에 가기 전과는 전혀 다른 자신을 의식했다. 날짜로는 겨우 일주일 내외의 짧은 여행이었지만, 그의 정신적인 체험은 완전히 지금까지 없었던 격렬한 시련이었다. 그것은 결국 이 시대가 낡은 것에서 새로운 것으로 전환하려고 하는 격렬한 소용돌이 한가운데로, 그가 뛰어든 결과였다.[17]
>
> 그리고 이번 행사는 단순한 문화강연회에 그치는 것이 아니라, 조선의 지식인이 대중 앞에서 하나의 역사적 방향 전환을 선언한 것이고, 그럼으로써 자기 자신의 탈피작용(脫皮作用)을 했다는 데 중대한 의의가 있었다. 적어도 박태민 자신은 마음속에 새로운 출발의 각오와 신념을 불러일으켰던 것이다.

17 牧洋, 「靜かな嵐(完結篇)」, 『綠旗』, 1942.12, 150쪽.

> 문단이 새롭게 출발하는 것과 동시에, 조선의 문화도 새롭게 출발하지 않으면 안 된다. 나는 그 선두에 서서 나아가야 한다. 물론 어느 정도의 곤란도 고통도 있을 것이다. 하지만 마지막까지 한 눈 팔지 말고 전진하자, 박은 뜨거운 가슴으로 맹세한 것이었다.[18]

함경선 순회강연을 통해 박태민은 이전과는 다른 '자기'를 의식했다고 말한다. 하지만 「고요한 폭풍」의 서사에는 박태민이 황도주의皇道主義를 추인한 내적 계기나 심리적 변화의 과정이 서사적 인과성을 갖고 서술되어 있지 않다. 오히려 그는 순회강연에 참여한 자신에 대한 비난과 힐책을 보낸 사람들에게 응답하는 과정 속에서 비로소 이전과는 다른 자기를 구축해나갔던 것이다. 따라서 위의 두 번째 인용문에서처럼, 문인순회강연 참석 자체가 그의 변화를 뒷받침하는 근거가 된다. 그래서 그는 문인순회강연회에 참여한 1940년 11월을 기점으로 과거의 자신은 죽고 새로운 자신이 태어났다고 말할 수 있었던 것이다. 여기에서 이 작품의 서사를 당시 이석훈의 행위와 결부지어 생각해볼 필요가 있다. 「고요한 폭풍」의 서사 곳곳에는 주인공 박태민이 자신의 문인순회강연 참여에 대한 문단 안팎의 비난의 시선에 대해 불안해하는 장면이 산재해 있다. 이석훈이 식민지 말 국책에 협력하는 자신의 행위에 대한 문단 내부의 비난의 시선으로부터 자유롭지 못했다면, 이 소설은 그 스스로 자신의 행위를 정당화하기 위해 자신의 분신인 박태민을 등장시켜 그러한 비난의 시선으로부터 벗어나기 위한 하나의 방어기제를 작

18 위의 글, 158쪽.

동시킨 것에 다름 아니라고 할 수 있다. 「고요한 폭풍」의 서사 말미에서 1941년 12월 아시아-태평양전쟁의 발발과 개전 초 승전 소식에 고무된 박태민이 자신의 선택이 틀리지 않았다며 감격해하는 장면이나, 1942년 5월 조선에 징병제가 실시된다는 소식이 전해지자 나성희와 신문기자 등으로부터 자신들의 잘못을 사과하고 박태민의 강연회 내용이 진실이었음을 알게 되었다는 편지가 도착하는 장면 등이 이를 방증한다. 요컨대 이석훈은 자신의 국책에 협력한 행위에 대한 정당성을 스스로 확보하고, 문단 안팎에서 자신에게 쏟아지는 비난의 시선을 회피하기 위해 「고요한 폭풍」에서 또 다른 '자기'를 등장시켰던 것이다.

이처럼 이석훈의 「고요한 폭풍」은 조선문인협회 주도의 지방 문인순회강연회 참석 과정을 서사화하는 것을 통해 식민지 말 새로운 '자기' 구축 과정을 보여준다.[19] 혼돈의 시기에 직면한 식민지 조선의 문학자가 과거의 자기를 탈각하고 새로운 자기를 구축하는 데 있어서 문인순회강연회 참석이라는 이동의 서사는 그 자체로 변화된 자기상을 제시하는 효과적인 서사 전략이라고 할 수 있다. 국책에의 협력이나 황도주의의 추인이라는 문학자의 내적 변화의 계기를 이동하는 주체의 행위와 심리 변화를 통해 그려내고 있는 이 소설은 이후 이석훈의 행위와 그

19 이와 관련해서 서승희는 「고요한 폭풍」이 "미성숙한 자아가 여로에서 시련을 겪고 마침내 혁신적 주체로 성장하는 과정을 그려냄으로써 이석훈의 또 다른 문학적 출발이 시작되었음을 보여준다"고 논의하였다. 하지만 「고요한 폭풍」 서사를 식민지 말 이석훈의 문학 활동 전반에서 바라본다면, 문인순회강연회에서 돌아온 박태민이 『생활의 깃발』과 『국민』에 일본어 작품을 발표하고, 창씨개명을 한 뒤 내지 성지순례에 참여한 것 등 일련의 행위를 '혁신적 주체로 성장하는 과정'으로 이해할 필요가 있다. 물론 서승희가 일정 부분 지적한 바처럼, 이석훈은 결국 '혁신적 주체로 성장'하는 데 실패하였고, 끊임없이 그러한 과정 속에만 놓여 있었다.(서승희, 「일제말기 소설과 '자기'의 정치-이석훈 소설론」, 『한국문학이론과 비평』 제53집, 한국문학이론과비평학회, 2011, 185~206쪽)

러한 행위에 내재된 욕망의 극한점을 예비하고 있는 것이다. 이후 그는 부여신궁 조영 근로봉사대 일원으로 부여로 향하거나, 내지 성지순례의 길에 들어섰으며, 조선문인협회의 일원으로 만주를 시찰하는 등 끊임없이 이동의 과정에 놓여 있었고, 그러한 이동의 행위를 서사화한 문학작품을 발표하였다. 이는 식민지 말 조선인 문학자라는 제한적・폐쇄적 위상을 넘어 자신의 정체성을 새롭게 구축해나가기 위한 적극적인 움직임이었다. 문인순회강연 참석은 바로 그 출발점이었던 것이다.

3. 부여신궁 조영 근로봉사와 내선일체의 역설

1941년 2월 8일 부여신궁 조영 근로봉사대가 부여로 향했는데, 그들은 조선문인협회, 조선영화인협회, 조선연극협회, 조선연예협회, 담우회談友會 등 문화단체의 대표들로 김동환, 백철, 안석주, 안종화, 유치진, 이광수, 이석훈을 비롯해 30여 명에 달했다. 그들의 근로봉사에는 충청남도 토목과장 히구치樋口正名, 부여군수 에모토江本鍾元, 부여경찰서장 등 지방 관료와 함께 부여사적현창회扶餘史蹟顯彰會 간부들이 현지에서 가담하여 부여신궁의 조영이 과거 백제와 일본 사이의 문화・정치・군사상 긴밀한 연결을 회복하여 내선일체의 결실을 맺는 것이라고 의미화하기도 하였다. 이처럼 백제의 옛 수도 부여는 내선일체의 상징적인 장소로서 부여신궁의 조영 공사에 의해 비로소 고도古都로서 새롭게 발견되고 인식되기 시작했다.[20] 근대 초기부터 평양과 경주가 문학 작품과 각종 지리지 등을 통해 일본인과 조선인에 의해 고도로서 인식되고 표상되었던 것에 비해 부여는 잊혀진 '폐허의 땅'이었다. 물론 1915년 발족된 부여고적보존회가 1929년 재단법인으로 변경된 이후 각종 미디어를 통해 소개된 부여는 평양이나 경주에 필적하는 유서 깊은 도시로 재조명받기 시작하였고, 식민 정책에 의해 부여는 내선일체라는 당대의 국책에 부응하는 장소로 소환되었다.[21] 그럼에도 잊혀진 폐허의 땅으로서 부여는 1939년 조선총독부에 의해 기원 2600년 기념사업의 일환으로 부여신궁 건립 계획이 발표된 이래 1940년대 초반 부여신궁 조영공사를 통해 새롭게 고도로서 인식되고 표상되었으며, 그곳은 부여신궁 조영을 통해 내선일체의 성지로서 새롭게 자리매김해가기 시작했다.

『신시대』 1941년 3월호에는 이 부여신궁 조영공사에 근로봉사한 문화단체 대표자들의 근로봉사기가 실려 있다. 문화단체 대표자들과 동행한 신시대사 기자가 "낙화암洛花岩, 사비수泗沘水, 누란사皐蘭寺…… 눈앞에 어른거리는 고적古蹟에의 추모追慕가 한층 새롭습니다. 내선일체內鮮一體의 성지聖地로 크로스·업된 부여扶餘의 금일今日, 내일이면 신도神都로의 새 단장丹粧이 될 이곳의 모습이 어서어서 보고 싶었습니다"[22]라고 한 뒤를 이어 조선문인협회의 박영희는 자신들의 근로봉사의 땀방

20 이와 관련해서 김동인의 『白馬江』(『每日新報』, 1941.7.24~1942.1.30)은 한일 고대사에서 내선 교류의 서사를 펼쳐 보이는 가운데 '내선일체'의 장소로서 백제와 부여를 부각시키고 있다.

21 이에 대해서는 허병식, 「폐허의 고도와 창조된 신도(神都)」, 황종연 편, 『고도의 근대』, 동국대 출판부, 2012, 285~306쪽 참고.

22 勝山雅夫, 「聖秋를 두르고」, 『新時代』, 1941.3, 249쪽.

울을 "이 성역聖域 부여扶餘에 뿌리고 감은, 일천사백여 년一千四百餘年 전前에 이 땅에 피었던 내선일체內鮮一體의 찬란燦爛한 문화文化 그대로를 부흥復興시키고자 하는 꾸밈없는 야심野心을 신神에게 기원祈願하는 까닭"[23]이라 하였고, 조선영화인협회의 안전영은 근로봉사의 경험을 통해 "내선일체內鮮一體가 하루 바삐 이루어질 것에 앞장서서 일해야 할 것과 그래서 우리들 황국신민皇國臣民들이 성지聖旨를 받들어 대동아大東亞의 건설建設에 매진邁進해야 할 것을 거듭 깨달았습니다"[24]라고 하였다. 이들의 근로봉사기를 통해 부여신궁 조영을 통한 고도 부여의 신도로의 건설이 한편으로는 과거 내선일체의 상징적인 장소를 구축하는 것임과 동시에 다른 한편으로는 당시 대동아 건설의 역사적 과제로 확장되고 있음을 쉽게 확인할 수 있다.

백제의 고도 부여가 내선일체의 상징적인 신도로서 새롭게 탄생하고 있는 것에 대한 감격은 『신시대』 같은 호에 실린 이석훈의 「부여기행扶餘紀行」을 통해서도 확인할 수 있다. 이석훈은 이 기행문에서 "부여扶餘는, 백제 고도百濟古都로서 자칫하면 현대現代에 있어 잊어버려질 존재存在로부터, 신도神都로서 크게 소생甦生케 된 것이"[25]라며 부여신궁 조영의 의미를 밝힌 뒤, 부소산과 사비루, 낙화암을 둘러본 감회를 서술한다. 과거 학자와 기술자 등 백제인들이 일본으로 건너가 아스카飛鳥문화를 꽃피우는 토대가 되었고, 일본인들의 군사적 원조를 통해 신라와 당나라의 침략을 막기에 힘썼던 내선일체의 발상지로서 부여에 대한 역사적

23 芳村香道, 「꾸밈없는 野心」, 『新時代』, 1941.3, 252쪽.
24 安田榮, 「神域에서 받자온 그 크신 뜻」, 『新時代』, 1941.3, 255쪽.
25 李石薰, 「扶餘紀行」, 『新時代』, 1941.3, 257쪽.

인식을 가지고 있었던 이석훈은 사비루에 올라 백마강을 바라보면서 감격에 겨워하는 한편, 자신의 감격을 표현할 길이 없어 시인이 되지 못함을 한탄할 뿐이라고 토로하였다. "누각樓閣에 올라 난간欄干에 기대어서, 뒤로 흐르는 백마강白馬江을 바라다보았다. 오호嗚呼! 월야月夜의 백마강白馬江! 그 찰나刹那의 나의 감동感動을 무엇으로 표현表現하리요? 높고, 깨끗하고, 신비神秘하기까지 한, 이 장면場面의 숨소리조차 거칠어지는 감동感動! 나는 위대偉大한 시인詩人이 못 됨을 오직 한탄恨歎할 뿐이다."[26]

이처럼 부여는 부여신궁 조영공사를 통해 신도로 거듭나게 되고, 그러한 과정 속에서 고도로서 새롭게 인식되고 표상되기 시작했던 것이다. 부여신궁 조영공사에 근로봉사대로 다녀온 식민지 조선의 문학자들은 신도로서 새롭게 조성되어가는 고도 부여와 관련된 문학작품을 발표했다. 이광수와 주요한은 각각 「부여행扶餘行」과 「부여의 꿈」이라는 시를 『신시대』 1941년 7월호에 발표[27]해 부여신궁 조영공사의 의의를 밝혔고, 이석훈은 『문장』 1941년 4월호에 「사비루泗沘樓의 달밤」이라는 희곡을 발표해 앞서 「부여기행」에서 달밤 사비루에 올라 낙화암을 바라다보며 느낀 정취를 드러냈다. 이외에도 같은 해 국민총력조선연맹과 조선총독부의 후원 아래 〈부여회상곡扶餘回想曲〉이라는 국민

26 위의 글, 260쪽.

27 이광수의 「부여행」 전문은 다음과 같다. "부소산(扶蘇山) 올라서서 금강(錦江)을 굽어보니 / 천정대(天政臺) 나린 물이 낙화암(落花岩)을 씻어 돈다. / 반월성(半月城) 여름 비 개여 풀이 더욱 푸르더라. // 천년(千年)이 꿈이런들 옛 서울을 못 보아도 / 와편(瓦片)에 새긴 연(蓮)꽃 그날 솜씨 완연하다. / 그 문화(文化) 일본(日本)에 피어서 오늘 다시 보니라. // 신궁(神宮) 참도(參道)의 흙을 파서 날르올 제 / 부소산(扶蘇山) 꾀꼬리 소리 울어 보내더라. / 손들어 땀을 씻으며 귀 기울여 듣노라."(春園, 「扶餘行」, 『新時代』, 1941.7, 188~189쪽)

무용이 기획되었는데, 이 공연은 백제의 역사 속에서 내선일체의 기원을 찾아내려는 서사 구조와 화려한 스펙터클, 전통무용과 현대무용의 결합, 대규모 합창 등으로 구성되었다.[28]

이석훈이 「사비루의 달밤」 말미에 "이월 십육 야二月 十六 夜"라고 창작 시점을 밝히고 있어, 부여신궁 조영공사 근로봉사에서 돌아온 직후 이 희곡을 창작했던 것을 알 수 있다. 또한, 「부여기행」의 "이곳(낙화암-인용자)은 결決코 월야月夜에 깊은 생각을 갖고 찾을 데 아니며 비참悲慘의 주인공主人公들도 못내 찾을가 접허한다"[29]라는 마지막 문장을 통해 확인할 수 있듯이, 조영공사에 참가해 달밤에 사비루와 낙화암을 찾았던 자신의 감상이 이 희곡의 모티프가 되고 있음을 짐작할 수 있다. 이 단막극에서 이애라李愛羅는 결혼식 직후 남편에게 전처가 있다는 사실을 알고 절망하여 부여로 신혼여행을 와 낙화암에 투신자살하려다 이를 저지하는 시인 김문학金文學을 만난다. 그녀는 어려서 부모를 여의고 언니 손에 자라 스스로를 고독한 존재라고 여기고 있었고, 결혼을 통해 과거 자신의 불행을 일소하려고 했지만, 남편에게 호적상 아내가 있다는 사실을 알고 어떤 '숙명'이 자신의 삶을 지배하고 있어 불행으로부터 벗어날 수 없다고 여겨 자살하려고 한 인물이다. 이러한 이애라에게 김문학은 '숙명'이나 '운명'은 동기와 원인이 있는 것이라며 죽음을 만류하고, 시골 청년들과 함께 아내를 찾아온 남편이 그녀의 자살을 막는 것으로 사건은 마무리된다. 자살하려는 자(이애라)와 이를 저지하려는

28 이에 대해서는 문경연, 「일제 말기 '부여' 표상과 정치의 미학화—이석훈과 조택원을 중심으로」, 『한국극예술연구』 제33집, 한국극예술학회, 2011, 193쪽 참고.

29 李石薰, 앞의 글, 260쪽.

자(김문학) 사이의 단선적인 갈등 구조를 갖는 이 희곡에서 이애라가 "김 선생 때매 저는 살어났어요 저는 과거의 경솔함을 반성해서 지금 제가 직면直面한 사실에서 다음의 새 운명의 길을 열어가기루 결심했에요"[30]라고 개심하는 과정이 중심 플롯을 이루고 있는 것이다. 그런데 소품에 지나지 않는 이 희곡에서 이애라의 이러한 개심의 과정에 중요한 역할을 한 김문학의 말—특히, 이애라의 개심 과정을 과거의 반성과 새로운 운명의 개척으로 이끄는—에 주목할 필요가 있다.

> 백제(百濟)는 국방(國防)을 게을리한 필연(必然)한 인과(因果)로 망(亡)했으나 백제(百濟)의 문화(文化)는 일본(日本)으로 이식(移植)되어 찬란한 아스카문화(飛鳥文化)를 이루어 후세(後世)까지 남아 있지 않습니까? 뿐아니라 일천 수백 년(一千 數百 年) 뒤의 오늘날까지 지금 이 부소산(扶蘇山)에 부여신궁(扶餘神宮)을 건설하기 위한 큰 공사(工事)가 진행되고 있는걸 보면, 그 양자 간(兩者 間)의 숙명(宿命)이란 것에 어떤 필연성(必然性)을 우리는 생각할 수 있지 않습니까? 숙명(宿命)이라던가 운명(運命)이라 하는 것은 결코 동기와 원인이 없이는 해석될 수 없습니다. 동시에 현실(現實)로 한 운명(運命)으로 나타나는 사실(事實)도, 그것이 생길 동기와 원인이 어디던지 숨어 있었던 것입니다. 그렇기 때문에 다음의 운명(運命), 다음의 사실(事實)을 가져오려면, 거기 필요한 동기를 지을 겝니다. 거기에 우리 인

30 李石薰, 「泗沘樓의 달밤」, 『文章』, 1941.7, 131쪽. 이 희곡은 『逢島物語』에 「夫餘の月」이라는 제목으로 일본어로 번역되어 수록되었는데, 이석훈은 후기에서 「夫餘の月」이 "최초의 당연한 과정으로서 내가 국민문학이라는 것을 진지하게 생각하기 시작하여 이데올로기를 의식해 쓴 유일한 산문 작품이다. 희곡의 형식을 빌린 것은 이데올로기를 풍부하게 하기 위해서는 그것이 적절했기 때문이"(『逢島物語』, 普文社, 1945, 295쪽)라고 밝히고 있다.

간(人間)이 운명(運命)에게 지배(支配)되는 길과, 운명(運命)을 지배(支配)하는 길이 좌우됩니다. 동시에 엄연한 사실(事實)을 우리들은 거부(拒否)할 수 없읍니다. 그것을 거부(拒否)하는 자(者)에게는 오직 캄캄한 주검이 있을 뿐이외다. 지금, 세계(世界)에 각각으로 내려지는 사실(事實)을 누가 감(敢)히 거부(拒否)합니까? 사실(事實)은 곧 운명(運命)이외다. 사실(事實)을 그대로 받어드리는 자(者)가 다음의 운명(運命)에도 옮아갈 것이오, 사실(事實) 앞에 눈을 감는 자(者)는 쇠망(衰亡)할 뿐이외다. 사비루(泗泚樓)의 달밤을 신비(神秘)하게만 생각하고 백제흥망(百濟興亡)을 다못 허무(虛無)하게만 감상적(感傷的)으로 해석해서는 아무 가치(價値) 없는 일이요, 그는 오직 시대(時代)에 뒤떨어져버릴 자(者)일 겝니다.[31]

숙명론적 인생관에 근거해 절망에 빠졌던 이애라의 투신자살을 막기 위해 김문학은 과거 백제의 멸망과 현재 부여신궁의 조영공사를 연결시키면서 숙명의 필연성에 대해 설명한 뒤 위의 인용문과 같이 말한다. 그에 의하면, 왕에서 백성에 이르기까지 향락만을 일삼고 군비를 정비하지 않았기 때문에 백제가 멸망했지만, 과거 백제의 문화가 일본으로 이식되어 아스카문화를 꽃피우고 천 년이 지난 현재 부여신궁 조영공사로 이어졌다는 것이다. 그런데 이러한 김문학의 말을 남편에게 호적상 아내가 있었던 사실을 확인하지 않은 채 결혼식을 올린 이애라의 경솔함이 원인이 되어 그녀 스스로 절망에 빠지는 결과로 이어졌다는, 숙명의 필연성에 대해 말하기 위해 단순히 제시한 예로만 이해할 수는 없다. 무

31 위의 글, 128쪽.

엇보다 그것은 이어지는 김문학의 말에 잘 나타나 있다. 그는 현재의 '엄연한 사실'을 거부할 수 없고, 거부하는 자에게는 오직 죽음이 있을 뿐이라고 단정한 뒤, "지금, 세계에 각각으로 내려지는 사실을 누가 감히 거부합니까? 사실은 곧 운명이외다. 사실을 그대로 받어드리는 자가 다음의 운명에도 옮아갈 것"이라고 강변한다. 김문학의 이러한 말은 당시를 '사실의 세기'로 규정하고, '현실수리론'을 펼쳤던 제국-식민지 담론장 안에서 제국 일본의 파시즘 체제를 옹호하는 결과로 수렴된다. 그것은 부여신궁 조영공사가 상징적으로 드러내듯이, 백제의 흥망을 허무적 감상주의가 아닌 쇄신이나 재생으로 구축함으로써 백제의 멸망을 재창조의 적극적인 계기로 만드는 일련의 서사문법을 주조해내는 것이다. 그런 점에서 이는 수행적 실천을 통해 황국신민으로서의 '일본인 됨'을 각인시키는 이야기하기의 이데올로기적 재생산 과정이라고 할 수 있다.[32] 극중에 김문학에 대한 정보가 거의 없지만, "'아세아亞細亞의 여명黎明'이니 '광명光明은 동아東亞에'니 하는 논문論文 같은 시詩"[33]를 쓰고 있다는 것을 통해 그로부터 대동아 신질서 건설이라는 미명 아래 침략 전쟁을 이어갔던 일본 제국주의 이데올로기 자장 안에서 자신의 정체성을 새롭게 구축해나가고 있었던 식민지 조선인 문학자의 그림자를 찾아내기란 결코 어려운 일이 아니다.

이처럼 이석훈은 부여신궁 조영 근로봉사에 참가한 체험을 바탕으로 「부여기행」과 「사비루의 달밤」을 창작하여 발표했다. 그리고 이 기

32 이에 대해서는 공임순, 「일제 말 흥망사 이야기와 타락의 표지들에 관한 연구」, 『국어국문학』 제141권, 국어국문학회, 2005, 37~38쪽.

33 李石薰, 앞의 글, 125쪽.

행문과 희곡은 내선일체에 기반한 대동아 건설의 성지로서 부여를 위치시키고 있을 뿐만 아니라, 제국 일본에 의한 동아시아 지역 질서의 변동 과정을 승인하고 그러한 질서 속에서 새로운 희망을 가질 것을 역설하고 있다. 앞서 「고요한 폭풍」에서 함경 지방의 문인순회강연의 참석을 계기로 일본주의 아래 새로운 자기를 구축해가기 시작한 문학자가 이제는 확신에 찬 어조로 내선일체의 필연성에 대해 역설하는 위치에까지 서게 되었던 것이다. 그리고 이때 부여는 내선일체의 과거 역사적 사실을 증거하는 현장이자, 그것의 현재화를 추인하는 상징적인 장소로 부상하게 되는 것이다. 이처럼 이석훈은 부여신궁 조영 근로봉사라는 이동을 통해 과거 식민지 문학자에서 내선일체의 식민주의 이데올로기를 발화하는 위치에 서게 되었던 것인데, 이제 그에게는 조선인 문학자를 넘어서 제국의 일본인으로 최종 승인을 받는 과정만이 남아 있었다고 해도 과언이 아니다. 이를 위해 그는 제국의 중앙이자 내선일체의 성지로 순례 길에 오른다.

4. 내지 성지순례와 일본인-되기의 비약

아시아 각 지역과 국가들을 통합하는 새로운 아시아, 대동아공영권 건설의 구심점으로서 일본의 위상이 강화되는 가운데, 식민지 말 제국의 중앙 일본은 천황의 나라, 대동아의 '성지聖地'로 재인식되어 서사화된다. 당시 내지 성지순례聖地巡禮 여행은 황민화 과정의 일환으로 기획되었는데, 식민지 조선의 시국대응전선사상보국연맹時局對應全鮮思想報國聯盟은 1940년 5월 연맹 본부의 상임간사였던 김두정金斗禎과 보성전문학교 교수 장덕수張德秀를 중심으로 경성, 평양, 대구, 광주 등 각 지부에서 3명씩을 선발하여 21명의 성지순례단을 조직하여 성지순례 및 신사참배 여행을 떠났다.[34] 이 연맹은 출범 이후 각 지방 연맹원들로 하여금 일본정신 체득을 촉진시키기 위해 궁성요배 및 내지 주요 신궁 및 신사참배 여행을 떠났는데, 김두정의 『반도 황민생활 이야기』에도 이러한 정황이 잘 서술되어 있다.

김두정은 1940년 '황기皇紀 2600년'을 맞아 내지 성지순례 여행을 떠나는 것을 "무한한 영광으로 감사하면서 팔굉일우八紘一宇의 구현에 매진하는 신병神兵과 성민聖民의 본연성本然性으로 돌아가 광휘의 세계사적 창조의 한 분야에 봉공의 적성을 다짐하면서, 궁성요배를 비롯해 내지의 주요 신궁과 신사를 참배하고 황국 일본의 대표적 각 도시의 문물 일체를 시찰"[35]했다고 서술한다. 또한, 황민화의 일환으로 진행되었던 그들의 내지 성지순례 여행은 한편으로는 동조동근론同祖同根論을 바탕으로 한 내선일체의 확인을 통해 대동아공영권 내 다른 민족보다 우위에 있는 조선인의 지위를 확보하는 것이기도 했다. 요컨대, 식민지 조선인의 황민화 프로젝트로 진행되었던 내지 성지순례 여행에서 내선일체를 확인하는 것을 통해 (중국인이나 만주인과는 다른) 조선인의 지위를

34 이에 대해서는 「思想聯盟聖地巡禮團 三日間參禪 大本山總持寺에서」, 『每日新報』, 1940.5.10 참고.

35 金子斗禎, 『半島皇民生活物語』, 朝鮮思想國防協會, 1943, 100쪽.

격상시키고자 했던 것이다.

이처럼 제국의 지방, 식민지 조선인들의 내지 성지순례는 조선인이라는 자신의 정체성을 탈각하고, 제국의 신민, 일본인-되기의 새로운 정체성 획득의 과정과 중첩된다. 이 점에서 주목되는 작품이 이석훈의 「동으로의 여행」이다. 이 소설은 『녹기』 1942년 5월호에 발표된 것인데, 이석훈은 1941년 11월 내지 성지순례 여행을 떠난 바 있었다. 당시 그의 성지순례의 기록을 모두 확인할 수는 없었지만, 그는 나라奈良의 호류지法隆寺와 가시하라신궁橿原神宮, 가스가신사春日神社, 도다이지東大寺 등을 참배한 기록에서 "내지內地의 전통傳統을 알고 내지內地의 문화文化를 이해理解하기 위爲해서는 반드시 나라奈良을 한 번 볼 필요必要가 있음을 알었습니다 일본日本의 전통傳統을, 그대로 가지고 있는 유일唯一한 지방地方인 까닭이외다"[36]라고 적었다. 내지 성지순례 여행의 시기와 경로 등을 미루어봤을 때, 1942년 5월에 발표된 「동으로의 여행」은 1941년 11월 자신의 순례 여행 경험을 바탕으로 하여 씌어진 것이라고 짐작할 수 있다. 이 소설에서 주인공 박철은 경성에서 내선일체 운동에 가담하고 있었지만, 아직 확고한 신념을 가지고 있지는 못한 인물로 등장한다. 그가 내지 성지순례 여행에 들어선 것은 자신의 생각을 정리하여 확고하게 하는 동시에 일본주의에 대한 신념을 강화시킬 절호의 기회라고 생각했기 때문이었다.[37] 그는 일행과 함께 일본 성지순례 길에 들어선 뒤, 시모노세키下關

36 李石薰, 「聖地參拜通信」, 『朝光』, 1942.1, 116쪽. 이 글의 말미에 "십일월(十一月) 십구일(十九日) 밤 나라(奈良)에서"라고 적혀 있어 이석훈이 1941년 11월 19일을 전후해 내지 성지순례 여행에 나선 것으로 보인다.

37 "그리고 가을도 끝나갈 무렵, 공업신문을 사직한 박은 한 성지 참배단에 참가해 내지로 여행을 떠났다. 자신의 생각을 정리해 확고하게 하는 동시에 신념을 높일 절호의 기회라고 생각했다."(牧洋, 앞의 글, 165쪽)

에서 산요센山陽線을 타고 차창 밖의 농촌 풍경을 보면서 그곳에 살고 싶다고 느끼거나, 나라의 가스가신사의 폭포를 보면서 죽고 싶다고 생각하는 등 여행자로서의 낭만적 감상에 젖어 있다가 이세伊勢의 고타이신궁에서 참배한 뒤 일본주의에 대한 신념을 갖게 된다.

> 그러나 이세(伊勢)의 고타이신궁(皇大神宮)에서 참배한 뒤, 후타미가우라(二見浦)의 해변 여관에서 하룻밤 조용히 생각하는 사이에 철은 방황의 구름을 걷어내고 밝은 신념으로 한 걸음 비약하는 자신을 느꼈다. 그것은 요컨대 솔직한 직감에서 온 일본에 대한 신념으로, 설명하기 어려운 것이었지만, 말하자면 나이쿠(內宮)의 저 비할 바 없는 신성함은 일본 국체의 존엄함을 뒷받침하는 것이고, 모든 신역(神域)과 산하(山河)가 그렇지만, 한 점의 어둡이 없는 밝은 처녀의 피부와 같이 깨끗하고 아름다운 국토는 유구한 삼천 년 동안 한 번도 외적에게 짓밟히지 않은 고귀한 역사의 상징처럼 철에게는 여겨졌다.[38]

스스로 설명할 수 없지만, 이세의 고타이신궁 참배 경험은 박철로 하여금 일본에 대한 새로운 신념을 갖게 한다. 아무런 이성적 판단이나 사상에 대한 투철한 신념 없었던 그는 마치 신의 계시를 받은 듯한 비약의 순간을 맞이하게 되는 것이다. 이때 일본은 "처녀의 피부와 같이 깨끗하고 아름다운 국토", "유구한 삼천 년 동안 한 번도 외적에게 짓밟히지 않은 고귀한 역사의 상징"이 된다. 그래서 박철은 이러한 일본이

38 牧洋, 「東への旅」, 『綠旗』, 1942.5, 159쪽.

라면, 식민지 조선인인 자신을 온전히 맡길 수 있고, 일본 또한 자신을 '진짜 동포'로서 맞아줄 것이라고 믿게 된다. 식민지 조선인 박철에게 일본은 신의 영토, 고귀한 역사의 상징적인 장소로서 새롭게 인식되고 있는 것이며, 또한 그곳은 어떤 비약의 세계로 다가온 것이다. 그런데 박철의 내지 성지순례 여행이 이러한 비약의 순간만을 위한 것은 아니었다.

일본 성지순례에 나선 박철은 이후 나고야를 거쳐 도쿄에 도착한 뒤 궁성宮城에 요배하고, 메이지신궁과 야스쿠니신사에 참배한 뒤 10년 전 학창 시절에 신세를 진 오모리大森의 고미야마小宮山 미망인 집을 방문한다. 그런데 그가 고미야마 미망인의 집을 방문한 것은 그녀의 딸 루미るみ를 만날 수 있지 않을까 하는 바람에서였다. 10여 년 전, 도쿄 유학 시절 박철은 고미야마 집안에 기거하면서 루미와 교제하게 되고, 방학이 되어 북선北鮮의 고향에 돌아가서도 매주 그녀에게 편지를 보내면서 교분을 쌓다가 그들은 연인 관계로 발전하게 된다. 하지만 루미는 왼쪽 다리를 약간 저는 자신을 불완전한 여성이라 생각했고, 박철 또한 조선인으로서의 자신은 부족한 사람이라고 느껴 결국 두 사람은 헤어지게 된다. 10여 년이 지난 현재 도도東都 화단에서 후타미 시즈코二見しづ子라는 이름으로 활약하고 있는 루미를 다시 만난 박철은 아직까지 결혼하지 않은 그녀와 재작년 이혼한 자신이 '이상한 인연'이라고 말한 뒤 헤어진다. 그리고 도쿄를 떠나 경성으로 돌아오는 길에 교토에서 모모야마고료에 참배하고, 주요 명소를 돌아본 뒤 일본이 완전히 마음에 들고, 그러한 일본에 루미가 살고 있다는 생각에 행복감에 빠져든다. 그는 10여 년 전 불완전한 사람, 식민지 조선인이 아니라, 자신을 품어

준 천황의 나라에서 자신 또한 일본인이 될 수 있다고 생각하고 있는 것이다. "아아! 나는 일본이 좋다. 나는 일본인이 될 거야. 이 아름다운 국토, 아름다운 사람, 풍요로운 생활, 누가 뭐라고 해도 나는 일본인이 될 거야!"[39]라며 경성으로 돌아오는 길에 감격에 겨워 눈물까지 흘렸던 박철은 이제 루미에게 청혼 편지를 써 보내기에 이른다. "당신이 만약 옛날 애정 그대로라면, 나와 결혼해주지 않겠습니까. 그 당시 나는 반도인이라는 숙명을 뛰어넘을 수가 없다고 생각하고 있었습니다만, 이번 여행으로 완전히 일본인이 되는 것이 곧 행복이라는 신념을 굳혔습니다."[40] 10여 년 전 "반도인이라는 숙명을 뛰어넘을 수가 없"었던 박철은 일본 성지순례를 통해 그러한 숙명을 극복하고 일본인이 될 수 있다고, 그리하여 10여 년 전에는 이룰 수 없었던 일본인 여성과의 결혼을 달성할 수 있다고 여기게 되었던 것이다.

이처럼 이석훈의 「동으로의 여행」은 내지 성지순례의 서사와 조선인 남성과 일본인 여성 사이의 내선연애(또는 내선결혼) 서사를 중첩시키면서 순례의 체험을 통해 일본인으로 자신의 정체성을 재정립하려고 한 식민지 조선 남성의 욕망을 드러낸다. 식민지 조선의 내선일체 운동에 가담하고 있었지만, 일본주의에 대한 신념이 부족했던 식민지 조선 남성이 일본주의에 동화되고, 스스로를 일본인으로서 갱신하는 데 일본의 성지는 중요한 공간으로 부상한다. 그곳은 신의 영토이자 천황의 나라이며, 유사 이래 외세의 침입을 받지 않은 처녀지와 같은 순결한 장소로 인식되고 있었던 것이다. 그리고 이때 이 성스러운 일본은 '반

39 위의 글, 164쪽.
40 위의 글, 165쪽.

도인'이라는 불완전한 존재를 완전한 존재로 거듭나게 해주는 성스러운 제의祭儀의 공간으로 기능하고 있었다.[41] 함경 지방의 문인순회강연의 참석을 통해 새로운 자기를 구축하기 시작한 이석훈(박태민, 박철)이 부여신궁 조영공사에 참가해 내선일체의 역사적 증거를 확인한 뒤, 내지 성지순례를 통해 일본인이 되기까지의 과정은 제국(중앙)-식민지(지방) 체제 내 식민지 조선의 문학자가 자신의 새로운 아이덴티티를 최종적으로 승인받기까지의 이동의 과정을 여실하게 보여주는 것이다.

5. 식민지 문학자의 불안과 우울

앞서 살펴보았던 것처럼, 이석훈은 1939년 조선문인협회 가담 이후 1942년까지 지방 문인순회강연, 부여신궁 조영공사 근로 봉사, 내지

41 이와 관련해서 장혁주의 「巡禮」(『每日新報』, 1943.9.7~22)의 서사 역시 신사참배의 경험을 통해 황국신민으로 거듭나는 과정을 보여주고 있다. 「순례」는 재일조선인 이와모토가 일본인과 달리 자신이 군인이 될 수 없는 것에 낙담하다가 "'고마'신사에 참배햇슬 째 자기의 조상은 '야마도'민족과 가튼 사람이엇다는데 자신을 가진 것"(1943.9.21)을 계기로 지원병 훈련소에서 훌륭한 군인이 되어가고 있는 것을 시찰한 서술자가 이와모토와 같은 감격을 느끼기 위해 내지 순례 중 고마신사에 참배하는 내용으로 이루어져 있다. 그는 고마신사에 이르러 "일족(一族) 일(一)천칠(七)백구십칠(九十七) 인을 이끌고 '고마'왕 약광이 여기까지 다다랏슬 째의 심경을 생각하고 '몸무덴노오'(文武天皇) 어대(御代)에 왕성(王姓)을 밧자온 기쁨에 감읍(感泣)하고 잇는 모양을 맘속으로 헤아려 보"(1943.9.22)게 된다. 이처럼 조선인 지원병제도 공포 이후 군인이 되는 것을 통해 황국의 신민화 과정의 서사를 보여주고 있는 이 「순례」에서 고마신사는 동조동근론을 기반으로 한 내선일체의 상징소이자, 식민지 말 조선인들로 하여금 제국 일본의 국민이 될 수 있다는 환상을 증폭시키는 장소였다.

성지순례의 길에 오르면서 식민지 조선과 제국 일본의 권역을 끊임없이 이동하는 한편, 그러한 이동의 과정을 식민지 문학자로서의 자기 정체성 재구축의 과정으로 서사화하였다. 이러한 이동의 연장선상에서 이석훈은 1942년 12월 26일 간도성 홍보위원회의 의뢰를 받고 조선문인협회의 일원으로 만주 지역을 시찰한 뒤 『국민문학』 1943년 6월호에 「북으로의 여행」을 발표한다. 이 소설은 20여 년 전 조선을 떠나 북만北滿의 산골 이민부락에 정착해 살고 있는 숙부의 집을 방문한 주인공 '철'이 자위단을 조직해 마을을 보호하고, 징병을 가기 전 국어 야학을 하고 있는 마을 청년들의 모습을 보면서 "이 젊은이의 마음과 영혼氣魂에서 일종의 '개척민의 혼開拓民魂'이라고 할 만한 것을 느끼고 든든한 마음이 들었다"[42]는 내용의 짧은 이야기이다. 따라서 이 작품을 식민지 말 이기영의 만주개척소설과 마찬가지로 "새로운 식민공간으로 만주를 개척하고 그곳의 식민자가 되려는 조선인의 의지를 개척정신으로 형상화하고, 이를 동조의 시선으로 격려하고 있"[43]는 작품으로 이해하는 것은 큰 무리가 없다. 또한 기왕의 이석훈의 이동의 과정을 염두에 둔다면, 식민지 조선의 각 지방을 거쳐 내지의 성지순례 여행을 체험한 피식민 조선인 문학자가 일본의 제국주의적 권력에 의해 새롭게 개척되어 운영되고 있는 만주라는 신생의 공간에서 일본주의의 실현 가능성을 확인하는 서사로도 이해할 수도 있다.

그런데 「북으로의 여행」과 같은 달 『녹기』에 발표한 「여행의 끝」에서

42 牧洋, 「北の旅」, 『國民文學』, 1943.6, 38쪽.
43 진영복, 「일제 말기 만주 여행서사와 주체 구성 방식」, 『대중서사연구』 제23호, 대중서사학회, 2010, 52쪽.

는 흥미롭게도 '철'이 식민지 문학자로서의 자기 정체성 재구축 과정을 쉽게 달성하지 못하고 있음을 확인할 수 있다. 이 소설 역시 간도 지역을 시찰한 경험을 바탕으로 하여 씌어진 것인데, 철은 용정龍井의 내선유지內鮮有志환영회에서 지방 문인들이 자신에게 냉담한 것을 느끼고 비관한다. "이 1,2년 이래 조선문단에 제기된 국민문학운동의 선두에 선 철哲 자신의 문학 태도를 못마땅하게 생각하고 있다는 데 생각이 미치자 드디어 견딜 수 없는 쓸쓸함이 밀려왔다. (…중략…) 어쩔 수 없는 일이지만 지금은 내지식 창씨명을 쓰고 앞장서서 일본주의를 휘두른다고 일반에게 보이는 철 자신이 열등감이 아니라 제일 쓸쓸한 입장에 있다는 생각이 강하게 밀려왔다."[44] 조선문인협회 가담 이후 누구보다 적극적으로 문예동원의 길을 걸어온 자신에게 냉대와 멸시의 시선이 가해지자 철은 쓸쓸함을 느꼈던 것이다. 이를 통해 그가 끊임없이 체제에 순응하는 문학자로서의 삶을 살아왔다고 하더라도 그것만으로는 결코 새로운 정체성을 쉽게 획득할 수 없었다는 것을 짐작할 수 있다. 또한, 그가 계속해서 자신의 행위에 대한 문단 안팎의 시선으로부터 자유롭지 않았다는 것을 확인할 수 있다. 그는 자신의 행위에 대한 타자의 시선에 언제나 불안과 동요를 느끼고 있었던 것이다.

이는 당시 이석훈의 심경을 그대로 노출한 것으로 이해된다. 이석훈은 『녹기』 1943년 9월호에 발표한 「남자의 나아갈 바」에서 자신의 문학적 행위에 대한 불안감을 다음과 같이 표출한다. "실은 내가 그러한 강연을 하고, 작품을 쓰고 했던 것을 내심으로는 조금 불안하게 생각한

44 牧洋, 「旅のをはり」, 『綠旗』, 1943.6, 92쪽.

때가 없지 않았다. 즉 공중公衆의 앞에서 성격에도 맞지 않는 정치적 연설을 하고, 새빨간 거짓말을 늘어놓는 것은 아닌가, 또한 언제까지나 역연歷然한 증거로 남는 문자로 엮어서, 이후까지 정치적으로 아첨하는 경박한 무리로서, 사람들에게 조롱당하지 않을까라는 불안이 있었던 것이다."[45] 이처럼 정치적으로 아첨하는 자라는 조롱을 당하지 않을까 하는 불안감은 앞서 「고요한 폭풍」의 서사 곳곳에서도 확인할 수 있다. 「고요한 폭풍」에서 박태민은 문인순회강연회에 참석하여 연설한 자신에 대한 청중들의 냉담한 반응과 문단 내 비판적인 시선을 끊임없이 의식하고 있었던 것이다. 하지만 내지 성지순례 여행을 통해 스스로 일본인이 되었다고 확신했던 이석훈이 1943년 중반의 시점에서 자신에 대한 문학자들의 비난의 시선에 불안감을 느끼고 있었다는 것은 역설적으로 그의 일본인-되기의 과정이 끝나지 않았음을 방증한다.

이후 이석훈은 1943년 말경 만주로 이주한다. 그는 1943년 8월 도쿄에서 개최될 대동아문학자결전대회에 파견이 결정되었음에도 돌연 만주의 신찡新京으로 떠난 것[46]인데, 이와 관련된 작품이 『국민문학』 1944년 5월호에 발표한 「선령善靈」이다. 이 소설은 「고요한 폭풍」의 후일담으로, 박태민이 만주로 이주하여 경성에서 사라지자 '국민운동의 전선에서 이탈했다'는 소문에 대한 해명서 격으로 씌어진 것이다. 국민운동에서 이탈한 것이 아니라 생활의 문제를 해결하기 위해 만주로 이주했다는 것을 알리기 위해 씌어진 것이지만, 서사의 층위는 내선일체 운동 과정에서 느꼈던 환멸과 고민을 고백하는 서사의 성격이 강

45 牧洋, 「男の征く所」, 『綠旗』, 1943.9, 64쪽.
46 시라카와 유타카, 앞의 책, 377쪽.

하게 드러나 있다.[47] 1939년 이후 이석훈은 일본주의를 받아들이고 새롭게 자기를 재구축하기 위해 문예동원, 내선일체 운동에 적극적으로 가담하였지만, 그러한 과정이 식민지 문학자라는 제한적 · 폐쇄적 정체성을 탈각하기는커녕, 오히려 그에게 혼란과 분열, 불안과 우울을 느끼게 했던 것이다.

이석훈은 해방 이후 과거 식민지시기, 특히 1940년대 초 자신의 체제 협력적 행적과 관련하여 흥미로운 글을 발표한다. "과거過去 일제시대日帝時代에 소위 '국國민문학文學'의 제일선第一線에서 '활약活躍'한 때도 있었읍니다. 지금 보면 낯이 화끈화끈해지는 아첨의 글도 더러 쓰기도 했읍니다. 아무리 생활生活을 위爲해서, 자기기만自己欺瞞을 한 것이기로니, 내 자신自身 유쾌愉快할 리理 없고, 떳떳할 까닭이 없습니다. 나도 남만치 양심良心도 있고, 결벽潔癖도 어느 정도程度 강强합니다. (…중략…) 나는 내 생활生活이 밀착密着한 현現실을 무시無視할 능력能力이 없섰고, 또 조선朝鮮민족族의 운명運命이란 것이 그때는 그러하게 밖에 놓일 수 없다는 '절망絶望의 희망希望'에서 일본日本의 위정자爲政者 앞에 굴屈했던 것이었읍니다."[48] 이석훈은 자신이 친일적 행적을 한 것이 한편으로는 생활 현실을 무시할 수 없어서이고, 다른 한편으로는 당시에 조선민족의 운명이 일본주의를 추인하는 것 이외에는 없다고 생각했기 때문이라고 말하고 있다. 하지만 이는 이태준의 「해방전후」나 채만식의 「민족의 죄인」 등 해방기 기억서사에 나타난 일반적인 레토릭에 불과

47 이와 관련하여 진영복, 「재만조선인의 내선일체 담론과 균열」, 『韓民族語文學』 제58집, 한민족어문학회, 2011, 157쪽 참조.
48 李石薰, 「告白」, 『白民』, 1946.12, 45쪽.

하다. 흥미로운 대목은 다음에 이어지는 고백적 서술이다. "나는 소위 '국國민문학文學'의 제일선第一線으로부터 만주滿洲에로 도피逃避하는 데서 용감勇敢해지기를 도모圖謀했읍니다. (…중략…) 만주滿洲에서 나는 일본 제국주의日本 帝國主義의 정체正體를, 보다 더 명료明瞭하게 파악把握했고 일본日本의 기만정책欺瞞政策을 더욱 뼈저리게 인식認識했읍니다. 나는 거기서 나의 본연本然의 자태姿態를 급작스러히 도루 찾았습니다."[49] 만주로의 이주가 '국민문학'으로부터의 도피였고, 만주에서 일본 제국주의의 기만정책을 인식하고 본연의 모습으로 돌아갔다는 이석훈의 '고백'은 당시 그의 문학자로서의 행적에 비추어보면 기억과 망각의 변증법 속에서 새롭게 주조된 기억이지만, 흥미롭게도 그는 만주로의 이주라는 이동의 체험을 새롭게 의미화하고 있다. 1940년대 초 식민지 조선인 문학자로서 문예동원의 전면에 나서 활동했던 그가 자신에 대한 문단 내 비판적인 시선에 불안과 우울을 느끼고 이주한 만주라는 공간은 어느새 또 다른 의미에서 '민족적 주체'로의 갱생 공간으로 바뀌고 있는 것이다.

지금까지 식민지 말 이동성과 이동의 서사를 키워드로 이석훈의 문학적 행적과 그의 문학작품을 살펴보았다. 1939년 조선문인협회 가담 이후 그 누구보다 문예동원의 전면에 나서 활동했던 이석훈은 조선・일본・만주 등 동아시아 지역으로 이동하는 한편, 그러한 이동의 체험을 문학작품화하면서 제국주의 이데올로기 자장 안에서 새로운 자기를 구축하기 위한 지난한 과정을 겪었다. 그의 이동은 단순히 제국의 권역 내

49 위의 글, 45쪽.

지리적 이동만을 의미하는 것은 아니다. 그의 이동이 제국 일본의 동아시아로의 지리적·문화적 팽창에 의해 새롭게 가능해진 것이라고 하더라도, 그것은 지방에서 중앙으로, 식민지 조선인에서 제국 일본인으로의 정치적·사회적 이동이라는 의미를 내포한다. 또한, 식민지 문학자라는 제한적·폐쇄적 지위로부터 벗어나 전시총동원 체제기 '국민문학'으로 재편된 조선문단 내 문학자로서의 새로운 위상을 구축하려는 욕망 표출의 이동 과정이기도 하였다. 물론 이석훈은 그러한 이동의 과정을 통해 새로운 '자기'를 구축하는 데 실패했고, 그로 인해 불안과 우울에 빠지게 된다. 무엇보다 그것은 자신의 문학적 행보에 대한 타자의 시선을 끊임없이 의식했기 때문이었다. 이처럼 식민지 말의 시공간을 식민지 문학자로 살아간다는 것, 그것은 단순히 동화와 이화, 저항과 협력으로 수렴되지 않는 문학자 개인의 분열증적인 욕망에 이끌리는 삶이었던 것이다.

제3장

전쟁과 동원, 식민지 문학의 공백과 균열

김사량의 『바다의 노래』를 중심으로

1. 총동원 체제와 식민지 조선인 문학자

'(국가) 총동원 체제'란 제1차 세계대전 이후 유럽을 비롯해 일본에서도 일반화된 근대 전쟁인 '총력전'을 수행하기 위해 구상된 체제(총력전 체제)에 관한 일본의 독자적인 표현이다. 일본의 총동원 체제는 전시기에 들어 갑자기 나타난 것이 아니라 제1차세계대전 이후 20년 이상 정책적으로 구상・준비된 것이었고, 처음부터 식민지와 점령지를 포함한 것이었다. 이처럼 구상 당초부터 제국 일본의 총동원에 불가결한 지역으로 편입되었기 때문에 식민지 조선의 총동원 체제 구축을 시작으로 하는 총동원 정책은 기본적으로 제국 일본의 그것에 부합해서 개시되고, 전개되었다. 그 가운데 식민지 조선에 요구되었던 역할은 대륙

자원을 안전하게 일본으로 운송하기 위한 육상·해상의 교통 판로 확보, 쌀을 중심으로 하는 식량 공급, '일본인' 노동력·병력의 보충을 위한 노동력·병력의 공급, 부족한 자연자원의 개발 및 공급 등이었다. 그런데 총동원 체제를 구축하려고 할 경우 가장 먼저 해결해야 할 문제는 민족 모순의 완화였다. 즉 식민지 조선인을 전쟁에 동원하기 위해서는 동원정책에 단순히 '반항하지 않는' 것만이 아니라, 적극적으로 협력하려고 하는 '자발성'을 이끌어낼 필요가 있었다. 이에 따라 민족 모순을 완화·해소하기 위해 전개되었던 것이 '전시동원'으로서의 '황국신민화' 정책이었다.[1]

제국-식민지 권역에서 전쟁은 이중의 과제를 담당했다. 하나는 제국-식민지 권역 내 엄존했던 계급 대립, 민족 차별, 식민지 차별로 인한 계급적·인종적·지역적 투쟁에 기초해 생겨난 여러 가지 전선을 어떻게든 해소해서 일본국민들 간 무기가 사용되지 않도록 보증하는 일이었고, 다른 하나는 일본국민들을 하나로 통합하여 비국민인 중국인·미국인·영국인이나 네덜란드인과 대결시키고, 나아가 그들을 살해하도록 욕망하게 만드는 것이었다. 이 두 과제를 종합해 살인을 바라거나 자신의 죽음을 상상하는 것이 국민공동체에 귀속한다는 증거가 되었고, 자기희생이 국민주체 형성의 핵심인 애국주의 논리로 귀결되었다. 이러한 논리는 제국-식민지 권역 내 차별 철폐를 지향하는 보편주의적인 소수자 통합운동을 추진하는 것과 동시에 자기희생에 의한 개인의

1　庵逧由香, 「朝鮮における總動員體制の構造」, 和田春樹 外編, 『岩波講座 東アジア近現代通史 第6巻－アジア太平洋戰爭と「大東亞共榮圈」 1935～1945年』, 岩波書店, 2011, 240～244쪽.

죽음을 국민공동체로의 참가라는 형태로 제도화한다.[2] 전시동원으로서의 식민지 조선인의 황국신민화 정책의 핵심에도 이처럼 전쟁이라는 '예외상태'가 가속화시킨 제국-식민지 체제 내 보편주의적인 소수자 통합운동과 죽음을 통한 국민공동체로의 참가라는 메커니즘이 작동하고 있었다.

한편, 전시총동원 체제기 문학계의 화두 중 하나는 '문예동원'이었다. 국민개로운동國民皆勞運動이 전개되어 총후銃後 개인생활에 변혁이 일어나고, 과학기술과 노동력이 동원되고 있는 현실 속에서 문학계에서는 문학자를 고도국방국가 건설에 동원시키는 것을 최우선의 과제로 인식하고 있었다. 『국민문학』 주최로 1941년 9월 27일 반도호텔에서 열린 좌담회에서도 식민지 조선인 문학자의 문예동원 문제가 핵심적인 의제에 놓였다. 이 좌담회 참석한 임화가 문학자에게 상응하는 임무나 방책을 우선 고려하여 실천 항목을 정할 필요가 있다고 말하였지만, "자기 수양을 통해 금일의 총력 체제의 수준에 도달할 것"[3]을 요구받게 된다. 결국 이 좌담회 참석자들이 식민지 조선인 문학자에게 요구했던 것은 고도국방국가 체제하 사고방식의 근본적 전환이었고, 그것은 결국 대중 동원과 자기 수양의 두 방향으로 귀결되었다. 가라시마 다케시辛島驍가 대중 동원의 방법으로 지방순회강연 참석, 체험에 기초한 생산현장의 문학화, 이동극단 참가를 통한 지방문화 상황의 중앙 보고 등을 거론한 한편, 자기 수양의 방법으로 내지 성지순례 여행, 현지 병영생

2 사카이 나오키, 「다민족국가에 있어서의 국민적 주체의 제작과 소수자의 통합」, 사카이 나오키 외, 이종호 · 임미진 · 정실비 · 양승모 · 이경미 · 최정옥 역, 『근대 일본의 문화사』 7-1935~1955년 1 총력전하의 앎과 제도, 소명출판, 2014, 30쪽.

3 「文藝動員を語る」(座談會), 『國民文學』, 1942.1, 115쪽.

활 및 근로봉사 참여, 지원병훈련소 견학, 신사참배 등을 제시한 것 역시 이러한 맥락에서였다. 그런데 좌담회 참석자들은 대중 동원과 자기 수양이 상호보완적인 관계에 놓여 있다고 말하고 있지만, 무엇보다 식민지 조선인 문학자는 자발적인 자기 수양, 앞서 언급한 바 동원정책에 단순히 '반항하지 않는' 것만이 아니라, 적극적으로 협력하는 '자발성'을 지닌 자, 즉 황국신민이 될 것을 요청받고 있었다.

하지만 당시 담론 장에서 자기 수양을 핵심으로 하는 문예동원이 화두로 거론된다고 해서 식민지 조선인 문학자들이 그러한 방식을 통해 황국신민으로서의 자신의 위상을 정립해가고 있었다고 단정할 수는 없다. 다시 말해, 식민지 조선인 문학자의 경우 제국 일본의 충직한 신민이라는 균질화된 방식으로 자신의 정체성을 확보할 수는 없었던 것이다. 무엇보다 그들은 '식민지 조선인 문학자'라는 다층적이고 이질적인 지역적 · 민족적 · 사회적 · 문화적 위상을 지니고 있던 존재들이었다. 따라서 전시총동원 체제기 식민지 조선인 문학자의 행위 즉, 대중 동원과 자기 수양을 두 축으로 하는 문예동원의 움직임만으로 그들의 존재 방식을 이해하는 것은 제한적이다. 결국 이는 제국주의적 담론 질서라는 견고한 틀 속에서 식민지 조선인 문학자의 존재 방식(및 그들의 작품)을 이해하는 것으로, 그러한 담론을 전유하여 균열을 일으키거나, 담론의 경계를 월경할 가능성을 애초에 봉쇄하는 우를 범하게 한다. 나아가 이는 제국/식민지, 식민자/피식민자를 주체/타자의 위계화된 관계로 파악하고, 문학작품을 그러한 관계성을 구현해내는 이데올로기적 장치로만 인식하는 편협한 시각을 조장할 뿐이다.

이와 관련하여 김재용은 '친일/반일'의 변종인 '협력/저항'의 이분법적 관점으로 식민지 말 한국문학을 재단하면서 저항의 3가지 방식으로 '절필과 침묵', '우회적 글쓰기', '망명' 등을 거론했는데, 이 글의 주된 논의 대상인 김사량에 대해서는 그가 1945년 중국 태항산으로 망명하기 전까지 우회적 글쓰기를 통해 일본 식민주의에 대해 비판했다고 주장한다. 그는 「천마」를 대상으로 김사량이 우회적 글쓰기를 통해 일본어 창작, 창씨개명 등에 대해 비판했다면서 "당대의 식민주의에 협력하지 않고 저항하였다"[4]고 평가하였다. 하지만 중일전쟁에 이어 아시아-태평양전쟁이 발발함에 따라 전시총동원 체제가 강고해지자 이러한 우회적 글쓰기를 통한 저항도 곤란해지고, 이에 따라 당대 현실을 다루는 것이 아니라 역사소설을 창작하는 방식을 취했다는 것이다. 『태백산맥』과 『바다의 노래』가 그러한 산물인데, 『바다의 노래』의 경우에는 "당대의 국책인 해군열과 섞여 어정쩡한 작품이 되어 버리고 말았다. 역사소설의 형식도 더 이상 가능하지 않는 상황이 되고 말았다"[5]고 논의하였다. 김사량의 『바다의 노래』에 대한 유일한 언급이라고 할지라도 '협력/저항'의 자의적인 구도, 문학작품 이해에 있어서 시대 담론의 단순 적용 등 김재용의 논의는 그 자체로 객관성을 결여했다. 뒤에서 본격적으로 논의하겠지만, 해군특별지원병제도 실시 공포 이후 해군 시찰의 체험을 바탕으로 한 『바다의 노래』 서사는 '협력/저항'의 구도에 포섭되지 않는 전시총동원 체제기 식민지 조선인 문학/자의 존재 방식의 착잡함을 살펴볼 수 있는 작품이다. 나아가 이 작품은 전시총동원 체제기 '국민문학'으로 동원되기를 요청받았던 식민지 조선문

4 김재용, 『협력과 저항-일제 말 사회와 문학』, 소명출판, 2004, 260쪽.
5 위의 책, 261쪽.

학의 공백과 균열의 지점을 포착할 수 있게 한다는 점에서 주목된다.

2. 해군특별지원병제도와 문예동원

1943년 7월 28일 해군특별지원병제도가 공포되고, 8월 1일에 시행되었다. 이에 따라 곧바로 제1기 훈련생 모집이 시작되었는데, 같은 해 10월 훈련생을 채용하고, 1944년 4월 해병단海兵團에 입단하여 3개월간의 교육을 받고 6월에 실전 부대에 배치하였다. 식민지 조선의 경우에는 진해鎭海 해병단, 타이완의 경우에는 까오슝高雄 해병단에 입단했다. 이 제도는 육군과 마찬가지로 6개월간 훈련소에 입소하게 되어 있었는데, 이것이 시행되었던 것은 1943년 10월부터 1944년 4월까지의 제1기에 그쳤고, 제2기부터는 사전 훈련은 필요 없이 직접 해병단에 들어가게 되었다. 병력 부족이 심각한 상황 속에서 훈련을 실시하지 않고 해병단에 입단시켜 그곳에서 훈련을 받게 하였고, 병으로 채용하는 방법을 취했던 것으로 속성의 병력 보충이었다. 이후 1944년 5월 10일 해군특별지원병제도를 개정해 훈련소를 거치지 않아도 해군징모검사海軍徵募檢査에 합격하면 곧바로 해병단에 들어갈 수 있게 되었다. 이로 인해 1944년 6월 3일부터 조선 각지에서 해군지원병 징모검사가 실시되었고, 재일조선인에 대한 이 제도의 실질적인 적용은 반 년 후에 실시되었다.[6]

식민지 조선 청년을 동원하기 위한 지역 조직은 읍・면의 행정기관과 애국반愛國班이었다. 청년의 정신동원, 황민화를 담당했던 것이 애국반이었는데, 황민화라는 차원에서 그만큼의 효과를 거두고 있다고 말할 수는 없는 상황이었다. 특히 청년들의 동원 기반이 되었던 농촌에서 1942년의 상황은 유력자층의 형식적인 동원이 조직되는 데 그쳤고, 군대와 천황을 중심으로 한 역사관에 대한 청년들의 이해는 거의 진전되지 않았다. 또한, 신단神棚의 배포와 국기를 게양하는 일본인으로서의 기초적인 패턴은 농촌 하층민에게는 거의 이해・침투되지 않았다. 즉, 황민화의 진행 정도가 징병 대상 연령자에게 주었던 영향은 적었고, 오히려 청년들을 사로잡고 있었던 취직난, 조선인 청년들에게 취해졌던 사회 폐색 현상이 큰 비중을 차지하고 있었다.[7] 여기에서 한 가지 간과해서는 안 될 점은 지원병제도가 식민지 조선인 청년 일반을 대상으로 한다고 하더라도, 실질적으로 이 제도에 지원하는/되는 자는 식민지 조선 내 제국-식민지 체제가 배제한 자들로 무직자・일용직 노동자 등의 도시 빈민과 척박한 농토를 빌어먹고 있던 지방 하층민들이었다는 점이다. 다시 말해, 지원병제도가 지역적(도시/시골)・계층적(상층민/하층민)으로 위계화되어 있던 식민지 조선인 청년을 균질화된 방식으로 호명했다고 하더라도 실질적으로는 비균질적으로 소환되었다고 볼 수 있다. 이때, 지원병제도를 통해 배제된 자들이 새롭게 포섭되었는데, 제국-식민지 체제의 생명정치가 은폐한 자들이 동일한 메커니즘 하에서 폭로된 셈이다. 전쟁이라는 예외상태는 배제하는 자들을 새롭게 포

6 樋口雄一, 『皇軍兵士にされた朝鮮人』, 社會評論社, 1991, 69~70쪽.
7 樋口雄一, 『戰時下朝鮮の民衆と徵兵』, 總和社, 2001, 154~155쪽.

섭하는 과정 속에서 의도치 않게 기존의 배제 논리를 노출시키게 마련인 것이다.

1943년 5월 12일 조선총독부에 의해 해군특별지원병제도 실시에 관한 발표가 있은 뒤 신문 잡지를 비롯한 각종 미디어에서 이 제도 실시의 의의에 관한 기사가 봇물처럼 쏟아졌다. 해군특별지원병제도의 대상이 되는 식민지 조선의 청년들을 향해 황국신민으로서의 국방의 책무를 다하여야 한다는 이러한 레토릭은 이 제도 실시에 대한 감격과 환희의 수사 속에 강화되고 있다. 다음날인 5월 13일 『매일신보』 지면은 모두 해군특별지원병제도 실시에 대한 감격과 환희의 목소리들로 넘쳐나고 있는데, 특히 그 목소리가 지원병제도의 대상인 청년들을 향한 발화라는 점은 주목할 필요가 있다. 전쟁 수행을 위한 핵심적 동원 대상인 식민지 조선 청년을 대상으로 그들의 역할과 책무에 대해 강조하는 이러한 목소리에는 해군특별지원병제도의 대상자인 내지의 일본인이나 식민지 타이완인은 의도적으로 은폐되고, 내선일체 논리를 중심으로 식민지 조선인 청년들의 동화에의 욕망을 자극하는 수사적 표현이 즐비하게 되었던 것이다.

식민지 조선인 언론인·문학자들의 반응 역시 별반 다르지 않았다. 매일신보 주필 서춘은 해군특별지원병제 실시에 따라 대동아공영권 건설의 일익으로서의 조선과 조선인의 역할을 강조하였고,[8] 언론인 유광렬은 해군지원병제도의 실시가 반도의 영예라면서 제국 일본의 해군이 되어 조선(인)의 역사적·지정학적 위상을 제고할 수 있으리라는 감격

8 大川豊注, 「聖恩에 感泣」, 『春秋』, 1943.6, 54쪽.

을 드러냈다.[9] 또한, 주요한은 식민지 조선인 청년의 세계적 · 동아적 · 일본적 · 향토적 · 인간적 사명[10]을 제시하면서 조선인 청년들이 이 다섯 가지 사명을 명심하면 제국 해군의 일원으로서 임무와 영광을 보전할 수 있을 것이라고 하였다. 아울러 모윤숙은 남성성을 바다와 연결[11]시키면서 전쟁 수행의 주체로서 남성 젠더의 위상을 강화하고 있었다. 당시 이러한 과잉된 수사를 찾아보는 것은 쉬운 일인데, 과잉된 수사의 범람이 역설적으로 지원병제도의 불완전성을 드러낸다고도 할 수도 있다. 즉, 식민지 조선 청년의 지원율을 높여 병력을 충원하고자 한 이 제도의 실질적 목적 달성이 미미하였을 뿐만 아니라, 지원자의 지원 욕망과는 별개로 담론 층위에서의 수사들만이 난무하고 있었던 셈이다.[12] 무엇보다 이러한 동원 담론이 실제 지원자의 욕망을 자극해 그들의 황국신민으로서의 자발성으로 연결되었다고 보기는 어려울 것이다.

이처럼 해군특별지원병제도 실시의 의의와 조선인 청년들의 지원 독

9 柳光烈, 「海軍志願兵制實施와 半島靑年의 榮譽」, 『朝光』, 1943.6, 24쪽.

10 "부단히 팔굉일우의 조국(肇國)정신을 자각하고 성전(聖戰)의 세계사적 의의를 체득함으로써 천업(天業)을 익찬하고 받들려 하는 젊은 반도의 세계적 사명, 부단히 적 미영을 격퇴함으로써 성려(聖慮)를 편안하게 모셔 황국의 영예를 보전하고, 아시아 부흥의 기둥이 되려는 젊은 반도의 동아적 사명, 부단히 국체(國體) 본의에 투철하고 완전무결한 황국신민으로서 충절을 다할 젊은 반도의 일본적 사명, 부단히 곤고간난(困苦艱難)을 견딜 책무를 죽음을 무릅쓰고 지킴으로써 황국의 일 구성분자로서의 아름다운 국민성을 발휘해 향토의 명예를 앙양할 젊은 반도의 향토적 사명, 부단히 멸사보국, 생사를 초월하는 새로운 인생관 아래 황군의 진면목을 발휘할 젊은 반도의 인간적 사명."(松村紘, 「五つの使命－海軍特別志願兵制と朝鮮青年」, 『新時代』, 1943.6, 26쪽)

11 毛允淑, 「海軍의 얼골」, 『春秋』, 1943.6, 53쪽.

12 물론, 식민지 조선의 신문, 잡지 등의 대중 미디어에서만 해군특별지원병제도에 관한 선전물이 넘쳐나고 있었던 것은 아니다. 제국 일본의 해군 측에서도 지속적으로 이 제도의 의의와 지원 독려의 글이 발신되었는데, 이러한 흐름에 맞춰 제국 일본의 해군성 인사국에서는 1944년 『해군지원병독본』을 발간하여 해군특별지원병제도에 대해 구체적으로 소개했다.(海軍省人事局 監修, 『海軍志願兵讀本』, 興亞日本社, 1944)

려의 글이 폭증하고 있는 가운데, 국민총력조선연맹에서는 이 제도의 실시 공포에 따라 조선총독부 진해경비부의 후원을 받아 식민지 조선의 문인과 화가를 내지 일본의 해병단, 해군학교 및 관련 시설에 파견·시찰케 하였다. 이 파견의 목적은 해군 지식이 부족한 조선인을 대상으로 강연회 및 문학·회화 등을 통해 해군사상을 보급하게 하기 위한 것으로, 1943년 8월 28일부터 14일 동안 진해경비부, 사세보佐世保 해병단 및 해군병학교, 해군잠수학교, 그리고 해군성 쓰치우라土浦 해군항공대를 견학한 뒤, 개별적으로 야마모토 이소로쿠 원수山本五十六 元帥와 9군신九軍神[13]의 생가를 방문하는 것이었다. 이 파견대에 참석한 자는 인솔자 아베 이치로安部一郞, 소설가 김사량, 이무영, 아오키靑木洪, 시인 고다마兒玉金吾, 화가 윤희순이었다.[14] 김사량은 출발 전 열심히 보고 정성껏 배우고 돌아온 뒤 『매일신보』 지상에 『해군』이라는 소설을 쓰라는 말이 있었다며 책임의 중대함을 느낀다고 토로하였다. 그가 실제로 쓴

13 야마모토 이소로쿠는 일본 연합함대 사령관으로 진주만 공격의 기안자이자 지휘관이었다. 그는 1943년 4월 18일 솔로몬 제도 부겐빌 섬 상공을 정찰하다 미군에 의해 격추되어 사망했다. 9군신은 1941년 12월 8일 진주만 공격에 나서 돌아오지 못하고 전사한 특수잠함정 승조원 9명을 이르는 말이다. 1942년 3월 6일 대본영의 발표가 있은 다음날부터 9군신에 관한 신격화 작업이 본격적으로 전개되었는데, 신문기사를 비롯해 가곡, 연극, 교과서 등에 등장하면서 신격화되어갔다.(이에 대해서는 서재곤, 「「특별공격대」 내러티브 연구 시론」, 『日本硏究』 제59호, 한국외대 외국학종합연구센터 일본연구소, 2014, 240~241쪽 참조) 한편, 동시기 식민지 조선의 신문과 잡지에서도 9군신의 신격화 작업은 이어졌는데, 『매일신보』 1942년 3월 8일자 사설 「忠烈九軍神」에서 생사를 초월하여 활약한, 생환을 염두에 두지 않고 서전의 혁혁한 전과를 올린 9군신의 정신을 이어받을 것을 역설하였고, 『신시대』 1942년 4월호에서는 9군신의 출생·가정·일화 등을 일일이 소개하는 한편, 이광수의 시 「眞珠灣의 九軍神」을 게재하였다. 이후 식민지 조선의 미디어에서도 9군신의 신격화 작업은 지속적으로 이루어졌다.

14 이에 대해서는 「帝國海軍魂을 體得—半島文人, 畵家들 內地에 派遣」, 『매일신보』, 1943.8.25; 「九軍神生家도 訪問—海軍諸學校 視察의 文化人 明日 出發」, 『매일신보』, 1943.8.28 참고.

소설은 『바다의 노래』였지만, 이 소설의 연재에 앞서 그는 1943년 10월 10일부터 23일까지 총 10회에 걸쳐 시찰보고기인 「해군행」을 윤희순의 그림과 함께 연재했다.

시간적인 순서에 따라 여정 · 견문 · 감상을 기술한 일반적인 여행기의 형식을 취한 「해군행」에는 제국 일본 해군의 위용을 드러내는 한편, 식민지 조선인 청년들에 대한 해군특별지원병제도 실시의 당위성을 설파하기 위한 제국주의적 프로파간다의 목소리가 이어진다. 시찰 과정 속에서 김사량은 해군에 대한 군인관軍人觀을 새롭게 정립하는 한편, 나라를 위해 목숨을 바친 군인들로부터 이상미理想美와 비장미悲壯美를 발견한다. 그는 "지새는 별에나 가련한 꼿에나 미를 찾든 나는 여기에 놀라움을 가지고 새로운 미美를 발견햇든 것이다"[15]며 해군 집단 체조의 모습을 보면서 힘이라는 것이 아름다운 것이라고 말한다. 하지만, 사세보 해병단 및 해군병학교를 견학하면서 페르시아 대군에 맞서 싸운 300명 스파르타군의 '육탄肉彈'을 일본군의 그것에 빗대어 표현하거나, 해군잠수학교에서 하와이 진주만 기습작전에서 산화한 9군신을 자연스럽게 연상한 것처럼, 김사량의 군인관이나 미의 발견이 시찰이라는 이동의 체험을 통해 가능해진 것이라고 단정하기는 어렵다. 이미 각종 미디어에서 이러한 수사적 표현이 범람하고 있었고, 김사량은 그러한 수사적 표현을 고스란히 반복하고 있었기 때문이다.

따라서 이 시찰이라는 행위가 적어도 김사량으로 하여금 제국 일본군에 대한 새로운 인식을 갖게 한 것이 아니라, 이미 담론적으로 체계화되

15 金史良, 「海軍行」, 『매일신보』, 1943.10.12.

었던 내용을 확인하는 수준에 그쳤다고 볼 수 있다. 그가 "황군 전체가 일 — 억 국민 전체가 모두 륙탄이 될 구든 각오"[16]를 가지고 있다거나 "죽엄 아페 모든 사념邪念을 버린 맑은 눈동자와 억세인 의지"[17]를 드러낸다고 인식했던 것은 모두 해군 지휘관의 설명에 의존한 것일 뿐 실제 해군 병사의 목소리를 통한 것은 아니었다. 해군 병사들은 보이는 대상이었지 말할 수 있는 주체는 아니었던 것이다. 이런 점에서 시찰 과정 속에서 역설적으로 '공포감'을 드러낸 부분이 있어 주목된다. 해군잠수학교 견학 시 어뢰를 하나라도 더 싣기 위해 구난탈출공과 구난탈출의를 설치하지 않아 잠수함이 침몰하면 탑승자가 같이 죽는다는 설명에 김사량은 등줄기가 쭈뼛해짐을 느끼거나 무거운 침묵에 빠진다. 물론 죽기를 주저하지 않는 해군정신에 대한 감격의 서술이 뒤따르지만, 거기에는 어느새 죽음에의 공포가 엄습해오고 있었던 것이다. 해군의 위용을 드러내는 잠수함의 스펙터클한 장관이 하나의 환상으로 기능했다면, 비록 찰나적이라고 하더라도 죽음에의 공포는 그러한 환상에 틈을 일으키는 실재였던 것이다.

이처럼 김사량의 「해군행」을 식민지 조선인 문학자에게 요구되었던 '자기 수양'의 방식으로 해군 시찰에 참여하고, 그러한 시찰의 체험을 통해 '자발성'에 기초한 황국신민으로서의 자기 주조의 방식을 드러내고 있는 것으로 이해할 수 있다. 하지만 그렇다고 해서 식민지 조선인 작가 김사량이 황국신민으로서의 자기 정체성을 매끄럽게 봉합했다고 단정할 수 없다. 무엇보다 김사량의 시찰의 체험과 시찰보고기 「해군

16 金史良, 「海軍行」, 『매일신보』, 1943.10.15.
17 金史良, 「海軍行」, 『매일신보』, 1943.10.23.

행」이 제국 일본의 문예동원 정책의 일환으로 국민총력조선연맹의 주도 아래 이루어진 것이었고, 이 문예동원에의 가담이 식민지 조선인 문학자의 '자발성'에 기초한 것이라고 단정할 수는 없기 때문이다. 또한, 김사량이 시찰의 체험을 통해 해군에 대해 새롭게 인식하고, 시찰보고기라는 형식을 통해 그러한 인식을 표출했다고 단정할 수 없는 것 또한 그의 시찰보고기의 내용이 기존의 신문과 잡지에서 공공연히 선전되었던 제국 일본의 해군에 대한 인식과 표상의 수사물들과 별반 다르지 않기 때문이다. 오히려 균질적인 시찰의 체험 속에 개입해 들어오는 공포의 감각이 의도치 않게 노출될 수도 있다는 점이 김사량의, 나아가 식민지 조선인 문학자의 황국신민화 과정의 틈을 보여준다. 이런 점에서 이 시찰의 체험에 기초해 쓴 『바다의 노래』 서사를 보다 면밀히 살펴볼 필요가 있다. 그래야만 당시 김사량이 식민지 조선인 문학자로서 어떠한 시대 인식을 지니고 있었고, 조선문학/자의 문예동원 정책에 어떻게 대응하고 있었는지 구체적으로 살펴볼 수 있을 것이다.

3. 전쟁의 세기, 남성 주체의 영웅 서사시

김사량의 『바다의 노래』는 『매일신보』 1943년 12월 14일부터 1944년 10월 4일까지 총 193회에 걸쳐 연재된 신문연재장편소설이다. 『조광』 1940년 2월호부터 1941년 1월호에 걸쳐 『낙조』를 연재하고, 『국민문학』 1943년 2월호에서 10월호까지 일본어 장편소설 『태백산맥』을 연재한 바 있었던 김사량은 앞서 언급한 1943년 해군특별지원병제도의 실시에 따라 해군시찰단의 일원으로 내지의 해군학교 및 유관 시설을 시찰한 경험을 바탕으로 『매일신보』에 장편소설 『바다의 노래』를 연재했다. 매일신보사 측은 연재 예고에서 "반도 동포에게 해군특별지원병제도가 실시되여 지난 시+월에 해군특별지원병훈련소가 개소되엇다 반도 동포는 옛적부터 삼면이 바다로 에워싸진 반도에 살면서도 실상인즉 바다를 너무 몰라왓다 그러므로 이때를 당하야 반도 동포에게 바다에 대한 지식과 해군에 대한 인식을 새롭게 하야 주는 것은 무엇보다도 긴급한 일이다"며 해군사상을 보급시키기 위하여 해군생활을 주제로 『바다의 노래』 집필을 의뢰하였다고 밝히고 있다. 또한 김사량은 「작자의 말」에서 "우리들도 이제부터는 바다를 이해하자 바다와 가튼 히망을 가지자 바다처럼 한썻 씩々하여지자 이것이 작자의 염원念願이요 또 이 소설을 쓰는 동기도 됩니다"라며 집필의도를 밝히고 있다.[18] 하지만 『바다의 노래』는 앞서 살펴본 시찰보고기 「해군행」에서처럼, 제국 일본의 해군의 위용을 강조하거나 식민지 조선인 청년들의 지원을 독려하는 내용으로 점철되어 있지는 않다. 김사량이 바다와 같이 자라나는 한 집안의 이야기를 중심 삼아 써나가려 한다고 밝히고 있듯이, 이 소설은 조선왕조 말기 서양 제국주의 세력의 조선/아시아 진출 시대부터 식민지 말 전시총동원 체제기 아시아-태평양전쟁 발발에 이르기까지의 전쟁의 세기, 남성 주체의 자기 드라마를 주조해내고 있다.

18 『매일신보』, 1943.12.11. 한편, 이 연재소설의 삽화는 윤희순과 이승만이 그렸는데, 윤희순이 첫 회부터 72회까지 그렸고, 이승만이 73회부터 마지막 회까지 그렸다.

그리고 그러한 드라마는 신태주와 신해산 부자의 성장 과정과 그 궤를 같이 한다.

1) 민족적 주체의 성장과 자기 파탄

평양 외성의 양반 집성촌에 거주하고 있었던 몰락한 양반가의 자제 신태주는 어렸을 때부터 '무쇠풍구'라고 불릴 정도로 힘이 장사였던 인물이다. 그는 1866년 흥선대원군의 쇄국정책 당시 미국의 제너럴 셔먼호가 통상을 빌미로 평양 대동강에 상륙하였을 때, 제너럴 셔먼호에 잡혀간 중군 이현익을 구출하는 전과를 올려 평양을 비롯해 전 조선에서 유명해진다. 하지만 양반집 자제로 '상것들'과 함께 서양 배를 격침시킨 것은 선조 및 양반 전체를 욕되게 하는 것이라고 외성 양반 일족과 집안 사람들에게 비난을 받게 된다. 그럼에도 당시 흥선대원군이 외세 침략에 대응해 군사력을 강화하기 위해 평양 사람을 등용하고자 한다는 소식을 듣고, 어머니의 반대를 무릅쓰고 군에 지원하여 전장에 나가게 된다. 이어 제너럴 셔먼호 사건을 빌미로 1871년 미국 함대가 조선에 통상조약체결을 강요하기 위해 강화도를 침략한 신미양요辛未洋擾가 발발하자 신태주는 강화도로 가 전장에서 혁혁한 전공을 세운다. 그가 전장에 나가 있는 동안 연정을 나누었던 '작은 년'은 집안의 강압으로 원하지 않는 혼사를 치러야 하는 상황에 처하게 되는데, 미국 함대를 격파한 신태주는 혼사 당일 전우들과 함께 홀연히 나타나 작은 년을 데리고 도주한다. 이후 두 사람은 배를 타고 바다로 나가 주란섬에 정착하여 살게 된다. 주란섬에 정착한 신태주는 수적水賊을 무찌르는 등 섬사람들에게 '용왕'이라고 불리면서 존망의 대상이 된다. 그는 주란섬 사람들을 이끌면서 "육지에서는 가진 횡포와 쟁투의 고역과 착취가 백성을 시달리고 잇슬 째 그들은 이런 악덕스러운 생활을 이저버린 리상의 섬을 맨들엇"[19]던 것이다. 이후 동학농민운동이 일어난 소식을 우연히 전해들은 신태주는 섬사람들과 함께 가담하고자 과거 신미양요 당시 전우였던 미륵을 찾아 영종도로 가지만, 그가 동학군 토벌대로 서울로 갔다는 소식만 전해 듣고 돌아온다. 그는 주란섬 사람들에게 그동안 자신의 삶의 내력을 밝히는 한편, 조선을 둘러싼 정세에 대해 이야기하였고 이에 섬사람들은 "양반 게급의 횡포와 서울 대감들의 략탈 정치와 민중의 무자각을 지적하야 급박한 국제풍운 밋헤 외우와 내환이 함께 뒤설에여 이 나라가 바야흐로 위급존망지추에 잇슴을 통탄"[20]한다. 신태주의 주도로 섬마을은 혁신되고, 섬마을 사람들은 나라를 위해 목숨을 바치고자 결의하기에 이른다. 다시 청일전쟁이 발발하자 신태주는 섬마을 사람들을 이끌고 참전, 일본군에 가담하여 청나라 군대가 주둔하고 있던 평양성을 함락시키는 전과를 올리지만, 과거 전우 미륵과 첫째 아들이 전사하게 된다. 이후 신태주는 주란섬에 돌아온 뒤 전우와 아들을 잃은 상실감에 괴로워하다가 둘째 아들 해철의 결혼과 출산, 막내아들 해산의 성장과정을 지켜보는 한편, 차돌을 평양 소재 학교에 보내 신교육을 받게 하는 등 섬마을의 발전에 전력을 기울이다 노환으로 사망한다.

이처럼 『바다의 노래』 서사의 전반부를 구성하고 있는 신태주의 인

19 金史良, 「바다의 노래(50)－봉죽타령(2)」, 『매일신보』, 1944.2.16.
20 金史良, 「바다의 노래(58)－봉죽타령(10)」, 『매일신보』, 1944.2.26.

생행로는 대체로 서양 제국주의 세력의 동아시아 진출, 소위 서세동점의 시기 서양 제국주의 세력에 맞서 저항한 행적에 초점이 맞춰져 있다. 특히, 제너럴 셔먼호 사건이나 청일전쟁에서의 그의 영웅적 면모가 부각되어 있는데, 서술자는 그의 삶에 대해 다음과 같이 논평하고 있다. "말하자면 룡왕의 생애는 행복보다도 파란곡절이 중첩한 천신만고의 불행한 일생이엇다. 그러나 어쨋던 제 생각 제 주장 제 힘 하나로 나라를 위하야 싸우고 쏘 싸워왓다. 비록 가정적으로는 극히 불행하엿다고 할지언정 커다란 발자최를 남기고 써나는 위대한 죽엄이엇다."[21] 아내와 아들의 죽음 등 가족사적 비극은 어느새 국가를 위해 전장에 나가 싸운 그의 충성스러움 속에서 봉합되고 있는 셈이다. 그런데 여기에서 흥미로운 것은 전쟁 영웅으로서의 신태주의 인물 형상화 과정 속에서 등장인물 및 서술자의 목소리를 통해 당시 급변하는 동아시아/조선의 정세에 대한 논평이 이질적으로 제시되어 있다는 점이다. 특히 그것이 식민지 말 제국 일본의 아시아-태평양전쟁 수행의 당위성을 설파하는 레토릭과 연결되어 있다는 점에서 주목된다.

> "여보시 말 말게 청나라는 늙어 싸젓고 우리나라는 등신이지만 일본의 새로 일써서는 기세가 대단한 모양입데 지금 민비의 인척들이 청나라의 세력을 밋구서 국사는 돌보지 안코 제 배만 불리고 잇지만 두고 보시 큰 코 닷치지 안는가 김옥균이가 쒸여든다면 대번에 나라가 바루서네 우리나라도 일본과 가치 일써서게 되네" (…중략…)

21 金史良, 「바다의 노래(127)-明月聲遠(16)」, 『매일신보』, 1944.6.3.

"그러기 말일세 청나라 우리나라가 어리쌩쌩해 잇어서는 동양 전체가 그 놈들의 말발굽에 짓발피네 강화 회의 때 일본 사신이 그 점을 들어 우리 대감들 보구 입 측이 마르게 경고하엿다는 말을 들엇네 일본 조선 청국이 손을 마주잡구 일써선다면……"[22]

일청전쟁은 동양 평화를 확립키 위한 전쟁이엇다 비록 조선 정부는 좌시우고(左視右顧) 우왕좌왕(右往左往)하엿스되 조선 민중은 이 전쟁의 의의를 기피 깨닷고 일본군에 다대한 협력을 애끼지 안엇다 수송과 군량을 위하야는 물론이지만 더구나 평양 육전에 잇서서의 조선군 어떤 장교의 귀신도 곡할 장렬한 전사와 보통평야의 처참한 돌격전에서 쏘다노흔 홍안 미소년과 한 장년의 붉은 피는 일본군에 비상한 감명을 주엇다 애석타 그들은 이름도 알리지 안코 또 알고저 하엿스나 그들 일당은 시체를 거두고 돌아갓다 그러나 그들의 피는 영원히 붉어 동양 평화를 위하야 써 명할지라[23]

사실로 일본이 로국을 처부신 일은 세계의 력사를 전환케 하는 하나의 포인트엿다. 백인 세상의 호사스러운 꿈도 이에 깨지고 동양의 백일몽도 이에 깨젓다고 할 수 잇섯다. 그것이 비록 예기(豫期)되엿든 일이건 아니건 간에 일로전쟁의 결과는 멀리 아세아(亞細亞)의 각성(覺醒)을 촉진한 것이다. 토이기(土耳其)도 인도도 섬라도 그리고 일청전쟁에 원한이 잇는 청국까지도 그리고 아불리카와 아메리카의 흑인 암주루 일본의 용기에 의하야 스스로의 실격과 지위를 자각캐 된 것이다. 이것이 세계사(世界史)에 잇서서 일본이

22 金史良, 「바다의 노래(56)－봉죽타령(8)」, 『매일신보』, 1944.2.23.
23 金史良, 「바다의 노래(72)－꿈(3)」, 『매일신보』, 1944.3.14.

처음으로 이루운 바 가장 위대하고 광휘 잇는 사업이엇다[24]

위의 인용문은 신태주가 과거 전우 미륵을 찾아 그의 휘하 장교들과 나눈 대화 내용으로, 서양 제국주의 세력에 의한 청나라의 몰락 및 일본 제국주의 세력의 부상에 대해 말하고 있는 부분이다. 그런데 이 인용문에서 주목되는 것은 일본・조선・청나라가 연대해 서양 제국주의 세력을 무찔러야 한다는 데 있다. 근대 초기 일본의 담론 장에서 중국을 미개한 나라, 국민국가 건설의 역량이 구비되지 않은 고루한 나라라고 천시하면서도 서양 제국주의 세력에 맞서기 위해서는 연대해야 한다는 이중적 인식을 가지고 있었는데, 이후 동아시아의 패권이 일본으로 넘어가면서 연대의 대상으로서의 중국 인식은 서양 제국주의의 반半식민지로서 천시의 대상으로 고착화되었다.[25] 하지만, 중일전쟁의 장기전화에 이어 아시아-태평양전쟁이 발발하자 영국과 미국을 비롯한 서양 제국주의 세력을 주적으로 상정하면서 다시금 연대의 대상으로 중국을 위치시켰는데, 위의 인용문에서 소위 서세동점의 시기 동아시아 3국의 연대 필요성을 역설한 것은 당시 중국의 연대 거부가 현재의 서양 제국주의 세력의 동아시아 진출 및 식민지화의 원인이었다는 것을 은연중에 드러내는 것이라고 할 수 있다. 한편, 두 번째 인용문은 신태주 일행이 청일전쟁에서 세운 전과를 일본의 청일전쟁 외사外史에 기록되어 있는 내용이라고 소개하고 있는 부분인데, 여기에서 일본의 대륙 침략 전

24 金史良, 「바다의 노래(80)－쉼(10)」, 『매일신보』, 1944.3.22.
25 이에 대해서는 오태영, 『오이디푸스의 눈－식민지 조선문학과 동아시아의 지리적 상상』, 소명출판, 2016, 299~333쪽 참고.

쟁은 동양 평화를 확립하기 위한 전쟁으로 바뀌어 있고, 거기에 조선의 정부가 아닌 민중의 자발적 협력이 있었음을 강조하고 있다. 즉, 청일전쟁에서부터 아시아-태평양전쟁에 이르기까지 제국 일본의 아시아 침략 전쟁을 은폐하기 위해 내세운 동양 평화의 수호자로서의 표상과 각 국가·지역 민중의 자발적 협력을 강조했던 내용이 여기에서도 반복되고 있는 것이다. 이런 점에서 마지막 인용문에서 러일전쟁에서 일본이 승리한 것이 세계의 역사를 전환케 한 사건이자, 아시아의 각성을 촉진한 것이라는 서술은 당시 동아시아 권역 내 스스로를 정점에 놓으려는 제국 일본의 자기 구축의 방식을 적나라하게 보여준다.

마치 메이지유신 이후 근대 일본의 동아시아 지역으로의 제국주의적 팽창 과정을 서양 제국주의 세력으로부터의 아시아 국가들의 해방 과정으로 선전하고 있었던 식민지 말 제국주의적 담론을 『바다의 노래』에서 서사화하고 있는 것으로 이해할 수 있고, 그런 점에서 김사량이 단순히 체제 협력적인 작품을 쓴 것이라고 단정할 수 있다. 하지만 『바다의 노래』 서사를 면밀하게 검토해보면, 김사량의 관심의 초점이 민중(백성)에 맞춰져 있다는 것을 알 수 있다. 즉 김사량은 근대 전환기 위정자들의 잘못된 정세 판단과 대응으로 인해 내우외환의 상황 속에서 일반 민중의 삶이 피폐해졌다는 점을 부각시키고자 하였다. 해서 오히려 신태주와 같은 인물을 내세워 영웅적으로 형상화하고 있는 것으로 볼 수 있다. 그가 비록 몰락한 양반의 후손이라고 하더라도, 그의 출신 성분은 더 이상 그의 사회적 위상을 보장해주지 않을 뿐만 아니라, 그는 민중의 입장에서 그들을 지도하고, 그들을 위해 기꺼이 죽기를 마다하지 않는 인물로 그려지고 있는 것이다. 『바다의 노래』에서 소위

'민족적 주체'로서 자기 정체성을 구축해가는 신태주의 성장의 드라마는 역사의 그늘 속에 감춰진 일반 민중에 대한 김사량의 인식을 짐작할 수 있게 한다. 그에게 역사에 기록되지 않은/될 수 없었던 불쌍하고 가련한 존재들이었던 민중에 대한 재인식과 그에 기초한 서사화 작업의 산물이 『바다의 노래』의 집필을 가능케 했던 것이다. 따라서 신태주의 '민족적 주체'로의 각성과 성장의 서사화 과정 속에 나타난 서술자의 목소리를 통해 당시 김사량이 제국주의 이데올로기를 전파하고 있었다는 지적은 피상적이다. 서사의 표층 곳곳에서 그러한 흔적들을 발견할 수 있다고 하더라도, 김사량의 관심의 초점은 근대전환기 이래 내우외환의 격동기 속에서 동요하던 조선인 일반 민중들의 삶의 편린들을 역사화하는 데 있었다.

그런데 여기에서 한 가지 더 주목해야 할 것은 신태주의 '민족적 주체'로의 성장이 낳은 파국의 상황에 있다. 국가와 민족을 위해 전쟁에 나가 혁혁한 공을 세웠던 신태주였지만, 청일전쟁에서 전우와 함께 첫째 아들 신해성을 잃었고, 자신의 뜻을 이을 것이라고 믿고 있었던 막내아들 신해산은 서양 행 배에 올라 종적이 묘연해졌으며, 아내는 둘째 아들 신해철의 결혼 직후 갑작스러운 죽음을 맞이하였고, 딸 칠석네는 '다리병신'이 되어버렸다. 특히, 손자 귀동이를 아들 해철 내외로부터 강탈해 와 아이를 그리워하던 며느리가 바닷물에 빠져 죽는 장면을 통해 전쟁 영웅이었던 신태주의 광기가 파국의 상황을 초래했음이 극명하게 드러난다. 이처럼 신태주가 '민족적 주체'로 각성하고 성장해갔던 과정 이면에는 언제나 가족의 희생과 헌신이 뒤따랐는데, 특히 전쟁을 통한 남성 주체의 영웅적 성장은 민족이라는 미명하에 가족과 여성의 삶을 파국으로 내몰게 되었고, 결국 그것은 남성 주체의 자기 파탄으로 귀결되었다. 신태주가 '민족적 주체'로 성장할 수 있었던 핵심적 기제가 전쟁이었다는 점을 감안한다면, 그러한 주체의 자기 기획이나 정립 과정 속에서 배제되고 소외된, 타자화된 대상으로서의 여성의 삶이 가로놓여 있었다는 점을 간과할 수 없다. 이런 점에서 『바다의 노래』 서술자가 신태주의 '민족적 주체'로서의 성장을 긍정하거나 그것에 당위성을 부여하지 않았다는 점은 더욱 강조될 필요가 있다. 왜냐하면 단순히 '민족적 주체'로의 성장 과정을 서사화하는 데 그친 것이 아니라 그것의 자기 파괴적 성격을 드러냈다는 점에서 『바다의 노래』는 역설적으로 광기에 휩싸인 전쟁 영웅의 몰락 과정을 서사화한 것으로도 읽을 수 있기 때문이다. 그리고 이런 점에서 이 소설은 전시총동원 체제기 전쟁 수행의 제국주의적 이데올로기를 재생산한 것이 아니라, 오히려 그것의 허위를 드러낸 것이었다고 할 수 있다.

2) 제국적 주체로의 투신과 성장 불가능성

김사량의 『바다의 노래』에서 신태주가 '민족적 주체'로서의 성장 과정에 나타난 자기 파탄을 보여준 것이라면, 신태주의 아들 신해산의 삶의 행적 역시 남성 주체의 영웅적 서사화 과정에 초점이 맞춰져 있지만 그의 성장 과정은 아버지의 그것과는 다른 경로를 보인다. 무엇보다 그가 식민지 조선이라는 로컬한 경계를 벗어나 제국의 권역인 아시아 지역 속에서 이동이라는 공간적 실천 행위를 통해 성장해가고 있었다는 점에서 큰 차이가 있다. 신해산은 아버지가 청일전쟁 참전 후 돌아오는 길에 타고 온 화륜선에서 뛰어 놀면서 그것을 타고 바다 멀리 넓은 세계로 나가고자 하는 꿈을 품는다. 그는 12살 때 활동사진을 통해 본 서양 풍경에 매료되어 자신의 꿈을 실현하겠다고 결심한 뒤, 홀로 미국 유조선을 타고 서양으로 향한다. 하지만 배가 상하이上海에 정박하였을 때 서양에 도착했다고 오인하여 하선한 뒤 상하이 거리에서 유리걸식하다 기아로 졸도하게 된다. 우연히 길을 걷다 그를 발견한 경상도 출신 인삼장사 임하백 부부가 그를 데려다 키우게 되는데, 이웃집에 있던 손문과 범 선생의 영향을 받아 신해산은 아시아는 하나라고 인식하고, 아시아인의 이름으로 중국혁명을 원조할 의무와 책임을 느껴 상하이를 떠나 광둥廣東 군관학교에 입학한다. 이후 군벌 타도와 서양 추방을 기치로 내걸면서 국민당과 공산당이 합작해 싸운 북방 군벌들과의 전쟁에 참전하는데, 무창성 전투에서 다리에 총상을 입었으나 회복 후 다시 항저우杭州 공략전에 가담한다. 이 전쟁에서 승리한 후 상하이 임하백 집에 기거하고 있었는데, 장개석에 의해 국공합작이 파탄나고, 이로 인해 조선군 체포령이 내려져 포박되지만 범 선생의 아들이자 친구였던 범원생의 도움으로 탈출하게 된다. 이어 다시 풍옥상의 부하 장교로 제2차 북벌에 참전하여 베이징北京에 입성하지만, 지난濟南에 진주한 일본군과 북벌군 사이의 전쟁을 목도하고 중국군으로부터 이탈해 조선으로 향하게 된다. 15, 6년만에 고향에 돌아온 신해산은 평양 거리에서 누나와 '그만이'를 그리워하며 유랑하다가 도쿄에 가 비행사가 되기로 결심한다. 도쿄 시바우라芝浦 해안부두 하역 노동자로 일하면서 돈을 모아 후카가와深川 민간 비행학교에 입학하고자 했지만, 학비가 모자라 절망하던 차에 우연히 범원생을 다시 만나 그의 원조로 치바현千葉縣 후나바시船橋 제일항공학교에 입교하여 2년만에 일등비행사 면허를 취득하고 그곳의 교관이 된다. 이후 향토 방문 비행으로 고향을 방문해 환영회 석상에서 '그만이'와 조우하는 한편, 누나와 조카 '귀동이'를 만나지만 그들의 행복을 기원하면서 일본으로 돌아간다. 다시 일본을 거쳐 북지北支 전선에 파견되었다가 비행기의 불시착으로 왼팔을 잃고 육군병원에 입원하게 되는데, 아시아-태평양전쟁 발발 직후 남지나南支那로 출전했다가 돌아와 진해경비부의 군속이 된다. 그리고 그곳에서 해군특별지원병제도에 지원해 해군학교에 입교하게 된 조카 귀동이를 비롯해 누나, 그만이 부부와 재회하게 된다. 이상 신해산의 이동 경로를 간단하게 정리하면, 조선→중국→조선→일본→중국→남양→조선으로 동아시아 전 권역에 걸쳐 있음을 알 수 있다. 특히, 조선인인 그가 중국 내전에 참전하였다가 일본군이 된 과정이 자못 흥미로운데, 중국군으로의 가담과 일본군이 된 것은 모두 서양 제국주의 세력의 척결을 위한 것으로 설명된다.

광둥 군관학교에 입학하기 전 신해산은 서양 제국주의 세력의 반半식민지가 된 중국을 구제하기 위해 혁명전쟁에 참전한다는 점을 밝히고 있다. 그는 "이 나라 혁명의 근본 목표는 중국의 자유와 평등을 회복함으로부터 동양의 부활을 기하려는 데 잇지만 이러기 위하야서는 서양 제국주의를 상대로 생사의 투쟁을 단행하여야만 된다는 결론을 가지게 된 터입니다"[26]라고 말한다. 흥미로운 것은 그의 이러한 인식이 19세기 후반 이래 서양 제국주의 세력의 동양에 대한 정치적·경제

26 金史良, 「바다의 노래(123)-月明聲遠(12)」, 『매일신보』, 1944.5.28.

적・문화적 침략을 계기로 촉발된 아시아주의와 그 궤를 같이 하고 있다는 점이다. "서양이라는 이질의 인종・문명・종교와의 접촉을 통해 아시아(동양)라는 이미지와 동질성을 확인했으며, 더욱이 그것이 침략적이었기 때문에 운명공동체라는 심정이 배태되었다. 이처럼 아시아주의는 '아시아는 하나', '아시아는 운명공동체'라는 심정적 일체감을 전제로 하여 "서양의 침략에 저항하기 위해 아시아는 단결하라"는 정치적 언술로부터 시작되었다."[27] 이러한 아시아주의의 논리가 여기에서도 반복되고 있는 것이다. 또한, 신해산의 이러한 인식은 쑨원孫文의 대아시아주의의 논리와도 연결되는데, 식민지 말 이광수의 「대동아」나 박태원의 「아세아의 여명」 등에서 쑨원의 대아시아주의 논리가 피력되고 있는 것처럼, 당시 그것은 전쟁 수행의 이데올로기적 담론으로 오독되어 전유되었다. 물론 김사량이 쑨원의 대아시아주의에 대해 어떠한 인식을 가지고 있었는지에 대해서는 면밀한 고찰이 필요하지만, 그것이 제국 일본의 지식계와 식민지 조선의 지식계에서 애초의 의미를 탈각한 채 중국과 일본의 제휴・연대의 필요성에만 초점이 맞춰져 부각되고, 당시 중일전쟁에서 아시아-태평양전쟁에 이르기까지 전쟁 수행의 당위성의 근거로 활용되고 있었다는 점[28]을 간과할 수는 없다. 즉 서

27 강창일, 『근대 일본의 조선침략과 대아시아주의』, 역사비평사, 2002, 34쪽.

28 "1931년 만주사변으로부터 1945년 패전에 이르기까지 '15년 전쟁' 동안 아시아주의는 일본의 '자주 외교'의 지침으로 확실하게 자리 잡았으며, 전쟁 수행의 이데올로기로 활용되었다. 만주사변, 노구교사건, 진주만 공격 등 각 고비마다 다른 해결 방안을 도외시한 채 전쟁의 연속으로 나아가게 되었던 것도 아시아주의가 하나의 전쟁 이데올로기로서 작동하고 있었기 때문이었다고 해도 과언은 아니다. (…중략…) 전시기(戰時期)의 아시아주의 흐름은 '동아연맹'론, '동아협동체'론, '대동아공영권'론 등의 다양한 지형을 보여 주었고, 각 담론 내에서도 논점의 차이가 있었지만 다음 세 가지 공통된 특징들을 도출해볼 수 있다. 즉 첫째, 서구에 대한 대항의 '주장'에 머물지 않고 현실 속에서 대안적

양 제국주의 세력에 대항하기 위한 아시아 국가들 사이의 제휴・연대의 필요성에 대한 역설은 한편으로 제국 일본의 침략주의 전쟁 수행의 논리로 귀결되고 있었던 것이다.

이런 점에서 『바다의 노래』 속 등장인물이나 서술자가 제국 일본의 동아시아 권역으로의 제국주의적 침략이 본격적으로 전개되었던 1930년대 이후 발발한 전쟁에 대해 어떠한 인식과 논평을 하고 있는지 살펴볼 필요가 있다. 그것은 『바다의 노래』에 나타난 이들의 목소리가 제국 일본의 침략전쟁을 어떻게 정당화하고 있는지, 그리고 그것이 당시 담론 장에서의 목소리들과는 어떠한 연관을 지니고 있는지를 확인하는 것이자, 비록 제한적이라고 하더라도 김사량의 역사적 시대 인식을 확인할 수 있기 때문이다. 물론 이 소설이 해군특별지원병제도의 실시에 따라 소위 '해군사상'을 보급시키기 위한 당국의 요청에 의해 집필되었다는 점에서, 이것만으로 식민지 조선인 작가 김사량의 1940년대 초반 아시아-태평양전쟁기 역사적 시대 인식을 살펴보는 것은 제한적이다. 하지만 지배 담론의 이데올로기와 문학작품이 단선적 인과관계에 놓여 있지 않듯이, 특히 그것이 신문연재라고 하는 형식 속에서 매끄럽게 봉합되지 않듯이, 그것들 사이에는 언제나 공백과 균열의 지점이 있기 마련이다. 또한, 그러한 공백과 균열의 지점이 노출되지 않는다고 해서 그것이 존재하지 않거나 봉합되었다고 단정할 수 없다. 왜냐하면, 공백

'지역 질서'를 구상했다는 점, 둘째, 과거 문명/인종 담론에서 더 나아가 일본의 우월한 힘에 기초한 맹주론(지도론)을 논의의 전제로 삼았다는 점, 셋째, 어느 경우이든 초국가주의와 민족주의의 아포리아를 벗어나지 못했다는 점이다."(박상수, 「동아시아 근대 '아시아主義' 讀法–系譜, 類型, 層位」, 『아세아연구』 제56권 4호, 고려대 아세아문제연구소, 2013, 27~30쪽)

과 균열의 부재가 역설적으로 그것의 존재를 상기시키기 때문이다.

> 이 만주사변이야말로 실로 신세게 신질서 건설의 제일성(第一聲)이요 또한 오늘날 벌어진 제이차 세게대전의 발단이엇든 것이다. (…중략…) 무근 질서가 문허지면서 불가불 새 질서가 필요하게씀 된 곳에 뿌리백혀 잇는 것이다. 중국 내부의 사정으로 보나 세게 정세의 발전으로 보나 다가치 무근 질서=영미의 세게 지배를 근간(根幹)으로 하는 질서와 충돌하야 이것을 께트리고 나가지 안흐면 안 될 곳에까지 사태가 급박하엿든 것이다. (…중략…) 그럼으로 만주사변은 외견상 일중 간의 충돌과도 갓지만 실인즉 영미의 세게 지배에 대한 일본의 최초의 반격이엇다.[29]

> 이에 우리들은 진실로 동아의 평화를 수립하자면 영미의 동아 제패의 야망을 쳐부수지 안는 한 도저히 일울 수 업는 일임을 절실히 깨닷게 되엿다. 지나사변은 중국과의 전쟁이 아니엇다. 영미와의 다툼이엇다. 그들의 세력을 처몰아내지 안는 한 우리는 영원히 그들의 노예가 아닐 수 업섯다.
>
> 이것은 비단 소년 귀동의 자각만이 아니엿다. 일억 동포는 하나 가치 가슴속에 웨치엿다.
>
> "우리의 동아다!"[30]

> 사실은 대동아의 결전은 날로 심각해지는 것이다. 미영은 전쟁의 최초 단게에 잇서 참패를 보기는 햇으나 반 년 만에 그들은 진용을 가다듬고 총 반공

29 金史良, 「바다의 노래(164)－날파람(4)」, 『매일신보』, 1944.8.26.
30 金史良, 「바다의 노래(184)－風雲(2)」, 『매일신보』, 1944.9.22.

을 웨치며 비행기, 전차, 군함을 구름처럼 몰아가지고 필사의 반공을 꾀하엿다. 이에 우리 육해군은 청년들아 나오라! 소년들아 나오라! 부르지즈며 필승의 태세를 갓추는 동시에 드듸여는 학도동원령까지 내리게 되엿다. 학도들도 펜 대신 총을 들고 용약 제일선에 출전하야 미영 격멸전에 우렁찬 총진군이다.

쌘더러 조선서도 뜨거운 정열을 싸우는 동아에 바치고저 혹은 항공병, 혹은 전차병, 혹은 통신병으로 총궐기하엿다.[31]

위의 첫 번째 인용문은 1931년 발발한 만주사변에 대한 서술자의 논평인데, 만주사변이 단순히 중국과 일본 사이의 충돌이 아니라 서양 제국주의 세력의 중국 침략 및 식민지 경영에 대한 일본 최초의 반격이라는 점을 부각시키고 있다. 여기에서는 미국과 영국 중심의 서양 제국주의 세력을 축으로 하는 세계 체제를 낡은 질서로 규정하고, 제국 일본의 침략 전쟁을 이러한 낡은 질서를 타파하여 새로운 세계 질서를 수립하기 위한 움직임으로 규정하고 있다. 그리고 거기에는 베르사유 체제를 축으로 하는 서구 중심의 세계 체제에 대한 저항과 극복의 논리가 내재되어 있다. 이어 두 번째 인용문은 1937년 중일전쟁의 발발을 영미 세력을 동양에서 축출하는 것을 통해 동양 평화를 수립할 수 있다는 것으로 의미 부여하면서, 서양 제국주의 세력에 대항하기 위해 동양을 하나의 단위로 제시하여 서양의 대척점에 위치시키고 있다. 이 두 인용문은 서양/동양, 낡음/새로움, 속박/해방, 노예/주인 등 이분법적 구도

31 金史良, 「바다의 노래(191)－風雲(9)」, 『매일신보』, 1944.10.2.

하에서 전자를 타파하거나 벗어나야 할 것으로 제시하는 한편, 후자를 회복하거나 건설해야 할 것으로 제시하고 있다. 이는 당시 제국 일본의 전쟁 수행의 논리 속에서 끊임없이 반복되던 강고한 구도였다.

그런데 서양 제국주의가 구축한 낡은 세계 체제로부터 해방되어 아시아의 주인으로서의 지위(또는 위상)를 회복해야 한다는 이러한 논리 속에는 왜 그것이 제국 일본의 주도에 의해 이루어져야 하는지에 대한 설명은 부재한다. 즉, 전쟁 수행의 당위성을 확보하기 위해 제시된 서양 제국주의 세력으로부터의 동양 해방 및 새로운 질서의 구축을 통한 동양의 평화 마련이라는 논리가 그 자체로 타당한 것이라고 하더라도 그것의 수행 주체의 정점에 일본을 놓는 근거는 존재하지 않는 것이다. 이는 사실 이 이분법적 구도 자체에 내재된 모순으로, 영국과 미국을 적으로 인식하게 하기 위해 전자를 부정과 극복의 대상으로 위치시키더라도, 후자의 대쌍적 관계에 놓여 있는 것들이 제국 일본으로 일원화되지는 않는 문제점이 발생한다. 즉, 낡은 서양이 동양을 속박해서 노예화했다고 했을 때, 새로운 동양이 이러한 서양으로부터 해방되어 스스로의 주인이 되어야 한다고 하더라도, 이때 새로운 동양이 제국 일본 그 자체를 의미하거나 제국 일본에 의해 추인될 논리적 근거는 마련되지 않는 것이다. 물론 이런 점에서 식민지 말 담론 장에서 제국 일본은 스스로를 아시아이자 동시에 아시아가 아닌 것으로 위치시키는 이중적 위상 구축의 전략적 담론을 설파하기도 하였지만, 엄존하는 제국/식민지의 위계화된 관계 속에서 그러한 담론은 그 근거의 취약함을 노출시킬 수밖에 없었다. 어찌 되었든, 김사량의 『바다의 노래』뿐만 아니라 당시 담론 장에서 이러한 전쟁 수행의 논리는 유사한 방식으로 재생산되어 유포되었고, 그것은 마지막 인용문에 나타나듯이 대체적으로 식민지 조선의 청년들을 군대에 동원하기 위한 수사로 연결되었다. 그리고 이런 점에서 동원의 수사는 말 그대로 수사에 그칠 뿐이었다.

물론 비록 그것이 수사에 그치는 것이라고 하더라도 김사량의 『바다의 노래』에 나타난 이러한 전쟁 수행 이데올로기에 대한 등장인물의 인식 및 서술자의 논평을 근거로 이 소설이 소위 '국책문학'의 프로파간다적인 요소를 가지고 있다고 말할 수 있다. 특히 '민족적 주체'로 성장해간 신태주와 달리 '제국적 주체'의 성장 과정을 보이고 있는 신해산의 행위에 주목했을 때, 이러한 평가는 일정 부분 타당한 것으로 여겨질 수 있다. 하지만 앞서 언급했다시피 여기에서 간과할 수 없는 것은 그러한 전쟁 수행의 논리를 대변하는 목소리들이 문학작품 속에서 서사적 인과성을 가지고 제시되었는가에 있으며, 마찬가지 맥락에서 과연 신해산의 '제국적 주체'로의 전신을 '성장'이라고 부를 수 있을 만한 것인가에 있다. 여기에 초점을 맞춰 보자면, 위의 인용문에 나타난 등장인물 및 서술자의 전쟁 수행의 당위성을 역설하는 목소리들은 대체로 서사 속에 이질적으로 제시된 것에 불과할 뿐, 그것이 서사적으로 구조화되어 있다고 보기는 어렵다. 또한, 신해산이 중국 내전에 참전하였다가 장개석에 의해 국공합작이 파탄나고 중국군과 일본군의 대립에 환멸을 느껴 중국군으로부터 이탈해 조선으로 돌아오고, 다시 일본으로 건너가 비행사가 된 뒤 일본군 항공대에 근무하게 된 과정은 서사적 인과성을 상실한 채 비약적으로 제시되어 있을 뿐, 한 개인의 자기 인식에 기초한 자기 정립의 과정으로서의 성장에 값하는 것이라고 보기 어렵다.

요컨대, 김사량의 『바다의 노래』에 나타난 신해산의 '제국적 주체'로서의 성장 과정은 그 자체로 내적 필연성을 지니지 못하고, 공백과 균열, 우연과 비약의 결과일 뿐이다. 어쩌면, 이는 그 자체로 제국-식민지 체제 내 식민지 조선인 청년의 성장 불가능성을 상징적으로 보여주는 것일지도 모른다. 식민지 말 한국문학에 나타난 조선인 청년들의 성장은 제국-식민지 체제라는 벽에 부딪혀 그것으로 회수되었을 경우에만 가능했지, 그것을 월경해 초과하는 방식으로는 좀처럼 나아가지 못했던 것이다. 이런 점에서 이 소설이 제국 일본의 전쟁 수행의 당위성과 그 의의를 문학적으로 형상화하고자 했다고 하더라도, 그것이 장편소설이라는 완결된 형식의 성장담 속에서 구현되었다고 보기는 곤란할 것이다. 결국, 해군특별지원병제도의 실시에 따라 식민지 조선인들에게 소위 '해군사상'을 일깨우기 위해 씌어진 김사량의 『바다의 노래』는 장편소설이라는 형식적 완결성을 구비하지 못하게 된 것이다.

4. 식민지 조선인 문학자의 불안한 존재 방식

이상에서 살펴보았듯이, 김사량의 『바다의 노래』는 신태주, 신해산을 중심으로 한 성장소설이자, 그러한 성장담의 핵심에는 전쟁 영웅으로서의 식민지 조선인의 인물 형상화가 주를 이루고 있다. 하지만, '민족적 주체'로서의 성장이나, '제국적 주체'로서의 성장 과정은 자기 파탄으로 귀결되거나, 내적 필연성을 갖지 못하고 비약적으로 제시되어 있어 역설적으로 성장의 불가능성을 드러낸다. 물론 이러한 성장 불가능성이 제국-식민지 체제 내 식민지 조선인의 위계화된 존재 방식을 환기시킨다고 해서 그것을 근거로 이 소설 속에 나타난 제국 일본의 전쟁 수행의 이데올로기적 요소를 무화시킬 수는 없다. 그럼에도 해군특별지원병제도 실시에 따른 해군사상의 보급이라는 국책의 옹호와 전파의 측면에서 이 소설을 읽는 것은 전시총동원 체제기 식민지 조선문학(의 존재 방식)에 어떠한 새로운 관점을 제시하지는 못한다. 따라서 『바다의 노래』 서사 안으로 다채롭고 이질적인 서사 구성물들이 어떻게 개입해 들어오는가, 그리고 그것들이 장편소설이라는 형식 속에서 어떻게 작동하는가에 보다 관심을 기울일 필요가 있다. 이런 점에서 식민지 말 조선문학을 가능케 했던 역사적·문화적 조건들에도 주목할 필요가 있다.

이와 관련해 이 글에서 본격적으로 논의를 전개하지는 않았지만, 김사량의 『바다의 노래』에는 식민지 말 제국/로컬의 담론 지형 속에서 재생산되었던 조선문화의 로컬리티locality적 요소가 곳곳에 개입해 있다. 이 소설은 『춘향전』의 서사적 모티브를 원용하고 있는데, 특히 신태주와 그의 처 '작은 년' 사이의 혼사장애담은 『춘향전』의 래퍼토리를 고스란히 보여준다. 전쟁터에 나간 신태주를 기다리는 '작은 년'은 마을의 열녀각을 찾아 스스로 열녀 되기를 다짐하는 한편, 열녀각의 주인을 '춘향'이라고 여긴다. 또한, 『춘향전』을 읽은 한편, 꿈속에서 춘향을 만나 신태주가 무사 귀환할 때까지 그에 대한 '충의와 열행'을 지키고자 한다.[32] 식민지 말 내지 일본의 문화계에 조선문화의 대표적인 것으로 『춘향전』이 소개되고 있었다는 점과 그러한 『춘향전』을 통해 조선색·조선미·'조선적인 것' 등이 제국 일본의 지방문화로서 식민지 조선문화의 위상을 부여하고 있었다는 점을 염두에 둘 때, 『바다의 노래』에서 『춘향전』의 춘향을 등장시키거나 춘향형 인물의 성격을 주조하고 있는 것은 눈여겨볼 필요가 있다. 이는 한편으로 신문연재소설로서 일반 독서 대중을 염두에 둔 '전통적 서사'의 관습적 수용이면서 동시에 제국의 식민지에 대한 응시의 시선을 염두에 둔 포석으로 볼 수 있다. 한편, 해산이 상하이로 간 뒤 그의 생사를 확인할 수 없는 상황 속에서 '그만이'는 주란섬을 떠나 해산이가 있는 상하이로 가고자 하였으나, 거간꾼의 계교에 속아 기생이 되는데, 『바다의 노래』에서 그녀는 전설적인 명기이자 신비스러운 존재로 나타난다. 섬 처녀 그만이가 기생 월선이 되는 과정과 해산에 대한 그녀의 절개와 지조는 앞서 언급했던 '작은 년'과 마찬가지로 춘향형 인물로 연결되고, 이는 식민지 조선 여성에 대한 남성적 응시의 산물이라고 할 수 있다. 이처럼, 『바다의 노래』의 서사에서 기생의 도시로서 평양의 장소성을 구축하는 것은 식민지 조선의 여성화(제국/식민지 공간의 남성/여성 젠더적 위계화 구도) 아래 제국 일본의 식민지에 대한 엑조티시즘적 시선을 낳기도 하는 것이다.

---

32 전쟁터에 나간 신태주를 기다리던 작은 년은 꿈속에서 춘향을 만나 다음과 같은 대화를 나눈다. "저는 비록 아무것도 몰으오나 부인의 사적을 오매(寤寐)불망으로 사모하옵더니 오늘 이러틋 대하와 여한이 업나이다 철업고 가련한 이 몸 이제부터 어찌함이 올흐리짜……" // "네 랑군이 나라를 위하야 싸우러 나갓스니 너도 충이와 열행이 자별하야 도리로다 이 두 가지 마음에 기피 색이면 무슨 근심 또 잇스랴."(金史良, 「바다의 노래 (38) ─술봉재 (3)」, 『매일신보』, 1944.1.29) 이러한 대화를 통해 남성에 대한 여성의 충의와 열행이 강조되고 있는데, 한편으로 이는 남성 주체의 영웅 서사 속에서 하위의 열등한 존재로서의 이중적으로 타자화된 여성의 존재를 상기시킨다.

그런데 색향으로서의 평양에 대한 인식과 표상(그리고 그것의 문제점)을 근거로 『바다의 노래』를 평가하기에는 이 소설이 해군특별지원병제도의 실시에 따라 내지의 해군 시설을 시찰한 체험을 바탕으로 씌어졌다는 정치적 조건을 간과할 수 없다. 따라서 1940년대 초 전시총동원 체제기 식민지 조선문학의 존재 방식을 논의하는 데 있어 '전쟁'이라는 역사적·정치적 조건을 보다 적극적으로 감안할 필요가 있다. 『국민문학』 1943년 6월호에 마련된 좌담회 「전쟁과 문학」은 당시 총동원 체제하 문학/자에 대한 인식과 전쟁 수행에 있어서의 문학/자의 역할에 대해 흥미로운 목소리들을 들려준다. 좌담회에 참석한 유진오는 전선에 종군했던 작가가 전쟁의 현실 속에서 소재를 구하고, 이를 바탕으로 자신감과 기백을 갖고 글을 쓸 수 있는 반면 총후 조선에 있는 작가들은 열등감을 느낀다고 토로한다. 이에 대해 중일전쟁 이후 북지北支를 전전하며 시를 썼던 우에다 히로시上田廣가 "아직 문학자가 진심으로 전쟁을 깊이 파악하는 데까지는 이르지 못하고, 전쟁을 통속화해서 받아들이고 있다는 느낌"[33]이 든다고 말하고, 여기에 덧붙여 미야자키 세이타로宮崎青太郎는 문학에 대한 낡은 관념을 타파하고 새로운 사고방식을 가져야 한다고 역설한다. 나아가 이노우에 야스후미井上康文가 산문시가 범람하고 있는 현상에 대해 비난이 팽배하지만, 그 또한 기존의 낡은 문학관에서 나온 것이라고 말하자 김종한은 조선문학의 경우에는 전통이라고 할 만한 것이 없어 자칫 아마추어 문학으로 흐르거나, 문학 박멸론이 되어버린다고 우려를 나타낸다. 논란이 거듭되자 최재서가 조선문단의

33 「戰爭と文學」, 『國民文學』, 1943.6, 139쪽.

이야기는 그만두자고 하지만, 이노우에 야스후미는 다시 "엄격한 의미에서 예술적 형태를 논의하고 있을 때가 아니다, 한창 전쟁 중인 지금, 그러한 것과는 다른 것이 요구되고 있고 그것이 허락되는 것은 아닐까"[34]라며 전쟁문학으로서의 효용성을 강조하고 있다. 이 좌담회가 당시 조선문단의 전쟁과 문학의 관계에 대한 인식을 대표한다고 할 수는 없겠지만, 여기에서 주목해야 할 것은 전시총동원 체제기 적어도 조선문단 담론 장에서 말해지고 있는 문학의 역할이 '국민문학'으로 균질화·일원화되지 않았다는 것이고, 특히 식민지 조선인 문학자의 경우에는 전쟁을 제대로 파악하지 못하고 있다는 비판을 받는 한편, 자기 스스로 무엇을 어떻게 써야 할지 알 수 없는 상태 속에서 '열등감'을 가지고 있었다는 것이다. 이 열등감은 단순히 전쟁문학/국민문학을 쓰지 못하는 데서 기인한다기보다는 식민지 조선인 문학자라는 하위의 열등한 위상과도 밀접한 관련을 가지고 있다고 보아야 할 것이다.

그렇다면 식민지 조선인 문학자라는 '하위의 열등한 위상'을 김사량에게 적용하는 것은 가능할까? 우회적으로 접근해보자. 김사량의 문학작품에 표상된 조선인이라는 존재 자체가 제국-식민지 체제의 생명정치의 공백과 균열의 지점을 상징적으로 보여주고, 나아가 제국의 언어/문법으로 말하는 식민지 조선인 작가로서의 김사량 자체가 통합/배제의 제국-식민지 체제의 메커니즘을 여실히 보여준다는 점을 감안한다면, 하위의 열등한 위상은 제국이라는 주체의 주변을 배회하면서 모호한 자아의 경계를 끊임없이 위협하는 존재, '아브젝트abject'가 된다. 따

34 위의 글, 143쪽.

라서 전시총동원 체제기 문예동원의 일환으로 해군시찰단에 참가한 기록에서 제국의 전쟁 수행의 언어/문법을 말하고 있었던 김사량과 동일한 시찰 체험에 기초하여 장편소설『바다의 노래』를 연재하면서 조선인 하층민의 목소리를 통해 '상상적'으로 제국 일본의 침략주의적 담론과 식민지 조선에 대한 응시의 시선을 보여주고 있었던 것은 식민지 조선인의 제국 일본에 대한 협력과 동원, 익찬의 당위성이 아닌 그것의 불가능성을 보여주는 것이다. 이 조선인 하층민의 영웅적 목소리에 드러난 상상적 봉합은 제국-식민지 체제의 불안전성을 폭로하는 것으로, 그것이 단순히 동화나 이화, 협력과 저항으로 깔끔하게 양단되지 않는다는 것을 보여준다. 전쟁이라는 예외상태가 파시즘적 제국주의의 임계점으로 치달으면 치달을수록 오히려 제국-식민지 체제의 공백과 균열의 지점은 곳곳에서 표출되게 마련인 것이다. 따라서 문예동원의 형식을 중심으로 식민지 조선인 작가의 황민화를 논의할 때, '자발성' 여부를 기준으로 삼는 것은 언제나 모호한 결론으로 이끌릴 수밖에 없다. 중요한 것은, 강제된 자발성을 해체하거나, 그러한 자발성에 내재된 개인의 욕망을 읽어내는 것이 아니라, 강제된 자발성이라는 조건 하에서 문학자가 어떻게 그것을 전략적으로 활용하고 있는가에 있다.

이런 점에서 전시총동원 체제가 어떻게 식민지 조선인 문학자의 문예동원을 강제하고 있으면서도 식민지 조선인 문학자들로 하여금 '자발성'을 요구하고 있는지, 그리고 그러한 자발성을 표출하는 방식이 제국주의적 권력에 어떠한 방식으로 협상하고 있는 것인지 다시 물을 필요가 있다. 즉, 식민지 조선문학은 식민지 문학이자 동시에 조선문학이라는 이중의 모순된 위상 속에서 가능했고, 이런 점에서 그것을 민족문학의 관점에서 저항/협력의 틀로 이해하는 것은 애초에 그 문학의 역사적 · 정치적 조건들을 간과하는 것이다. 마찬가지 측면에서 '식민지 조선인 문학자'는 누구인가에 대해서도 끊임없이 되묻지 않을 수 없다. 한편으로 아쿠타가와상 수상 후보작이었던 「빛 속으로」의 작가로서 김사량에 대한 오해와 편견이 불안과 분열, 동요와 부유 속 놓여 있었던 그를 균질화 · 고정화시키고 있었던 것은 아닐까? 식민지 조선문학/자는 고정된 실체가 아니라, 제국-식민지 체제 안팎에서 언제나 유동적인, 흔들리고 있던, 그래서 쉽게 포착/포획되지 않는 존재들이었던 지도 모른다.

제4장

생명정치의 극한지점, 추방당하는 비체들

김사량의 문학작품을 중심으로

1. 존재의 이유—'조에'에서 '비오스'로

나는 '필살의 자세'라는 것을 염두에 두고 느슨해진 마음을 다잡았다. 견적필살(見敵必殺)의 군인 정신을 배울 작정으로 한 마리의 파리를 4, 5분이나 추격했던 일도 있다. 커다란 50의 남자와 파리의 전쟁이기 때문에 우스꽝스러운 것도 무리는 아니지만, 나처럼 칠칠치 못한 남자는 파리 잡기라도 없다면 견적필살의 기분을 맛볼 리 없지 않은가?

아이가 학교에서 돌아왔기에 내가 오늘의 전투를 이야기했더니, 아이는 입 안에 있던 밥을 튀기며 자지러지게 웃어버렸다. 나도 자신의 너무 진지한 태도가 우스꽝스러워 웃었다. 하지만 유쾌했다.

저녁을 먹은 후 나는 모깃불 쑥 연기에 목메면서, 내가 때려죽인 파리 중에 특색 있던 것을 다시 생각하고 있었다. 하루의 전투를 마치고 잠시 쉬는 용사의 기분은 이런 것일까, 생각하고 있을 때 먼저 반장이 찾아와

"선생님, 수고하셨습니다. 집에 파리가 한 마리도 없습니다. 덕분에 5월에 파리 없이 식사를 할 수 있게 되었습니다."

라며 감사의 뜻을 표했다. 용삼도, 인성도, 홀아비도 인사를 하러 찾아왔고, 낮에 내게 전병을 권했던 부인까지 감사 인사를 하러 왔다. 파리 없는 여름의 식사를 그들은 처음 맛보았던 것이다.

나는 대단히 만족했다. 나도 뭔가를 해냈다는 기분이 들어, 그날 밤에는 흥분해서 잠도 이루지 못했다. 그 덕분에 어깨와 허리가 아파 사흘 만에 몸져눕고 말았다.[1]

여기 한 명의 조선인이 있다. 백발의 머리에 주름진 얼굴과 피골이 상접하여 빈약한 골격을 가진 그는 전시총동원 체제기 근로봉사대에 참여해 무슨 일이든 하고 싶어 하지만, '노인'이라 일에 방해가 될 뿐이다. 해서 그는 가도街道 수선 공사장에 가지 못하자 '젊은이'들이 땀 흘리며 일하고 있는데 한가롭게 쉴 수는 없다며, 반班 내의 파리를 잡기로 한다. 파리를 잡는다니? 일견 무용해 보이는 일이지만, 그는 최선을 다해 파리를 잡는다. 그것도 13가구를 돌며 총 7,895마리의 파리를. 그에게 파리는 병원균을 옮기는 해충으로 박멸해야 마땅한 대상이다. 그는 "그렇다. 죽이는 거다. 박멸하는 거다. 일본에서 파리의 씨를 말려라. 세계에서 파리를 절멸시키자. 그들로 하여금 좋은 생명으로 다시

1 香山光郎, 「蠅」, 朝鮮圖書出版株式會社 編纂, 『半島作家短篇集』, 朝鮮圖書出版株式會社, 1944, 51~52쪽.

태어나게 하자"[2]라며 나름의 파리 잡기 철학까지 거창하게 거론한다. 스스로 자신의 행위를 우스꽝스러워하면서도 그는 마치 전장의 병사처럼 파리를 잡아 죽인다. 이광수의 일본어 소품 「파리」의 이야기다.

기왕의 식민지 말 조선문학을 이해하는 방식으로 이 소품을 읽자면, 근로봉사대에 나갈 수 없는 육체적으로 쇠락한 노인이 파리 잡기라는 행위를 통해 어떻게든 '직역봉공職域奉公'을 다하고자 하는, 그리하여 충직한 제국 일본의 '신민臣民'으로서 자신의 존재 이유를 찾고 있는 이야기로 읽을 수 있다. 즉, 전시총동원 체제기 식민지 조선인의 황국신민화皇國臣民化 서사로 이해할 수 있는 것이다. 단순화하자면, 1937년 중일전쟁 발발 이후 전시총동원 체제기를 살아가고 있는 사람들은 전장戰場의 군인이거나, 그러한 군인을 낳아 기른 어머니거나, 총후銃後에서 전쟁 수행을 위해 동원되어 일해야 하는 노동자로서만 존재할 수 있다. 결국 모두 (준)군인인 셈이다. 그러니 파리를 잡는 행위 역시 전장에서 적군을 무찔러 없애는 행위와 유비 관계에 놓여야 할지도 모른다. 누군가는 이광수다운 발상이라고 흥미로워 할 수 있지만 「파리」에서의 주인공 노인은 어떻게든 자신의 존재 이유를 찾아야 한다. '조에zōē'가 아니라 '비오스bíos'로, 다시 말해 살아 있는 생명 그 자체가 아닌, 가치 있는 삶을 살고 있다는 것으로, 그는 어떻게든 자신의 존재를 증명해야 하는 것이다. 따라서 전시총동원 체제기 제국의 충직한 신민이 되는 길만이 유일한 존재의 방식이라면, (준)군인이 아닌/될 수 없는 그는 스스로 파리를 잡는 하찮은 행위를 중대한 어떤 것으로 바꿔야 한다.

2 위의 글, 50쪽.

7,895마리라는 실로 놀라운 수의 파리는 역시 아무나 잡을 수 있는 것이 아니다.

하지만 이 글의 관심은 병사와 같이 파리를 잡는 노인의 투철한 행위에 있지 않다. 이 소품이 식민지 말 조선인 존재 방식의 한 단면을 보여주는 것이라면, 이 글의 관심은 육체적으로 쇠락한 노인을 제국 일본의 충직한 신민으로 거듭나게 하는 '생명정치'의 테크놀로지에 있다. 미셸 푸코에 의하면, 생명 권력에서 '삶', '생명'은 만들기의 대상으로, 그것들은 더 이상 주어진 것이나 자연적인 것이 아니다. 오히려 '삶'과 '생명'이야말로 권력이 관여하고 조절하고 증대시키고 확산시켜야 할 일차적인 대상이 된다. 다시 말해, 미셸 푸코는 18세기 말 등장한 생명 권력에 의해 인간의 생명은 더 이상 정치 바깥에 있는 자연적 영역이 아니라 정치권력의 조절의 대상이 되었으며, 바로 이 점이 근대적 인간의 고유성을 이룬다고 보았던 것이다.[3] 따라서 생명정치는 정치권력에 의한 생명의 운용, 바로 그것이다. "규율 권력이 작용하는 길들여진 신체는 사회화된 신체이고, 생명관리 권력이 투자하는 대상은 생물학적 신체, 자연적 생명이다. 권력이 자연 생명을 자신의 관리 하에 두려고 하는 점에서 생명은 권력의 대상이지만, 동시에 근본 욕구들과 권리들의 지향점으로서 권력에 대항하는 지점이기도 하다. 생명정치의 틀에서 생명은 항상 이미 정치화된 것이다."[4] 이러한 생명정치에 대한 논의에서 미셸 푸코와 조르조 아감벤은 차이를 보이는데, 전자는 생물학이라

3 진태원, 「생명정치의 탄생-미셸 푸코와 생명권력의 문제」, 『문학과사회』 통권 제75호, 문학과지성사, 2006, 220~221쪽.

4 양운덕, 「미시권력들의 작용과 생명 정치-푸꼬의 권력분석틀과 아감벤의 근대 생명정치학 비판」, 『철학연구』 제36집, 고려대 철학연구소, 2008, 207~208쪽.

는 '지식'과 생명 권력이라는 '권력'의 복합체를 드러내려 했던 반면, 후자는 지식-권력의 메커니즘이 아니라 주권 권력과 법의 작동에 의해 정치적 삶이 영위되는 폴리스라는 공간에서 조에가 예외적으로 포함적 배제되는 과정을 규명하고자 했다. 이런 점에서 미셸 푸코는 인간-종 혹은 인구의 삶을 조절하는 생명 권력을 강조한 반면, 아감벤은 예외적 주권자의 추방 메커니즘에 따라 벌거벗은 삶을 생산하는 생명정치적 주권 권력에 주목한 것이다.[5] 이 글에서는 미셸 푸코의 생명 권력의 개념을 전제로 하여 조르조 아감벤의 '포함적 배제의 과정'으로서의 생명정치의 작동 원리를 감안하여 논의를 전개하고자 한다. 이 글에서 주목하고 있는 전시총동원 체제기는 제국-식민지 체제의 생명정치의 한 극한점을 보여주는 시기이다. 전쟁 수행과 동원의 과정 속에서 '신민', '국민', 제국 일본인/식민지 원주민 등은 제국-식민지 체제가 기획하고 운용하는 생명정치의 핵심적인 대상이 되었다. 그들은 전쟁이라는 '예외상태' 속에서 '생명 그 자체'로부터 '가치 있는 삶'으로 새롭게 만들어져야 했던 것이다.

익히 알려져 있다시피, 1937년 중일전쟁과 1941년 아시아-태평양 전쟁으로 연쇄하는 전시기 제국 일본을 중심으로 식민지 지역들은 총동원 체제 아래 재편되었고, 피식민자들의 삶은 총동원정책 아래 통제되었으며, 식민지 조선은 대륙전진병참기지로 위치 지어졌다. 우가키 가즈시게宇垣一成의 농공병진정책을 전시 상황 아래 재편한 미나미 지로南次郎의 병참기지정책은 '선만일여鮮滿一如'로 상징되는 일만日滿블록에

5 이에 대해서는 양창렬, 「생명권력인가 생명정치적 주권권력인가—푸코와 아감벤」, 『문학과사회』 통권 제75호, 문학과지성사, 2006, 238~254쪽 참고.

대한 조선의 종속적 위치를 부정하고 엔円블록에서의 조선의 위치를 일본과 가장 긴밀한 관계에 있는 대륙전진기지로 설정한 것이었다. 이러한 조선의 위상 설정과 관련하여 황민화정책의 이데올로기인 '내선일체內鮮一體' 슬로건이 병참기지정책과 결합하였는데, 조선총독부는 병참기지정책에 입각하여 군수공업 확충을 중심으로 각 분야별로 생산력 확충계획을 수립하였고, 이에 대한 일본 정부의 지원과 일본자본의 진출을 촉구하기 위해 대규모 시국대책조사회時局對策調査會를 개최하였다. 이를 통해 전시통제경제 아래 '조선특수사정론'에 입각한 '자치통제'가 지속되는 가운데, 식민지 말 조선 경제통제는 독점 강화에 기반을 둔 '자유경제통제'와 생산력 확충을 도모하는 엔블록 차원의 국가적 '계획경제통제'가 중첩된 식민지적 특질을 보였다.[6]

또한, 일본의 총동원정책은 구상 당초부터 지역적으로 조직되었기 때문에 조선의 총동원 체제 구축 또한 기본적으로 일본의 총동원정책에 부합되어 전개되었다. 그 가운데 조선에 요구되었던 역할은 주로 네 가지였는데, 그것은 대륙의 자원을 안전하게 일본으로 수송하기 위한 육상·해상의 교통 판로販路 확보, 쌀을 중심으로 하는 식량의 공급, '일본인' 노동력·병력의 보충을 위한 노동력·병력의 공급, 부족한 자연 자원의 개발 및 공급이었다. 특히, 조선으로부터의 노동력 공급을 위해 노무동원계획 속에서 조선 내 수급계획을 별도로 기록한 「일반노무자수급조정방책一般勞務者需給調整方策」이 1940년도부터 작성되었다. 조선의 경우, 일본과 만주 그 외 다른 지역으로의 이출 노동력뿐만 아니

6 방기중, 「1930년대 조선 농공병진정책과 경제통제」, 방기중 편, 『일제 파시즘 지배정책과 민중생활』, 혜안, 2004, 114쪽.

라, 조선 내 생산력 확충 산업으로의 노동력 동원이나 농업 노동력으로의 배분을 동시에 조정할 필요가 있었다. 조선에서 이러한 동원의 대상이 된 노동자는 기술노동자와 '보통노동자'로 대별할 수 있다. 기술노동자에 관해서는 1939년 6월에 「국민직업능력신고령國民職業能力申告令」을 실행하고, 이전부터 실시되었던 총동원 계획 상 필요한 기술노동자 신고의 적용 범위를 확대하여 동원 가능한 기술노동자 수를 파악했다. 또한 '보통노동자'에 관해서는 1939년부터 노무자원 조사를 실시하고, 농촌에서의 동원 가능자 수와 출가出稼 희망자 수를 파악했다.[7] 당시 피식민자 조선인은 노동자여야 했고, 그들의 노동은 전쟁 수행으로 귀결되어야 했으며, 이런 점에서 '가치 있는 삶'은 전쟁 수행을 위한 노동이라는 행위를 통해서만 증명될 수 있었던 셈이다.

노동을 통해 자신의 존재를 증명하는 방식, 노동이라는 행위를 가치 있는 삶으로 여기는 것은 근대 이후 자본주의 시스템 속에서 일반적인 인간의 존재 방식 중 하나이지만, 여기에서 중요한 것은 그러한 노동이 전쟁 수행이라는 국가적 과제로 수렴되고 있다는 것, 그래서 이때의 노동은 단순히 자본주의 시스템 속에서만이 아니라 국가 시스템 속에서 '국민 됨'의 자질로 연결된다는 점에 주목할 필요가 있다. 생산문학・개척소설 등을 비롯해 식민지 말 조선문학에서 제국 일본의 황국신민으로서 자신의 노동력을 기꺼이 국가를 위해 헌신하고 있는 인물을 찾는 것은 그래서 어려운 일이 아니다. 하지만 모두가 일할 수 있는 것은 아니

7 庵逧由香, 「朝鮮における總動員體制の構造」, 和田春樹 外 編, 『岩波講座 東アジア近現代通史 第6巻－アジア太平洋戰爭と「大東亞共榮圈」 1935～1945年』, 岩波書店, 2011, 246～252쪽.

다. 아니, 일하고 싶어도 일할 수 없는 자들은 오히려 이러한 제국-식민지 체제 내 자본주의 시스템 속에서 양산되었다고 볼 수 있다. 그러니 노동하지 않는/할 수 없는 자는 사실 이와 같은 체제 외부로 배제되고 축출되며 소외된 자들이라고 할 수 있다. 이런 점에서 앞서 이광수의 「파리」에서 노인이 파리를 잡아 죽인 행위는 '일본인-되기'의 일환이라기보다는 오히려 배제되고 축출당하지 않기 위해 분투한 것으로 봐야 할 것이다. 그는 자신이 육체노동에 어울리지 않는 쇠약한 신체를 지니고 있음을 잘 알고 있었음에도 무슨 일이든지 할 수 있다며 근로봉사대로부터(나아가 제국-식민지 체제의 정치권력으로부터) 배제되는 것을 두려워했던 것이다.

이 글은 김사량의 문학작품을 대상으로 일하지 않는/일할 수 없는 자들의 문학적 표상을 검토하는 것을 통해 제국-식민지 체제의 '생명정치'에 대해 고찰하는 것을 목적으로 한다. 이 글에서는 가난하고 궁핍한 자들의 재현의 리얼리티 확보 문제나, 그러한 재현 주체의 정치적(무)의식과 응시의 시선에 관심을 두지 않고, 그것들의 문학적 표상이 상상하게 하는 제국-식민지 체제의 생명정치의 메커니즘에 논의의 초점을 맞출 것이다. 이는 근대 이후 제국-식민지 체제가 가난하고 궁핍한 자들을 양산했다는, 자본주의 체제의 소외의 관점으로부터 거리를 두는 것이자 제국-식민지 체제를 생명정치의 관점에서 새롭게 이해하기 위한 시도의 일단이라고 할 수 있다. 이런 점에서 식민지 말 조선인을 비롯한 다양한 존재들의 가난하고 궁핍한 삶을 서사화하고 있는 김사량의 문학작품은 주목을 요한다.[8] 무엇보다 그의 문학작품은 식민지 조선에서 제국 일본의 내지에 이르기까지 제국의 권역 안팎에서 배제되면서 포섭되는 존재들의 다채로운 삶의 양태를 보여주고 있어 제국-식민지 체제의 생명정치 작동의 메커니즘을 고찰하는 데 하나의 시금석이 될 수 있을 것이다.

2. 생명 그 자체로서의 삶-토막민과 화전민

김사량의 문학작품 중 비천한 존재로서 식민지 조선인의 삶을 서사화하고 있는 대표적인 작품으로 「토성랑」을 들 수 있다. 이 작품은 1936년 10월 『제방堤防』 제2호에 발표되었다가 개작되어 『문예수도文藝首都』 1940년 2월호에 다시 게재되었고, 첫 작품집 『빛 속으로』에도 수록되었다. 이 글에서는 개작의 양상에 대한 논의는 차치하고, 「토성랑」에 표상된 식민지 조선인(의 신체)에 논의의 초점을 맞추고자 한다. 청일전쟁

8 김사량의 문학작품에 대한 최근 논의는 주로 식민지 조선인 작가의 이중언어 글쓰기 전략에 초점이 맞춰져 논의되어왔다. 한편, 김사량 문학작품에 나타난 인물 표상에 주목한 연구가 정백수·김석희·김은정·김주형 등에 의해 간헐적으로 이루어졌지만, 이러한 논의들은 식민지 말 제국-식민지 체제의 생명정치의 테크놀로지를 규명하는 데까지는 나아가지 못했다.(정백수, 「'말할 수 없는' 존재의 표상, 그리고 대변-김사량의 「土城廊」」, 『한국 근대문학연구』 제1권 제2호, 2000; 김석희, 「식민지인의 가책과 폭로의 구조-김사량 「빛 속으로」를 중심으로」, 『日語日文學硏究』 第17輯, 한국일어일문학회, 2009; 김은정, 「일제 말 총동원 시기 '신민≠국민'의 표상과 의미작용 함수관계-김사량 작품을 중심으로」, 『세계문학비교연구』 제37집, 세계문학비교학회, 2011; 김주형, 「김사량의 「빛 속으로」를 통해 본 균열의 제국」, 『세계문학비교연구』 제37집, 세계문학비교학회, 2011.) 이와 관련해 식민지 말 생명정치에 대한 최근의 본격적인 논의는 황호덕의 『벌레와 제국-식민지 말 문학의 언어, 생명정치, 테크놀로지』, 새물결, 2011이 자세하다.

당시 전쟁터였던 토성랑은 평양 대동강 변에 위치한 빈민 지대이다. 이 빈민 지대 경사면에는 나무토막과 지푸라기 등으로 뒤덮인 움집이 빼곡히 들어차 있는데, 그것은 벼랑에 구멍을 파고 짚 등으로 입구를 막은 동굴의 형태를 취하고 있다. 평양성 외곽에 토막민土幕民이 모여든 시점을 정확히 알 수는 없지만, 1940년 경성제국대학 위생조사부가 경성 토막민의 생활과 위생에 대해 조사하여 편찬한 『토막민의 생활과 위생』에서 "토막의 발생은 조선에 근대 자본주의가 유입된 일한합병 이후이며 사회문제의 대상으로 취급되기에 이른 것은 그보다 이후라는 사실은, 1919년 조선총독부에서 편찬했던 『조선어사전朝鮮語辭典』에 아직 '토막土幕'이라는 어구가 수록되어 있지 않은 것을 보아 유추가 가능하다"[9]는 서술을 참조한다면, 토막민이 1920년대 이후 제국-식민지 체제기 자본주의 시스템 속에서 형성되고 가속화되었음을 짐작할 수 있다.

제국-식민지 체제기 자본주의 시스템으로부터 소외되고 배제된 토막민의 발생과 고착화 과정에 대한 논의 역시 미뤄두고 김사량의 「토성랑」에 나타난 토막민의 형상에 눈을 돌려보자. 이 작품에서 토성랑에 거주하는 토막민들은 대체로 유랑 노동자와 거지, 그리고 '미친 자'들이다. 작품의 핵심서사에 놓여 있는 정원삼 영감은 토호土豪의 노복이었다가 주인집이 몰락한 이후 자유의 몸이 되어 산촌을 떠나 평양에 흘러들어온 인물로, 선달의 도움을 받아 토막을 짓고 지게꾼으로 일하면서 병약한 선달의 가족이 생계를 꾸리는 데 도움을 주는 한편, 돈을 모아 성안으로 떠나려고 한다. 또한, 선달은 자작농에서 빈농 소작으로

9 경성제국대학 위생조사부 편, 박현숙 역, 『토막민의 생활과 위생』, 민속원, 2010, 80쪽.

몰락한 인물로 아내가 마름에게 몸을 팔아 소작권을 유지하다가 그나마의 소작권을 상실하고 토성랑에 거주하면서 지게꾼으로 일하고 있는 자이다. 그는 정원삼 영감이 쌀을 대주는 것과 그로 인해 아내로부터 멸시를 당하는 것에 분노를 느껴 계속해서 아내와 다툼을 벌이지만, 병이 들어 돈을 벌지 못하는 무능력한 인물로 그려진다. 한편, 「토성랑」에는 외아들이 강도죄로 잡혀가 '미치광이'가 된 노파와 중풍에 걸린 덕일 노인 부부, 밀주를 제조하다 적발되어 소와 세간을 팔고 3년 전 토성랑에 들어온 상제교上帝敎 신자인 말더듬이 남자, 물살에 휩쓸려 딸을 잃은 뒤 기차선로에 돌을 쌓고 급행열차에 치여 사망한 임 생원, 절름발이 거지 등의 토막민이 등장한다. 이처럼 제국-식민지 체제기 토막민은 농촌에서 쫓겨나 도시로 몰려들었으나, 공장노동자로 안착하지 못하고 일용노동자, 실업자로 전전하다가 집 없이 유리걸식하면서 토막을 짓고 살았던 사람들이었다.[10]

이들 토막민은 모두 일할 수 있는 능력을 상실한 자로 먹고 살기에 급급한 삶을 살아간다. 물론 정원삼의 경우 지게꾼으로 일을 해 돈을 모아 성안으로의 이주를 꿈꾸지만, 자신의 경제적 능력으로 성안에 집을 구할 수 없다는 사실을 알게 된 뒤 토성랑을 벗어날 수 없음을 자각하는 것을 통해 그 역시 다른 토막민과 같은 삶을 살 수밖에 없다는 것이 드러난다. 한편, 이들은 병자 · 미치광이 · 중풍에 걸린 노인 · 말더듬이 · 절름발이 등 건강한 신체라는 '정상성'의 범주 밖에 놓여 있어 (준)

10 곽건홍, 「일제하의 빈민－토막민 · 화전민」, 『역사비평』 제46호, 역사비평사, 1999, 168쪽.
1930년대 경성의 토막민 수

연도	1931	1933	1937	1938	1939	1940
토막민수	5,093	12,378	14,993	16,600	20,911	36,000

군인이 될 수 없다는 점에서 일치한다. 식민지 말 각종 미디어에서 '건강한 신체'를 제국 일본의 '국민됨'의 자질로 제시하고 있었던 점[11]을 감안한다면, 「토성랑」의 인물들은 국민의 경계 밖에 놓여 있는 자들이기도 하다. 그들은 덕일 노인이 "도대체 인간이란 대단한 거야. 대체 뭘 해서 살아갈지 나도 모르겠다네……. 그래도 난 이렇게 버젓이 살아 있으니"[12]라고 체념하는 것처럼, 존재의 이유를 알지 못하는 자들이다. 또한 그들은 "어떻게 됐지. 어떻게 되고말고. 어떻게 되지 않고는 견딜 수가 있나요"[13]라는 선달 부인의 절규가 드러내듯이, 미치지 않고서는 살아갈 수 없는 자들이기도 하다. 존재의 이유를 알지 못하고 미치지 않고서는 살아갈 수 없는 자들, 「토성랑」에서 식민지 조선인의 비참한 형상은 여기에 점철되어 있는 것이다. 이들은 살아 있지만 살아 있지 않은 자들, 내몰리고 버려지고 소외된 자들로 죽어 있는 자들과 다르지 않다. 이와 관련하여 선달의 '시체'는 그 자체로 하나의 상징으로 작동한다.

> 선달의 시체에는 계속해서 크고 검은 파리 떼가 모여들었다가 붕붕거리며 날아갔다. 에워싸고 있는 사람들도 사자(死者)와 마찬가지로 누구 하나 그것을 쫓으려고 하지 않았다. 피투성이가 된 저고리, 바지, 붕대로 감긴 가느다란 몸, 나무토막처럼 검은 다리. 붕대 밑으로 눈은 감긴 채 피가 번득이

11 일례로 1940년대 초반 대중 잡지인 『신시대』 1941년 8월호에는 의학박사 김동익(金東益), 김성진(金晟鎭), 김승현(金承鉉), 김응윤(金應允)이 패널로 참석한 「靑年과 健康問題座談會」가 게재되었다.(「靑年과 健康問題座談會」, 『新時代』, 1941.8, 150~161쪽)

12 金史良, 「土城廊」, 『光の中に』, 小山書店, 1940, 73쪽.

13 위의 책, 75쪽.

고, 콧구멍에는 솜이 채워져 있었다.[14]

폐병에 걸려 지게꾼 일로 돈을 벌지 못한 선달은 과거에 알고 지냈던 병길을 우연히 만나 그의 알선으로 창고에서 곡식 나르는 일을 하지만, 조합원만 할 수 있는 일을 몰래 하다 발각되어 조합원과 다툼을 벌이고, 흥분한 나머지 몸 상태를 돌보지 않고 무거운 짐을 나르다 떨어져 사망에 이른다. 하지만 그의 죽음은 같은 토막민에게 애도의 대상이 될지언정 그것이 하나의 사건으로 다른 사건을 추인하지 않는다. 다시 말해, 그의 죽음은 그 자체로 어떤 의미를 획득하는 것은 아니다. 이는 그의 삶이 그 자체로 의미를 갖지 않는다는 것을 나타내는데, 토성랑의 조선인들의 삶 또한 그 자체로 무의미한 것이다. 그들의 인간으로서의 행위는 의미화되지 않는, 말 그대로 의미 없는 몸짓에 불과하다. 홍수가 나 토성랑이 무너지자 "토막 사람들은 사방에서 잇달아 토성 위로 올라갔다. 수장水葬되는 편이 차라리 낫겠다고 생각은 하면서도, 역시 줄을 지어 돌다리 쪽으로 가고 있는 것이다. 오직 쇠사슬처럼 질긴 생명이 그들을 끌고 가는 것이다"[15]라는 서술자의 목소리를 통해 확인할 수 있듯이, 그들에겐 삶과 죽음의 경계 따위가 무의미한 것이다. 사정이 이러하다면 그들은 존재하면서 존재하지 않는 자들이다. 원삼 영감이 토성랑 지대地代 수금원이 찾아왔을 때, 25전을 내면서 자신의 이름을 수금장부에서 찾으려고 했지만 없었던 것처럼 그들은 제국의 법역法域 밖에 있는 존재들인 것이다. 따라서 이 작품에 구체적으로 서사화되지 않았지

14 위의 책, 106~107쪽.
15 위의 책, 109쪽.

만, 그들은 제국의 법체계와 질서로부터 내몰린 자들이자 그것의 경계 밖에 있는 자들이면서, 동시에 그렇기 때문에 그러한 법체계와 질서의 엄존을 역설하고 있는 자들이다. 이런 점에서 「토성랑」의 '시체'는 죽어 있으면서 말하고 있는 것이다.

한편, 제국-식민지 체제 내 법역으로부터 내쫓긴 조선인의 삶을 보다 적극적으로 서사화하고 있는 작품 중 하나가 『문예』 1940년 7월호의 '조선문학특집'에 실린 「풀이 깊다」이다.[16] 「풀이 깊다」에서 도쿄 소재 대학의 의대생인 박인식은 방학을 맞아 H군 양부산 화전민火田民의 질병상태를 조사하기 위해 고향을 찾는다. H군과 이웃해 있는 고향 산골에는 숙부가 군수로 재직하고 있었는데, 그는 봉건적 출세욕에 사로잡힌 인물로 사재를 동원해 군청 간부들에게 향응을 제공하는 한편 산민山民들을 대상으로 색의장려色衣奬勵 정책을 시행하고 있다. 그런데 이 색의장려 정책을 시행하는 데 군청 교화주사敎化主事로 근무하고 있는 '코풀이 선생'을 내세워 자신의 일본어를 통역을 시키거나, 산민들의 옷에 먹으로 ○나 △, 또는 □ 표시를 하게 하였다. 이 코풀이 선생은 박인식이 중학 재학 시절 판임관 7급에 해당하는 조선어 교사로 근무하였는데, 유일하게 조선인 교사일 뿐만 아니라, 조선어를 가르치고 있다는 이유로 여타 선생과 학생들에게 멸시와 비난의 대상이었다. 그리하여 그는 동맹휴교 시 학생들로부터 배척되어 면직된 뒤, 시간이 흘러 군청 교화주사로 근무하고 있었던 것이다.

이 작품에서 흥미로운 장면은 일본어를 전혀 알아듣지 못하는 산민

16 『문예』 1940년 7월호의 '조선문학특집'에 대해서는 오태영, 『오이디푸스의 눈-식민지 조선문학과 동아시아의 지리적 상상』, 소명출판, 2016, 164~167쪽 참조.

들을 대상으로 하여 일본어로 연설하는 군수와 그러한 군수의 일본어를 통역하는 코풀이 선생의 모습, 그리고 흙투성이가 된 너덜너덜한 옷을 겨우 입고 있을 뿐인 산민을 대상으로 색의장려 정책을 시행하고 있는 상황에 있다. 이 작품에서 지방 행정당국의 책임자인 조선인 군수가 자신의 실적을 쌓기 위해 색의장려 정책을 강압적으로 시행하고 있다는, 식민정책 시행 과정에서의 폭력성을 추출해내는 것보다 주목해야 할 것은 산민이라는 존재 자체가 제국의 법망으로 포획하려고 해도 포획되지 않는 존재라는 점에 있다. 다시 말해, "조선인이 가난하게 된 것은 흰 옷을 착용했기 때문이다. 경제적으로나 시간적으로나 경제적이지 않기 때문이다. 즉 흰 옷은 빨리 더러워져 돈이 들고, 세탁하는 데도 시간이 걸리는 것이다"[17]라는 정책 시행의 논리는 산민들 앞에서 그 근거를 상실하게 되는 것이다. 단적으로 말해 그들은 '흰 옷'을 소유하고 있지 않는/소유할 수 없는, 헐벗은 자들이다. 색의장려 정책은 그러한 정책 대상자를 제국의 법체계 안으로 위치시키는 것이지만, 흰 옷 자체를 가지고 있지 않은 산민들의 존재는 그 자체로 그러한 제국의 법체계가 작동하는 가운데 포섭하면서 배제하는 메커니즘을 여실히 보여준다는 점에서 문제적이다. 이미 제국의 법체계 밖으로 내몬 자들을 다시금 법체계 안으로 끌어들이려는 모순적 정치 상황이 이 작품에 극명하게 드러나고 있는 것이다.

이런 점에서 박은식의 화전민 질병상태 조사 역시 같은 맥락에서 이해할 수 있다. 당시 대학생들은 화전민 집단거주 지구에 가 경제, 종교

17 金史良, 「草深し」, 『文藝』, 1940.7, 38쪽.

신앙, 글자 해득 정도, 질병상태 등을 조사하였고, 박은식 역시 이러한 움직임에 가담하였다. 그런데 그는 "단순히 짓눌림과 궁핍 속에서 신음하는 화전민 속으로 들어가기만 한다면, 자신은 마음만이라도 가벼워질 거라고 생각"[18]했지만, 그것은 스스로 반문하고 있듯이 '감상의 에고이즘'에 불과할 뿐이다. H군 화전민 지구에 들어선 그는 화전민에게 산림 감시원과 같이 위협적인 존재가 될 뿐이고, 따라서 화전민에 대한 그의 연민과 무관하게 그는 그들에게 공포의 대상이 될 뿐이다. 박인식은 자신이 다가오는 것을 보고 아이들을 버리고 도망간 화전민 부부나 그들의 아이들이 자신을 보고 놀라 울며 도망치는 모습을 보고 화전민 지구가 자신이 올 곳이 아니었다며, "비참하다 비참하다며 자신이 외치고 다닌 바가, 그것이 대체 이런 사람들에게 무슨 도움이 된단 말인가"[19]라며 한탄하는데, 여기에서 의대생인 그의 화전민 질병상태에 대한 조사가 앞서 군수인 숙부의 색의장려 정책과 다르지 않음이 폭로된다. 의학이라는 근대과학을 통해 화전민의 질병상태를 파악하려는 것 자체가 기실 제국의 법체계 밖으로 계속해서 미끄러져나가는 그들을 다시금 제국의 법체계 안으로 회수하고자 하는 폭력에 다름 아니기 때문이다.

> 화전민은 산에 불을 놓아 그 재를 비료로 해서 산자락이나 산꼭대기를 경작해, 감자나 콩, 귀리, 도토리 등을 먹으며 연명한다. 그러나 한 곳에 2, 3년을 붙어 살면 퇴비로 이용할 수 없어지기 때문에, 다시 오두막을 버리고 보다

18 위의 글, 46쪽.
19 위의 글, 56쪽.

> 깊은 산속의 처녀지로 불을 놓으면서 들어간다. 방화는 쫓겨 가는 그들의 이 세상에 대한 일종의 저주이기도 한 걸까. 군청에서는 또 자기 관할 내에서만 그들을 살지 못하게 하려고, 곳곳에서 화전민을 쫓아 몰아내기 때문에, 할 수 없이 점점 더 미지의 산속으로 그들은 마치 치번책(治蕃策)에 걸린 야만족처럼 도망쳐 들어가는 것이다.[20]

하지만 여기에서 다시금 주목해야 할 것은 제국의 법체계 밖으로 계속해서 미끄러져나가는 화전민을 만들어내는 것이 바로 그러한 제국의 법체계라는 점에 있다. 위의 인용문에 나타나 있듯이, 군청에서 관할 내 화전민을 관할 밖으로 추방하여 그들이 점점 더 깊은 산속으로 들어가게 되었다는 것, 하지만 그럼에도 화전민은 산림자원의 확보를 위해 언제나 통제되고 규율되어야 할 존재라는 점에서 그들은 법체계의 경계를 현시하는 존재인 것이다. 제국 통치역의 공백지대인 '미지의 산속'으로 들어가는 존재, 헐벗고 굶주려 '일종의 저주'와도 같이 산에 불을 피우는 존재, 식민지 조선에서 이들은 1932년부터 1946년까지 15개년에 걸쳐 시행된 북선北鮮개척사업 계획 아래 삼림보호를 위해 지도받아야 할 대상[21]이기도 하였다.

1908년 이후 조선총독부의 화전 정리 사업은 화전민들을 집단 이주시킨 다음 다시 화입하지 못하도록 통제하고, 숙전 농법을 보급하는 데 목적을 두고 있었다. 북선개척사업의 시행으로 막대한 경제적 이익을

20 위의 글, 56쪽.
21 農林局林政課 編, 『北鮮開拓事業計劃に依る火田民指導及森林保護施設の概要』, 朝鮮總督府, 1932, 2쪽.

거둘 것으로 기대했던 조선총독부는 그러한 수익 사업에 화전민들이 장애물이 되지 않아야 한다는 방침을 확고히 견지하고 있었다. 따라서 일제의 화전민 대책은 조선인들의 생활 개선에 착안하여 입안된 것이 아니라 조선총독부 및 일본인 자본의 이익을 꾀하기 위한 일환이었던 것이다.[22] 이런 점에서 「풀이 깊다」에서의 색의장려 정책이 포섭하면서 배제하는 법체계를 보여줬듯이, 화전민이라는 존재 자체가 그러한 제국 법체계의 작동 시스템을 선명히 드러내고 있는 것이다. 한 가지 덧붙이자면, 김사량의 이 작품에서 화전민이 유사종교인 백백교 사건의 피해자 중 일부로 신문지상에 기사화되고 있는 마지막 장면이 암시하고 있는 것은, 결국 화전민은 살인사건이라는 범죄의 피해자로서, 법역의 테두리 안에서만 재현될 수 있다는 것이다.

이상에서 살펴보았듯, 김사량의 「토성랑」과 「풀이 깊다」의 서사는 식민지 조선 내 가난하고 척박한 삶을 살아가는 조선인들의 삶을 그리고 있다. 그들은 식민지 말 전시총동원 체제기 일하지 않는/일할 수 없는 자들로, 자신의 존재의 이유를 갖지 못한 자들이며, 그런 점에서 '죽은 자'들이다. 하지만 그들은 엄연히 '살아 있는 자'들로 근대 국민국가와 자본주의 시스템에 기반한 제국-식민지 체제가 양산하고 고착화한 존재들이다. 토막민과 화전민으로 상징되는 그들은 제국의 법역 바깥에 놓여 있는 존재들로 끊임없이 제국-식민지 체제의 경계 내부로 포섭되어야 할 대상으로 여겨지는 한편, 같은 이유로 배제의 대상이었지만, 바로 그러한 포섭/배제의 그물망으로부터 계속해서 미끄러지는 존

22 최병택, 「조선총독부의 화전 정리 사업」, 『한국문화』 제58호, 서울대 규장각 한국학연구원, 2012, 175쪽.

재들이기도 하였다. 가치 있는 삶(비오스)을 살지 못하는 생명 그 자체(조에)로서의 그들의 존재는 제국-식민지 체제가 인간의 생명을 어떻게 배제하면서 동시에 포섭하고 있는지를 보여준다는 점에서 식민지 말 생명정치의 한 극한지점을 상징적으로 드러낸다.

3. 경계 위의 존재들―혼혈인, '지기미'

식민지 말 김사량의 문학작품은 식민지 조선 내 비천한 존재의 삶을 형상화하는 데 머무르지 않는다. 그의 문학작품은 제국 일본의 '내지內地'로 이주하여 살아가고 있는 조선인들의 곤궁한 삶에 주목하고 있기도 하다. 이와 관련하여 식민지 조선인의 내지 이주 과정 및 궁핍한 삶의 한 단면을 포착하고 있는 대표적인 작품으로 「무궁일가」를 들 수 있다. 이 작품은 최동성 일가와 그의 집에 곁방살이를 하는 강명선 부부의 삶을 그려내는 가운데 내지 이주 조선인들의 척박한 삶의 양태와 생존을 위한 분투의 기록을 담아내고 있다. 최동성의 아버지는 한학자로 근대 개화문명을 배우기 위해 일본 누즈마沼津로 건너온 뒤 노무자 합숙소를 운영하여 조선 동포들을 원조하지만, 몰락하여 시즈오카靜岡를 거쳐 도쿄東京로 이주한 뒤 알코올 중독자가 되어 아들의 벌이에만 의존하고 있는 인물이다. 그의 아들 최동성은 내지에서 나고 자란 조선인으로, 학자금을 낼 수 없어 중학교를 그만두고 도쿄에 와 공장 직공, 인쇄공, 제유회사 심부름꾼, 신문배달부 등을 전전하다 자동차 운전수를 하고 있는 인물이다. 최동성 일가는 아들이 병약한 몸으로 벌어온 돈으로 근근이 버티며 생활하고 있는데, 집세가 밀려 언제 쫓겨날지 알 수 없는 상황 속에서 힘겹게 살아가고 있다. 한편, 곁방살이를 하고 있는 강명선 부부는 2년여 동안 밀린 방세로 인해 최동성 일가로부터 눈칫밥을 먹고 있는데, 미술학도 출신인 강명선은 영화회사 조수로 일해 벌어들이는 돈으로는 출산이 임박한 아내와 아이를 건사할 수 없다고 판단해 종형에게 도움을 받으려고 하지만 좌절되자, 광부 채용 전단 광고를 보고 홋카이도北海道의 광산으로 떠난다. 그의 동생 또한 학자금을 모으기 위해 정지整地 공사장 노무자로 일하고 있지만 학업을 계속하지 못하고 곤궁한 삶을 이어갈 뿐이다.

이처럼 이 작품은 내지로 이주한 조선인들의 몰락의 과정을 서사화하면서 그들이 처한 극빈한 삶을 보여준다. 물론, 내지 조선 동포를 원조하기 위해 식민지의 조선인들이 보낸 구호품을 착복하여 축재蓄財한 윤천수나 내지인 정치가 집안의 데릴사위가 되어 호의호식을 하고 있는 강명선의 종형과 같은 조선인들이 등장하지 않는 것은 아니다. 하지만 이 작품에서 내지 이주 조선인들은 "발 돋음을 해서라도 뛰어오르려고, 뛰어오르려고 할 때, 적어도 자신들은 그렇게 애를 쓰면 쓸수록 더더욱 깊은 진흙탕 속으로 발을 딛기만 하는 것은 아닌가"[23]라는 최동성의 탄식처럼, 결코 가난의 수렁으로부터 벗어나지 못하는 자들로 그려진다. 또한, 최동성과 강명선의 이동이 보여주듯, 내지 거주 조선인들

23 金史良, 「無窮一家」, 『光の中に』, 小山書店, 1940, 332쪽.

은 삶의 거처를 마련하지 못하고 오직 먹고 살기 위해 끊임없이 유랑의 과정에 놓여 있을 뿐이다. 하지만 앞서 밝혔다시피, 이 글의 관심은 내지 이주 조선인들의 극빈한 삶(또는 그것의 재현) 자체에 있는 것이 아니라, 그러한 조선인의 표상이 제국-식민지 체제의 생명정치와 어떠한 관련을 맺고 있느냐에 있다. 이런 점에서 김사량의 대표작으로 여겨지는 「빛 속으로」로 시선을 돌릴 필요가 있다.

김사량의 「빛 속으로」는 남南과 야마다 하루오山田春雄를 중심으로 사건을 전개하면서 내지 거주 조선인의 유동적 정체성 문제를 서사화하고 있다. 동경제대 재학생인 조선인 남은 봉사 단체인 S협회 시민교육부에서 영어를 가르치는 기숙인인데, 아동부 아이들이 조선인 자신에 대해 편견을 가질 것을 염려하여 일본식 성인 미나미南로 불리는 것을 굳이 바로잡으려고 하지 않는다. 하지만 자동차 운전수 이李와의 대화를 통해 조선인임이 밝혀지고, 야마다 하루오에게 '조센진'이라는 비하의 말을 듣는다. 그는 스스로 위선을 부리거나 비굴한 것이 아니라고 자기 위안을 하기도 하지만, 조선인임을 떳떳이 밝히지 못하는 상황에 처해 있다. 한편, 야마다 하루오 역시 일본인 아버지와 조선인 어머니 사이에서 태어난 '혼혈아'로 자신을 일본인으로 현시하면서 조선인을 비하하는 태도를 보이지만, 조선인인 어머니에 대한 애정과 남에 대한 호의를 가지고 있기도 하다. '혼혈아'인 야마다 하루오가 조선인으로서의 자신을 부정하고 일본인으로서 자신을 내세우는 것은 무엇보다도 그의 아버지 '반헤이半兵衛'의 영향 때문인데, 흥미로운 것은 그 역시 일본인 아버지와 조선인 어머니 사이에서 태어난 '혼혈인'이라는 점이다. 즉, 이 작품은 일본인과 조선인이라는 인종적 경계와 동시에 그러한 경계 긋기가 내재하고 있는 폭력성을 여실히 드러내고 있다.

> 나는 주위의 사람들로부터 미움을 받고 배척당하고 있는 한 명의 동족 부인을 상상했다. 그리고 내지인의 피와 조선인의 피를 물려받은 한 소년의 내부에 있는, 조화되지 않는 이원적인 것의 분열의 비극을 생각했다. '아버지의 것'에 대한 무조건적인 헌신과 '어머니의 것'에 대한 맹목적인 배척, 그 두 가지가 항상 상극하고 있을 것이다. 특히 몸을 빈고(貧苦)의 거리에 두고 있는 그이고 보면, 순진하게 어머니의 애정의 세계로 잠겨드는 것은 저지당했을 것이 틀림없다. 그는 보란 듯이 어머니에게 안겨 들 수가 없었다. 그러나 '어머니의 것'에 대한 맹목적인 배척에 있어서도, 역시 어머니에 대한 따뜻한 숨결은 배어 있었을 것이다.
>
> 그가 조선인을 보면 거의 충동적으로 큰 소리로 조센진, 조센진이라고 말하지 않고는 견딜 수 없었던 심정을, 나는 희미하게나마 이해할 수 없었던 것도 아니다.[24]

일본인도 조선인도 아닌 존재이자 동시에 일본인이면서 조선인인 존재로서의 야마다 하루오의 '이원적인 것의 분열'의 비극은 기실 그만의 것이 아니다. 조선인과 교우했다는 이유로 아내에게 무자비한 폭력을 행사한 그의 아버지 '반헤이', 그리고 아들 야마다 하루오가 조선인이라고 따돌림을 받을까 염려하여 남에게 자신의 아들과 만나지 말 것을 부탁하는 어머니 '야마다 정순', 그들 역시 일본인으로서도 조선인

24 金史良, 「光の中に」, 위의 책, 24~25쪽.

으로서도 자신의 정체성을 확보하지 못한 존재들이다. 아사쿠사 구역 야쿠자 조직원으로 유명 배우들을 겁박해서 돈을 뜯는 '모자라는 자'로 불리는 남성과 스노사키洲崎 조선 요릿집 종업원이었다가 팔리다시피 반헤이의 아내가 된 여성, 그들은 그 자체로 비천한 자들이면서, 인종적 경계 밖으로 내몰린 자들이다. 따라서 일본인/조선인이라는 인종적 분할선을 초월하는 제국 일본의 '신민'(또는 국민)이라는 지위는 처음부터 그들과는 무관한 것이다. 그들은 애초에 그러한 분할선 너머에 존재하고 있으며, 그런 점에서 야마다 하루오는 태생적으로 제국적 질서로부터 내몰린 자라고 할 수 있다. 식민지 말 '내선일체'의 이데올로기 속에서 내선결혼이 장려되었다고 하더라도, 인본인/조선인의 경계를 희석화시키는 존재는 배척당하고 소외될 수밖에 없는 것이다. 여기에서 흥미로운 점은 제국의 법질서가 만들어내고 있는 '신민'과 그러한 법질서를 와해하고 있는 '혼혈인'이 생명정치의 논리 속에서는 '일본인/조선인'이라는 인종적 경계 너머의 존재라는 점에서 다르지 않다는 것이다. 이처럼 생명정치의 논리 속에서 배제되고 추방된 존재가 바로 그러한 생명정치를 통해 포섭하려는 존재라는 점은 의미심장하다.

이는 남의 경우도 마찬가지인데, 「빛 속으로」에서 중요한 장면은 조선인 남이 일본식 성인 미나미로 불리면서 조선인임을 드러내지 않은 것에 대해 조선인인 이로부터 비난을 받고 있는 상황에 있다. 이가 "하지만 저는 그런 필요를 인정하지 않습니다. 저는 비비 꼬고 싶지도 또 비굴한 흉내를 내고 싶지도 않습니다"[25]라고 말한 것을 통해 확인할 수

25 위의 책, 7쪽.

있듯이, 일본인/조선인의 인종적 경계를 무화시키는 정체성 구축의 방식은 내지 거주 조선인들에 의해서도 부인되고 있는 것이다. 따라서 야마다 하루오를 조선인으로 위치시키고, 그를 동정하는 남의 태도는 자기 위안에 그치는 것일 뿐, 그가 "희미하게나마 이해할 수 없었던 것도 아니다"고 느낀 것은 유동적이고 분열증적인 자기 은폐에 불과하다. 이런 점에서 「빛 속으로」에서의 내지 거주 조선인들이라는 존재의 표상은 제국-식민지 체제가 어떻게 개인으로 하여금 자기 정체성 구축에 실패할 수밖에 없는지를 상징적으로 보여주는 것으로, 바꿔 말해 제국-식민지 체제하 조선인의 일본인으로서의 자기 정체성 구축의 불가능성을 나타내고 있는 것이다. 그들은 일본인/조선인의 인종적 분할선 안에서만 자신의 정체성을 구축할 수 있는데, 이미 그러한 전제 속에는 조선인으로서의 정체성 구축은 불가능하다는 또 다른 전제가 마련되어 있는 것이다. 단적으로 말해, 제국-식민지 체제에서는 오직 '일본인'(으로서)만 존재할 수 있는 것이다.

한편, 내지 이주 조선인 노동자들의 모습을 형상화하고 있는 작품이 『삼천리』 1941년 4월호에 발표된 「지기미」이다. 이 작품은 일본어로 개작되어 『신조新潮』 1941년 7월호에도 게재되었는데, 도쿄만 시바우라芝浦 해안의 조선인 하역 노동자 '오기나까시沖仲仕'들의 생활상을 그리고 있다. 그들은 새벽 3시부터 오후 3시까지 바다에 나가 본선의 석탄을 거룻배에 나르고 돌아와 함비飯場나 10조十疊 남짓의 좁은 방에 40명씩 기거하면서 숙식을 해결한다. 하지만 이 작품에서 이들 노동자들의 삶은 구체적으로 그려지지 않고, 마치 먹고 자고 일하는 단일한 패턴을 반복하고 있는 것처럼 보일 뿐이다. 이 작품에서 조선인 하역 노동자들은 말하는 주체가 아니라 보여지는 대상에 머물고 있는데, 그들은 "바다에 나가보니 바로 적전 상륙敵前 上陸을 하려드는 배들을 박은 영화映畵 모양으로 전마선傳馬船들이 빽빽 소리를 지르며 수십 집數十集 앞서거니 뒤서거니 널려서 이리로 항向하야 온다. 거기에는 시꺼먼 사내들이 짐짝처럼 한 배짐씩 실려서 이쪽을 응시凝視하고 있다"[26]라는 서술자의 서술처럼, 대상화된 풍경으로 제시될 뿐이다. 이런 점에서 이 소설에서 서술자가 그림을 그리고 있는 화가(지망생)라는 점은 의미심장한데, 그는 노동자들과 함께 생활하고 있음에도 그들과 말하지 않고, 그들을 그리고만 있다. 즉, 내지 일본에는 "내 마음을 이해해줄 사람이 하나도 없다. 어깨를 툭툭 칠 만한 사람이 없는 것이다. 그러고 보니 외로웁다. 고독孤獨하기 그지없다"[27]며 극심한 고독감을 느끼는 서술자가 그러한 고독감을 달래기 위해 시바우라 해안의 조선인 하역 노동자들을 찾지만, 그는 그들과는 다른 이질적인 존재인 것이다.

이질적이라는 점에서 「지기미」에서 가장 눈에 띄는 존재는 바로 '지기미'이다. 그는 나이 60세의 아편쟁이로, 구한국 시대 군인으로 근무한 이력을 가지고 있는데, 어떠한 경로를 거쳐 내지의 시바우라 해안에 흘러들어온 것인지는 알 수 없지만, 하역 노동자들과 함께 생활하고 있다. 그가 본명 대신 지기미로 불리는 이유는 그 의미가 무엇인지 알 수 없지만, '지기미'라는 말을 중얼거리면서 돌아다니기 때문이다. 그는 하역 노동자들에게 불필요한 존재, 나아가 조선인에게 수치를 주는 존재로까지 여겨지고 있지만, 그 자신은 "제가 아무런 의미意味로라도 이 시바우

26 金史良, 「지기미」, 『三千里』, 1941.4, 269쪽.
27 위의 글, 259쪽.

라해안海岸에 존재 의의存在 意義를 갖었다고 생각生覺코저"[28] 하는 인물이다. 그러한 그가 하는 일이란 조선인 밥집의 허드렛일을 도와주면서 밥을 얻어먹거나, 서술자인 나에게 아편을 먹으면 더 친해질 것이라며 권하는 한편, 누가 시키지도 않았는데 하역 노동자들이 일 나가기 전에 그들을 깨우는 것이다.

> 그리고 두 시 반(半) 쯤만 되면 예(例)의 마라손 선수(選手) 모양으로 할딱거리며 그 근방(近方) 모든 함바로 "회 ── 잇, 오끼로 오끼로!" "지간(時間)이다. 회 ── 잇, 회 ── 잇, 오끼로!" 하며 깨우러 다닌다. 누가 깨워달내서 그러는 것도 않이고, 단지 지기미는 제가 얼마나 그들의 필요(必要)한, 없어서는 않 될 인물(人物)인가를 알리고저 하기 때문이다. 아니 외려 제가 그것을 굳게 확인(確認)하며 또 그 인정(認定)을 즐기고저 하기 때문이다.[29]

조선인 하역 노동자들과 함께 생활하고 있지만, 그들로부터 멸시와 천대의 대상일 뿐 함께하지 못하는 지기미는 스스로 자신의 존재 이유를 찾기 위해 그들을 깨우지만, 사실 지기미의 이러한 행위가 조선인 하역 노동자들의 삶에 의미 있는 어떤 것으로 다가오지는 않는다. 그래서 여타 조선인 노동자들로부터 자신의 존재를 승인받지 못하는 지기미는 어떻게든 스스로 자기 존재의 이유를 만들어야 하는 것이다. 이는 그가 창고의 모노호시대物干臺 위에 포대자루를 깔고 누워 있는 행위와도 연결된다. 아무리 추운 날씨에도 햇볕만 들면 지기미는 이 모노호시대 위

28 위의 글, 261쪽.
29 위의 글, 262쪽.

에 포대자루를 깔고 누워 있는데, 이는 "신경쇠약神經衰弱인데다 무슨 빌어먹을 통계統計를 한다고 야단을 치는 대학생大學生"[30]이 돈이 떨어져 힘에 부친 하역 노동을 하고 돌아와 앓아 누웠다가 바로 그 모노호시대 틈으로 비치는 햇빛을 보고 발광했기 때문이었다. 즉, 지기미는 모노호시대 사이로 비치는 햇빛을 차단하기 위해, 그리하여 발광한 고학생처럼 조선인 노동자들이 미치는 것을 방지하기 위해 누가 시키지도 않았는데 모노호시대 위에 누워 있는 것이다. 하지만 그의 이러한 행위는 아편을 먹거나 '지기미'를 외치며 돌아다니는 행위처럼, 미친 자의 그것으로 여겨질 뿐 조선인 노동자들에게 의미 있는 어떤 것이 아니다.

그런데 『신조』에 일본어로 번역되어 실린 「벌레」에서 지기미는 신과 같은 존재로 여겨진다. "지기미는 마치 모든 것을 지배하는 예언자 같기도 하고 신 같기도 하다. 그래서 이 시바우라 해안을 이주 조선인의 메카 혹은 메디나라고 한다면, 그를 가리켜 경전(코란) 속의 신(알라)이라고 부를 수 있을 것이다. 왜냐하면 그야말로 영원 고독의 독신자로서 '낳지 않고 태어나지 않으며', 또는 그와 같은 자는 삼계三界에 오직 한 사람으로서 '어느 누구도 그에 견줄 자 없기' 때문이다."[31] 조선인 하역 노동자들에게 멸시와 천대의 대상이 되고 있는 지기미는 '벌레'와도 같은 하찮은 존재지만, 어느 순간 그는 '신'과 같은 숭고한 존재가 된다. 여기에서 "천애고아와 독생자로서의 신은 홀로 있는 자로서 동일시되고, 가장 밑바닥에 있는 자와 가장 높은 곳에 있는 자는 공히 비교 불가능한 존재로서 동일시된다. 요컨대, 벌레와 신은 예외적인 존재로서 법

30 위의 글, 265쪽.
31 金史良, 「虫」, 『新潮』, 1941.7; 『金史良全集』 II, 河出書房新社, 1973, 13쪽.

과 질서의 경계 저편에 자리잡고 있"[32]다. 따라서 그들은 제국-식민지 체제의 법망과 질서에 의해 존재 의의를 부여받는 것이 아니라, 그들 생명 그 자체로 자신의 존재 의의를 지니고 있는 것이다.

이 지기미라는 존재를 어떻게 이해할 수 있을까? 조선인 하역 노동자들과 함께 생활하고 있지만, 그는 없는 자와 마찬가지로 여겨진다. 스스로는 어떻게든 자신의 존재 이유를 찾고 있지만, 그것은 승인받지 못한다. 물론 지기미와 교분이 있는 서술자가 그의 행위에 대해 일정 부분 인정하는 태도를 보이기도 하지만, 이름을 상실한 자로서 지기미는 조선인으로서도 노동자로서도 배제된 상태에 놓여 있다. — 이런 점에서 서술자인 화가 지망생과 고학생 역시 마찬가지의 상태에 놓여 있는 것으로 이해할 수 있다 — 그러니까 배제는 지배/피지배의 관계 안에서만 작동하는 것이 아니다. 일본 내지로 이주하여 먹고살기 위해 반복되는 노동의 일상을 보내고 있는 부두 하역 노동자들이 제국-식민지 체제와 자본주의 시스템 속에서 소외된 존재들 — 그들은 노동자로서 자신의 존재를 말하지 않는다 — 이라면, 지기미는 그러한 소외된 존재들 속에서도 내몰린 자, 같은 조선인이지만 민족적 층위에서 포섭되지 않는 자를 상징한다. 제국-식민지 체제기 포섭과 배제의 메커니즘은 주체/타자의 역학 관계 속에서, 타자화된 주체에 의해서도 얼마든지 재생산될 수 있었던 것이다.

이처럼 김사량의 「무궁일가」와 「빛 속으로」, 「지기미」의 서사는 표면적으로 내지 이주 조선인 노동자의 척박한 삶의 풍경을 보여준다. 그

32 차승기, 「내지의 외지, 식민본국의 피식민지인, 또는 구멍의 (비)존재론」, 유선영 · 차승기 편, 『'동아'트라우마』, 그린비, 2013, 156쪽.

들은 하루하루 근근이 버티며 힘겹게 살아가는 극빈한 삶을 살아가고 있다. 하지만 이들 작품에서 조선인의 극빈한 삶 그 자체보다 주목해야 할 것은 '혼혈인'과 '지기미'로 상징되는 어떤 생명이 인종적 · 언어적으로 위계화된 관계 속에서 포섭과 배제의 메커니즘 작동에 의해 존재의 의의를 부인당하고 있다는 점에 있다. 그들은 인종적 · 언어적 경계 위에 위치하면서 한편으로는 그러한 인종적 · 언어적 경계로부터 내몰린 자들이자, 그렇기 때문에 동시에 그러한 인종적 · 언어적 경계 내부로 생명을 포섭하려는 제국-식민지 체제 운용 방식의 극점을 보여주는 존재들이다. 조선인으로서 자신을 지우고 일본인임을 끊임없이 역설하는 혼혈인의 모습이나, 조선어도 일본어도 나아가 내선어內鮮語도 아닌, 무슨 말인지 알 수 없는 말을 중얼거리면서 자신의 존재 이유를 찾고 있는 지기미의 모습 속에는 식민지 말 제국-식민지 체제에서 배제되고 내몰린 존재들의 짙은 그림자가 투영되어 있었던 것이다.

4. 추방당하는 비체들

주지하다시피, 김사량은 일본어로 창작하면서 '내지인'들을 향해 조선인들의 비참한 현실을 호소하기 위해 쓴다고 밝힌 바 있다. "조선의 현실을 충실히 써보고 싶다. 얼마나 정곡을 파악할 수 있을까, 어느 정도 진실한 형상화가 이루어질까, 나에게는 모두 두렵다. 최선을 다해 노력해볼 뿐이다. / 진흙 / 오두막집小屋 / 토성랑 / 백성, 학생, 청년 / 어느 하나 그리지 않고는 견딜 수 없다."[33] "거기에는 조선의 문화나 생활이나 감정을 보다 넓은 내지의 독자에게 호소하려는 동기, 또는 다른 의미에서 말하자면, 조선문화를 내지나 동양이나 세계로 퍼트리기 위해, 미력하나마 그 중개자의 힘을 쓴다는 동기 등도 있을 것이다."[34] 앞서 살펴본 김사량의 문학작품에서 식민지 조선 및 내지 이주 조선인의 궁핍하고 척박한 삶이 재현된 것은 이러한 맥락에서였다. 하지만 김사량의 작품에 나타난 토막민 · 화전민 · 도시 빈민 · 부두 하역 노동자 등을 이해하는 데 있어서 재현의 리얼리티에 주목하는 것은 지배/피지배의 구도 속에서 제국의 폭력성만을 피상적으로 이해하는 데 머무르기 십상이다. 삶의 장소로부터 유리되어 오직 먹고살기 위해 유리걸식하는 인물들을 제국의 식민지 지배에 의해 억압받고 통제된 사람들로 이해하는 것은 제국주의의 폭력성을 이해하는 데 효과적일 수 있지만, 제국-식민지 체제가 생명 그 자체를 어떻게 정치화하는지에 대해서는 구체적으로 파악하기 어렵기 때문이다.

또한, 그러한 재현 주체의 시선에 주목하는 것 역시 재현 주체의 재현 대상에 대한 위계화된 시선의 폭력성만을 드러내는 데 그칠 가능성이 크다. 「풀이 깊다」의 박인식, 「빛 속으로」의 남, 「지기미」의 '나'는 각각 화전민, 야마다 하루오, 부두 하역 노동자들을 대상화시켜 거리를 두고 바라보고 있으며, 그들로 하여금 말하게 하는 것이 아니라, 자신의 말을 통해 그들을 대변한다는 점에서 주체/타자의 위계화된 구도

33 金史良, 「雜音」, 『堤防』, 1936.6; 『金史良全集』 Ⅳ, 河出書房新社, 1973, 53쪽.
34 金史良, 「朝鮮文化通信」, 『文藝春秋』, 1940.9; 위의 책, 29쪽.

속에서 그들을 파악하고 있을 따름이다. 따라서 김사량이 조선인들의 비참한 현실을 호소하기 위해 주로 하층민이나 빈민가 자체를 서사화했는데, 이를 두고 제국 일본의 조선(인)에 대한 이미지를 고착화시키거나, 제국의 지방으로서의 로컬리티 구축에 일조했다는 비판을 하는 것도 무리는 아니다. 하지만 이러한 비판 역시 그 자체로 식민지 말 김사량의 문학작품을 이해하는 데 일조하고 있지만, 제국-식민지 체제의 생명정치의 메커니즘을 이해하는 데 있어서는 제한적이다. 이런 점에서 김사량이 깨어진 일본어와 조선어로 말하는 사람들의 동물화된 처지를 작품의 주제로 삼아, 언어가 일종의 기계적 매개가 아니라 살아있는 인간의 선언이자 증거임을 깨어진 일본어를 통해 말하고자 했다는 지적[35]을 눈여겨볼 필요가 있다. 이러한 논의를 확장하자면, 언어만이 아니라 김사량의 문학작품에 표상된 조선인이라는 존재 자체가 제국-식민지 체제의 생명정치의 공백과 균열의 지점을 상징적으로 보여주고 있다고 할 수 있다.

한편, 이러한 맥락에서 제국 일본의 내지 문단과 식민지 조선의 지방문단에서 작품 활동을 했던 김사량이라는 존재를 어떻게 이해할 수 있을까? 이와 관련해 김사량의 「빛 속으로」를 중심으로 식민지 작가가 제국의 언어로 쓴 텍스트와 그 텍스트의 배제가 낳은 작가, 텍스트, 비평가의 불안에 초점을 맞춰 논의를 전개한 권나영은 "식민지 소수자 작가들과 텍스트들이 보여주는 비천한abject 입장은 식민지 문학을 통합하려는 욕망과 일본 제국문학이 오염되는 데 대한 두려움이 공존하던 문단

35 황호덕, 앞의 책, 421~423쪽.

의 불안을 드러낸다"[36]라고 말한다. 즉 제국의 언어로 말하는 식민지 조선의 작가, 김사량 자체가 통합/배제의 메커니즘, 나아가 제국-식민지 체제가 운용하는 생명정치의 공백과 균열의 지점을 여실히 드러낸다는 것이다. 또한, 김철은 권나영의 논의에서 한 발 더 나아가 김사량과 그의 소설의 신원身元 자체가 아브젝트의 한 전형임을 강조한다. 그에 의하면, 김사량과 장혁주, 그리고 그들의 일본어 소설은 식민지시기 내내 '조선문학'과 '일본문학'의 사이에in-between 있는 모호한ambiguous 존재로 배척되었다. "그들은 존재의 한계 지점에 서 있는 모호한 자들, 정체성을 교란하는 자들, 경계 밖으로 밀려남으로써 내부의 동질성을 강화시키는 역할을 하는(또는 해야 하는) 자들"[37]이었던 것이다.

이 글에서는 이광수, 이태준, 이기영, 김남천 등 식민지 말 문학작품에 나타난 '제국적 주체'를 욕망하는 조선인이나 황국신민화 서사에는 관심을 두지 않았다. '제국적 주체'[38]를 욕망하는 조선인의 삶의 궤적이

36 권나영, 「제국, 민족, 그리고 소수자 작가—식민지 사소설과 식민지인 재현 난제」, 와타나베 나오키 · 황호덕 · 김응교 편, 『전쟁하는 식민, 식민지의 국민문화—식민지 말 조선의 담론과 표상』, 소명출판, 2010, 247쪽.

37 김철, 「비천한 육체들은 어떻게 응수(應酬)하는가—산란(散亂)하는 제국의 인종학(人種學)」, 『사이間SAI』 제14호, 국제한국문학문화학회, 2013, 402~403쪽. 김철은 이 논문에서 식민지 남성-작가 엘리트들이 제국의 체질인류학적 지식이 제공한 시선을 통해 하층민, 범죄자, 불구자, 광인(狂人) 등의 비천한 육체를 형상화하고, 탈식민지의 한국문학사는 이 육체의 형상화를 민족주의 담론과 결부시킴으로써 비천한 것들의 심미화에 고정적인 해석을 부여했다고 논의하는 한편, 이 비천한 육체들이 어떻게 억압의 대상으로부터 저항의 주체로 부상하는가를 탐색하면서 식민주의적 폭력에 대해 고찰하고 있다.

38 정종현은 식민지 말 제국-식민지 체제 내 의사-제국주체를 욕망하여 구성된 새로운 주체성을 '제국적 주체성(imperial subjectivity)'이라고 명명한 뒤, "'제국적 주체'는 식민지의 주변부성에서 비롯한 동요와 분열의 의식을 포함하며, 이와 함께 의사-제국주체로서 식민자에 대한 모방의식을 봉합한 상태를 표현하는 것으로, 식민지 말 '식민지-제국' 조선 지식인들의 주체성의 상태를 설명하기 위한 임의적인 개념이다"라고 밝히고 있다. (정종현, 『동양론과 식민지 조선문학—제국적 주체를 향한 욕망과 분열』, 창비, 2011,

나 황국신민화 서사는 의도했든, 의도하지 않았든, 결국 제국-식민지 체제의 생명정치의 공백과 균열의 지점을 은폐한다. 물론, 공백을 메우고 균열의 지점을 봉합하는 것이 제국-식민지 체제의 생명정치라는 점은 명확하다. 하지만, 공백과 균열의 지점에 다가갈 때에만 근대 국민국가, 제국주의, 자본주의의 연쇄 속에서 인간의 생명을 포섭하면서 동시에 배제하는 제국-식민지 체제의 생명정치 작동의 메커니즘을 극명하게 드러낼 수 있다. 조르조 아감벤의 아래 지적처럼, 우리가 주목해야 하는 것은 국가가 (신성한) 생명을 추방하는 구조 그 자체에 있는 것이지, 그러한 구조의 봉합된 결과물에 있는 것은 아니기 때문이다.

> 우리는 바로 우리 자신이 여전히 살아가고 있는 정치적 관계들 및 공적인 공간들 속에서 이러한 추방령의 구조를 간파해내는 법을 배워야만 한다. **국가에서 신성한 생명을 추방하는 것은 어떤 내재성보다도 더 내재적이며, 또 어떤 외재성보다도 더 외재적이다.** 또한 신성한 생명의 추방이란 모든 규칙에 조건을 부여하는 주권자의 '노모스'이며, 모든 영토화와 영토 구획을 가능케 하고 이를 지배하는 근원적인 공간화이다. 그리고 만약 근대(성) 속에서 생명이 점점 더 분명하게(푸코의 용어로는 생명정치화한) 국가 정치의 중심부에 놓여진다면, 또 만약 우리 시대에 모든 시민들이 (대단히 특수하지만 현실적인 의미에서) 잠재적로는 호모 사케르들이 되어버렸다면, 이는 오로지 추방령의 관계가 애초부터 주권 권력 고유의 구조를 이루고 있었기 때문에 가능했던 일이다.[39] (강조—원문)

29쪽)

39 조르조 아감벤, 박진우 역, 『호모 사케르—주권 권력과 벌거벗은 생명』, 새물결, 2008,

한편, 이 글에서는 식민지 말 전시총동원 체제기 일하지 않는/일할 수 없는 자들, 빈자들의 문학적 표상에 주목하여 생명정치의 작동의 메커니즘의 일단을 고찰하고자 했다. "빈곤층은 이동과 정착 모두 환영받지 못하며 반감과 견제를 불러일으킬 뿐이다. 어떤 경우든, 사회경제적 경합과 길항을 초래하는 위험한 타자인 것이다. 이러한 상황을 식민 주체의 입장에서 재고해 보자. 제국의 확장은 유동적 빈곤층의 확대포괄을 피할 수 없다. 이 점에서 이 집단에 대한 주의와 분석은 체제 유지와 통치에 필수적이다. 경계 문란의 위험도가 높은 정체성 사슬, 즉 언제든 옆의 다른 것으로 변환될 수 있는 '빈민-유랑자-노동자' 계열체는 제국의 현실적이고 담론적인 운영에서 중대한 의미를 갖게 되는 것이다."[40] 확실히 제국-식민지 체제는 이동하는 하층민의 흐름을 구획하고, 경계화하는 데 초점을 맞추고 있고, 이런 점에서 빈자들은 실질적 잠재적 위험성과 비천함으로 인해 비/가시적 통제의 핵심 표적이 되는 것이다. 요컨대 '빈민-유랑자-노동자'는 제국-식민지 체제의 생명정치 운용의 핵심적인 대상이었던 것이다.

이러한 하층민의 경계화와 관련하여, 식민지 말 제국 일본을 정점으로 하여 재편된 동아시아 지역 질서 자체를 하나의 '신체'로 이해할 수 있다. '선만일여', '내선일체'라는 신체적 메타포가 상징적으로 드러내듯이, 제국-식민지 체제는 그 자체로 신체화된 기호 속에서 운용되고 있었던 것이다. 그리고 만약 제국-식민지 체제를 신체화된 기호로 이

225~226쪽.

40 김예림, 「'노동'의 제국-경계 관리와 하층 노동자 에스노그라피의 정치학」, 『국가를 흐르는 삶』, 소명출판, 2015, 41쪽.

해할 수 있다면, 김사량의 문학작품에 나타난 인물들—토막민·화전민·도시 빈민·부두 하역 노동자·거지·병자·미치광이·말더듬이·절름발이·혼혈아·지기미 등—은 모두 그러한 제국-식민지 체제가 추방하는 '비체卑體'들이다. 줄리아 크리스테바는 자기 자신에게 낯선 것을 추방하거나 거부하는 것을 통해 항상 모호한 '나'의 경계를 창조하는 상태를 '아브젝시옹abjection'이라고 명명했는데, 이는 주체화의 필연적인 과정이라고 할 수 있다. 그런데 주체가 혐오하고 거부하며, 폭력적으로 배제한 '아브젝트abject'들은 추방되지만 결코 완전히 제거되지 않고, 주체의 주변을 배회하며 모호한 자아의 경계를 끊임없이 위협한다. 추방된 것들은 끊임없이 경계를 위협하는 것이다. "아브젝트는 지속적으로 우리 자신의 경계를 침범한다. 그것은 역겹지만 또한 매혹적이기도 하다. 상상적인 섬뜩함과 실제적인 위협, 그것은 우리를 유혹하고 끝내는 우리를 집어삼킨다."[41] 따라서 신체화된 제국-식민지 체제가 자신의 주체성을 확립하는 과정을 아브젝시옹으로 이해했을 때, 그러한 아브젝시옹의 과정 속에서 추방된 아브젝트들—김사량 문학작품의 비체들—은 제국-식민지 체제의 생명정치가 만들어내는 경계를 끊임없이 위협하는 존재이자, 결국은 그러한 제국-식민지 체제의 공백과 균열의 지점을 폭로하는 존재들인 것이다. 이런 점에서 식민지 말 한국문학을 통해 제국-식민지 체제의 생명정치의 메커니즘을 고찰하기 위해서는 바로 그 아브젝트들, 추방당하는 비체들을 새롭게 '발굴'할 필요가 있다.

41 Julia Kristeva, Leon S. Roudiez trans., *Power fo Horror : An Essay on Abjection*, Columbia University Press, 1982.

제5장

다이글로시아와 언어적 예외상태

1940년대 초 잡지 『신시대』를 중심으로

1. 식민지 말 이중언어적 위계

본격적인 논의를 전개하기 전, 먼저 김사량의 「향수」의 한 장면으로 시선을 돌려보자.

> 그의 눈에는 벤치를 떠나 홰나무 숲 쪽으로 아주 빠르게 도망치는 푸른 지나 옷차림의 누나가 언뜻 보였다. 현은 더욱 놀라 튕기듯이 뛰어나갔다. "기다려요! 기다려요!" 그러나 지금까지 이토와 내지어로 이야기를 주고받던 참이라, 뜻하지 않게 그것은 내지어였다. 게다가 그는 지금 자기가 내지어로 외치고 있다는 사실을 깨닫지 못했다. 말은 모르지만 동생의 큰 목소리에 누나는 화살 박힌 듯이 되어 한 번 뒤돌아보았다. 바로 그때 이토가 대체

무슨 일이야, 하고 외치면서 현 쪽으로 달려온다. 그것을 보자 가야는 드디어 망상의 공포에 사로잡혀 숲속으로 사라져버리고 말았다.[1]

인용문은 「향수」에서 이현李絃이 누나 가야伽倻를 만나 북해공원北海公園에서 이야기를 나누던 중 일본군의 출현에 놀란 누나가 공포에 질려 도망치자 기다리라고 소리치는 장면이다. 가야는 3・1운동 후 민족주의자인 남편 윤장산尹長山을 따라 북경으로 망명한 뒤 아편을 밀매하면서 궁핍한 생활을 유지해나가고 있었다. 이현은 그러한 누나의 소식을 이십여 년이 흐른 뒤 우연히 전해 듣고, 그녀를 갱생의 길로 나아가게 하기 위해 북경으로 가 이야기를 나누고 있던 중이었다. 그런데 두 사람을 향해오던 일본군은 고등학교 때부터 이현과 친우였던 이토伊藤였다. 이현은 그와의 해우의 반가움에 일본어로 얘기를 나누다 도망치는 누나를 보고 자신도 모르게 일본어로 소리치게 되었던 것이다. 이 기이한 장면, 누나가 "가장 두려워하는 군인과 함께 그녀를 뒤쫓아 달려오는 것처럼 보였을 그 자신"[2]을 생각하지 않을 수 없는 이현의 아이러니한 상황, 그것은 그가 '일본어(내지어)'를 사용하고 있었던 데서 기인한다. 말할 것도 없이 김사량의 「향수」의 이 장면에서 일본어는, 비유컨대 '군인의 언어'였던 셈이다.

제국-식민지 체제 속에서, 특히 1937년 중일전쟁 이후 제국 일본의 동아시아로의 지리적・문화적 팽창 과정 속에서 '동양어'와 '서양어'

1 김사량, 「향수」, 이경훈 편역, 『한국 근대 일본어 소설선 1940~1944』, 역락, 2007, 43~44쪽. 초출은 『文藝春秋』, 1940.7.

2 위의 글, 44쪽.

의 비대칭적 관계가 역전되었다고 여겨진 후, '동양어' 속에서 일본어, 조선어, 중국어는 어떠한 경우에도 대등한 관계를 갖는 이중언어bilingualism가 아니라 제국/식민지 간 종속적 · 차별적 관계의 이중언어diglossia적 상황에 놓여 있었다.[3] 제국, 식민지, 반半식민지의 언어였던 일본어, 조선어, 중국어는 각각 '동양어' 내부의 차별의 기표였을 뿐만 아니라, 동양 내 위계화된 일본, 조선, 중국의 역학관계를 환기시키기에 충분했다. 언어 그 자체가 권력으로 작동하는 저간의 사정을 제국-식민지 체제에 대입했을 때, 조선어와 중국어는 무력한 언어였던 것이다. 하지만 무력한 언어였던 조선어와 중국어가 동아시아에서 소멸한 것은 아니었다. 말할 것도 없이 언어의 생성 · 변화 · 소멸 등은 어떤 극심한 사회 변동 속에서도 결코 쉽게 발생하는 것이 아니다. 식민지 말 조선에서의 조선어 또한 그러했다.

식민지시기 다언어적 환경에 놓여 있던 조선에서 조선어의 사용은 식민지 어문정책에 의해 점차 제한 · 폐지되어갔다. 제1차 조선교육령이 공포(1911.8.23)되면서 일본어가 국어의 자리를 차지하고 통감부시기 국어의 권위를 지니고 있었던 한글은 그 자리에서 물러나게 된다. 이후 제2차 조선교육령(1922.2.15)에 이어 제3차 조선교육령이 공포(1938.3.3)되면서 조선어는 수의隨意 과목으로 전락하고, 제4차 조선교육령이 공포(1943.3.8)되자 정규 교과에서 사라지게 된다.[4] 하지만 교과

3 이 글에서 '동양어'와 '서양어'는 어떤 특정의 실재하는 고유어를 지칭하는 것이 아니라, 논의의 편의를 위해 동양 또는 서양에서 사용되고 있었던 언어의 총합을 가리키기 위해 임의로 가정해서 사용한 것이다.

4 이에 대해서는 안미영, 「이태준의 근대 소설에 반영된 식민지 어문정책과 민족어의 성격」, 『국어국문학』 제142호, 국어국문학회, 2006, 213~241쪽 참고.

과정에서 조선어(한글)의 위상 변화가 곧바로 일상생활에서의 조선어 사용의 제한·폐지로 연결되지는 않았다. 식민지시기 내내 조선어가 그 자체의 위상에 극심한 변화를 보였다는 점은 의심할 나위 없지만, 그렇다고 해서 조선어가 폐지된 것은 아니었다. 주지하다시피, 식민지 말 '내선일체', '대동아공영권' 담론 층위에서 조선어는 언제나 폐기되어야 할 언어였지만, 국어로서의 일본어가 전면적으로 사용되었던 것도 아니었다.

이 글은 식민지시기 일본어와 조선어의 이중언어적 환경에 주목하면서, 특히 1940년대 초 조선어의 위상이 극도로 위축되어가는 상황 아래 미디어 속에 나타난 이중언어의 양상에 대해 살펴보고자 한다. 그간 조선어/일본어 글쓰기와 관련된 각 작가의 (무)의식적 욕망을 고찰한 선행 연구들[5]이 있어왔지만, 미디어 자체의 이중언어적 특성에 주목한 연구는 거의 이루어지지 않았다. 이중언어적 상황을 특정한 작가나 작품에 한정하지 않고, 출판시장을 둘러싼 미디어의 생산·소비의 장場으로 확장할 필요가 있다고 했을 때, 각종 미디어를 둘러싼 이중언어적 상황에 대한 논의는 필수적이라고 할 수 있다. 특히, 일본어 전용 미디어와 조선어·일본어 공용 미디어 사이의 결절점에 대한 고려 못지않게 하나의 미디어 내부에 존재하는 조선어와 일본어의 이중언어적 위상 관계에 대한 고찰이 필요한 것으로 보인다. 이 글은 이러한 문제의식 아래 1940년대 초반 대중잡지를 표방했던 『신시대』를 검토하는 것

5 정백수, 『한국 근대의 植民地 體驗과 二重言語 文學』, 아세아문화사, 2000; 김윤식, 『일제말기 한국 작가의 일본어 글쓰기론』, 서울대 출판부, 2003; 안미영, 위의 글; 김경미, 「1940년대 어문정책하 이광수의 이중어 글쓰기 연구」, 『韓民族語文學』 제53집, 한민족어문학회, 2008, 41~74쪽.

을 통해 당시 미디어 속에 나타난 일본어와 조선어의 이중언어diglossia 적 위계관계를 살펴보고, 나아가 국어로서의 일본어 위상 강화 메커니즘의 일단을 고찰하고자 한다.

2. 『신시대』의 특성과 체제

1941년 1월에 창간된 『신시대』는 현재까지 확인된 바로는 1945년 2월까지 발행된 월간 잡지이다.[6] 잡지 『신시대』의 편집 겸 발행인은 노익형盧益亨(창씨명 瑞原益亨)이었는데, 그는 박문서관과 대동인쇄소의 경영주로 이미 출판계에 그 명성이 널리 알려진 인물이었다. 『삼천리』 1935년 9월호에서는 "적수공권赤手空拳으로 성공成功한 상계 인물商界人物"로 단성사 사장 박정현朴晶鉉, 전前동아백화점 사장 최남崔楠과 함께 노익형을 소개하고 있는데, 그는 물산객주의 사환에서 잡화점을 운영하다 서적상인 박문서관을 차려 본격적으로 출판계에 들어섰으며, 월간잡지 『공도公道』를 발간했다가 실패하기도 했지만 이후 대동인쇄소를 운영해 출판계의 대부호가 된 인물로 여겨지고 있었다.[7] 1940년 8

6 잡지 『신시대』에 대한 몇몇 설명에서 이 잡지의 종간 시점을 1945년 2월호로 잡고 있지만, 같은 호에 게재된 高野六郎의 「戰時食生活案內」 말미의 '차호 계속(次號 繼續)'이라는 표현이나 高壽福의 「疾病의 侵入門」 말미의 '계속'이라는 표현이 있는 것으로 보아 1945년 2월호로 『신시대』가 종간되었다고 단정하기는 어렵다.

7 「二百圓小賣商이今日은十萬圓 書籍界覇者盧益亨氏」, 『三千里』, 1935.9, 198~199쪽.

월 『동아일보』와 『조선일보』의 폐간, 1941년 4월 『문장』과 『인문평론』의 폐간과 이어 같은 해 11월 『국민문학』의 창간 등 1941년을 전후한 언론·출판계의 통·폐합 움직임 속에서 잡지 『신시대』가 창간된 저간의 사정을 모두 확인할 수는 없지만, 노익형이 박문서관이나 대동인쇄소를 운영해오면서 축적한 그 동안의 경험이나 자금력, 출판시장을 둘러싼 식민 정책 당국과의 협력 체계 구축 등이 일정 부분 『신시대』를 창간하는 데 영향을 미쳤으리라는 것을 짐작할 수 있다. 한편, 그는 1941년 12월 사망하고, 그의 아들 노성석盧聖錫(창씨명 瑞原聖)이 1942년 1월부터 편집 겸 발행인이 되어 신시대사를 계승·경영하였다. 『신시대』의 편집진은 주간 최영주崔泳柱를 비롯해 국어학자 최현배崔鉉培의 아들 최영해崔暎海, 화가 임홍은林鴻恩 등이었는데, 최영해와 임홍은이 1941년 7월경 사임한 뒤 같은 달 소설가 채만식蔡萬植, 화가 홍우백洪祐伯, 이종승李鍾勝, 현재덕玄在德 등으로 새롭게 편집진을 구성해 잡지를 발간했으며, '국어판'은 1941년 7월부터 국민총력연맹 촉탁을 겸임하기도 했던 이영근李永根(창씨명 上田龍男)이 처음부터 전담하였다.[8] 또한, 신시대사는 일본과 조선에 지사를 두고 있었는데, 1941년 2월을 기점으로 했을 때 도쿄 지사장 김형찬金亨燦, 오사카 지사장 박병윤朴炳崙, 함흥 지사장 김송金松, 청진 지사장 김기웅金基雄, 대구 지사장 박원길朴元吉 등이었다.[9]

『신시대』에 대한 연구가 전무하다고 해도 과언이 아닌 상황에서 최

8 「情報室 우리社會의諸事情－文壇情報」, 『三千里』, 1941.9, 85쪽.

9 친일인명사전편찬위원회, 『일제협력단체사전－국내중앙편』, 민족문제연구소, 2004, 541쪽.

덕교는 '민족 앞에 부끄러운 친일잡지'라는 항목에서 "민족사史에 치욕恥辱이 되는 이 '친일잡지'들만은 아예 외면하고 싶었다. 읽을 맛도 없는 글, 옮기고 싶지도 않은 이야기들, 깡그리 버려도 아까울 것 없는 것들"로 『동양지광』, 『내선일체』, 『태양』, 『춘추』, 『국민문학』, 『대동아』, 『총동원』, 『국민총력』, 『녹기』 등과 함께 '침략전쟁에 장단 맞춘' 잡지 『신시대』를 거론한다.[10] 물론 권두언이나 편집 후기에 해당하는 글만을 검토해보더라도 『신시대』가 당시 시국 담론을 옹호하고 전파하는 글을 적극적으로 게재하고 있었다는 것을 확인할 수 있다. 중일전쟁 기념일, 해군 기념일, 아시아-태평양전쟁의 발발, 싱가포르 함락, 징병제 실시, 국어 상용 등 전황 관련 특집과 좌담회의 마련, 총후 국민의 멸사봉공의 정신을 고취하거나 황국신민으로서의 자각에 관한 각종 기사가 봇물처럼 쏟아지고 있었다. 하지만 『신시대』라는 잡지의 성격을 '친일'이라는 범주에서 파악하는 것은 피상적일뿐만 아니라 제한적이다. '친일'이라는 민족주의적 관점 속에서 이 잡지를 바라보는 것은 잡지의 성격을 제대로 구명하지 못하는 것은 물론, 당시의 미디어적 환경과 담론 생산의 체계, 그리고 그것들과 대면한 주체의 행위와 욕망을 획일화하기 십상이다. 이런 점에서 『신시대』의 창간호에 대한 보다 면밀한 검토가 필요하다.

『신시대』의 창간 취지는 창간호에 게재된 「신시대 변—창간사에 대신하여」를 통해 짐작할 수 있다. 이 글에서 편집 주간은 "바래고 바래던 신시대新時代가 이제 우리들의 면전面前에 박두迫頭"했고, "잡지雜誌 『신시

10 최덕교 편저, 『한국잡지백년』 3, 현암사, 2004, 400~429쪽 참고.

대新時代』도 이 새로운 전환轉換과 출발出發 속에서 탄생誕生한 것이"라며, 새로운 시대의 도래와 그에 조응하는 잡지로서의 『신시대』 창간의 포부를 밝히고 있다. 그러면서 "잡지雜誌 『신시대新時代』는 평이平易와 명랑明朗을 요건要件으로 삼고, 어린 벗으로부터 늙으신네까지를 포용包容할 야망野望으로 출발하였다"[11]고 덧붙이고 있다. 물론 『신시대』의 이러한 창간 취지는, 1940년대 초반 시대 담론과 미디어의 관계를 고려했을 때, 특별한 것이 아니다. 그런 점에서 잡지 『신시대』가 '평이'와 '명랑'을 요건으로 내세우면서 남녀노소를 포용할 야망을 가지고 있는 '대중잡지'로서의 지향점을 명확히 드러낸 데 보다 주목할 필요가 있다. "신시대新時代에 맞는 대중잡지大衆雜誌로서 완성完成할 것을 목표目標하고 앞으로 보다 더 지면紙面의 청신발랄淸新潑剌함과 기사의 평이 자미平易滋味를 꾀하기를 약속約束"[12]하겠다고 밝힌 『신시대』는 동시기 창간된 여타 잡지와는 달리 처음부터 그 독자층을 조선인 일반 대중으로 상정함으로써 그에 맞는 편집 방식을 취했던 것이다. 언어 사용의 측면만 살펴보더라도, 조선어를 주로 사용하고 있었다는 점과 한자를 사용할 경우에 종종 해당 한자 위에 그 뜻을 조선어로 풀어 병기한 점[13] 등 일본어 및 한자어 해독 능력이 상대적으로 부족한 조선인 독자들이 텍스트에 쉽게 접근할 수 있도록 배려하고 있었다. 또한 잡지 체제의 구성 측면에서 살펴보자면, 시·소설·희곡·수필 등의 문학작품과 정치적 담론뿐만 아니라 좌담회, 지원병훈련소 참관기를 비롯해 '야담野談', '오분간전기

11 主幹, 「新時代辯－創刊辭에 대신하여」, 『新時代』, 1941.1, 318쪽.

12 「餘滴」, 『新時代』, 1941.1, 320쪽.

13 예를 들어 「太平洋의 風雲」이라는 제목 위에 "무시무시해지는 '태평양' 물결"이라고 풀어서 적고 있다.

五分間傳記', '전시경제독본戰時經濟讀本', '가두인물점묘街頭人物點描' 등의 다양한 읽을거리를 제시하고 있었다. 나아가 '연재만평連載漫評', '오락실娛樂室', '신시대 소화첩新時代 笑話帖' 등의 오락물을 통해 흥미 위주의 오락적 기능을 강화하는 한편, '여성女性 페이지', '어린이 차지', '동화童話', '동요童謠' 등의 난을 두어 여성과 어린이 계층의 독자를 포섭하려고 하였다. 실제로 『신시대』라는 잡지를 향유한 주된 계층이 누구였는지는 확인할 길이 없지만, 이러한 잡지의 체제만 살펴보더라도 다양한 계층의 독자를 포섭하기 위해 노력하고 있었다는 것을 알 수 있다.

한편, 잡지의 제호와 관련해서 1941년을 '신시대'로 명명하는 것은 흥미로운데, 이것은 진무덴노神武天皇가 나라현奈良縣에 소재한 가시하라橿原에서 처음으로 즉위했다고 일컬어지는 기원으로부터 2601년에 해당하는 1941년을 새로운 세기의 출발점으로 삼고, 그 새로운 세기에 부합하는 역사적 역할을 잡지 『신시대』를 통해 하겠다고 자임하는 것이다. 같은 호 「연두사」에서도 '황기皇紀 2601년'은 중일전쟁 완수・대동아공영권 확립・세계 신질서 건설의 사명을 완수하기 위한 신세기의 시작이며, 신시대사는 그러한 사명 완수에 일익을 담당하겠다고 밝히고 있다.[14] 그것은 황국皇國 일본의 '기원'을 염두에 둔 것일 뿐만 아니라, '세기의 전환'이라는 국내외의 정세를 반영한 것이다. 즉, 프랑스혁명 이후 자유주의・민주주의를 배경으로 한 세계 체제가 "전체주의적全體主義的인 세계로 옮겨나가려는 동란"[15]의 과정에 있으며, 그것을 상징

14 「年頭辭」, 『新時代』, 1941.1, 18~19쪽.
15 鷹山峻南, 「新體制・昭和維新－新日本의 出發」, 『新時代』, 1941.1, 39쪽. 제목 위에 조선어로 "세상은 바뀌었습니다. 이날에 굳게 할 국민의 각오"라고 풀어 씌어져 있다.

적으로 보여주는 사건이 동양에서의 중일전쟁과 서양에서의 제2차 세계대전의 발발이라는 것이다. 그리고 이러한 세기의 전환은 곧 동아 신질서 및 구라파 신질서 건설로 나아가야 한다는 것이다.

그런데 동서양의 변화의 흐름에 발맞춰 일본이 새롭게 출발해야 한다는 당위성을 강조하면서 그러한 움직임을 '소화유신'이라고 부름으로써 그 기원을 '메이지유신'까지 소급하여 근거를 부여하고 있다. 그것은 메이지유신을 통해 일본이 "봉건적封建的 구체제舊體制를 타파打破하고 근대국가近代國家에로 발전해 왔"[16]던 것처럼, 소화유신을 통해 "일만지日滿支 삼국을 중심으로 하여 남방南方까지 포함한 소위 대동아공영권大東亞共榮圈을 확립"[17]할 수 있다는 논리로 이어진다. 이는 1940년 10월 결성된 대정익찬회大政翼贊會 주도로 신체제운동이 전개된 것과, 같은 해 11월에 식민지 조선에서도 국민총력조선연맹國民總力朝鮮聯盟이 조직되어 동일한 운동을 펼치는 등 신체제 선포 이후 1941년을 역사적 전환의 시기로 규정짓고 의미 부여하면서 그것을 단절의 관점에서가 아니라, 메이지유신 이후 근대 일본의 필연적인 변화의 과정 속에 놓음으로써 당위성을 확보하고자 한 수사적인 전략이다.

1941년을 신시대의 원년으로 선포하고 신시대에 맞는 새로운 인간형을 제시하고 있다는 점에서 이광수의 「신시대의 윤리」를 참고할 만하다. 물론, 이 글에는 신체제 이데올로그인 식민지 조선 남성 지식인 이광

16 위의 글, 39쪽.

17 위의 글, 45쪽. 한편, 논자는 세계 신질서 확립에 있어서 생존권의 질서를 먼저 완성해야 한다면서 "동아, 아메리카대륙, 구라파, 소련(아라사)"의 공영권을 만들어야 한다고 주장한다. 이것은 세계 체제의 블럭화를 주장한 지역주의 관점으로, 지정학적 세계 체제 재편 속에서의 레벤스라움(생활공간) 논의와 연동한다.

수의 욕망이 투사되어 있어 이를 일반화시키는 것은 다소 제한적이지만, 그가 주창하고 있는 새로운 시대의 '윤리'라고 하는 것을 통해 급변하는 정세에 직면한 식민지 조선인의 행위와 욕망의 행방을 가늠할 수 있다는 데서, 또한 식민지 조선 지식인의 대표 격인 그의 글이 『신시대』 창간호에 실려 있다는 점에서 제한적이나마 살펴볼 필요가 있다. 이 글의 서두에서 이광수는 "금일今日 조선인朝鮮人의 신윤리新倫理는 천황天皇께 귀일歸一하삷는 것이다. 그리고 신도臣道를 실천實踐하는 것이다. 내 목숨과 내 자녀子女와 내 재산財産을 전부全部 천황天皇께 반환返還하삽고, 내 마음조차도 천황天皇께 받히삷고 천황天皇의 대어심大御心으로써 내 마음을 삼는 것이 신윤리新倫理 근본원칙根本原則"[18]이라고 설명한다. 그러면서 실천의 방편으로 충忠의 이념을 제시하고, 전장의 군사뿐만 아니라 회사원이나 공장의 직공, 농부 모두가 천황의 일꾼이며, 천황이 명하는 일을 충실히 따르는 것이 '직분보국職分報國'이라고 강변한다. 동시에 그는 이를 통해서 대동아공영권 건설에 있어서 조선인이 황국신민으로 주인이 되고, 지도자가 될 수 있는데, 지금이 그 절호의 '기회'라고 역설한다. 즉, 이광수는 신시대에 직면한 식민지 조선인이 천황에 귀일하여 충성을 다하는 것을 통해 황국신민이 될 수 있다고 말하고 있는데, 이는 식민지 조선인이 열등한 '타자'가 아닌 대동아공영권 건설의 '주체'가 될 수 있다고 강변하고 있는 것에 다름 아니다.

이광수의 「신시대의 윤리」를 단편적으로 제시했지만, 『신시대』는 당시 시국 담론을 미디어 속에 충실히 재현하면서 급변하는 동아시아

18 香山光郎, 「新時代의 倫理」, 『新時代』, 1941.1, 30쪽.

정세 속에서 조선인 독자로 하여금 제국 일본의 '황민'이 되기를 적극적으로 고취하고 있었다. 계층별・세대별・젠더별 독자를 고려한 잡지의 각종 난과 기사는, 경우에 따라서는 흥미와 오락 위주의 효과를 발휘하고 있었지만, 대체적으로 조선인의 황민화 과정을 위한 전략적 수사로 귀착되었다. 그런데 이때 발생하는 문제가 바로 언어의 문제이다. 왜냐하면 독자로 상정된 조선인 일반 대중들이 『신시대』에 활자로 인쇄된 언어와 직면했을 때, 그들이 『신시대』의 그러한 언어로 조직된 황민화 과정의 전략적 수사에 곧바로 포획되는 것은 아니기 때문이다. 따라서 조선인의 황민화를 달성하기 위해서는 황민화 과정의 전략적 수사로 동원된 언어와 황민화의 대상인 조선인 사이의 이질성을 극복해야 할 필요가 있었다. 이점에 착목하면서 이제 『신시대』의 언어에 초점을 맞춰 논의를 전개해보자.

3. '일본어' / '조선어'의 공간 분할과 통합

『신시대』는 1940년대 초반 몇몇 잡지가 그러하듯이, 일본어와 조선어가 혼용된 잡지였다. 1940년대 초반은 정책적 차원에서 국어로서의 일본어의 위상 강화와 조선어 폐지가 진행되던 움직임 속에서 일본어 전용 잡지와 일본어와 조선어의 병・혼용 잡지가 공존했던 시기였다. 『신시대』의 이중언어적 특성을 살펴보기 위해서는 먼저 잡지 내부의 일본어/조선어의 공간 분할과 통합을 살펴볼 필요가 있다. 『신시대』 창간 1년 반 정도의 기간 동안에 일본어 기사나 작품의 비율은 전체의 약 10% 내외였다. 이후 1942년 5월호부터 점유율이 크게 증가하여 대략 25~30% 정도를 보이다가 1944년 이후에는 그 변동 폭이 다소 발생하게 되는데, 전체 기사 수가 감소하는 것을 통해 유추할 수 있듯이 당시 필자 섭외의 어려움 등 잡지 발간 자체에 곤란함을 겪었을 것이라고 짐작한다면 이는 의미 있는 변화는 아닌 것으로 보인다.[19] 요컨대 1942년 5월을 기점으로 해서 일본어 기사나 작품의 점유율이 증가·유지되었던 것이다. 1942년 5월호부터 일본어 기사의 점유율이 2배 이상 증가한 것은 같은 달부터 시행된 '국어보급운동國語普及運動'의 영향 때문으로 보인다. 국어보급운동은 기존의 국어 보급에서 한 걸음 더 나아가 조선인 전체를 대상으로 하여 일본어를 체득케 하기 위해 국민

19 『신시대』 내 일본어/조선어 기사(또는 작품) 수와 비율 현황표

1941				1942				1943				1944				1945			
구분	U	A	B	구분	U	A	B	구분	U	A	B	구분	U	A	B	구분	U	A	B
1	50	50	0	1	39	34	5	1	28	19	9	1	30	23	7	1	19	15	4
%	100	100	0	%	100	87.2	12.8	%	100	67.9	32.1	%	100	76.7	23.3	%	100	78.9	21.1
2	51	49	2	2	29	24	5	2	34	24	10	2	31	24	7	2	17	13	4
%	100	96.1	3.9	%	100	82.8	17.2	%	100	70.6	29.4	%	100	77.4	22.6	%	100	76.5	23.5
3	50	48	2	3	35	29	6	3	32	21	11	3	33	28	5				
%	100	96	4	%	100	82.9	17.1	%	100	65.6	34.4	%	100	84.8	15.2				
4	47	45	2	4	33	29	4	4	36	26	10	4	29	25	4				
%	100	95.7	4.3	%	100	97.9	12.1	%	100	72.2	27.8	%	100	86.2	13.8				
5	53	49	4	5	27	18	9	5	33	19	14	5	21	16	5				
%	100	92.5	7.5	%	100	66.7	33.3	%	100	57.6	42.4	%	100	76.2	23.8				
6	45	38	7	6	24	17	7	6	39	24	15	6	23	17	6				
%	100	84.4	15.6	%	100	70.8	29.2	%	100	61.5	38.5	%	100	73.9	26.1				
7	41	35	6	7	28	22	6	7	42	35	7	7	21	13	8				
%	100	85.4	14.6	%	100	78.6	21.4	%	100	83.3	16.7	%	100	61.9	38.1				
8	35	29	6	8	28	21	7	8	36	27	9	8	16	13	3				
%	100	82.9	17.1	%	100	75	25	%	100	66.7	33.3	%	100	81.2	18.8				
9	44	38	6	9	28	21	7	9	32	19	13	9	20	14	6				
%	100	86.4	13.6	%	100	75	25	%	100	59.4	40.6	%	100	70	30				
10	37	32	5	10	26	19	7	10	29	20	9	10	19	17	2				
%	100	86.5	13.5	%	100	73.1	26.9	%	100	69	31	%	100	89.5	10.5				
11	34	29	5	11	20	13	7	11	확인불가			11	22	14	8				
%	100	85.3	14.7	%	100	65	35	%				%	100	63.6	36.4				
12	32	29	3	12	32	24	8	12	33	23	10	12	15	11	4				
%	100	90.6	9.4	%	100	75	25	%	100	69.7	30.3	%	100	73.3	26.7				

U: 전체
A: 조선어
B: 일본어

총력운동의 일환으로 추진된 것이었다. 당시 발표된 국어보급운동의 요강은 다음과 같다.

一. 취지(趣旨)

본(本) 운동(運動)은 반도 민중(半島 民衆)으로 하야금 확고(確固)한 황국신민(皇國臣民)됨의 신념(信念)을 견지(堅持)하고 일체(一切)의 생활(生活)에 국민의식(國民意識)을 현현(顯現)시키기 위(爲)해서 모다 국어(國語)를 체득(體得)케 하고 또 일상용어(日常用語)로써 이것을 상용(常用)케 하는 데 있다.

二. 운동요목(運動要目)

(一) 국어 상용(國語 常用)에 대(對)한 정신적 지도(精神的 指導)

1. 황국신민(皇國臣民)으로서 국어(國語)로 말할 줄 아는 명예(名譽)를 감득(感得)케 할 것
2. 일본정신(日本精神)의 체득상(體得上) 국어 상용(國語 常用)이 절대(絶對)로 필요(必要)한 소이(所以)를 이해(理解)하게 할 것
3. 대동아공영권(大東亞共榮圈)의 중핵(中核)인 황국신민(皇國臣民)으로서 국어(國語)의 습득(習得) 상용(常用)이 필수(必須)의 자격요건(資格 要件)임을 자각(自覺)하게 할 것

(二) 국어(國語)를 해득(解得)하는 자(者)에 대(對)한 방책(方策)

1. 관공서 직원(官公署職員)은 솔선(率先)해서 국어 상용(國語 常用)을 할 것
2. 학생(學生) 생도(生徒) 아동(兒童)은 반듯이 상용(常用)할 것
3. 회사(會社) 공장(工場) 광산(鑛山) 등(等)에서도 극력(極力) 상용

(常用)을 장려(奬勵)할 것

4. 청년단(青年團) 부인회(婦人會) 교회(教會) 기타(其他) 집회(集會)에서도 국어 사용(國語 使用)에 힘쓸 것

5. 적어도 국어(國語)를 해득(解得)하는 자(者)는 반듯이 국어(國語)를 사용(使用)함 물론(勿論) 모든 기회(機會)에 국어(國語)를 해득(解得)치 못한 자(者)에 대(對)한 교도(教導)에 힘쓸 것

(三) 국어(國語)를 해득(解得)치 못하는 자(者)에 대(對)한 방책(方策)

1. 국민학교 부설 국어강습소(國民學校 附設 國語講習所)의 개설(開設)

2. 각종 강습회(各種講習會)의 개최(開催)

3. 국어교본(國語校本)의 배부(配付)

4. '라듸오'에 의(依)한 강습(講習)

5. 잡지(雜誌)에 의(依)한 강습(講習)

6. 평이(平易)한 신문(新聞)의 발행(發行)

7. 상회(常會)에서의 지도(指導)

8. 아동(兒童) 생도(生徒)에 의(依)한 일일일어운동(一日一語運動)

9. 각(各) 소재(所在)에서 국어(國語)를 아는 자(者)로부터의 지도(指導)

(四) 문화(文化) 방면(方面)에 대(對)한 방책(方策)

1. 문학(文學), 영화(映畵), 연극(演劇), 음악(音樂) 방면(方面)에 대(對)하야 극력(極力) 국어 사용(國語 使用)을 장려(奬勵)할 것

2. '라듸오' 제이방송(第二放送)에 국어(國語)를 더욱 많이 넣을 것

3. 언문(諺文) 신문(新聞), 잡지(雜誌)에 국어란(國語欄)을 만들 것

(五) 국어 상용자(國語 常用者)에 대(對)한 표창(表彰) 급(及) 우선적(優先的) 처리(處理)

1. '국어 상용(國語 常用)의 집' 등(等) 국어 상용자(國語 常用者) 또는 국어(國語) 보급(普及)에 공(功)이 있는 자(者) 등(等)을 표창(表彰)할 것
2. 공직(公職) 기타(其他)의 취직(就職) 급(及) 기(其) 대우(待遇) 등(等)의 각반(各般)의 소우(所遇)에 우선적(優先的)으로 고려(考慮)할 것

(六) 차제(此際) 관민(官民)이 협력(協力)하야 전선적(全鮮的)으로 본운동 개시(本運動 展開)에 대(對)하야 명랑(明朗)하고 차(且) 성의(誠意) 있는 기운(氣運)을 영성(釀成)하게 힘쓸 것

(七) 국어보급 연차계획(國語普及 年次計劃)을 수립(樹立)할 것[20]

위의 「국어보급운동요강」은 조선인을 대상으로 하여 황국신민으로서의 신념을 고취시키기 위한 국어 상용의 필요성을 역설하고 있다. 그러면서 국어를 해득한 자와 그렇지 못한 자에 대한 보급운동의 방책을 나열하고, 문학 · 영화 · 연극 · 음악 등 문화 방면의 역할과 국어 상용자에 대한 표창 등 제도적 장려책을 제시하고 있다. 이 글의 논의와 관련해서 주목되는 것은 "언문 신문, 잡지에 국어란을 만들 것"이라는 문화 방면의 방책이다. 잡지 『신시대』의 경우, 이미 '국어란'을 두는 편집 방식을 취하고 있었기 때문에 '국어보급운동'이 강화되는 시점인 1942년 5월호부터 일본어 기사의 비중을 자연스럽게 늘릴 수 있었던 것이다.

『신시대』는 제2집부터 국어(일본어)란을 별도로 두는 편집 체제를 취

20 總聯指導委員會, 「國語普及運動要綱」, 『朝光』, 1942.6, 106쪽.

한다. 편집자는 제2집부터 제4집까지 '신시대新時代 국어특집國語特輯'으로 '일본정신연구강좌日本精神研究講座'라는 제호 아래 팔굉요장八紘寮長인 다카바 히데오竹葉秀雄의 「야마토 세계의 건설大和世界の建設」을 연재하고, 신궁봉제회장神宮奉齊會長 이마이즈미 사다쓰케今泉定助의 「일본 국체의 참뜻日本國體の本義」(제2집), 시모나카 야사부로下中彌三郎의 「천황과 신앙すめらみこと信仰」(제3집), 이영근(창씨명 上田龍男)의 「젊은이들에게 경고한다若い人達に警告す」(제4집) 등의 글을 실었다. 편집 주간 최영주가 제2집의 편집후기에서 "특히 「일본정신연구강좌日本精神研究講座」는 본지本誌 독보獨步의 편집編輯으로 자부自負"[21] 한다고 말하거나, 이영근으로 하여금 국어 기사의 편집을 전담하게 한 점으로 미루어보아 『신시대』가 처음부터 조선어와 함께 일본어 기사를 싣는 편집 체제를 고려하고 있었음을 짐작할 수 있다. 물론 제2집에서 제4집까지는 조선어 기사에 비해 일본어 기사의 전체 지면 점유율은 미미했다. 하지만 각 분야의 전문가에 의해 씌어진 일본어로 된 기사를 별도의 특집란을 두어 편집하고 있었다는 점은 의미심장한데, 그것은 『신시대』라는 미디어가 창간 초기에 국어와 조선어로 분할되어 있었다는 것을 의미하기 때문이다.

이러한 국어/조선어의 미디어 내 공간 분할은 제5집부터 본격화된다. 편집자는 제5집부터 "종래의 「일본정신연구강좌」를 확장해 「신시대국어판」을 두고 기사 내용을 풍부하게 하려고 한다"[22] 고 밝히고 있는데, 실제로 별도의 목차를 두어 일본어 기사만을 싣는 방식을 취했다. 각 호의 일본어 기사 수는 좌담회나 기획 글을 하나로 했을 때, 제5집─

21 「餘滴」, 『新時代』, 1941.2, 304쪽.
22 「新時代國語版」, 『新時代』, 1941.5, 99쪽.

4편, 제6집－7편, 제7집－6편, 제8집－6편, 제9집－6편 등이었고, 필자 수는 제5집－4명, 제6집－7명, 제7집－12명, 제8집－6명, 제9집－18명 등이었다. 기사 역시 필자의 전문 분야의 내용뿐만 아니라, 시나 수필 등 문학작품에서 「지나사변과 나의 각오支那事變と私の覺悟」(제7집)나 「요즈음의 나この頃の私」(제9집) 등 시국 관련 개인의 소감을 모은 글, 「시국 하 독서문제를 중심으로 한 좌담회時局下に於ける讀書問題を中心としての座談會」(제9집) 등의 좌담회 기록문에 이르기까지 다양한 글이 게재되었다. 그리고 필진은 일본인과 조선인의 구별 없이 조선총독부를 비롯한 정치경제계 인사 및 교육계 종사자들이 주를 이루었다.[23]

23 제5집부터 9집까지의 일본어 기사나 작품, 작자(소속이나 직위 등)를 정리하면 다음과 같다.
제5집(1941.5) : 高橋坦(朝鮮軍參謀長 陸軍小將), 「靑年訓練强化について」 / 闞義基(朝鮮靑年團本部), 「靑年訓練十五週年記念 御親閱拜受に當り」 / 「つはもの歌壇」(つはもの誌より) / 竹葉秀雄(八紘寮長), 「日本精神硏究講座 大和世界の建設」(4)
제6집(1941.6) : 御手洗辰雄(京城日報社長), 「東亞共榮圈に於ける朝鮮の地位と實力」 / 八木信雄(總督府警務課長), 「內鮮一體の信念」 / 長崎祐三(京城保護觀察所長), 「キリスト敎徒に寄す」 / 小田省吾(朝鮮有段者會副會長 淑明女專學校校長), 「講道館柔道と內鮮一體」 / 根本通夫(京城師範敎諭), 「劍道と訓練」 / 寺田瑛(京城日報學藝部長), 「(隨筆)初夏・街・人」 / 竹葉秀雄(八紘寮長), 「日本精神硏究講座 大和世界の建設」(5)
제7집(1941.7) : 崔南善(滿洲建國大學敎授), 「神ながらの昔を憶ふ」 / 喜多毅(八紘寮), 「祖國日本に告ぐ」 / 寺本喜一(京城第一高女敎諭), 「朝鮮文化の問題」 / 道久良, 「(詩)事變第五年」, 「(詩)獨ソ開戰」 / 〈支那事變と私の覺悟〉－倉島至(總督府學務課長), 方台榮(朝鮮書籍印刷會長), 烏川僑源(總力聯盟總務部長), 長崎祐三(京城保護觀察所長), 渡邊信治(惠化專門學校長), 金思演(朝鮮 ■子會社長), 朴興植(和信社長) / 藤澤親雄(國民精神文化硏究所員 大政翼贊會東亞局), 「西歐諸國東亞と侵略聖戰」
제8집(1941.8) : 高橋坦(朝鮮軍參謀長 陸軍小將), 「第一線將兵ニ代リテ銃後ニ望ム) / 小泉親彦(厚生大臣), 「國民體力の現狀を述べ國民の奮起を望む」 / 杉本長夫(法學專門學校敎授), 「(詩)この人を見よ」 / 諏訪務(朝鮮總督府外事部長), 「滿洲に於ける朝鮮人開拓民問題」 / 寺尾元志(普成專門學校敎授), 「時局に對應せる朝鮮産業と國民生活」(上) / 田中初夫(總力聯盟文化部參事), 「(隨筆)國民の科學」
제9집(1941.9) : 小泉親彦(厚生大臣), 「國民體力の現狀を述べ國民の奮起を望む」(完) / 喜多毅(八紘寮), 「祖國日本に告ぐ」(2) / 竹葉秀雄(八紘寮長), 「日本精神硏究講座 大和

이러한 미디어 내 국어/조선어의 공간 분할의 편집 방식은 1941년 10월호부터 폐지되고, '신시대국어판' 역시 『신시대』라는 미디어 속으로 산포된다. 다시 말해, 미디어 속에서 국어/조선어의 분할이 국어/조선어의 통합으로 전환되었던 것이다. 그런데 이러한 통합과 관련해 잡지 발간에 있어 2가지의 중요한 변화가 있었다. 그 하나는 장기 정간물 발행을 위한 잡지 편집 체제가 정비되었다는 것이고, 다른 하나는 이와 관련해서 잡지의 출판이 용이해졌다는 것이다. 1941년 11월호에서 편집자는 "지난 시월호十月號의 목차目次 머리를 유심有心히 보셨으면 짐작하시겠지만 우리 『신시대新時代』도 비로소 '…집輯'으로부터 '…월호月號'가 되었습니다. 그래서 인제는 옹색스런 '제第…집輯'이 아니고 '제第…권卷 제第…월호月號'로 나오게 된 것입니다"[24]라고 말하고 있다. '집輯'에서 '권 호卷號'로의 전환은 발간 시점을 고정화하는 것을 통해 정간물로서의 장기 발간 체제를 확립한 것을 의미한다. 또한, 『신시대』는 1941년 9월호부터 '교정쇄검열校正刷檢閱'을 받게 되어 발간 준비 기간이 단축되면서 잡지의 출판이 용이해진다. 출판시장에서 잡지의 발간・유통 등을 고려한다면, 교정쇄 검열은 발행자의 입장에서 그만큼 시간을 단축하는 것이다. 『신시대』의 편집자가 창간호부터 지속적으로 잡지 발

世界の建設」(6) /「時局下に於ける讀書問題を中心としての座談會」－增田道義(京城法專教長), 荻山秀雄(總督府圖書館長), 孫晉泰(普成專門教授), 諏訪多房之助(京城丸善支店長), 豊川淑宰(淑明女專教授), 田中初夫(總力聯盟文化部) / 增田道義(京城法學專門學教長),「時局と讀書」/〈この頃の私〉－韓稚振(梨專教授),「戰時の平時化」; 駒城順一(法學會理事),「生活の健康化」; 赤田正雄(警務課事務官),「働き働き働き拔く」; 金本東進(每日新報常務),「國債は必ず消却」; 平間文壽(音樂家),「實踐あるのみ」; 任英彬(朝鮮基督教會編輯部),「日本精神と基督教の關係」; 豊川淑宰(淑專教授),「我が家を模範として」; 奧山仙三(國民總力聯盟企劃課長),「戰時生活と私の家庭」

24 「餘滴」,『新時代』, 1941.11, 174쪽.

간 시일을 지키지 못하는 것에 대해 미안함을 표현하다가 1941년 10월호부터 "전월前月 발행發行의 궤도軌道에 들어서게 된 것"[25]을 기뻐할 정도로 잡지 발간을 위한 물적 조건이 구비되었던 셈이다. 이처럼 잡지 편집 및 발간의 제반 조건이 구비된 때와 시점을 같이해 '신시대국어판'이 폐지되고, 미디어 속에서 국어/조선어의 분할이 통합으로 전환되었던 것이다.

그런데 『신시대』가 상정하고 있었던 독자가 조선인 일반 대중이라는 점을 감안한다면, 일본어/조선어의 공간 분할은 그 자체로 '일본어'를 기준으로 해서 조선인 내부의 위계화를 발생시킨다. 말할 것도 없이 일본어 해독이 가능한 자와 그렇지 않은 자가 각각 『신시대』라는 잡지를 향유하는 데 있어 차별이 발생하게 되는 것이다. 1940년 조선인의 일본어 해득자解得者는 총 인구 2,295만 4,563명 중 357만 3,338명으로 전체 인구의 15.57%였다. 또한, 이들 중 남성은 24.21%였고, 여성은 약 6%에 그칠 정도로 성비에 있어 심각한 불균형을 보였다.[26] 1940

25 「餘滴」, 『新時代』, 1941.10, 200쪽.

26 "소화(昭和) 십오 년(十五 年) 현재(現在)의 조선인(朝鮮人) 국어(國語) 해득자 수(解得者 數)를 보면 조선인(朝鮮人) 총수(總數) 이천이백구십오만(二千二百九十五萬) 사천오백육십삼(四千五百六十三) 인(人) 중(中) 국어(國語)를 조곰 안다는 정도(程度)의 사람이 일백칠십삼만(一百七十三萬) 칠백오십팔(七百五十八) 인(人), 보급 회화(普及會話)에 지장(支障) 없는 사람이 일백팔십사만(一百八十四萬) 이천오백팔십(二千五百八十 인(人), 계(計) 삼백오십칠만(三百五十七萬) 삼천삼백삼십팔(三千三百三十八) 인人)으로 조선인(朝鮮人) 백 명(百 名) 중(中)에 겨우 십오 명(十五 名) 내외(內外) 십오(十五)■■가 국어(國語)를 해득(解得)하고 있는 상태(狀態)이다. 이것을 다시 남녀(男女) 별(別)로 보면 남자(男子)는 백 명(百 名) 중(中) 약(約) 이십사 명(二十四 名)(이사(二四), 이일(二一)%)이 국어(國語)를 알고, 여자(女子)는 백 명(百名) 중(中) 약(約) 육 명(六 名) 남짓하게 국어(國語)를 알고 있어서 남자(男子)와 여자(女子)와는 상당(相當)한 간격(間隔)이 있다." 重光兌鉉(總督府情報課), 「國語普及運動의趣意」, 『春秋』, 1942.6, 109~110쪽.

년대 초 일본어 해득자가 이 수치에서 큰 변동이 없었다고 가정한다면, 전체 조선인의 약 85% 정도에 해당하는 사람들이 일본어를 해득하지 못하고 있었던 것이다. 따라서 일본어가 국어의 지위를 확고히 점령한 상태에서 『신시대』의 국어/조선어의 분할 편집 방식은 각각의 언어에 대응하는 독자를 호명하기 마련이고, 일본어/조선어의 위계 관계는 고스란히 조선인 독자 내부의 위계화로 이어질 가능성이 있다. 물론, 일본어/조선어의 공간 분할이 폐지되었다고 해서 이러한 위계화가 해소되는 것은 아니다. 조선어-일본어-조선어의 편집 방식이 조선어와 일본어의 혼용·산재散在로 전환된 것은 오히려 잡지 곳곳에서 일본어의 권위에 직면하게 되는 상황을 불러일으켰을 것이다. 한편, 일본어로 씌어진 기사나 작품은 대부분 정치경제계 및 교육계 종사자, 군인, 문인 등 남성 유력 인사였고, 여성의 경우에도 문인을 비롯해 전문직 여성이나 정치경제계와 관련을 맺고 있는 사람들이 대부분이었다. 여기에 당시 조선인 여성의 일본어 해득률이 6% 정도였다는 사정을 감안한다면, 『신시대』는 일본어 해득력을 기준으로 조선인 집단 내부의 젠더적 위계화를 조장하고 있었던 것이다.

따라서 『신시대』가 당시 조선총독부의 시책이나 시대 담론을 적극적으로 옹호하고 전파하는 것을 통해 조선인을 황국의 신민으로 호명하려고 했다고 하더라도, 거기에는 이미 일본어/조선어의 이중언어diglossia적 위계화로 인한 균열의 지점이 잉태되고 있었다. 왜냐하면, 일본어 해득과 국어 상용이 황국신민의 자격 중 절대 조건의 하나로 놓이는 순간, 조선인 전체 인구의 85%에 해당하는 일본어 미해득자는 황국신민이 될 수 없기 때문이다. 요컨대, 『신시대』라는 미디어가 조선인을 황국신민으로 호명하려고 하면 할수록 그 미디어 내부의 일본어/조선어의 이중언어적 위계 관계가 조선인 내부의 언어적 위계화로 이어져 선별적 조선인을 황국신민으로 호명하는 사태에 직면하게 되는 것이다. 이러한 사태는 일본어/조선어 강좌에서 보다 착잡한 양상으로 드러난다.

4. '국어' / '조선어' 강좌의 정치성

『신시대』 1942년 8월호부터 11월호까지 총 4회에 걸쳐 연재된 「황민국어강좌」는 1940년대 초반 조선에서 발간된 잡지 가운데 지상 일본어 강좌를 연재하고 있다는 점에서 이채롭다.[27] 편집부는 이 강좌를 연재하면서 황국신민으로서 조선인이 국어에 능통하고, 이를 상용하는 것이 당연한 시점에서 국어를 모르는 사람이 없도록 노력해야 한다고

27 한편, 『朝光』 지상에서도 제8권 제6호(1942.6)부터 제8권 9호(1942.9)까지 총 4회에 걸쳐 『신시대』의 편집자이기도 했던 최영해의 국어 강좌 「實地應用 速修國語自通」이 연재된다. 최영해의 이 국어 강좌는 주로 각 장소 — 생선가게(1942.6), 동물원(1942.7), 빵, 볼 등 용례(1943.8), 병원(1942.9) — 에서 사용되는 일본어 회화의 예와 필요한 단어를 설명하고 있다. 예를 들어 '제1과 생선가게에서' 편에서는 "ケフハ ナニガ アリマスカ。 오늘은 무엇이 있습니까. / マグロガ アリまス。 참치가 있습니다. / マガヂキハ アリマセンカ。 기어(旗魚)는 없습니까. / ハイ、 アイニク アリマセン。 예, 공교롭게도 없습니다"처럼, 생선을 사는 데 있어서 필요한 회화를 예시한 뒤 생선 이름을 일본어와 조선어로 병기해 설명하고 있다. 이 강좌는 일정 부분 기초적인 일본어가 가능한 자를 대상으로 하고 있는 듯한 인상을 준다.

강조하고 있다. 그러면서 조선인 노동자가 남방에 갔을 때 원주민이 국어로 물었는데 대답을 못하자 "그대는 일본인인데 어찌해서 국어를 모르는가"라는 대답을 듣고 어찌할 바를 몰랐다는 일화를 소개하면서 국어 상용의 중요성을 역설한다. 그런 뒤 이 강좌의 구성에 대해 다음과 같이 간략하게 소개하고 있다. "본 강좌는 국어를 통히 모르시는 분과 약간 짐작하는 분(국민학교 삼 년생 정도)에 두 칭에 갈라 하기로 하고, 강좌의 내용은 주로 회화會話의 형식을 취하는 동시에, 간단히 문법文法적인 설명을 가하기로 하겠습니다. 그리고 철자법綴字法은 당분간 표음식表音式의 것을 쓰기로 하겠습니다."[28] 그런데 1942년 4월 국어협회와 가나문자회カナモジカイ가 공동으로 내각에 재출한 건의서 「대동아 건설에 즈음하여 국어 국책의 확립에 대한 건의」에서 국어가 매우 복잡하고 불규칙하기 때문에 정리 개선을 하여 간이화하지 않으면 '대동아'의 통용어로 보급시킬 수 없다고 하거나, 1942년 10월에 간행된 호시나 고이치保科孝一가 그의 저서 『대동아공영권과 국어정책大東亞共榮圈と國語政策』에서 일본어를 대동아의 통용어로 널리 보급시키기 위한 방침 6가지를 제언한 것을 통해 확인할 수 있듯이, 당시 국어로서의 일본어 역시 '개량'의 대상이자 '표준어' 제정의 과정에 있었던 언어였다.[29] 이는

28 編輯部選, 「皇民國語講座(1)」, 『新時代』, 1942.8, 113쪽.

29 이상의 내용은 이연숙, 고영진·임경화 역, 『국어라는 사상—근대 일본의 언어 인식』, 소명출판, 2006, 346~347쪽 참고. 「대동아 건설에 즈음하여 국어 국책의 확립에 관한 건의」라는 건의서에 나타난 개선 방침은 ① 문체는 모두 구어체로 할 것, ② 알기 쉬운 말을 사용할 것, ③ 발음을 바르게 통일할 것, ④ 문자는 가타카나로 할 것, ⑤ 가나표기법은 한자음·국어 모두 발음식으로 할 것, ⑥ 가로쓰기와 띄어쓰기를 할 것 등의 6가지였고, 호시나 고이치가 『대동아공영권과 국어 정책』에서 제언한 것은 ① 사회 생활상 필요한 '기본 어휘'의 선정, ② 발음과 악센트의 통일, ③ 표음 가나표기법의 채용, ④ 한자의 제한, ⑤ 통일된 '구어법'의 제정, ⑥ '알기 쉽고 명료한 구어문'의 사용 등이었다.

1940년대 초에 이르러서도 일본어가 규범어로서의 표준어로 정비되지 못했을 뿐만 아니라, 식민지 조선을 포함한 '대동아'에서 일본어의 국어로서의 권위가 확보되지 않았다는 것을 방증한다. 따라서 조선인의 황민화 과정에서 상용이 강조되었던 '국어로서의 일본어'는 허구의 산물이지, 실재한 것은 아니었던 셈이다.

이 허구의 산물인 일본어의 회화 강습 「황민국어강좌」의 구성 내용을 살펴보면, 먼저 일본어 회화 능력이 전무한 자를 대상으로 해서는 제1강에서 가타가나片假名 50음도音圖를, 제2강에서 탁음濁音・반탁음半濁音을 설명한 뒤 제3강부터 본격적인 문형을 제시한다. 제3강에서는 "コレワ……デスカ이것은……입니까"와 "ソレワ……デス그것은……입니다"의 주술문형을, 제4강에서는 제3강의 내용을 활용해 "コレワ…デ アリマスカ이것은…입니까"와 "ソレワ……デ アリマス그것은……입니다", "ソレデワ……그러면……"를 설명한다. 그리고 제5강에서는 소유격의 문형인 "ワタシノ나의", "アナタノ당신의"와 대답형의 문형인 "ハイ、ソオデス네, 그렇습니다"와 "イイエ、チガイマス아니요, 틀립니다"를, 제6강에서는 "ココニ ……ガ アリマス여기에 ……이 있습니다"를, 제7강에서는 "……ナサイ하십시오"의 명령조와 "……マシタ했습니다"의 과거형 문형을 설명한다. 또한, 제8강에서는 '~이 있습니다'의 의미를 갖는 "アリマス"(물건의 경우)와 "イマス"(사람이나 동물의 경우)로 구분해 설명하였고, 제9강과 제10강은 앞의 강좌 내용을 기초로 해 회화 연습을 할 수 있게 마련하였다. 동일한 방식으로 제11강부터 마지막인 제13강까지 회화 연습을 할 수 있는 간단한 사례를 제시하면서, 동서남북의 방향이나 숫자 세는 방법 등을 활용케 하였다. 한편, "국민학교 삼 년생 정도"의 일본어 능력 활용자를 대상으로

한 중급 강좌를 살펴보면, 제1강에서는 일본어로 회화할 때 잘못 말하기 쉬운 몇 가지 표현을 예로 들어 설명하고, 제2강에서는 일본어 경어법에 대해 설명한다. 그리고 제3강과 제4강에서는 '간이문답簡易問答'이라는 제목으로 상황별 간단한 문답을 예로 들어 설명하고 있다.

이처럼 「황민국어강좌」는 조선인을 대상으로 하여 일상생활에서 사용할 수 있는 기초적인 일본어 회화 능력을 함양하는 데 그 목표가 있었다고 할 수 있다. 특히, 이때의 조선인은 교육을 통해 일본어를 학습한 자라기보다는 일본어 교육이 거의 전무한 일반 하층민들을 대상으로 한 것일 가능성이 높다. 교과서를 통해 정규 교육과정에서 일본어를 학습한 자를 대상으로 굳이 가타가나 50음도부터 설명할 필요는 없는 것이다. 또한, 회화 위주의 강좌 내용을 통해 짐작할 수 있듯이, 그것이 일본어 사용자와의 의사소통의 효율성을 제고하기 위한 것이라는 것을 짐작할 수 있다. 정책적으로 일본어 상용을 조장하고 있지만, 기실 조선인 하층민들이 기초적인 일본어도 알지 못하는 상황 속에서 이 강좌는 일상생활에서 필요한 최소한의 일본어 회화능력을 갖출 것을 강조하고 있는 것이다.

그렇다면 1942년 8월의 시점에 『신시대』가 지상에 일본어 회화 강좌를 마련한 이유는 무엇일까? 그것은 말할 것도 없이 같은 해 5월 9일 1944년부터 조선에서 징병제가 실시된다고 공포된 것과 관련이 깊다. 징병제 실시 공포가 된 다음 달인 1942년 6월호 권두에 『신시대』는 다음과 같이 적고 있다.

오래 동안 전(全) 반도(半島) 관민(官民)이 대망(待望)하든 징병제도(徵

兵制度)는 드디어 소화(昭和) 십구 년도(十九 年度)부터 실시(實施)하기로 결정(決定)되었다. 이는 반도(半島) 통치상(統治上) 획기적 진전(劃期的 進展)인 동시(同時)에 내선일체(內鮮一體)가 쌓어올린 일대(一大) 금자탑(金字塔)이다. 이천사백 만(二千四百 萬) 반도 동포(半島 同胞)의 환희(歡喜)와 감격(感激)의 함성(喊聲)은 반도(半島) 삼천리강산 (三千里江山) 방방곡곡(坊坊曲曲)에 굽이굽이 울리어 반도 청년(半島 靑年)의 흥분(興奮)은 자못 절정(絶頂)에 이르렀고 정신순국(挺身殉國)할려는 굳은 결심(決心)은 붉어진 눈동자에서 엿볼 수 있다.

요(要)컨대 본(本) 제도(制度) 시행(施行)의 결정(決定)은 반도 동포(半島 同胞)의 지위(地位), 경우(境遇)가 획기적(劃期的)으로 향상(向上)된 것을 의미(意味)하는 동시(同時)에 반도 동포(半島 同胞)로서 가장 영광(榮光)스러운 황국신민(皇國臣民) 도(道)의 실천(實踐)할 기회(機會)와 방법(方法)을 몸소 받어서 스스로 연성(鍊成)하는 것으로 명실공(名實共)이 대일본 국민(大日本 國民)으로써 대동아(大東亞)에 뜻을 넓혀 장래(將來) 세계(世界)를 당당(堂堂)히 활보(闊步)할 자격(資格)을 획득(獲得)한 것을 의미(意味)한다.[30]

징병제 실시가 조선인의 지위를 향상시켜 일본 국민으로서의 자격을 획득할 수 있을 것이라는 이러한 감격과 환희는 같은 호의 주요한이나 이광수, 그리고 조선 징병제 실시 선포식을 전하고 있는 편집부의 글 속에도 반복적으로 드러난다. 징병제의 실시 공포가 조선인의 지위 향상

30 「朝鮮에徵兵制實施하다」, 『新時代』, 1942.6.

에 대한 욕망을 강화시켰을 가능성은 충분히 있지만, 여기에서는 논외로 미루어두고, 때를 같이 하여 '국어' 관련 기사가 급증하고 있었다는 점을 지적하고 싶다. 대표적으로 이광수는 구마노熊野신사에 있는 위패에 새겨진 글자를 들어 그것이 1,200년 전에 씌어졌을 뿐만 아니라 『고사기古事記』에도 신대문자神代文字의 책이 있다고 하면서 이 문자가 오늘날 조선에서만 사용되고 있는데, 그것은 내선內鮮이 나눠지기 전의 문자라고 말한다.[31] 즉, 그는 언어를 통해 내선일체나 동조동근론을 조장하고 있었던 것이다. 또한, 호시노 아이가와星野相河는 국어 상용은 "우리들 일본 국민이 각자 지니고 있는 커다란 이념이다. (…중략…) 각자가 의식적으로 그것(국어-인용자)을 학습하고, 그것을 사용하는 것, 거기에 국민으로서, 나아가 인류로서의 커다란 즐거움이 있다. 일본 국어로 말하는 즐거움을 아는 그것이 국어 상용의 최대 요소이다"[32]라고 말하면서 일본 국민으로서 국어 상용의 중요성에 대해 역설하고 있었다.

이처럼 징병제 실시의 공포에 발맞춰 국어 상용의 중요성을 강조하는 분위기 속에서 신시대 편집부가 「황민국어강좌」를 기획・연재했던 것이다. 앞서 살펴본 국어보급운동 요강에서도 국어를 해득치 못한 자에 대한 방책으로 '잡지에 의한 강습'을 제시하고 있었다. 『신시대』 편집진 측은 잡지에 의한 국어 강습에 준하는 기획물들을 지속적으로 마련하였다. 단적인 예로 「황민국어강좌」가 4회에 걸쳐 연재된 뒤 중단되지만, 일상적 일본어 표현을 あ행부터 설명한 「실용속어사전」을 연재(1942.11~1943.5)한다든지, 일본어 문장 사용의 정오正誤를 설명한 「국

31 香山光郞, 「國語と朝鮮語」, 『新時代』, 1942.6, 62쪽.
32 星野相河, 「國語常用の要素」, 『新時代』, 1942.6, 69쪽.

어정정실」(1945.1)을 마련했다. 물론, 이들 강좌는 일차적으로 조선 일반 민중을 대상으로 최소한의 생활 일본어 회화 능력을 학습하게 하는 목적을 가지고 있었다고 보아야 할 것이다. 하지만 1940년대 초 국민-교육-국어라는 삼위일체의 강조[33] 속에서 일본어 학습은 무엇보다 전쟁 수행에 필요한 조선인 인적 자원의 생산과 밀접한 관련을 띠는 방향으로 전환되어갔다. 이제 '국어'는 황국신민 중 전쟁동원자인 특정 연령의 조선인 남성의 언어로 고착화되어갔던 것이다.

그런데 「황민국어강좌」가 연재되는 1942년 8월호부터 이태준의 「서간문강화」가 동시에 연재되고 있어 이목을 끈다. 편집자는 이태준의 「서간문강화」를 연재하면서 "편지란 글 중中에도 누구나 다 써야 할 글이고, 그러면서도 가장 까다로운 것인데, 문장도文章道의 권위權威 상허尙虛의 빚어내는 서간문강화書簡文講話야 말로 한 획기적劃期的인 무엇을 남기고야 말 것"[34]이라고 그 의미를 밝히고 있다. 일본어 상용이 강조되고 있는 때, 더구나 지면에서 일본어 회화 강좌가 마련되는 시점에서 일상생활에서 기초적이고 기본적인 조선어 활용능력이 요구되는 편지글 쓰는 방법을 당대 최고의 문장가로 인정받고 있던 이태준을 통해 연재한다는 것은 1940년대 초 일상생활에서 '조선어' 언어수행자인 조선인들로 하여금 국어 상용과 배리되는 어떤 감각을 조성할 가능성이 높다. 「서간문강화」의 연재 내용을 살펴보면, 제1강에서는 편지書簡가 무엇인지에 대해 설명하고, 제2강에서는 편지에 사용하는 한자어 상투어의 폐기와 조선어 호칭을 새롭게 사용할 것을 강조한다. 이어 제3강부터는

33 香山光郎, 「兵役と國語と朝鮮人」, 『新時代』, 1942.5, 16~22쪽.
34 「餘滴」, 『新時代』, 1942.8, 170쪽.

각각의 목적과 형식에 맞는 편지글 쓰는 방법과 실례를 세세하게 제시하고 있다. 제3강에서의 연하편지와 축하편지, 제4강에서의 문안편지와 위문편지, 제5강에서의 청탁편지와 기별편지 등이 그것이다. 이 「서간문강화」는 제5회(1942년 12월호) 연재를 끝으로 중단되고 이후 4개 강講과 당대 문인들의 편지글 70편을 '명사실용서한선집名士實用書翰選集'이라는 부록으로 덧붙여 1943년 박문서관에서 단행본으로 출간된다.[35] 각 강의 구성이나 편지글의 분류 기준에 대한 어떠한 설명도 제시되어 있지 않지만, 전체 강의 구성 내용을 일별하면 일상생활에서 많이 사용하고 있는 편지글부터 순서대로 설명하고 있다는 것을 확인할 수 있다.

「서간문강화」에서 흥미로운 부분은 편지가 자기표현의 글이자 문학적 표현의 초석이 된다는 이태준의 발언이다. 그는 먼저 편지가 이내 사라지는 말이 아니라 형적形跡이 남는 글이기 때문에 글 쓰는 노력이 필요하다고 강조하면서 다음과 같이 말한다. "형적形跡이란 종이 우에 글자字 뿐이 아니라, 쓴 사람의 마음에서부터 손에까지 전체全體의 솜씨가 남는 것이다. 아모리 간단簡單한 사연이라도 한 내용內容을 문장화文章化한 솜씨가 드러나는 것이다. 편지도 '나'를 '남'에게 보히는, 훌륭히 자기표현自己表現의 하나인 것이다."[36] 편지가 글쓰기의 한 종류이고, 그러한 글쓰기가 글쓴이의 문장력을 드러낼 뿐만 아니라 자기표현의 수

35 李泰俊, 『書簡文講話』, 博文書館, 1943. 「第六講 請牒, 紹介狀, 注文狀, 問議狀」, 「第七講 旅行 中에 흔히 쓸 편지들」, 「第八講 家庭人이 흔히 쓸 편지들」, 「第九講 葉書와 封書의 書式」 등 4개 강(講)과 명사들의 "한 두 줄에 끄친 쪽지도 있고 간단(簡單)한 엽서(葉書), 찬찬한 봉서(封書), 공식청장(公式請狀)들도 몇 가지"(168쪽) 모은 「명사실용서한선집(名士實用書翰選集)」 부록이 추가되었다. 이 『서간문강화』는 해방 후 「명사실용서한선집」 부록을 제외하고 1948년 박문서관에서 재간행되었다.

36 李泰俊, 「書簡文講話(一)」, 『新時代』, 1942.8, 123쪽.

단이라는 이태준의 설명에서 간과해서는 안 될 것은 그러한 편지를 조선어로 쓴다는 점이다. 다시 말해 그가 의도했든, 의도하지 않았든, 조선어에 대한 감각, 조선어 문장쓰기, 조선어를 통한 자기표현이라는 것은 조선인의 감각과 정서가 조선어와 결부된다는 것을 전제로 하는 것이다. 이러한 이태준의 인식은 편지와 문학의 관계를 논하는 데서 한걸음 더 나아간다.

> 편지도 필자(筆者) 따라서는 훌륭히 문학(文學)일 수 있다. 문학(文學)뿐 아니라 학문(學問)일 수도 있다. 이것은 현대(現代)보다도 과거(過去) 시대(時代)에 있어 더욱 그랬다. 우에서도 말하였지만 신문(新聞)이나 잡지(雜誌)가 없던 시대(時代)라 문인(文人)에게 있어선 편지가 대부분(大部分) 문학(文學)이였고 학자(學者)에게 있어선 편지가 대부분(大部分) 학문(學問)이였었다. (…중략…)
>
> 현대(現代)라고 편지에는 반드시 실제적(實際的)인 용무(用務)만을 써야 한다는 철칙(鐵則)은 아니라. 편지는 누구나 가장 쉽게 가져 볼 수 있는 자기(自己)의 문장 표현(文章表現)이다. 문화적(文化的)으로 비록 유치(幼稚)한 사람에게도 비실용적(非實用的) 감정(感情), 비실용적(非實用的) 시간(時間)은 있다. 서투른 문장(文章)으로라도 서로 마음을 주고받는 친구끼리는 인생(人生)을 논(論)하고 자연미(自然美), 운명(運命)을 감탄(感歎)하는 문장(文章)을 주고받는다. 누구에게나 편지는 문학적(文學的) 표현(表現)의 초(初) 무대(舞臺)가 되는 수가 많다.[37]

37 위의 글, 126~127쪽.

편지 역시 문학일 수 있다는 이태준의 인식 속에는 문학 구성의 핵심적인 요소인 '문장'의 중요성에 대한 남다른 관심이 내재되어 있다. 이것은 조선어로 문장을 사용하는 문학작품, '조선문학'을 그 전제로 하지 않고서는 성립 불가능한 말이다. 이처럼 조선인의 사상이나 감정을 가장 잘 표현할 수 있는 언어로 조선어를 상정하고, 그러한 조선어로 씌어진 편지가 조선문학이 될 수 있다는 논의는 「황민국어강좌」가 연재되는 등 『신시대』라는 미디어가 국책에 부응해 국어 상용을 적극적으로 장려하고 있는 상황에서 하나의 역설이 아닐 수 없다. 일반 대중 독자에게 편지 쓰는 방법을 설명하는 것을 통해 조선인·조선어·조선문학을 상상하게 한다는 것은 얼핏 강고함을 더해가고 있는 일본인·일본어·일본문학의 위상에 균열을 가할 수 있는 것으로 여겨지기도 하기 때문이다. 하지만 제국의 언어 편제 안에서 조선의 문학독본이나 강화는 어디까지나 지방적인 것, 문학과 생활의 범주 안으로 분절된 것에 불과하고, 한글운동이 식민 지배가 낳은 언어 상황의 근본적인 사태인 이중언어의 상황을 은폐하는 것을 통해 가능했다는 논의[38]를 참고한다면, 「서간문강화」의 연재가 일본어의 국어로서의 권위에 균열을 가했다고 보기는 어려울 것이다. 특히, 그것이 공적 역역에서의 정치적인 언술과는 무관한 사적 영역에서의 개인들 간의 의사소통을 위한 글쓰기에 한정되어 있다는 점에서 더욱 그러하다.

한편, 조선어 방언을 조사해 수록한 최현배의 「사투리사전」의 연재는 이태준의 「서간문강화」 연재와는 다른 맥락에 놓여 있었다. 최현배의

38 이혜령, 「이태준 『문장강화』의 해방 전/후」, 『한국소설과 골상학적 타자들』, 소명출판, 2007, 398~429쪽.

「사투리사전」은 창간호부터 제7집인 1941년 7월호까지 연재되었는데, 그는 서두에서 "시골말方言을 캐어 모음은 언어言語, 역사歷史, 민속民俗 등等 각종各種 문화 연구文化研究에 매우 필요必要한 것이다. 이에 여러 학교學校의 생도生徒들이 채집採集한 것과 잡지雜誌 및 서적書籍으로 발표發表된 개인個人의 조사調査한 것을 모으고 또 제 스스로의 조사調査를 더하여, 여기에 소개紹介하여, 널리 문화 연구가文化研究家의 참고參考에 공供하는 동시同時에, 유심인사有心人士의 질정叱正과 교시敎示를 기다리는 바이외다"[39]라고 밝히고 있다. 「사투리사전」은 조선을 8도 및 그 아래의 67개 지방으로 나누고, 천문지리(제1회에서 제4회까지 연재) 및 동식물(제5회부터 제7회까지 연재)에 관련된 각 지방의 사투리를 집적해 싣고 있다. 이 「사투리사전」의 연재는 최현배가 "수중手中에 있는 자료資料를 정리整理하면서, 특特히 동호 제씨同好諸氏께 바라는 바는, 『수첩手帖』에 의하여 방언 채집方言採集하신 것을 저에게 보혀주시면 곧 베끼고 돌여들이겠습니다"[40]라고 했듯이, 『신시대』의 지면을 빌려 자신의 『방언채집수첩方言採集手帖』 후속 작업을 하기 위한 것이었다.[41]

그런데 최현배의 이러한 작업은 「사투리사전」에서 '경기도' 사투리를 기준으로 각 도와 지방의 사투리를 나열하는 것을 통해 확인할 수 있는 바, 말할 것도 없이 조선어의 표준어 사정 작업과 밀접히 관련된다. 최현배 역시 『방언채집수첩』을 발간하기 전 방언 채집과 관련해 다음과 같이 말하고 있다. "방언方言은 그 지방地方의 향토문화鄕土文化의 현상現象

39 崔鉉培, 「사투리辭典」, 『新時代』, 1941.1, 206쪽.
40 崔鉉培, 「사투리辭典」, 『新時代』, 1941.4, 245쪽.
41 최현배는 자신의 『방언채집수첩』이 판매 중에 있다고 밝히고 있지만, 책의 존재 여부는 확인하지 못했다.

의 하나이다. (…중략…) 이리하야 방언 채집方言 採集은 그 방언方言이 사용使用되는 지방地方의 정토사 연구鄭土史 硏究와 민속학民俗學 또는 토속학 연구土俗學 硏究의 좋은 재료가 되는 것이다. (…중략…) 다음에 우리는 표준어 제정標準語 制定의 준비準備로서 방언方言을 캐어 모둘 필요必要가 있는 것이다."[42] 방언 채집이 표준어 제정의 준비 작업이라면, 그의 조선어 방언 채집은 일본어=중앙어=표준어/조선어=지방어=사투리라는 이분법적으로 위계화된 구도를 와해시키는 탈식민적 의식의 발로라고 할 수 있다. 물론, 조선어의 표준어 제정을 통한 보편 언어에 대한 지향, 그것의 심연에 표준어=일본어가 놓여 있었다는 점[43]을 간과할 수는 없지만, 최현배의 「사투리사전」 연재가 조선어의 표준어 사정 작업의 일환 속에서 진행되었다는 점은 조선어 역시 폐기되어야 할 언어가 아니라 조선어 사용자 집단의 통합을 위해 정비되어야 할 언어임을 드러낸 것이라고 할 수 있다.

이처럼 이태준의 「서간문강화」나 최현배의 「사투리사전」의 연재가 조선어의 '규범화'를 시도한 것이라는 점에서 식민지 조선인의 유대를 창출한다고 하는 정치적 의미를 가지는 것 또한 사실이다. 하지만 1940년대 초 조선어 강좌의 연재가 일본어와 조선어 사이의 이중언어적 위계관계에 균열을 가한 것은 아니다. 오히려 일본어/조선어 강좌는 『신시대』라는 미디어 내부에서 상호보완 관계에 놓여 있었다고 보아야 타당할 것이다. 앞서 살펴보았듯이, 「황민국어강좌」의 일본어가 언어의 '수

42 崔鉉培, 「方言採集(시골말캐기)에 對하야」, 『한글』, 1936.6, 1쪽.
43 이혜령, 「조선어 · 방언의 표상들」, 임형택 · 한기형 · 류준필 · 이혜령 편, 『흔들리는 언어들－언어의 근대와 국민국가』, 성균관대 대동문화연구원, 2008, 319~320쪽.

행적(지시적) 기능'에 주로 관련되어 있었다면, 「서간문강화」의 조선어는 언어의 '정서적(감정적) 기능'과 주로 관련되어 있었다.[44] 그리고 이러한 일본어/조선어 강좌는 언어의 기능적 측면에서 각자의 역할을 자임하거나 부여받는 것을 통해 1940년대 초 미디어 내부의 이중언어적 상황을 유지할 수 있었다. 결국, 『신시대』라는 미디어 내부에서 일본어/조선어의 위계화된 이중언어적 상황은 와해되지 않고 고착화되어갔던 것이다.

5. 언어적 예외상태와 유령들의 목소리

여기서 다시 김사량의 「향수」로 눈을 돌려보자. '군인의 언어'로부터 도망쳤던 가야가 망명자이자 아편 밀매를 통해 근근이 생계를 유지해나가고 있는 하층민 여성이라는 점은 재차 강조될 필요가 있다. 그녀는, 국어의 외부에 있으면서 제국 일본 내부에 속해 있는 인간, 일본인의 경계에서 포섭과 배제를 거듭하면서 정치의 내부 · 법의 외부에 있는 예외상태의 존재들[45]과 닮아 있다. 그리하여 '예외상태'에 놓인 가

44 『신시대』라는 미디어 내부에서 일본어/조선어 강좌의 병행 연재가 언어의 수행적 기능과 정서적 기능의 측면에서 상호보완적 관계에 놓여 있었다는 점을 확장해 미디어 외부의 일상적 언어생활에서 일본어와 조선어가 언어의 기능적 측면에서 상호보완적 관계에 있었다고 단정하기는 어려울 것이다. 하지만 조선어 사용자 집단의 언어생활에서 조선어가 일본어에 비해 언어의 정서적 · 감정적 기능을 주로 담당했을 것이라고 짐작할 수 있다.

야는 '천황의 신민'(국민)이 될 수 없다. 「항수」의 내용을 빌려 표현하자면, "시온에서 추방된 딸"은 "하느님의 자식"이 될 수 없는 것이다.[46] 그런데 과연 그녀만 그러한가? 1940년대 초 대중잡지를 표방하면서 소위 남녀노소의 조선인을 독자로 상정한 『신시대』라는 미디어가 일본어/조선어의 이중언어적 위계화 속에서 호명하고 있던 조선인들은 어떠했는가? 다소 예외적이지만 다음의 장면을 통해 1940년대 초 일본어/조선어의 이중언어적 위계화 속에서 황국신민으로서 조선인을 호명하는 것이 쉽지 않았으리라는 것을 짐작할 수 있다.

"그리구우 코는 뭔지 아세요"

"코? 아 내가 코를 모를까베"

"엉뚱한 대답만 하서. 코는 하나라나요"

"코야 하나지"

"야아 할아버지도 아셨수?"

"임마, 코가 하난 것은 병신이래두 다아 알겠다. 넌 둘이냐? 셋이냐"

"아이구우, 할아버지두, 국어로 코는 하나라꾸 해요"

"그렇다?"

"꽃도 하나라구요"

45 황호덕, 「국어와 조선어 사이, 내선어(內鮮語)의 존재론—일제 말의 언어정치학, 현영섭과 김사량이 경우」, 임형택 · 한기형 · 류준필 · 이혜령 편, 앞의 책, 471쪽.

46 김사량, 「항수」, 앞의 책, 44~45쪽. 김사량의 「항수」에서 이현은 누나가 갱생의 길로 나와 밝고 건강한 생활을 시작하도록 충심을 다해 호소해야 한다면서 "시온에서 추방된 딸이 시온으로 다시 돌아오기 위해서는 헛된 꿈을 따르지 말고 하느님의 자식으로 돌아오는 길밖에 없는 것이다"(44~45쪽)라고 생각한다. '시온에서 추방된 딸'은 가야를, '하느님의 자식'은 천황의 신민을 연상시킨다.

"꽃도 하나라?"

"그래요. 처음엔 거짓말인 줄 알았어요. 그렇지만 월사금 내고 다니는 데서 거짓말 가리킬 리가 있어요"

"거— 국어랑게 바루 요술 갈구나"[47]

위의 인용문은 오동근吳東根의 「국어행진보」에서 70세 노인과 국민학교에 갓 들어간 그의 손자가 일요일 경성을 소요하면서 나누는 대화의 일부분이다. 이 글은 같은 호에 게재된 이광수나 호시오 아이가와의 글처럼, "대동아공영권大東亞共榮圈의 말-국어國語" 상용의 필요성을 부각시키기 위해 마련된 것이다. 다시 말해, 국어를 배울 필요가 없다는 노인과 조선인도 국어를 알아야 한다는 손자 사이의 대화를 '승부'의 구도로 설정하고, 손자의 승리를 통해 국어를 배워야 하는 당위성을 설파하고 있는 것이 글의 목적이다. 하지만 위의 인용문의 대화가 역설적으로 방증하듯, 조선인 노인에게 국어는 '요술 같은 언어'이다. 환승표乗り換え切符를 '노리까에のりかえ'가 아니라 '노리깽'으로, 여름밀감夏蜜柑을 '나쓰미깡なつみかん'이 아니라 '미쓰나깡'으로 말해도 전차를 타거나 과일을 사는 데 아무런 불편함이 없는 조선인 노인에게 있어서 언어는 의미만 통하면 되는 것이다. 이는 국어를 올바르게 사용해야 된다는 손자의 입장—학교교육을 통한 국어 교육의 필요성을 강조하고 있는 입장—과는 배리되는 입장이다. 따라서 결국 노인이 손자에게 승복해 이제부터 국어를 배우겠다고 하는 당위론적인 결론으로 글이 끝나고

47 吳東根, 「國語行進譜」, 『新時代』, 1942.6, 72쪽.

있지만, 조선인 노인이 국어를 배우고 일상생활에서 올바르게 사용하는 것은 어쩌면 요원할지도 모른다. 그리고 국어 상용의 강조 속에서 조선인 언어 수행자가 국어로 발화한다고 하더라도 국어 사용자 집단의 밖에 놓이게 되는 역설적 상황 또한 발생할 수 있는 것이다.

조르조 아감벤이 '예외상태'의 핵심을 "법률의 적용은 정지되지만 법률 자체는 효력을 갖는 영역"[48]으로 설명한 것을 차용한다면, '언어적 예외상태'는 언어의 사용은 정지되지만 언어 자체는 효력을 갖는 영역이라고 할 수 있다. 『신시대』라는 미디어가 일본어/조선어의 공간 분할과 통합, 일본어/조선어 강좌의 병행 연재 등을 통해 국어로서의 일본어의 권위와 위상을 강화하면 할수록 그 독자로 상정된 조선인들은 문화적·젠더적으로 위계화되어갔고, 그 과정 속에서 1940년대 초반을 살아갔을 대다수의 조선인들을 언어적 예외상태에 놓인 존재로 만들어 버리는 역설이 존재했다. 결국 1940년대 초 일본어/조선어의 이중언어적 상황은 언어적 예외상태에 놓인 존재들을 끊임없이 부인하는 동시에 양산하는 전략 속에서 유지될 수 있었던 것이다. 그리고 당시 국어로서의 일본어의 권위 확보와 위상 강화의 메커니즘의 핵심에는 바로 이 '언어적 예외상태'를 누가 결정하느냐의 문제가 놓여 있었던 것이다.

지금까지 이 글은 1940년대 초반 『신시대』라는 미디어 내부의 일본어/조선어의 공간 분할과 통합, 국어/조선어 강좌 병행 연재의 정치성을 고찰하는 것을 통해 당시 일본어와 조선어의 이중언어diglossia적 위계관계를 살펴보고, 국어로서의 일본어 위상 강화 메커니즘의 일단을

48 조르조 아감벤, 김항 역, 『예외상태』, 새물결, 2009, 65쪽.

살펴보았다. 이러한 언어적 예외상태에 대한 논의를 확장해 식민지 말, 나아가 제국-식민지 체제에서의 예외상태(의 존재)에 대한 논의로 발전시킬 수 있을 것이다. 말할 것도 없이, 제국-식민지 체제 속에서 언어에 의해 인종적·문화적·젠더적으로 위계화되었던 조선인 '내부'에도 속하지 못했던 '외부'의 존재들 또한 존재했다. 이 글의 논의 대상에 한정한다고 하더라도, 일본어/조선어로 씌어진 『신시대』라는 미디어가 식민 통치의 담론을 적극적으로 옹호하고 전파하는 것을 통해 황민화하고자 했던 조선인들 경계 밖의 조선인들 역시 존재했던 것이다. 따라서 이 언어 밖의 존재들, 언어로밖에 포착되지 않으면서도 언어를 통해 자신의 욕망을 말할 수 없는 비非-언어적 존재들, 식민지시기 이중언어에 대한 고찰은 이제 그들, '유령들의 목소리'에 귀 기울여야 할 때이다.

제2부

해방 조선의 민족문학과 국가 이데올로기의 자장

제6장

민족문학이라는 이념과 인민대중의 호명

김송의 문학 활동을 중심으로

1. 해방과 문학, 교양되는 대중

1945년 8월 15일 제국 일본의 패전과 식민지 조선의 해방은 근대 한국의 위상에 심대한 변화를 가져왔다. 20세기 전반 제국-식민지 체제 내 식민지 지방으로서 위상을 부여받았던 근대 한국은 이제 국민국가nation-state로서 자신의 위상을 새롭게 정립해야 했다. 특히 식민지 말 정치적·경제적·문화적으로 제국 일본을 정점으로 한 동아시아 지역 질서를 구성하는 하나의 지방으로 위치 지어졌던 식민지 조선은 과거 식민의 경험과 기억을 청산하고 조선 민족을 구심점으로 하는 새로운 국가를 건설해야 했다. 이때 한국 근대문학 또한 '식민지 조선문학'으로서의 위상을 탈각하고 국민국가 건설에 조응해 민족문학으로서의 자신의 자리를 재정립해야 했다. 즉 한국문학은 과거 식민지시기 민족문학으로서의 근대문학 성립의 좌절을 극복하고 민족국가 건설이라는 기치 아래 민족문학이 되어야만 했던 것이다.

일반적으로 문학사 서술에서 해방기 한국문학은 민족국가 건설이라는 시대정신에 기초한 문학과 정치의 관계 속에서 이해되었다. 이는 해방 직후 좌우익 헤게모니 투쟁 과정 속에서 문학자들의 문학단체 결성과 활동에 주목했기 때문이다. 좌익 계열의 대표적인 문학단체는 조선문학가동맹인데, 1945년 12월 13일 조선문학건설본부와 조선프로예맹이 조선문학동맹으로 결집하고, 이후 조선문학가동맹으로 개칭한 뒤 임화와 이태준, 김남천 등을 중심으로 기관지 『문학文學』을 발간하였다. 이 조선문학가동맹은 '민족문학'을 내세우는 한편, 창작방법으로 진보적 리얼리즘을 제시하였는데, 그것은 봉건제 타파와 시민혁명을 지향한 '인민민주주의 민족문학론'의 성격을 지녔다. 한편, 우익 계열의 대표적인 문학단체는 중앙문화협회를 확장하여 1946년 3월 3일 결성한 전조선문필가협회였는데, 문학뿐만 아니라 음악·미술·영화·언론·출판 분야를 망라한 지식인 단체였다. 이 전조선문필가협회 산하 문학단체가 1946년 4월 4일 만들어진 조선 청년문학가협회로, 그들이 내세운 강령은 자주독립촉성에 문화적 헌신, 민족문학의 세계사적 사명 완수, 진정한 문학정신 옹호 등이었다. 삶의 구경적 형식 또는 원형적 인물의 탐구를 내세운 김동리, 순수시를 주장한 조지훈, 생리적 문학론을 개진한 조연현 등이 주축 인물로, 그들의 문학론은 '민족주의 민족문학론'의 성격을 갖는 것으로 이해된다. 한편, 이기영, 한설야 등이 주축이 되어 1946년 3월 25일 결성된 북조선예술총연맹은 진보적 민주주의에 입각한 민족예술문화의 수립을 첫 번째 강령으로 삼아 마르크스 레닌주의에 입각한 계급성 · 인민성 · 당파성을 골자로 한 '당파성 민족문학론'을 제시하기도 하였다.[1]

여기에서 해방 이후 각각의 문학단체 및 문학자들이 정치적 이념과 노선을 달리하고 있었다고 하더라도 대체로 '민족문학'의 수립에 목적을 두고 있었다는 점을 확인할 수 있다. 그것은 당시 '민족' 담론이 모든 것들을 빨아들이는 하나의 이데올로기처럼 기능하고 있었던 상황과 밀접한 관련을 갖는다. 해방기 담론 장에서 핵심적인 위치에 놓여 있었던 '민족'은 헤게모니 투쟁의 출발점이자 민족국가 건설 과제에 다양한 방식으로 응답한 결과였다.[2] 물론 민족이라는 기표에는 다양하고 이질적인 의미가 내포되어 있었다. 합리주의와 과학주의에 기초한 근대의 폐해를 극복하기 위해 민족성을 보편적 인간성으로 등치시켜 '인간-민족'을 기획하거나, 자본주의적 질서에 의해 운용되고 있는 근대를 극복하고 이상적 국가를 건설하기 위해 계급의식에 기초한 무산자로서의 민족 즉, '전위계급-민족'을 구상하기도 하는 등 민족 개념은 근대 극복의 일환으로 제시되었다. 또한, 근대 속에서 근대에 맞서려는 의지의 표명으로 보편적 인간이나 프롤레타리아 계급을 민족으로 호명하기도 하였고, 친일 잔재 청산과 봉건주의 및 국수주의의 타파를 위한 새로운 문화 건설의 목표 속에서 노동자 · 농민을 비롯한 대부분의 부르주아를 포함해 '인민-민족'으로 호명하기도 하였다. 하지만 이런 민족 개념의

1 이에 대해서는 김윤식 · 정호웅, 『한국소설사』, 문학동네, 2000, 313~338쪽과 김윤식, 『해방공간 한국 작가의 민족문학 글쓰기론』, 서울대 출판부, 2006, 3~47쪽 참고.

2 배지연, 「해방기 '민족'이라는 기호의 변화 양상과 그 의미 – 임화의 '민족', '민족문학' 개념을 중심으로」, 『현대문학이론연구』 제55집, 현대문학이론학회, 2013, 171쪽.

분기에도 불구하고 해방기 "민족 논의는 국가를 건설하고 운영해나갈 주체로서 하나로 모아지는 주권체"의 성립으로 귀결되었다.[3]

이 글에서는 해방기 민족 개념의 분기나 민족문학 개념이 가지고 있었던 다층적인 의미화 양상에 주목하기보다는, 민족이 하나의 이데올로기로 제시되면서 어떻게 인민대중을 호명하는 방식으로 작동하였는지, 그리고 그때 인민대중의 호명을 통해 성립해간 민족문학이 역설적으로 인민대중의 '말'을 소거했는지에 대해 살펴보고자 한다. 이런 점에서 1946년 2월 8일과 9일에 걸쳐 개최된 전조선문학자대회를 다시 검토할 필요가 있다. 이 대회는 일본 제국주의의 패배와 세계 민주주의의 승리라는 정치적 전환기를 맞이해 "신문학 운동新文學 運動 개시開始 이래以來의 전 과정全 過程에 대對한 하나의 결산決算인 동시同時에 팔월 십오일八月十五日 이후以後의 문학적 시험文學的 試驗 급及 실천實踐에 대對한 하나의 총결산總決算"[4]을 하는 자리였다. 그리하여 제국-식민지 체제기 식민지 조선의 근대문학에 대한 청산이자 해방 이후 새롭게 건설될 민족문학으로서의 조선문학의 방향을 모색하는 의미를 갖는 것이었다. 그리고 이 대회에서는 민중의 민주주의적 교육을 위해 문학적 창조력을 함양하는 동시에, 문학의 대중화 사업 속에서 특히 아동문학과 농민문학을 육성·발전시키고자 하였다.

그런데 여기에서 당시 문학자들의 '민중'에 대한 시선을 명확히 확인할 수 있다. 즉, 민중은 교육 받아야 하는 대상이라는 것, 그리고 그때 교

3 박필현, 「해방기 문학 비평에 나타난 민족담론 연구」, 이화여대 박사논문, 2010, 126~127쪽.

4 朝鮮文學家同盟 中央執行委員會書記局, 「序」, 『建設期의 朝鮮文學』, 白楊堂, 1946.

육의 주체는 문학자라는 점이다. 이러한 위계화된 구도 속에서 문학자는 개별적 주체로, 민중은 단수화된 복수의 형태로 나타나게 되었다. 소위 '나'와 '너'의 구도가 아니라, '나'와 '너희들'(또는 '우리')의 구도가 다시금 만들어지게 된 것이다. 이때 '우리'는 지식인·문학자 등 호명 주체의 호명 방식에 따라 다르게 명명되고 있었다. 해방 직후 가장 많이 호명되었던 '인민'은 좌우파 양측 모두에서 민주주의 실현 주체인 'People'의 번역어로 사용되었는데, 좌파의 경우에는 국가 건설의 주체인 통일전선 주체 전반을 지칭했던 것에 비해, 우파의 경우에는 '국민'의 함의에 가까웠다. 또한, '시민'은 좌파에게는 반동적 부르주아 개념에 가까웠던 반면, 우파에게는 정치적 의미가 소거된 '일반인'의 개념으로, 거의 사용되지 않았다. 단정 수립 이후 '인민' 개념은 북한의 언어로 정리되었고, 남한에서는 '국민'이라는 개념어가 전면에 내세워지게 되는데 국가를 구성하는 주체란 개념으로 정치적 주체로서의 '인민'과는 그 의미가 달랐다. 한편, 당시 '군중'은 좌파들에게 정치적 주체의 집합 개념이었지만, 우파에게는 정치적 사건을 겪으면서 공포의 대상으로 격하되었다. '대중' 역시 등장했지만 정치적 주체라기보다는 일반인의 단순 집합체라는 의미에 가까웠고, 4·3사건과 여수/순천 사건 이후 '군중'은 '폭도'로 치부되었으며, 미군정과 정부의 이념에 동의하는 자만이 '국민'이 될 수 있었다.[5]

이와 관련해 해방 이후 지식인들의 논설이 당시 인민대중의 '지침서'

5 이에 대해서는 박지영, 「복수의 '민주주의'들-해방기 인민(시민), 군중(대중) 개념 번역을 중심으로」, 『大東文化研究』 제85집, 성균관대 동아시아학술원, 2014, 49~89쪽 참고. 이 글에서는 해방 이후부터 단정 수립까지를 논의 대상으로 하는 만큼 정치적 주체의 집합체로서의 의미로 '인민대중'의 개념을 사용할 것이다.

이기를 자임했다는 점을 상기할 필요가 있다. 단적인 예이지만 박헌영의 『조선 인민에게 드림』(1946)의 간행사에서 강문석은 "조선 무산계급의 최고 지도자이며 조선 민족의 위대한 지도자인 박헌영 동지의 논문과 담화는 조선 근로 인민의 당이며 민족의 당이자 애국의 당인 조선공산당의 옳은 노선을 집중적으로 표현하고 있는 것이며, 그것은 그대로 우리 조선 삼천만 민족의 행동의 지침이며 민주주의 조선 건설을 보장하는 유일한 진로인 것이다"[6]라고 하였고, 이강국의 『민주주의 조선의 건설』(1946)을 편집한 정진태는 이 책이 "현실 문제를 바르게 파악하고 해결할 수 있는 자체적 지침"이 된다면서 이강국의 논의는 "민중 자체에 뿌리박은 것으로서 민중으로부터 배양된 것이다"[7]라고 하였다. 당시 '인민'과 '민중'을 향한 정치적 노선과 강령 · 지침 등이 범람하고 있었던 정치적 상황을 염두에 둔다면 이는 자연스러운 것이라고 할 수 있지만, 인민대중을 향해서 발화되는 말이 소위 그들을 교양하기 위한 것이라는 것, 그리고 그러한 교양은 지도자/인민대중의 이분법적 구도 속에서 이루어졌다는 점은 새삼 주목된다. 이는 국가 권력에 의해 '말'이 통제되고 독점되었던 제국-식민지 체제의 붕괴 이후에도 여전히 그러한 말이 소수에 의해 독/과점되었음을 의미하고, 그런 점에서 인민대중의 정치 · 문화적 지위는 변함이 없었다는 것을 나타낸다.

하지만 해방은 국가 권력에 의해 통제된 말의 해방이자, 소수자의 특권처럼 여겨졌던 말할 수 있는 권리를 인민대중에게도 허락하는 것이었다. 그야말로 정치적 주체로서의 인민대중의 말들의 향연이 펼쳐지게

6 박헌영, 『조선 인민에게 드림』, 종합출판 범우, 2008, 5쪽.
7 이강국, 『민주주의 조선의 건설』, 범우사, 2013, 12쪽.

되었던 셈이다. 세대·계층·젠더·지역 등에 따라 말하는 입들은 이합집산의 양상을 보였고, 그들 안에서도 다양하고 이질적인 말들이 경합하는 형국이 벌여졌다. 그런데 그러한 말들의 향연은 탈식민-냉전 체제 형성기라는 정치적 전환기에 직면하여 헤게모니 투쟁의 양상을 보였고, 헤게모니 투쟁의 핵심에는 대체로 민족국가 건설 주체의 자리를 점유하려는 욕망이 강하게 작동하고 있었다. 그리고 그러한 과정 속에서 다시금 말할 수 있는 자와 말할 수 없는 자 사이의 위계화가 조장되었고, 노동자·농민을 중심으로 한 소위 인민대중은 자연스럽게 말할 수 없는 자들이 되어갔다. 해방 이후 민족국가 수립과 민족문학 건설의 기치 아래 사슬에서 풀린 말들은 다시금 감옥에 갇히게 되었던 셈이다.

이 글은 이러한 점에 착안하여 해방 이후 민족국가 건설의 주체로 호명되어 말할 수 있는 권리를 획득한 것처럼 보이는 하층민들의 발화 행위가 그들로 하여금 다시금 말할 수 없는 상태에 처하게 했다는 점을 규명하고자 한다. 이를 위해 이 글에서는 김송의 문학 활동을 중심으로 논의를 전개하고자 한다. 물론 해방 이후 민족국가 건설과 민족문학의 성립에 관해서는 이념과 노선을 달리하는 문학자들의 다양하고 이질적인 논의가 전개되었지만, 잘 알려져 있다시피 김송은 잡지 『백민』을 주재하는 한편 바로 그곳에서 자신의 창작활동을 적극적으로 펼쳐가면서 자기 나름의 민족문학의 이념을 표방하고 있었다. 이는 해방기라는 체제 전환의 과정 속에서 담론 구축의 장치로서 미디어를 활용하면서 그곳에서의 창작활동을 통해 '문학의 정치화'를 도모하고 있었다는 점에서 해방기 한국문학의 특징적인 양상을 잘 보여주는 것이다. 뒤에 자세히 살펴보겠지만, 이는 해방이라는 사건이 한 문학자로 하여금 국가주의의 정치 질서에 기초해 문학의 방향을 모색하게 했다는 점에서 한국 근대문학의 역사적 전개 과정 속에서의 어떤 변곡점을 암시한다. 따라는 해방기 김송의 문학 활동을 검토하는 것을 통해 민족문학 건설의 이념이 어떻게 계몽의 주체와 대상을 구획지어가면서 자기 구성의 내적 논리를 만들어갔는지 그 단초를 확인할 수 있을 것이다.

2. 김송과 『백민』이라는 실험실

해방 이후 인민대중에 대한 계몽적 주체로서의 김송의 자기 정립의 의지를 여러 가지 측면에서 확인할 수 있지만, 1945년 해방 직후 그가 편찬해 출판한 『백만인의 교사—해방된 조선민중의 계몽을 위하야』의 「머리말」을 통해 이를 명확하게 확인할 수 있다. 이 책의 서문에서 김송은 제국 일본의 통치 아래에서 조선인들이 입이 있어도 말을 하지 못했고 문자가 있어도 의사를 제대로 표현할 수 없었다고 말한 뒤 조선어에 관한 지식을 습득하지 못하게 된 상황, 특히 학생들이 조선어를 읽고 쓰지 못하는 현상을 제시한다. 그러면서 이 책의 목적이 한글을 가르치는 동시에 조선의 지리와 역사를 알게 하고, 나아가 사회의식과 민족의식을 고취시키는 데 있다는 점을 명확히 했다. 이에 따라 이 책은 '한글朝鮮文字', '헤는 법數量', '회화會話', '지리 역사地理·歷史', '노래와 민요唱歌·民謠', '바침' 등의 항목을 두어 각각을 설명하는 한편, 정치 · 경제 · 종교 · 철학 등의 상용어에 관한 해석을 덧붙였다.

이 소책자는 언어와 역사, 지리 등 해방 직후 조선의 인민대중을 대상으로 한 교양서들의 발간이 범람했던 현상과 무관한 것이 아니다. 하지만 해방 직후 정치적 상황에 대한 김송의 인식을 확인할 수 있다는 점에서 참고할 수 있다. "오늘날 우리 삼천三千만 민중은 일절의 사리私利와 편견偏見을 버리고 오로지 대조선 건설建設을 위하야 모다 한 몸이 되여서 혹은 산업에 혹은 과학에 혹은 문화의 발전에 전심전력을 기우려 세계 일류의 평화와 행복에 이바지 하지 않으면 안 될 것이다."[8] 이러한 목소리는 해방 이후 민족국가 건설의 당위성을 설파하는 레토릭에 해당하지만, 바로 그 해방 직전까지 식민지 조선의 도처에도 들려오던 '멸사봉공', '직역봉공', '대동아공영권 구축', '세계 신질서 건설' 등 전시총동원 체제의 담론을 자연스럽게 떠올리게 한다. 물론 이는 새삼스러운 것이 아니다. 해방 조선의 민족국가를 건설하기 위한 문법과 논리가 제국 일본의 식민지 통치를 위한 문법과 논리를 닮아 있다는 것은 이미 여러 연구들에서 밝혀진 바 있다. 해방 전후 연속성에 주목하여 소위 제국적 주체가 민족적 주체로 전신해간 과정의 자연스러움은 이미 잘 알려졌다. 그런 점에서 여기에서 주목하고자 하는 것은 해방이라는 역사적 사건에 대한 '단절'적 감각에 그림자처럼 웅크리고 있는 '연속'의 정치적 무의식만이 아니다. 그러한 정치적 무의식이 다음의 구호와도 같은 목소리에 의해 그 자체로 자명한 어떤 것으로 자리매김되는 상황에 주목하고자 하는 것이다.

8 金松, 「머리말(序言)」, 『百萬人의 敎師－해방된 조선민중의 게몽을 위하야』, 白民文化社, 1945.

우리는 단군님이 불암산 아래에서 대 조선을 건국한 이래 사천이백칠십팔 년이란 긴 역사를 가진 백의민족(白衣民族)이다. 이 오랜 세월이 흘르는 동안에 때로는 분립하야 여러 나라를 맨들어 가지고 서로 싸우기도 했으며 때로는 다른 민족에게 예속이 되어서 회모와 착취를 당해왔다.

분립과 예속—이것이 우리 민족이 밟어온 자최엇으며 우리 민족이 약소해지고 빈약하게 된 원인이었다.

(…중략…)

그런데 지금 조선의 현상을 볼진대 지방은 말할 것도 없거니와 서울만 해도 십여 개 이상의 정당이 분립하여 혹은 공산주의니 혹은 민족주의니 혹은 민주주의를 제창하고 있다 그리고 삼십팔도 이북엔 소군, 이남엔 미군이 진주하여 일본군의 무장 해제와 아울러 조선 민족을 보호하고 있다.

그러나 항간에는 좋지 못한 풍설이 떠돌고 있으며 정당과 진주군에 대한 민중의 기대가 점점 식어가고 있다. 이러다가는 우리 민족이 밟어온 쓰라린 과거와 진절머리 나는 그 무서운 예속의 길을 되풀이 하지나 않을까 염려된다. **실로 위기에 놓여 있다. 이때를 당하야 우리는 오천 년 전통을 가진 위대한 민족이라는 것을 자각하고 대 조선의 독립은 우리의 힘을 한 데 모아 세워야만 할 것이다.**[9] (강조—인용자)

위의 인용문에서 김송은 해방 직후 조선의 상황을 '위기'로 규정하는 한편, 그러한 위기를 극복하기 위해서는 민족의 힘을 결집시켜야 한다고 말하고 있다. 유사 이래 조선 민족은 분립과 예속의 길을 걸어왔

9 金松, 「삼천만 동포에게 고함」, 위의 책, 53~54쪽.

는데, 1945년 8월 15일 연합국에 의한 해방과 38선을 기준으로 한 미소군의 남북한 분할 점령의 상황 속에서 다시금 그것을 반복하지 않기 위해서는 각 당파의 이해관계를 벗어나 일치단결할 것을 촉구하고 있는 것이다. 그의 이러한 견해는 쉽게 짐작할 수 있듯이, 단일민족으로서의 조선 민족과 그러한 조선 민족이 고유한 전통과 역사를 가지고 있다는 우파 민족주의적 입장과 연결된다. 그런데 '단일민족'과 '고유한 전통과 역사'는 의문시되지 않고 마치 소여로서 주어진 것이 되고 있다. 그것을 묻는 것은 신화적 기원을 부정하는 행위이기 때문이다. 물론 위의 인용문만으로 그가 1945년 해방 직후의 시점에서 우파 민족주의의 입장을 확고하게 견지하고 있었다고 말하는 것은 곤란할 것이다. 하지만 이후 그의 문학적 활동을 통해, 결국 당시 그에게 그러한 입장이 발아하고 있었다는 것을 짐작할 수 있다. 김송은 추후 자신의 문학 활동을 통해 이러한 입장을 전면에 드러내게 된다. 그가 1945년 12월 잡지 『백민』을 창간한 것은 이러한 맥락에서였다.

일반적으로 『백민』은 해방 이후 민족문학을 중심으로 한 우익 문단의 성립에 단초를 제공한 잡지 정도로 이해되고 있다. 김송 역시 "예상치도 않았던 두 개의 진영이 대립되고 서울을 중심으로 붉은 물결이 출렁거렸다. (…중략…) 나는 혼란기에 처하여 노골적으로 백의민족을 표현하고 싶어 『백민』이라는 두 글자를 표제로 내세웠던 것"[10]이라고 회고하여 좌익에 맞서는 우익 잡지로서 『백민』을 창간했음을 밝히고 있다. 물론 민족문학이 우익 측 문학자나 문학계의 전유물은 아니었다.

10 강진호, 『한국문단이면사』, 깊은샘, 1983, 275쪽.

해방 직후 문학계의 헤게모니를 쥐고 있었던 쪽은 오히려 좌익 측 문학자나 문학계였다. 익히 알려져 있다시피, 임화와 안함광을 중심으로 한 좌익 측에서는 노동자 계급의 이념을 축으로 '인민문학론'과 '계급문학론'을 내세워 민족문학을 구축하고자 하였다.[11] 이처럼 좌익 측에서는 민족적 형식과 계급적 내용을 결합한 사회주의 창작방법을 통해 민족문학을 성립하려고 하였던 반면, 우익 측에서는 대체로 민족적 전통이나 민족혼을 강조하는 경향을 보였는데, 영토와 혈통을 중심으로 전통과 역사의 단일성을 강조하여 단일민족신화에 기초한 민족문학을 지향하였다. 하지만 당시 문학계가 좌/우익으로 간단하게 정리된 것은 아니었고, 그런 점에서 신문・잡지 등의 미디어는 문학계 내부 각 진영의 담론 체계를 구축하고 발전시키기 위한 유력한 장치로 활용되었다. 당시 "잡지는 곧 문학이라는 제도, 그 제도가 인정받을 수 있는 장을 형성하는 데 결정적으로 중요한 역할"[12]을 하였던 것이다.

> 포악무비(暴惡無比)한 인류(人類)의 적(敵)은 동서(東西)에서 보기 좋게 패망(敗亡)하였고 평화(平和)를 사랑하는 연합군(聯合軍)의 승리(勝利)로 우리 삼천리강산(三千里江山)에는 자유(自由)의 꽃이 피었읍니다.
>
> 지난 반세(半世)긔 동안 우리는 횡폭한 검열(檢閱)의 제재(制裁)로 맘 놓고 잡지 편집(雜誌 編輯)을 할 수 없었으며 찍기우고 깍기워서 병신(病身)만을 내놓았든 것입니다. 그러나 오늘날 그놈들은 이 땅에서 지배권(支配權)을

11 이에 대해서는 최성윤, 「해방기 좌익 문학단체의 성격과 '민족문학론'의 전개」, 『국어문학』 제58집, 국어문학회, 2015, 477~498쪽 참고.

12 김한식, 「『백민』과 민족문학-해방 후 우익 문단의 형성」, 근대문학100년 연구총서 편찬위원회, 『논문으로 읽는 문학사』 2-해방 후 남한 1, 소명출판, 2008, 39쪽.

잃고 떼거지로 몰여갔읍니다. 맘 놓고 쓰시요 자유의 노래를 불으시요.

백민(白民)은 대중(大衆)의 식탁(食卓)입니다. 문화(文化)에 굶주린 독자(讀者)여 맘것 배불리 잡수시요 쓰는 것도 자유(自由), 읽는 것도 자유(自由), 모ㅡ든 것이 자유 해방(自由 解放)이외다. 그러나 이 자유(自由)는 조선(鮮)의 독립(獨立)과 건설(建設)의 노선(路線)에서만 베푸러진 것입니다.

계급(階級)이 없는 민족(民族)의 평등(平等)과 전 세계(全 世界) 인류(人類)의 평화(平和)를 위해 이 땅의 문화(文化)는 자유(自由)스러이 발전(發展)해야 할 것이며 그것을 달성키 위해 백민(白民)이 미력(微力)이나마 피나 살이 되기를 바라면서 창간호(創刊號)를 보내는 것입니다.[13] (강조-인용자)

김송이 창간하고 편집을 맡은 『백민』 역시 이러한 측면에서 이해할 수 있다. 위의 『백민』의 「창간사」에서는 이 잡지가 스스로 '대중의 식탁'을 자임하는 한편, 쓰는 것도 읽는 것도 자유라면서 그러한 자유가 조선의 독립과 건설로 연결되고 있음을 명확히 밝히고 있다. 해방이 가져온 자유와 그러한 자유가 읽고 쓰는 행위로 규정되고, 다시 그러한 행위가 조선의 독립과 건설이라는 민족국가로 수렴되고 있다는 점에서 『백민』은 결국 민족 만들기 프로젝트의 일환으로 발간되었던 셈이다. 물론 이는 『백민』만의 특장은 아니다. 당시 신문과 잡지를 비롯해 출판인쇄 미디어는 대체로 민족국가 건설의 기치를 내걸고 있었다. 『민성』의 창간사에서 "모름지기 삼천만三千萬은 다 함께 팔을 것고, 우리의 위대偉大한 조국祖國을 완전完全한 독립국獨立國으로 건설建設하는 이 역사적歷史的

13 「創刊辭」, 『白民』, 1945.12, 3쪽.

사업事業에 힘을 애끼지 말자. (…중략…) 이리하야 우리는 우리 민족民族의 공명정대公明正大한 여론輿論의 공기公器가 되고 우리 민족民族의 활로活路를 가르치는 지남指南이 되려 한다"[14]고 하였고, 『문학』 또한 창간사에서 민족 해방과 함께 민족문학 수립의 과업에 직면하여 민족문학 건설 운동의 기본 강령으로 봉건 잔재의 청산, 일제 잔재의 소탕, 국수주의의 배격 이 세 가지 항목을 들고 나섰다고 하였다.[15] 한편 『신천지』는 자주적 독립국가 건설을 반제반봉건의 과제와 연결시키면서 진보적 민주주의 노선의 정론성을 견지하면서 대중화 전략의 핵심에 민중 계몽을 놓았다. 그리하여 대중의 삶과 관련된 사회현상이나 사건을 르포 형식으로 제공하여 그들의 현실 이해를 도모하는 방식으로 유대감을 형성했다. 또한 해방 조선과 전후 세계 체제의 유기적 연관성을 강조하는 국제정세와 사상·지식의 동향을 소개해 민주주의 노선을 강화하는 전략을 구사하였다.[16] 다양한 이념과 정치적 노선에 따라 민족국가에 대한 인식의 차이가 있었지만, 대체로 당시 발간된 잡지들은 도래할 민족국가를 염두에 두고, 바로 그 민족국가의 구성원으로서 인민대중을 동원하고 있었던 것이다.

이러한 가운데 『백민』은 민족적 전통과 역사적 단일성을 축으로 '조선 민족'을 호명하는 데 여념이 없었다. 창간호에서는 독립촉성중앙협의회 개최 소식과 이승만의 결의서 전문을 게재하는 한편, 안재홍의 신

14 「創刊號를 내면서」, 『民聲』, 1945.12.

15 「창간사」, 『文學』, 1946.7. 천정환, 『시대의 말 욕망의 문장－123편 잡지 창간사로 읽는 한국 현대 문화사』, 마음산책, 2014, 67~69쪽.

16 이에 대해서는 이봉범, 「잡지 『신천지』의 매체 전략과 문학」, 『한국문학연구』 제39집, 동국대 문화학술원 한국문학연구소, 2010, 199~267쪽 참고.

민주주의론, 그리고 조선공산당격문을 게재하여 당시 이념과 노선을 달리하는 정치 집단의 입장을 함께 실었다. 하지만 이승만의 귀국 연설을 소개하는 「전 국민은 통일하자」를 싣는 등 우파 민족주의 입장을 보다 강조하기도 하였다. 한편, 솔거에 관한 사화, 한글 기념일과 한글 노래 등을 소개하는 한편, 신정언의 역사소설 「을지문덕」을 소개하는 등 한글과 역사를 축으로 민족 정통성을 확보하기 위한 일련의 움직임을 보였다. 제2호에서는 김구의 훈화를 간략하게 소개하고, 일제에 항거한 안중근·이덕주·이봉창·윤봉길 등을 '애국열사의사'로 명명해 그들의 활동을 현창하였고, 백제에 관한 사회를 실었다. 제3호에서는 3·1운동을 회고한 글이나 구한말 친일파를 처단한 내용의 비사秘史, 훈민정음에 관한 소개 글을 싣는 한편, '사회학설강좌'란을 두어 유물사관을 해설하였다. 창간호에서 3호까지 게재된 글에 대해서 간단하게 언급했지만, 『백민』은 해방 직후 정세와 정치적 세력의 강령 등을 소개하는 한편, 한글과 역사 교육의 장을 마련하였고, 민족적 전통을 확립하기 위한 일련의 작업을 진행해갔다. 또한, 이 잡지가 문학잡지가 아니었던 만큼 초기에는 별도의 창작란을 두지 않았고, 문학적 글쓰기와 비문학적 글쓰기들이 혼재되어 있었다.

『백민』이 주장한 민족문학이 좌익 측의 계급문학에 대한 대타 개념의 성격을 지니고 있었던 것은 분명한 사실이었지만, 초기에는 계급적 관점을 드러내기보다는 민족의 분열 자체를 문제 삼는 방식을 취하였다. 초기 좌우익의 대립이 첨예해지기 전에는 완전한 해방, 통일, 좌우합작 등을 내세웠고, 물론 그것은 혈연과 지연, 문화공동체로서의 민족이 해방·통일되어야 한다는 전제에서 출발한 것이었다. 하지만 민족의 강조는 계급에 대한 반대로 나타났고, 문학에서 그것은 계급문학과 대비되는 민족문학을 주창한 것이었다.[17] 1946년과 1947년에 걸쳐 통일정부 수립을 계획했던 미소공동위원회가 결렬되고, 남북 분할선으로 38선이 획정되어가는 정세 속에서 1947년 3월 『백민』 7호는 '민족문학특집호'라는 제호 아래 해방기 대표적 우익 문학 단체였던 조선청년문학가협회의 필진들을 전면에 내세우면서 자신의 위상을 공고히 해나갔다.[18] 이는 『백민』 7호에서 문예중심 종합지를 표방하면서 "정치적政治的 현실現實에 최대한最大限의 관심關心을 가질지라도 그 작품作品의 초점焦點을 역시 정치政治 아닌 문학文學에 두는 사람, 순수純粹(조선적朝鮮的)한 문학인文學人을 가지고 싶다는 것이다. 그리고 이것은 진정眞正한 민족문학民族文學 수립樹立을 위해서도 절실히 요망要望되는 것이다"[19]라고 하여 소위 '순수'와 '민족문학'을 연결시키고 있는 것을 통해 확인할 수 있다. 같은 호의 「순수시의 지향」에서 조지훈이 "순수시純粹詩의 영역領域은 정치 종교 사회政治 宗敎 社會 어디에도 갈 수 있는 무제한無制限이나 다만 시詩가 되고 예술藝術이 되는 것을 전제前提로 하는 무제한無制限이며 시詩의 가능성可能性은 그 출발점出發點이 시詩에 있을 때뿐이라는 것"[20]이라고 말했던 것 또한 동궤에 놓인다. 하지만 이처럼 순수와 민족문학을 연결시키는 것이 정치와 문학을 구별시키기는커녕 문학의 정치화를 예비하고 있다는 것은 이후 남한 우파 문단의 전개 과정을 통해

17 김한식, 앞의 책, 44~50쪽.

18 이민영, 「1947년 남북 문단과 이념적 지형도의 형성」, 『한국현대문학연구』 제39집, 한국현대문학회, 2013, 431~435쪽 참조.

19 「文學과 政治」, 『白民』, 1947.3.

20 趙芝薰, 「純粹詩의 志向—民族詩를 위하여」, 『白民』, 1947.3, 168쪽.

쉽게 확인할 수 있는 점이다.

물론 『백민』 7호 '민족문학특집호'에 실린 문학작품들이 모두 조선문학가협회의 필진들의 작품은 아니었다. 하지만 단편소설에 한정해서 보자면 8월 15일 해방의 주체성을 은폐하거나 억압함으로써 해방의 경험을 자명한 것으로 만들고 있었는데, 이러한 작업은 대체로 서사의 공간 및 자기비판의 과제의 대상 범위를 축소시키는 방식으로 이루어졌다. 즉 『백민』을 중심으로 한 우파 문학자들의 민족문학론은 텍스트의 공간 및 자기비판 과제의 대상 범위를 축소시키는 방식으로 8·15 해방을 탈역사화시켜 자기비판으로 상징되는 문화적 탈식민 문제로부터 스스로를 해방시켰던 것이다.[21] 이러한 우파 문학자들의 자기 테크놀로지의 발현 과정 속에서 『백민』은 민족문학 이념의 도그마가 되어갔던 셈이다. 이처럼 『백민』은 창간 초기에는 정치 지향의 교양잡지를 표방하였으나, 독자층을 광범위하게 확보하기 위해 1947년 3월부터 문예 중심으로 잡지 기획의 방향을 변경하면서 절반 이상의 지면을 문학에 할애한다. 이에 따라 김동리·백철·이헌구 등 전조선문필가협회와 조선청년문학가협회에 가입했던 문인들이나 좌익에 반대하는 우익 문인이 동인으로 참여하게 되고, 유호·손소희·박연희 등의 신인들이 활동에 참여하게 된다.[22] 그리고 1946년 4월 4일 김동리를 대표로 하여 결집한 조선청년문학가협회의 3대 강령[23] 중 하나로 내세워진 것이

21 이에 대해서는 유석환, 「한반도의 안과 밖, 해방의 서사들－해방을 둘러싼 기억투쟁과 민족문학(론)의 지정학」, 『상허학보』 제29집, 상허학회, 2010, 316~321쪽 참고.

22 진영복, 「해방 후 문화적 본질주의 글쓰기 양상 연구－김동리의 『백민』 활동을 중심으로」, 『한민족어문학』 제56집, 한민족어문학회, 2010, 398쪽.

23 청년문학가협회의 3대 강령은 "一, 자주 독립 촉성에 문화적 헌신을 기함. 一, 민족문학의 세계사적 사명의 완수를 기함. 一, 일체의 공식적 예속적 경향을 배격하고 진정한 문학

'민족문학의 세계사적 사명의 완수를 기함'이라는 것을 통해 짐작할 수 있듯이, 당시 『백민』을 무대로 활동한 문학자들의 정치적 지향점은 우파 민족주의로 수렴되었다.

3. 민족적 주체로서의 성장 서사의 딜레마

여기에서는 해방 이후부터 단독정부 수립 때까지 김송이 주목하고 있는 정치적 현안을 염두에 두면서 『백민』에 게재된 그의 단편소설을 중심으로 논의를 전개하고자 한다. 『백민』에 게재된 김송의 단편소설은 총 13편인데, 이 글에서 주목하는 시기에는 10편이 실렸다. 이 중 창간호부터 3호에 걸쳐 실린 「만세」, 「무기 없는 민족」, 「인경아 우러라!」는 연작이므로, 실질적으로는 8편이라고 할 수 있다. 이 작품들은 직·간접적으로 해방 이후 남한사회의 정치적 현안을 다루고 있다는 점에서 공통점을 보인다.[24] 그런데 여기에서 주목해야 할 것은 소설이 당대

정신을 옹호함"이었다. 이에 대해서는 김윤식, 『해방 공간 문단의 내면 풍경』, 민음사, 1996, 50쪽 참고.

24 『백민』 게재 김송 소설 목록

제목	권호(통권)	발간일	집필일	내용
萬歲	창간호	1945.12.1	1945.9.2	독립국가 건설, 민족적 주체의 성장
武器 없는 民族	2호	1946.1.25		
인경아 우러라!	3호	1946.3.10	1946.1	
슯은 이야기	4호	1946.6.1	1946.4	식민지 청년 항일운동가의 죽음 애도
안개 속의 마을	5호	1946.10.25		공창제 폐지, 남녀평등, 여성해방
故鄕 이야기	7호	1947.3.1	1947.1.20	38선 분할, 경제적 곤궁

의 정치적 현안을 주제화하고 있다는 점이 아니라, 그러한 정치적 현안이 소설 창작 이전에 작가의 외부로부터 주어진 것이라는 점, 그리하여 작가가 그것을 서사화하는 과정 속에서는 언제나 그 흔적들이 남게 된다는 점이다. 다시 말해, 소설 외부의 것이 소설 내부로 들어오는 과정이 매끄럽게 봉합되지 않고 언제나 그 균열의 지점을 노출하게 마련이라는 것이다. 물론 이를 두고 문학과 정치의 길항 관계나 재현 주체와 재현 대상 사이의 거리 등의 측면에서 이해할 수 있지만, 그것은 해방 이후 민족문학이 이데올로기적 형식을 자임하는 한 동시에 떠안게 되는 딜레마이기도 했다.

해방 이후 김송 소설의 특징적인 양상을 집약적으로 보여주고 있는 작품이 그의 대표작 「무기 없는 민족」이다. 이 소설은 해방 직전 징병되어 일본의 군대 훈련을 받은 조선인 청년이 해방 직후 바로 그 훈련을 통해 단련된 신체를 바탕으로 '민족적 주체'로 성장해간 과정을 서사화하고 있다. 그런 점에서 이 소설은 "익명의 정치적인 군중들이 정치적인 주체로 부상될 수 있었던 과정이 식민지의 제도와 규율에 기반을 두고 있다는 사실"[25]을 확인하게 한다. 그런데 소설의 주인공 강신행은 일본의 군대 훈련을 통해 신체를 단련하고 일본어를 학습했지만,

제목	권호(통권)	발간일	집필일	내용
波市의 女像	10호	1947.9.5		전설 취재, 여성 수난사
廢人	11호	1947.11.1		해방 이후 몰락한 건축가
貞任이	12호	1948.1.1		해방 이후 분단과 여성 수난사
男寺黨	14호	1948.5.1	1947.9	정한과 운명의 세계
寒灘	16호	1948.10.1		38선 월경
달이 뜨면	20호	1950.2.1	1949.8	·
달이 지면	22호	1950.5.1		·

25 정종현, 『제국의 기억과 전유—1940년대 한국문학의 연속과 비연속』, 어문학사, 2012, 16쪽.

조선어를 배우지 못해 그의 아버지가 보여준 삐라의 내용을 해득하지 못한다. 그리하여 "우리글을 읽지 못하는 병신!"[26]이라며 자기를 경멸한 뒤 조선어학회 주최의 한글과 역사 강습을 받고, 이를 통해 "조선 민족의 위대한 힘과 발전성을 발견"하는 한편 "고상하고 묵중한 인격의 소유자"[27]가 되기에 이른다. 불과 한 달 남짓 동안의 교육을 통해 그는 자기를 구축한 것이다. 이후 그는 인쇄소 직공으로 근무하면서 인쇄소 노동자들이 임정파와 인공파로 나뉘어 논쟁하는데 임정파의 논리를 대변하기도 하고, 신탁통치 안이 공포되자 종로 거리의 민중 시위에 가담하여 신탁통치를 반대하기도 하는 등 해방 조선의 청년 주체로서 자신의 위용을 유감없이 드러낸다.

이처럼 「무기 없는 민족」은 강신행으로 대표되는 조선인 청년의 성장담이다. 그리고 그러한 성장담은 민족적 주체로의 각성과 발전 과정을 집약적으로 보여주고 있다. 해방을 맞아 일본 군대에서 풀려나자마자 조선독립만세를 부르다 다시 잡혀 들어가 일본군에 의해 고초를 겪거나, 거리의 시위대에 가담해 선봉에 섰다가 일본군의 총에 맞아 부상을 입을 정도로 민족의식이 투철한 강신행이 신탁통치에 반대하면서 종로 보신각의 인경을 울리는 마지막 장면은 마치 투사와도 같은 그의 면모를 극적으로 부각시킨다. 그런데 그의 이러한 민족적 투사로의 성장 과정은 1945년 8월 해방 직후부터 12월 신탁통치안이 공포될 때까지 당시 해방 정국의 혼돈상과 직접적으로 연결되어 있다. 즉 급변하는 시세에 맞춰 그는 발전했던 것인데, 역사적 사건이 끊임없이 한 개인을

26 金松, 「武器 없는 民族」, 『武器 없는 民族』, 白民文化社, 1946, 64쪽.
27 위의 글, 66쪽.

행동하게 했던 것이다. 그런 점에서 당시 남한사회의 정치적 소용돌이 한가운데 자신을 위치시킨 강신행의 행위와 욕망은 마치 인민대중의 그것을 대변하는 것처럼 여겨질 정도이다. 예컨대 그는 인쇄소 직공들 사이의 정치적 입장의 차이로 임정파와 인공파가 대립할 때 임정파의 입장에 서서 다음과 같이 말한다.

> 우리 조선은 반만 년의 긴 역사를 갖었으나 경제적으로 자본주의화하지 못했고 또한 민족문화도 꽃피지 못했다. 외국의 침약으로 말미아마 전 민족이 위숙하였다. 그러므로 민족적으로 발전 향상한 연후에 어느 시기에 가서 적합한 민중의 요구하는 국가를 이룰 것이지 오늘 당장 공산제도는 단연 될 수 없어! 그것은 마치 쌀밥을 먹는 우리에게 팡만 먹고 살나는 것과 같이 생소한 것이야 더욱이 일본 압정에서 겨우 빼서난 오늘날 민족적으로 통일치 않고 어떻게 하면 정권을 쥐여 한목 볼까 하는 야심가들의 정당 쌈뿐이니 어찌 독립이 성취할 수 있겠는가?[28]

그런데 강신행의 이러한 발언이 이질적인 것은 그가 인쇄소 직공의 신분임에도 불구하고 당시의 국제정세를 파악하고 민족적 주체의 입장에 서서 임정파의 논리를 피력했다는 데 있지 않다. 보다 중요한 것은 이 소설의 서술자가 강신행의 행위를 긍정하는 한편, 반대편에 서 있는 인공파의 입장을 취한 노동자들의 목소리를 근거 없는 것으로 서술하고 있다는 데 있다.[29] 이런 점에서 이 소설은 강신행이라는 인물의 말과

---

28 위의 글, 77~78쪽.

29 "그러나 인공파의 직공들은 **닷자곳자로** 공산주의 이외에는 노동자를 해방할 길이 없다고

행위를 민족적 투사의 그것으로 주조해내면서 해방 이후 우파 민족주의 노선의 정당성과 권위를 강화하고 있다. 독립국가 건설을 염원하는 인민대중을 대표하는 듯한 강신행의 행위와 욕망이 강조되면 될수록 그의 행위를 가능하게 한 우파 민족주의의 입장은 그 정당성을 확보하게 되는 것이다. 그런데 「무기 없는 민족」에서 강신행의 말과 행동을 통해 우파 민족주의 노선이 어떤 정당성과 권위를 얻고자 한다고 했을 때, 그의 말과 행동은 우파 민족주의 노선의 정치적 수사를 동원하게 되는 환원론적 덫에 빠진다. 이는 정치적 주체로서의 강신행의 성장 과정이 우파 민족주의적 입장의 '과잉' 서술 전략 속에서 펼쳐지고 있다는 점에서 특히 그러하다. 한 개인의 자기 인식과 그에 기초한 성장 과정이 내적 자기 완결성을 지니지 못하고, 소위 정치적 수사를 과도하게 체현하는 방식으로 이루어졌다는 점에서 강신행의 성장은 그 자체로 외부에서 주어진 것이다.

이와 관련해 강신행이 한글과 역사 강습을 받은 계기가 그의 아버지가 보여준 삐라를 읽지 못한 데서 기인했다는 점은 중요하다. 이 「무기 없는 민족」에서 삐라는 중요한 서사적 장치로써 강신행의 행동의 직간접적인 계기가 되었기 때문이다.[30] "거리는 날마다 소란스러웠다. 삐라가 뿌려지고 포스터 ―가 눈부쉬게 붙었다. // 전에 뿌려진 삐라에는 후에 삐라가 중상하고 후에 돌은 삐라는 그 뒤에 부러진 삐라헌테 반박을 받는다. 무슨 정당이 생기고 무슨 청년회가 생긴다. 정치앤 가갸거

역설했다."(위의 글, 78쪽. 강조-인용자)

30 정선태, 「삐라, 매체에 맞서는 매체-해방 직후 소설을 통해 본 삐라의 정치학」, 『서강인문논총』 제35집, 서강대 인문과학연구소, 2012, 27쪽.

겨도 몰으는 치들이 어중이떠중이 모여선 모다 자기네가 가장 잘나고 우세한 주권을 가지려고 고집하고 다른 정당과 단체를 매도한다. 이러고 보니 완전 독립의 최대 목표인 통일은 그 거리가 점점 멀어저 분열되여갈 뿐이다."[31] 확실히 해방 직후는 그야말로 '거리의 정치'의 시대, '삐라 정치'의 시대였다고 해도 과언이 아니다. 해방 이후 단정 수립 전까지 조선의 정치는 정당정치나 의회정치가 아닌 말 그대로 거리의 정치였고, 그것은 '혁명의 정치'와 동원을 의미하는 것이기도 하였다. 또한, 당시 거리의 정치가 민족 해방과 더불어 '몸의 해방'으로 여겨져, 원초적인 인간의 회복이라는 의미를 지녔고, 혁명이나 무정부 상태의 카니발적 특징을 보이기도 하였다.[32] 그런데 서술자에 의해 그러한 '거리의 정치', '삐라 정치'는 해방 직후 분열의 혼돈상을 상징적으로 보여주는 것으로 비판의 대상이 되고 있다. 그리고 강신행의 민족주의적 자기 투기가 바로 이러한 혼돈과 대척점에 있다는 점에서, 그는 내포작가 나아가 김송의 입장을 대변하는 인물이 되고 있는 것이다.

상황이 이러하다면, 「무기 없는 민족」을 강신행의 민족적 주체로서의 성장 과정으로만 읽는 것은 제한적이다. 그러한 성장 과정 그 자체가 우파 민족주의적 입장을 긍정하거나 거기에 어떤 권위를 부여하는 것이라면 특히 그러하다. 즉 김송은 해방 직후 조선의 곳곳에 삐라와 포스터가 붙고 각종 정당 및 청년단체가 생겨 저마다의 정치적 헤게모니를 선취하려고 하는 것을 분열로 파악한다. 그리고 그에 대응하여 강신행과 같

31 金松, 앞의 글, 71쪽.
32 이에 대해서는 천정환, 「해방기 거리의 정치와 표상의 생산」, 『상허학보』 제26집, 상허학회, 2009, 55~101쪽 참고.

은 인물을 민족적 주체로 성장시켜 통합의 당위성을 역설한다. 특히, 무산계급의 인민대중, 그 중에서도 제국 일본의 식민주의적 폭력을 신체에 각인당한 청년의 열정과 그의 열정을 고취시킨 건국준비위원회나 임정파의 존재를 은연중에 암시하는 서사 전략을 펼쳐 그것을 강화한다. 이쯤 되면 김송의 「무기 없는 민족」은 그 자체로 현실 정치에 대한 김송 나름의 응수라고 할 수 있다. 결국 김송의 「무기 없는 민족」은 삐라와 같은 어떤 것이 되고 마는 것이다. 그것은 해방기 조선문학의 프로파간다적인 성격을 상징적으로 보여주는 것이자, 이후 남한문학의 정치화의 길을 예비하는 것이기도 하다. 앞서 인용문에서 강신행의 목소리가 이질적인 이유는 바로 여기에 있는 것이다.

김송 소설에서 이러한 이질적인 목소리를 찾는 것은 그리 어려운 것이 아니다. 이와 관련해 「재생」을 들 수 있는데, 이 단편소설은 1946년 5월 27일 군정포고 70호에 의해 성 매매가 불법이 되면서 매춘업에 종사했던 복희가 유곽을 나와 귀향하는 과정을 서사화하고 있는 작품이다. 복희는 15살 때 패가망신한 아버지가 자신을 팔아넘기자, 가족의 생계를 위해 체념한 채 유곽에 흘러들게 된 여성이다. 7년 뒤 그녀는 유곽을 나오게 되면서도 매춘업에 종사했던 여성들을 딸자식처럼 키워왔다는 포주 노파의 탄식에 그녀를 측은하게 여기면서 자신의 패물을 건네줄 정도로 선량한 인물이다. 하지만 소위 매춘 생활을 청산하면서 사회로 나와 안착할 수 있을지에 대한 불안과 초조, 공포와 위협을 느끼기도 한다. 이후 귀향 기차 안에서 우연히 고향 친구인 정숙을 만나게 되고, 정숙으로부터 소위 여성 해방의 사상에 대해 전해 듣는다. 정숙은 애국부인회 파견으로 지방 강연회에 가던 중 기차 안에서 복희를 만나 복희의 매춘이나 복희 아버지의 인신매매가 개인의 잘못이 아닌 제국 일본의 악법 탓이었다면서 공창제도 역시 그러하다고 말한 뒤 해방 이후 새로운 조선을 건설하는 데 있어서는 여성의 해방과 남녀평등이 실현되어야 한다고 역설한다. 처음에는 정숙의 말을 이해하지 못했던 복희는 정숙의 웅변과도 같은 말에 점차 감화되어 한 인간으로서의 자기를 자각한 뒤 "히망과 재생에 불타는 눈동자로 창밖을 바라보"[33]면서 고향으로 향한다.

> 난 복히를 동정하는 한 사람이야 일본 제국주의가 조선을 침약하면서 모든 악법을 내여 착취와 박해를 일삼든 중, 여성에게 직접 해독을 끼친 것이 공창제도였지, 공창제도는 남성만이 경제권과 정치의 지배권을 갖는다는 봉건적 국가에만 있는 악법이야, 그런데 새 조선 건설에 있어선 여성의 지위도 남성과 동등으로 취급되며, 선거권 피선거권도 있게 마런이야…… 민주주의 국가에 있어서 여성의 해방이 없이는 그 목적을 말할 수 없다는 것을 우리 여성들도 깨달아야 할 때가 왔어 그리고 우리 여성들이 다 같이 알어야 할 것은 남존여비의 동양 도덕 즉 고린내 나는 유교의 악풍을 철저히 없새버려야 해요![34]

정숙의 이 웅변조의 말은 기차 안에서 우연히 만난 유년시절의 친구에게 하는 말로는 어색하다. 특히 복희가 매춘업에 종사한 이력으로 인

33 金松, 「재생」, 『金松短篇集 南寺黨』, 崇文社, 1948, 216쪽. 초출은 「안개 속의 마을」, 『白民』, 1946.10.
34 위의 글, 214쪽.

해 사회에 안착할 수 있을 것인가에 대한 공포와 불안을 가지고 있다는 것을 알고 있다고 하더라도, 그렇다. 그것은 그녀들의 만남이 우연적이듯, 이 단편소설의 서사 전개 과정 속에서는 이질적인 것이다. 그리고 그런 만큼 이 말은 정숙의 말이 아니다. 애국부인회 파견 지방강연회 강사로서의 정숙의 사회적 지위를 감안한다고 하더라도, 위의 인용문에서 공창제도에 대한 비판 및 여성해방의 역설은 서술자, 나아가 김송의 목소리라고 보아야 할 것이다. 복희의 이 귀향서사는 과거에서 현재를 거쳐 미래로 나아가는 단선적인 서사 구조를 통해 해방 이후 새로운 삶을 살아가고자 하는 여성의 의지를 피력한 것으로 보인다. 하지만 복희로 대변되는 여성 인물이 불안의식을 버리고 희망을 가지게 되었다고 보기에는 곤란하다. 이 단편소설은 정숙에 의한 복희의 교화를 말하고 있지만, 정숙이 말하고 있는 여성해방이나 남녀평등, 여성의 자주권 등이 무슨 말인지도 모르는 복희가 기차 안에서 그녀의 웅변조의 말을 통해 여성으로서의 자기를 인식했다고 볼 수는 없을 것이다. 그런 점에서 이 소설에서 복희가 매춘업에 종사했다는 것은 희망과 재생의 가능성을 극화하기 위한 하나의 장치로서 기능하는 것처럼 보이지만, 오히려 매매춘이라는 여성 신체에 각인된 상흔 — 식민의 경험과 기억 — 은 지워지지 않고 남아 그녀의 재생을 불가능하게 한다.

이상에서 살펴본 「무기 없는 민족」의 강신행과 「재생」의 정순의 목소리가 서사적 인과성을 갖지 못하고 내포작가에 의해 일방적으로 제시된 이질적인 것이라면, 그것은 그들의 말이 아니다. 해방 이후 김송의 소설이 민족적 주체로서의 성장 과정을 통해 교양되는 자를 서사화하고, 그들의 목소리를 통해 우파 민족주의의 정치적 입장을 긍정하고 있지만, 그들의 목소리가 그들 자신의 것이 아니라는 점에서 결국 그들은 교양되지 않는 것과 마찬가지이다. 이는 서사 내 성장의 주체가 스스로의 행위와 욕망에 의해 그러한 성장을 달성한 것이 아니라, 서술자나 작가에 의해 교양된 상태만이 제시되기 때문이기도 하다. 김송 소설에서 '서술'보다 '제시'가 득세한 것은 이러한 이유 때문이다. 따라서 이런 관점에서 김송 소설의 등장인물들을 이해하자면, 그들은 '성장할 수 없는 자'이다. 강신행이 민족적 주체로의 성장을 달성했고, 복희가 여성 주체로서 자기 구축의 가능성을 열어뒀다고 하더라도 그것은 서사적 인과성이 없는 만큼 오히려 성장의 불가능을 증거한다. 그리고 그런 점에서 그들의 목소리는 역시 그들의 것이 아니다. 그러니까 결국 그들은 말할 수 없는 자들인 것이다.

물론 해방기 한국문학이 민족=국가라는 이데올로기에 기초해 인민대중을 호명하는 한편, 그들을 민족적 주체로 성장시키는 데에만 전적으로 몰두했던 것은 아니었다. 해방기 한국문학이 민족문학으로서의 위상을 재정립하는 과정 속에서 민족적 내러티브를 전면에 내세운 것은 틀림없는 사실이었지만, 그것이 가지고 있는 폭력성이나 한계의 지점을 명확히 보여주기도 하였다. 허준은 『잔등』에서 귀환의 과정을 서사화하는 것을 통해 해방기 새로운 시대의 논리로 대변되는 '민족의 도덕'이 아닌 그것을 넘어서는 '인간의 윤리'에 대한 성찰[35]의 계기를 마련하였고, 채만식은 『소년은 자란다』에서 『잔등』과 마찬가지로 귀환의 과정을 서사화하는 한편 가족의 이산 서사를 펼쳐 보이면서 해방 직후

35 신형기, 「허준과 윤리의 문제–「잔등(殘燈)」을 중심으로」, 『분열의 기록–주변부 모더니즘 소설을 다시 읽다』, 문학과지성사, 2010, 149~178쪽.

의 '해방 없는 해방'의 역사적 현실에 대한 비판적 인식과 함께 진정한 해방을 위해 교환 경제를 넘어선 탈자본적 민족=국가를 상상[36]하기도 하였다. 사실 문학의 가치는 바로 이 지점에서 찾아야 할 것이다. 민족이라는 이념을 통한 개인의 주체성 확립의 불가능성, 민족=국가의 상상이 지니고 있는 균열의 지점을 성찰하게 하는 데 문학의 역할이 있는 것인지도 모른다. 하지만 해방 직후 정치적 혼돈에 직면하여 대체로 민족문학으로서의 자기 갱신에 여념이 없었던 한국문학은 김송의 문학 활동이 상징적으로 드러내듯, 주로 민족적 내러티브를 구축하고 강화하는 데 몰두하였다. 이처럼 해방기 김송의 문학 활동을 검토하는 것은 당시 정치적 질서에 기초해 문학의 위상을 규정했던 한국 근대문학의 역사적 전개 과정의 한 변곡점을 확인할 수 있게 한다.

4. 이데올로기 형식으로서의 서사

해방기 김송의 단편소설은 민족국가 건설의 주체로 호명되는 인민대중의 성장 과정을 서사화하는 가운데 역설적으로 '성장의 불가능성'을 드러낸다. 교양된다는 것을 성장의 과정으로 이해할 수 있고, 그러한 성장이 다시 개인의 주체성 확립의 과정이라는 점을 감안한다면, 사

36 류보선, 「해방 없는 해방과 귀향 없는 귀환－채만식의 『소년은 자란다』 읽기」, 『현대소설연구』 제49호, 한국현대소설학회, 2014, 175～210쪽.

실 '교양되는 자'는 언제나 '교양될 수 없는 자=성장할 수 없는 자'를 대상화하거나 타자의 위치에 놓게 마련이다. 또한 그러한 주체화(=타자화)의 양상이 직접적으로 드러나지 않더라도 한 개인의 주체화 과정을 통해 배제되고 소외된 타자들을 짐작하기란 쉬운 일이다. 하지만 해방을 전후한 시기 다채롭고 이질적인 개인들은 국가 권력의 체제regeme 앞에서 단일한 정체성으로 호명되었고, 그로 인해 마치 모든 개인들이 주체화의 욕망을 달성할 수 있을 것처럼 선전되었다. 제국 일본의 충직한 신민臣民으로서의 식민지 조선인, 그리고 해방 이후 민족국가 건설의 역군으로서의 해방 조선인. 하지만 역사가 증거하듯이, 그것은 광기이거나 허상일 뿐이었다. 김송의 단편소설은 해방기 계몽의 대상으로 상정된 인민대중이 세대·계층·지역·젠더 등에 의해 분화되어 있었음에도 그들을 민족국가 건설의 주체로 호명하면서 단일하고 통합된 존재로 회수하였다. 그리고 문학이 인민대중을 대상으로 하는 교양의 형식으로 스스로의 위상을 민족문학으로서 재정립해나가려고 하면 할수록 인민대중의 목소리는 봉쇄되는 역설적인 상황을 낳았다.

김송은 앞서 『무기 없는 민족』의 서문에서 1945년 8월 15일 해방을 맞이한 감회를 서술하였다. 그는 조선 민족이 36년 동안 제국 일본의 압제 속에서 항상 독립을 꿈꿔왔는데, 그럴 때마다 '무기 없는 민족'의 비애를 느꼈다고 말한다. 그리고 미소에 의한 해방과 남북이 좌우로 분열된 현재 역시 무기 없는 민족이 바라는 것은 독립일뿐이라고 단언하였다. 그러면서 해방 이후 소설 창작의 계기를 다음과 같이 설명하였다. "솔직히 말하면 작년 해방解放의 인경 소리를 듣고 흥분과 감격에 못 니겨서 나도 정치政治 방면方面에 나설까 했다. 그러나 내면적內面的이고 비타협적非妥協的인 내 성격性格으로선 활기 있는 정치政治의 소용도리 속에 뛰여들 수 없었다. 그보담도 문학文學을 통通해서 인민人民에게 감정적感情的 영향影響을 주는 품이 정치가政治家의 웅변雄辯에 못지않으리라 생각을 곤처 먹고 소설小說을 쓰기 시작했다."[37] 정치계에 입문하고자 하였으나 그것이 좌절되자 문학을 통해 정치와 같은 역할을 하기 위해 소설을 쓴다는 김송의 이러한 발언은 해방 이후 '문학의 정치화'의 한 단면을 상징적으로 보여주는 것이라고 할 수 있다. 또한, 그가 문학을 통해 인민대중에게 감정적 영향을 주겠다며 소설을 정치가의 웅변에 빗대어 인식하고 있는 것은 이데올로기[38] 형식으로서의 서사를 자연스럽게 떠올리게 한다. 군정 체제하 민족국가 건설의 열망 속에서 문학은 자연스럽게 정치화의 길을 걷거나 정치와 같은 역할을 자임하고 있었고, 그런 측면에서 문학은 이데올로기 형식으로서 자신의 위상을 재구축해나가기 시작했던 것이다. 루이 알튀세르는 어떠한 사회도 이데올로기 없이 존재할 수 없다고 하였는데, 그것은 이데올로기가 어떤 우세한 사회 체제 속에서 개인을 주체로 정의하는 보편적인 수단이기 때문에 인간이 정체성을 획득하는 과정과 이데올로기가 분리될 수 없다고 본 데서 기인한 것이다.[39] 따라서 루이 알튀세르의 견해에 따르

37 金松, 「自序」, 『武器 없는 民族』, 白民文化社, 1946, 2쪽. 아울러 김송은 이 서문에서 자신의 작품을 읽은 독자가 그를 좌우로 구분하는 것을 경계하면서 자신의 작품은 그저 조선민족의 한 사람으로서 현실을 반영한 기록일 뿐이라고 말하기도 한다.

38 이데올로기의 개념을 명확하게 정의하는 것은 난망한 일이다. 다만, 이 글에서는 테리 이글턴이 논의한 이데올로기의 개념을 염두에 두었다는 점을 밝혀 둔다.(이에 대해서는 테리 이글튼, 여홍상 역, 『이데올로기 개론』, 한신문화사, 1995, 40~44쪽 참조)

39 이에 대해서는 루이 알튀세르, 이종영 역, 『맑스를 위하여』, 백의, 1997 참고.

자면, 해방기 이데올로기 형식으로서 문학은 개인의 자기 정립과 정체성 구축의 미적 형식이었던 것이다.

한국 근대문학이 그 성립 초기부터 민족≠국가의 상황으로부터 벗어나 민족=국가를 강렬하게 지향했고, 그것이 한국 근대문학의 정치적 (무)의식의 핵심을 이루고 있다는 것은 상식에 속한다. 특히 제국-식민지 체제기 제국적 질서 아래 민족≠국가의 상태에 놓여 있었던 한국 근대문학은 민족적 내러티브를 내면화하고 그 민족 구성원으로서의 자족감을 느낄 수 있는 다양한 장치들을 고안했다. 이 '민족 로망스'들은 한국 근대문학의 가장 강력한 계열체를 형성했을 뿐만 아니라, 그런 측면에서 개인의 고유한 욕망이나 자율성을 억압하는 기제로 작동하기도 하였다. 더구나 식민의 체험과 기억으로부터 벗어나기 위한 해방기 소위 '민족의 귀환'이라고 불릴 수 있을 만한 현상 속에서 한국 근대문학은 민족=국가의 이념으로서 민족문학이 되기에 여념이 없었다. 그것은 민족국가 건설과 민족문학이 반성적 성찰의 과정 없이 단 하나의 진리 명제로, 혹은 정언명령으로 출현한 당대의 정치적·문화적 현실과 긴밀하게 관련되어 있다. 각 정치 집단의 헤게모니 선취 과정 속에서 소위 민족 담론의 절대화 현상이 발생한 것이다.[40]

그리고 이 민족 담론의 절대화 현상 속에서 개인들은 민족국가 건설의 주체로서 새롭게 자기 정체성을 정립할 것을 요청받았고, 호명되었다. 그리고 그러한 호명은 인민대중을 교양하거나 성장시켜 민족적 주체로 갱신하는 방식을 취하였다. 이때 문학은 노동자·농민을 비롯한

40 이에 대해서는 류보선, 「민족≠국가라는 상황과 한국문학의 민족 로망스들」, 『한국문학의 유령들』, 문학동네, 2012, 615~657쪽 참고.

하층민들이 민족국가 건설에 호응해 새로운 자기를 주조하는 성장의 내러티브를 보여주었다. 하지만 이러한 과정 속에서 누가 인민대중을 교양하고 성장시키는가, 그는 바로 호명하는 자이다. 이 호명하는 자는 민족 담론을 선취한 자의 위치에서 계몽의 주체로서의 어떤 절대적 목소리를 들려준다. 정언명령으로서의 절대적 목소리는 그러므로 서사 내부에서 인물의 성격화에 기여하지 못한다. 따라서 이 절대적 목소리의 이물감은 서사적 인과성을 훼손할 뿐만 아니라, 그것이 서사 밖에서 서사 이전에 주어졌다는 것을 증거한다. 앞서 살펴보았던 김송의 단편소설들은 이를 잘 보여준다.

이 글에서 해방기 김송의 문학 활동을 중심으로 당시의 민족문학이라는 이념이 인민대중을 단일하고 균질한 존재로 호명하였음을 밝힌 것은 민족=국가의 성립을 위한 내러티브의 이데올로기적 효과만을 포착하기 위한 것은 아니었다. 오히려 이를 통해 해방기 다양하게 분기했던 민족(문학)의 이념이 내러티브화의 역사적 과정 속에서 단일한 어떤 것으로 고착되어갔음을 확인하기 위해서였다. 호미 바바의 말처럼, 민족국가는 '기호의 시각적 동일성과 내러티브의 충일한 시간'[41] 속에서 명료하게 설명할 수 없다. 따라서 '민족'과 '국민'을 광범위한 사회적·문화적 내러티브의 내재적 주체이자 객체들로 만드는 문화적 동일시와 담론 작용에 관심을 기울일 필요가 있다. 문화적 정체성의 상징적·정서적 원천이기도 한 이들 정치적 통일체들이 내러티브로 각인되는 순간의 시간적 차원을 포착하기 위해서는 역사주의가 제시하는 사건과

41 호미 바바, 류승구 역, 「디세미-네이션－시간, 내러티브, 그리고 근대국가의 가장자리」, 『국민과 서사』, 후마니타스, 2011, 463쪽.

관념 사이의 투명하고 직선적인 등치 관계에 저항하는 것이 필요하고, 특정한 민족·국민 혹은 특정 국민 문화를 의미하는 재현의 이접적dis-junctive 형식들을 발굴하는 작업이 요청된다.[42]

42 위의 글, 456쪽.

제7장

자기의 테크놀로지와 기억/망각의 정치학

해방기 기억서사 연구

1. 해방과 기억

'1945년 8월 15일'은 제국 일본의 붕괴와 과거 식민지 국가들의 신생 민족국가 건설을 통한 동아시아 지역질서 재편의 출발점이었다. 일본을 정점으로 한 동아시아의 '제국-식민지 체제'와 '대동아공영권大東亞共榮圈'이라는 지역주의regionalism는 이제 국민(민족)국가들 간의 헤게모니 쟁투의 장으로 변모되었다. 제국 일본의 패전은 과거 제국의 중흥과 동아시아 침략 전쟁이라는 기억과 망각 사이에서 '전후戰後' 일본 사회를 형성[1]하였으며, 식민지 조선의 해방은 식민지시기 치욕적인 수난사

1 이와 관련해서 1950~60년대 일본에서 동아시아 민족주의의 고양과 함께 제국 일본의 로망이 기억되고, 그 기억이 다시 아시아주의를 부활시키는 양상을 고찰한 조관자는 전

와 항일 민족 투쟁이라는 기억과 망각 사이에서 해방기 국가 재건과 민족 결집을 요청했다. 말할 것도 없이 전후 일본사회와 해방기 한국사회에서의 핵심적인 화두는 '과거'를 어떻게 '청산'할 것인가의 문제에 초점이 맞춰져 있었다.

과거 청산의 문제에 직면한 해방기 한국사회에서 기억하기의 행위는 개인이나 집단의 정체성을 재구축하기 위한 핵심적인 방편이었다. 나아가 위장된 식민화의 기억을 되살리고 그것들을 인정하는 것에서 출발하는 것, 피식민자로서의 경험을 고백하고 적극적으로 그것을 기억하는 것은 식민주의의 극복, 탈식민주의의 전략으로 여겨질 수 있었다.[2] 징용으로 내지 탄광이나 군수공장에 끌려갔던 조선인들은 해방기라는 혼돈의 시기에 직면하여 귀환서사의 내러티브를 통해 수난사의 기억을 환기시키면서 국가 건설의 주체로 자신의 아이덴티티를 재정립하고자 했고, 학병學兵에 동원되었던 귀환 학병들은 과거를 회고하는 방식 속에서 자신들의 입신출세나 생존 등 사적 욕망은 망각한 채 민족의 독립을 위한 투사로서의 기억을 부각[3]시켰다. 물론, 귀환자나 학병 동원자들 외에도 식민지 감옥에 수감되었던 혁명운동가나 사회주의자

후 일본사회에서 GHQ가 '대동아전쟁'을 제국주의 및 국가주의의 잔재로 간주하고, 교과서에서 제국의 로망을 거세한 '아시아-태평양전쟁'의 용어를 채택함에 따라, 가미카제 특공대와 일본군의 충성스런 혼령은 패전과 평화담론에 흡수되거나 국가폭력의 희생물로 기억될 뿐, 애국적 영령으로 공식화하거나 추모할 수 없게 되었다고 논의한다. 이에 대해서는 조관자, 「제국일본의 로망과 동아시아 민족주의－일본낭만파에 대한 기억, 1950～1960년대」, 『일본비평』 2010 상반기, 서울대 일본연구소, 2010, 28～53쪽 참고.

2 차희정, 「해방기 소설의 탈식민성 연구－잡지 게재 소설을 중심으로」, 아주대 박사논문, 2009, 44쪽.

3 이에 대해서는 최지현, 「학병(學兵)의 기억과 국가－1940년대 학병의 좌담회와 수기를 중심으로」, 『한국문학연구』 제32집, 동국대 문화학술원 한국문학연구소, 2007, 459～486쪽 참고.

들, 해외에서 민족운동에 가담한 정치적 망명자들의 남성 수난의 기억이 해방기 텍스트에 전면화되면서 식민화의 메타포인 여성 수난은 부차적인 것으로 그려지기도 했다.[4] 한편, 기억하기의 행위는 특정 집단의 이익과 결부되어 있기도 했다. 조선문학가동맹은 식민지시기 이념적 탄압 속에서도 인류의 진보적 문학의 자산인 '신문학'을 주창한 세력으로 자신들의 집합적 기억을 주조하면서 해방기라는 이념 투쟁의 장에서 민족문화 건설을 위한 헤게모니 장악의 주도권을 확보할 수 있는 효과적인 이념적 근거를 마련하고자 하였다.[5] 이처럼 기억이란 자기 자신의 아이덴티티 의식을 중심으로 삼는 것이고, 현실 세계를 이해하는 능력을 형성하는 것이 되기도 했다.[6]

해방은 되었지만 독립은 달성하지 못한 또 다른 전환기로서의 '해방기', 과거 청산의 문제에 직면한 이들 중 새로운 조선문화의 건설을 주창하기 위해 과거 식민지시기 자신의 행적을 비판하는 집단이 문학자들이었다는 것은 익히 알려진 사실이다. 그리고 그들의 행보 중 1945년 12월 봉황각鳳凰閣에서 열린 좌담회에 김남천, 이태준, 한설야, 이기영, 김사량, 이원조, 한효, 임화 등이 참석했다는 사실 또한 잘 알려져 있다. 이 좌담회는 "팔, 일오八, 一五 이후以後 문학자文學者의 '자기비판自己批判'이니 '자기반성自己反省'이니 하는 문제問題가 많이 논의論議되는 모양인데 논조論調를 보면 거개擧皆가 일반론一般論이라든가 전체全体의 방향方向

4 이에 대해서는 이혜령, 「'해방기' 식민기억의 한 양상과 젠더」, 『여성문학연구』 제19호, 한국여성문학회, 2008, 233~266쪽 참고.

5 이에 대해서는 이양숙, 「해방기 문학비평에 나타난 '기억'의 정치학-1945~1948년 '문학가동맹'을 중심으로」, 『한국현대문학연구』 제28집, 한국현대문학회, 2009, 281~307쪽 참고.

6 Michael I. Posner ed., 左伯胖 外 譯, 『記憶と思考』, 産業圖書, 1991, 1쪽.

에 대對해서만 그저 추상적抽象的으로 문제問題되고 있는 모양"에 치우쳐 있어 이를 벗어나 "작가作家로서 또는 평론가評論家로서 나 개인 개인個人個人의 '자기비판自己批判' 혹或은 '자기반성自己反省'에 대對해서 말"하기 위해 마련된 자리였다.[7] 그리하여 좌담회에 참석한 김사량은 좌담회의 취지에 부합하여 다음과 같이 발언할 수 있었다. "과거過去를 청산淸算하는 새 출발出發에서 벌거숭이가 되여 모두가 뉘우치고 반성反省한 뒤에 자기自己에 대對한 공개장公開狀 같은 것을 쓰는 것도 좋은 일이라고 생각합니다 문화인文化人으로부터라도 이런 경향傾向이 생겨야 할 줄 압니다."[8] 하지만 작가나 평론가로서의 개인의 자기비판 또는 반성은 이미 그들이 '문학자 그룹'이었다는 점에서 개인이 아닌 집단의 비판이나 반성으로 회수된다. 그리고 그것은 무엇보다도 이태준이 "팔, 일오八, 一五 이전以前엔 우리가 그들의 검열 탄압檢閱 彈壓으로 쓰고 싶은 것을 못 쓰고 다만 그들에게 비협력 태도非協力 態度로는 사소설私小說 정도程度로 우리 문학文學의 명맥命脈만을 연장延長식혀왔을 뿐"[9]이라고 발언한 것처럼 식민지시기 제국 일본의 검열탄압으로 작품 활동을 제대로 할 수 없었다는 공통의 기억을 공유하고 있었기 때문에 가능한 것이었다. 요컨대 해방기 작가나 평론가로서 개인의 자기비판이나 반성은 식민지시기 검열 탄압을 받았던 문학자라는 공통의 기억 속에서 집단의 그것으로 전회轉回되었던 것이다.

기억은 망각의 다른 이름이다. 따라서 해방기 국가 건설의 프로젝트

7 「文學者의 自己批判」(좌담회), 『人民藝術』, 1946.1, 39쪽.
8 위의 글, 43쪽.
9 위의 글, 40쪽.

아래 진행된 과거 식민지시기에 대한 기억은 망각의 산물이기도 하다. 요컨대, 기억이 망각을 낳고, 망각이 또 다른 기억을 발생시킨 것이다. 청일전쟁, 러일전쟁, 한일병합, 3·1운동, 만주사변, 중일전쟁, 아시아-태평양전쟁 등 근대 이전부터의 한국인의 역사적 경험은 해방기 국가 건설과 민족 통합이라는 이데올로기에 수렴되는 새로운 기억으로 재생산되었으며, 이때 반민족적 경험은 망각되었다. 또한, 각 개인들의 다양한 체험과 기억은 민족이라는 집합적 체험과 기억에 수렴되었다. 특히, 민족 수난사의 내러티브 속에서 식민지시기 개인들의 체험과 기억은 민족의 역사라는 의장을 입게 되었다. "기억은 동일자 내로 흡수되지 않는 타자의 체험을 분유分有하면서 공동체의 과거인식을 새롭게 재구성하는 데 핵심적이기 때문이다."[10] 개인들의 기억은 이제 민족이라는 집합적 기억의 구성소로서 작동해야만 의미를 가질 수 있게 되었던 것이다.

기억이라는 행위는 현재의 입장에서 과거를 재구성하고, 그것에 의해 미래로 향하는 행위를 의미화하려는 작용을 갖고 있다. 그런 의미에서 기억은 과거와 미래의 사이에 있는 행동 주체가 현재에서 행하는—비록 그것이 의식적이지 않다고 하더라도—선택을 수반하는 행위이다. 과거 사실의 어떤 측면을 망각하고 다른 측면을 상기하는 양면성을 갖는 기억은 그 시점에서 재편성에 의해 과거를 현재와 결부시키는 정신 활동이라고 할 수 있다. 그리고 그러한 재편성이 현재의 행동 주체가 미래를 지향하는 시점에서 이루어진다는 의미에서, 현재와 미래를

10 윤대석, 「서사를 통한 기억의 억압과 기억의 분유」, 『현대소설연구』 제34호, 한국현대소설학회, 2007, 79쪽.

결부시키는 계기가 되기도 한다. 기억이 현실 세계를 이해하고, 그 이해하는 주체의 행동에 의해 과거와 미래를 묶는 계기로 작동한다면, 그 매개하는 기억이 망각과 상기에 의해 재편성이라는 불가결한 국면을 갖는다는 점을 재인식해둘 필요가 있다. 이 양면의 상보관계는 망각이 현재에서 기억을 재편성하는 경우의 전제가 될 때 나타난다. 과거의 어떤 면을 상기하고, 그 면을 기억 속에서 두드러지게 하기 위해서는 이것과 모순되는 다른 면을 망각하는 것이 필요한 것이다.[11]

이러한 점에 주목하여 이 글에서는 해방기 '기억서사memory narratives'를 검토하는 것을 통해 과거 식민지시기 자신의 행적에 대한 기억의 서사화와 그러한 서사화의 과정 속에 나타난 개인의 자기 재정립의 욕망에 대해 살펴보고자 한다. 이를 위해 이 글에서는 해방기의 대표적인 문학작품인 이태준의 「해방전후」와 채만식의 「민족의 죄인」의 서사를 분석함으로써 해방 이후 문학자의 자기 재구축의 욕망에 초점을 맞춰 논의를 전개할 것이다. 말할 것도 없이, 기억이 역사를 서사화하고, 서사가 역사를 기억하게 한다는 점에서 기억과 서사는 밀접한 관련을 맺고 있다. 또한 "'사건'에 위장의 플롯을 부여하는 것. 그것은 우리가 그 '사건'을 서사로 완결시켜 다른 서사를 살아가기 위해 이루어지는 행위이며, '사건'의 폭력을 망각하기 위해 행하는 것"[12]이라는 점에서 기억과 서사는 연쇄하고 있다.

11 石田雄, 『記憶と忘却の政治學－同化政策・戰爭責任・集合的記憶』, 明石書店, 2000, 12~14쪽.

12 오카 마리, 김병구 역, 『기억・서사』, 소명출판, 2004, 169쪽.

2. 잊어야 할 기억 감추기

이태준의 「해방전후」는 작가의 분신 격인 '현玄'의 행적을 통해 해방 전후 이태준의 행위와 욕망의 방향을 가늠할 수 있는 유력한 텍스트이다. 물론 이태준과 「해방전후」의 현을 단순하게 동일시하는 것은 위험하지만, 이 소설을 이태준의 자전적 글쓰기의 한 형태로 보는 데 큰 이견은 없을 것이다.[13] 이때 중요한 것은 서술자와 서술 시간의 문제인데, 현의 행위가 가능한 해방 전후의 시간은 해방 이후의 시점 — 소설 말미에 명시된 대로 1946년 3월 24일 — 에 서 있는 서술자에 의해 기억되어 서술된 시간이다. 이 점에 착안하여 먼저 해방 이전 현의 행적에 대한 기억과 서술에 대해 살펴볼 필요가 있다.

해방 이전 현은 "무슨 사상가도, 주의자도, 무슨 전과자前科者도 아"닌 "한낱 소설가"이다.[14] "소위 시국물時局物이나 일문日文에의 전향이라면 차라리 붓을 꺾어버리려는"[15] 그는 시국 협력적인 글을 쓰지 않았을 뿐만 아니라, 창씨개명까지 하지 않아 '준요시찰인準要視察人'으로 일경日警의 감시를 받고 있는 인물이다. 또한 그의 소설은 '신변적인 것'이 많은데, 그 이유는 그가 계급문제보다는 민족의 비애에 더 관심이 많았기 때문이었고, 제국 일본의 식민정책에 반대하지 못했던 것은 조선문

13 이태준의 「해방전후」에 나타난 자전적 글쓰기의 특성에 대해서는 김은정, 「이태준의 「해방전후」 연구－욕망과 플롯을 중심으로」, 『배달말』 제30호, 배달말학회, 2002, 221～243쪽 참고.

14 李泰俊, 「解放前後－한 作家의 手記」, 『文學』, 朝鮮文學家同盟, 1946.7, 4～5쪽.

15 위의 글, 6쪽.

학 자체가 허약하여 국제적으로 고립되어 있을 뿐만 아니라 "가혹한 검렬 제도 밑에서는 오직 인종忍從하지 않을 수 없었"[16]기 때문이었다. 그리하여 현 스스로 기억하고 있는 자신이 소설가로서 불가피하게 한 일이란 대동아전기의 번역일 뿐이었다. 1943년 1월 인문사에서 간행된 『대동아전기』의 저작 겸 발행자는 최재서였고, 육군 편은 이무영, 해군 편은 이태준이 저술한 것으로 되어 있다. 이 책의 발간 의도는 국민총력조선연맹 사무국총장 하다 시게카즈波田重一의 「서문」을 통해 확인할 수 있는데,[17] 반도 민중으로 하여금 대동아공영권 확립을 위해 정신봉공하려는 투철한 마음을 갖게 하려는 목적에 의해 씌어진 이 책은 일본어 미해독자를 위해 조선어로 저술되어 있다. 이 책이 「해방전후」의 서사에서처럼 정책 당국에 성의를 보이기 위해 불가피하게 번역한 것이라는 서술을 감안해 '시국물'이냐 아니냐의 여부를 차치한다면, 이 책은 이태준의 자기 기억의 주조에 있어서 일문으로 전향을 하지 않았다는 증거로 제시된다. 이태준 스스로도 해방 후 과거 식민지시기 "한두 작가作家씩 고독孤獨해가는 조선어朝鮮語를 버리고 일본어日本語에 붓끝을 모으던 경향傾向은 우리 조선朝鮮 작가作家로서 모어母語에 대對한 잔인성

16 위의 글, 5쪽.

17 그는 「서문」에서 "반도 민중(半島民衆)으로 하여금 대동아전쟁(大東亞戰爭)의 참된 의의(意義)를 철저(徹底)히 인식(認識)시키고 또 개전(開戰) 이래(以來)의 혁혁(赫赫)한 황군(皇軍)의 활약(活躍)을 목도(目睹)함과 같이 명백(明白)히 알게 하여 써 대원사 폐하(大元師 陛下)의 고굉(股肱)으로써 또한 황국신민(皇國臣民)으로써 대동아공영권(大東亞共榮圈) 확립(確立)을 위(爲)하여 정신어봉공(挺身御奉公)을 다하는 심기(心機)를 투철(透徹)케 하는 목적(目的)으로 반도 문단(半島文壇)의 중견작가(中堅作家)인 이무영(李無影), 이태준(李泰俊) 양씨(兩氏)가 이에 「대동아전기(大東亞戰記)」를 상재(上梓)함을 보게 된 것은 시국하(時局下) 극(極)히 유의미(有意味)한 기획(企劃)"(波田重一, 「序文」, 崔載瑞 著作兼發行, 『大東亞戰記』, 人文社, 1943, 2쪽)이라고 밝히고 있다.

殘忍性과 예술가적藝術家的 자존심自尊心의 결핍缺乏을 폭로暴露했던 것"[18] 이라고 비판하면서, 그와는 반대되는 위치에 자신을 놓고 있었다. 하지만 익히 알려져 있다시피, 이태준이 일본어로 저술을 하지 않은 것은 아니었다.

이태준은 1944년 9월 국민총력조선연맹의 기관지 『국민총력』에 일본어소설 「제1호 선박의 삽화第一號船の挿話」를 발표한다. 1944년 국민총력조선연맹은 조선 각지의 광산・공장・농장・조선소 등에 조선의 시인・소설가・극작가들을 파견하여 증산 현지를 시찰케 하였는데, 이태준은 화가 김기창金基昶과 함께 4월 20일부터 24일까지 목포조선철공회사木浦造船鐵工會社를 시찰한다. 그는 조선소를 시찰하면서 "배를 만드는 것은 한 생명生命을, 한 영혼靈魂을 만드는 것이라 느낄 수 있었다"며 소감을 밝히기도 했지만, 그러한 배가 "대동아해大東亞海에 나가선 적선敵彈과도 싸워야 할 전선戰船이기도 한 것"을 명확히 인식하고 있었다.[19] 이 목포조선철공회사를 시찰한 경험을 소설화한 것이 「제1호 선박의 삽화」였던 것이다. 이 소설의 내용은 뛰어난 조선술을 지니고 있는 구니모토國本라는 조선인이 개인적 명예욕에 빠져 임의로 설계도를 바꿔 가장 먼저 배를 만들지만, 선수船首가 침수되어 그 원인을 찾다가 가와사키川崎로부터 "개인주의를 완전히 청산하고 작업에 임했다면, 1호선은 제작 일수도 70일 이내로 기록을 세웠을 테고, 선수의 그 무리도 없었을 게 아닌가"[20]라는 말을 듣고 개인적 명예욕을 청산하고 1호

18 朝鮮文學家同盟 中央執行委員會書記局 編, 『建設期의 朝鮮文學』, 白楊堂, 1946, 172쪽.

19 이에 대해서는 李泰俊, 「木浦造船現地紀行」, 『新時代』, 1944.6, 28~33쪽 참고.

20 이태준, 호테이 토시히로・심원섭 역, 「제1호 선박의 삽화」, 『문학사상』, 1996년 4월호, 92쪽.

선을 수리하여 완성한다는 것이다. 결국 이 소설이 말하고 있는 것은 개인주의의 타파와 전체주의의 승인이며, 그 속에서 개인의 사적 욕망은 거세되어 전시총동원 체제하 직역봉공으로 바뀌어야 한다는 것을 강변하고 있다. 이처럼 이 소설은 일본어로 씌어졌을 뿐만 아니라, 내용 또한 제국-식민지 체제에 협력적이라는 점에서 「해방전후」 서술자의 서술과 상반되는 것이다.

여기에서 이태준의 「제1호 선박의 삽화」를 가지고 친일/반일의 경직된 도식으로 그를 평가하고자 하는 것은 아니다. 보다 주목해야 할 것은 이태준이 「해방전후」에서 가상의 서술자를 통해 현의 행적을 서술하는 가운데 잊어야 할 기억을 감추는 것을 통해 친일적 행적을 망각하고 있다는 점이고, 결국 그것이 자기기만에 다름 아니라는 점을 지적하고 싶을 뿐이다. 「해방전후」에서 1943년 1월에 발간된 『대동아전기』의 번역과 1943년 8월 학생특별지원병제도 실시 공포의 시간적 순서를 역전시킨 것이나, 1944년 6월 문인보국회 주최 문인궐기대회의 참석, 1944년 7월의 사이판 함락에 이어 1년 정도의 시간적 공백을 두고 1945년 6월의 국민의용대령 공포 시점으로 넘어간 것,[21] 그리하여 1944년 9월 「제1호 선박의 삽화」를 『국민총력』에 발표한 행적을 삭제한 것 역시 이와 무관한 것이 아니다. 그것은 '수기'라는 고백의 형식과 기억의 재구를 통해 자신이 처한 엄혹한 상황을 강조하면서 자신의 내면을 구제하는 것[22]이기도 하지만, 해방기라는 주체 재건의 요청이 끊

21 이태준의 실제 행적과 「해방전후」에서의 '현'의 행적 사이의 불일치에 대해서는 호테이 토시히로, 「일제 말기 일본어 소설 연구」, 서울대 석사논문, 1996, 100~107쪽 참고.

22 정종현, 「제국/민족 담론의 경계와 식민지적 주체-1940년대 이태준 '문학'에 나타난 혼종성」, 상허학회 편, 『상허 탄생 100주년 기념 이태준과 현대소설사』, 깊은샘, 2004,

임없이 제기되는 또 다른 전환기에 조응하여 과거 식민지시기 자신의 행적을 서술하는 가운데 잊어야 할 기억을 감추는 것을 통해 자기를 새롭게 구축해나가기 위한 전략이기도 했던 것이다. 그리고 그러한 전략적 글쓰기 과정 속에서 필연적으로 자기를 기만할 수밖에 없었던 것이다. 따라서 이제 그러한 기억의 전략적 감추기를 통한 자기 구축의 지향점이 어디로 향하고 있었는지 살펴볼 필요가 있는데, 이는 「해방전후」에 나타난 해방 후 현의 행적을 추적하는 것을 통해 확인할 수 있다.

라디오나 신문이 없는 시골에서 1945년 8월 15일의 해방을 알지 못한 채 맞이한 현은 17일 새벽 상경하여 해방된 사실을 확인한 뒤 '조선문화건설중앙협의회'를 찾아간다. 이 단체는 현이 '구인회' 멤버로 활동하거나 『문장』의 편집자로 있을 때 만났던 친구들이 가담하고 있었지만 과거 좌익계열의 작가와 평론가가 주축이 된 단체여서 현은 좌익적 색채를 띠고 있지는 않은 지 의심하게 된다. 하지만 현은 조선문화건설중앙협의회가 "상당한 자기비판과 국제노선과 조선 민족의 관계를 심사숙고"했다고 판단하게 되고, "좌우를 막론하고 민족이 나아갈 노선에서 행동 통일부터 원측을 삼어야 할 것"[23]을 가장 중요하게 여긴 자기의 생각과도 부합한다고 판단해 이 단체에 가담하게 된다. 이후 친구들로부터 '문협'에서 이용만 당하게 될 것이니 탈퇴하라는 종용을 받기도 하지만 현은 "나 하나 등신이라거나, 이용을 당한다거나 그런 조소를 받는 것이 문제가 아니다! 그런 것에나 신경을 쓰는 건 나 자신 불성실한 표다!"[24]

146쪽.

23 李泰俊, 「解放前後 – 한 作家의 手記」, 『文學』, 朝鮮文學家同盟, 1946.7, 23쪽.

24 위의 글, 27쪽.

라고 생각하면서 계속해서 '문협'에 참여하게 된다. 그러던 중 시골에 있을 때 만난 김직원이 찾아와 다음과 같은 대화를 나누게 된다.

> "현공, 그간 많이 변허섯다구요?"
>
> "제가요?"
>
> "소문이 매우 변허섯다구들"
>
> "글세요……"
>
> 현은 약간 우울했다. 현은 벌서 이런 경험이 한두 번채 아니기 때문이다. 해방 이전에는 막역한 지긔(知己)여서 일조유사한 때는 물을 것도 없이 동지일 것 갓던 사람들이 해방 후, 특히 정치적 동향이 보수적인 것과 진보적인 것이 뚜렷이 갈리면서부터는, 말 한두 마듸에 벌서 딴 사람처럼 서로 경원(敬遠)이 생기고 그것이 대뜸 우정에까지 거리감(距離感)을 자아내는 것을 이미 누차 맛보는 것이였다.[25]

창씨개명을 하지 않고 상투를 틀고 갓을 쓴 향교 직원 김직원은 전국유도대회全國儒道大會를 앞두고 국어와 황국정신 강습에 나올 것을 종용한 일경의 말을 무시하여 감옥에 갇히게 되었다가 해방 후 출옥하여 현을 만나러 온다. 이러한 김직원은 현이 시골에 있을 때 "모시어볼수록 깨끗한 노인이요 이 고을에선 엄연히 존경을 받어야 옳을, 유일한 인격자요 지사"[26]로 여겨졌던 인물이기도 했다. 하지만 해방 후 현을 찾아와 얘기를 나누다 현의 변화된 모습에 반감을 표시한 김직원은 이제 현

25 위의 글, 29~30쪽.
26 위의 글, 9쪽.

에게 고루한 '처세주의자' 정도로밖에 여겨지지 않게 된다. "해방 이전에는, 현 자신이 기인여옥其人如玉이라 예찬한 김직원은, 지금 와서는, 돌과 같은 완강한 머리로 조금도 현의 말을 이해하려 하지 않고, 다만, 같은 조선 사람인데 '대한'을 비판하는 것만 탐탁치 않었고, 그것은 반듯이 공산주의의 농간이라 자가류自家流의 해석을 고집할 뿐이였다."[27] 해방 후 김직원의 고루함을 비판하는 현의 태도는 결국 자신의 변화된 모습을 합리화하기 위한 전략이다. 다시 말해, 그가 변했다고 할 만큼 해방 전에 스스로 어떤 태도를 가지고 있었던 것은 아니었고, 해방 이후는 "위험이라도 무릅쓰고 일해야 도리, 민족적 가장 긴박한 시기라고 생각"[28] 한다고 강변하는 것은 결국 '문협'에 가담한 자신의 변화를 합리화하기 위한 방편이었던 것이다.

그런데 이러한 합리화의 수사가 서사 내에서 김직원만을 향하고 있었던 것은 아니었다. 다시 말해, 이태준의 「해방전후」에서 현의 발화는 서사 밖에서 해방 이후 이태준의 행위와 그 속에 내재된 욕망의 자기합리화 산물로도 볼 수 있다. 문학자로서 이태준이 '문협'에 가담한 것에 대해 문단 안팎의 비판이 있었고, 이태준은 이러한 비판에 대한 나름의 반론을 「해방전후」의 서사 속에서 펼쳐 보이고 있다고 추정할 수 있다. 그리고 그러한 자기 재정립의 욕망 속에서 과거 식민지시기 친일적 행적을 자연스럽게 감출 수 있었던 것이다. 따라서 「해방전후」의 서사는 해방기라는 혼돈의 시기에 직면한 개인이 자기의 정체성을 재구축하기 위해 과거 자신을 망각하는 자기기만의 내러티브 그 이상도 이하도 아

27 위의 글, 33쪽.
28 위의 글, 30쪽.

니다.[29] 하지만 중요한 것은 그러한 자기기만의 전략이 봉황각에서 열린 「문학자의 자기비판」 좌담회에서처럼 '윤리성'을 획득했느냐의 여부에 있지 않다. 여기에서 강조하고 싶은 것은 '해방기'라고 하는 특정 시기 자체가 한 개인으로 하여금 기억의 전략적 감추기를 통한 자기기만을 가능케 했다는 데 있다. 혼돈의 시기에 직면한 유동적인 주체가 자신의 아이덴티티를 재정립하는 과정에서 필연적으로 '잊어야 할 기억'을 감추고 과거의 자기를 망각하는 것은 어쩌면 불가항력적인 매력으로 다가왔을지도 모르기 때문이다.

3. 잊을 수 없는 기억 드러내기

이태준의 「해방전후」가 자기 재정립의 과정에서 기억 감추기를 통한 자기기만의 서사를 보여주고 있다면, 채만식의 「민족의 죄인」의 서사는 그러한 감추기가 불가능하다는 것을 역설적으로 말하고 있다. 감추고 싶어도 감출 수 없는 상태, 끊임없이 기억의 망령들에 사로잡혀 있는 개인의 드라마가 곧 「민족의 죄인」의 서사인 것이다. 물론 해방

29 이와 관련해서 최용석은 이태준의 「해방전후」의 글쓰기 전략을 고찰한 논문에서 「해방전후」의 전반부에서는 상황논리에 따른 책임전가, 달관적 예술관 등을 바탕으로 친일적 행적을 해명하고, 후반부에서는 좌익 이념의 소설적 육화를 통해 좌익을 적극 옹호하고 있다고 논의하기도 한다. 이에 대해서는 최용석, 「이태준의 「解放前後」에 나타난 글쓰기 전략 고찰」, 『현대소설연구』 제24호, 한국현대소설학회, 2004, 207~229쪽 참고.

이후의 시점 — 발표된 시점과는 달리 소설 말미에 '1946년 5월 19일 향촌鄕村에서'라고 명기되어 있다 — 에서 과거 식민지시기 자신의 행적에 관한 이야기를 하고 있다는 점에서 「해방전후」와 마찬가지로 「민족의 죄인」 역시 기억서사이다. 그렇다면 그가 결코 벗어날 수 없는 과거의 기억, 소위 '대일협력'에의 기억을 따라 가보자.

1인칭 서술자의 서술에 의하면, 「민족의 죄인」에서 '나'의 대일협력의 첫걸음은 1943년 2월 황해도에서 열린 강연회에 참석한 것이다. 조선총독부와 총력연맹이 주도한 이 강연회는 예술・언론・종교・교육계 종사자들을 전국의 면 단위로 파견하여 미국과 영국에 대한 적개심을 조장하는 것을 통해 아시아-태평양전쟁의 기세를 돋우는 강연을 하게 한 것이었다. 그런데 '나'가 이 '미영격멸국민총궐기대회' 강연자로 참석한 것은 1938년 개성에 거주하던 당시 문학청년들과의 교류가 일경에 의심을 받아 유치장에 투옥된 경험 때문이었다. 그는 제국 체제에 반하는 '독서회'를 조직한 혐의로 유치장에 갇혔다가 조선문인협회에서 북지北支 방면으로 황군위문대를 파견하는 것을 논의하는 협의회 참석 엽서를 우연히 발견한 일경에 의해 체제 협력적인 조선 문인으로 여겨져 풀려나게 된다. 이 유치장에서의 경험을 통해 그는 "대일협력이라는 주권株券의 이윤利潤이 어떠하다는 것을 실지로 배"[30]우게 되었고, 그리하여 황해도에서 열린 미영격멸국민총궐기대회에 강연자로 참석하게 된다. 물론 그렇다고 해서 그가 적극적으로 대일협력에의 길로 나아간 것은 아니었다. 그는 "인간으로써 인간을 학대하기에 경찰서의 유치

30 蔡萬植, 「民族의 罪人」, 『白民』, 1948.10, 46쪽.

장 이상 가는 것은 아마도 없을 것"[31]이라는 것을 경험을 통해 알게 된 뒤, 그러한 학대를 모면하기 위하여 '용렬하고 나약한' 마음으로 대일 협력에의 길을 걸었던 것일 뿐이다. 따라서 그는 내심 강연회에서 만난 조선의 젊은이들로부터 몰매를 맞아도 좋다고까지 생각하게 된다. 하지만 강연회에 참석한 조선의 젊은이들이 적의를 드러내기는커녕 일본인과의 차별대우에 불만만을 토로하는 모습을 보고 그는 적잖은 실망을 느끼게 된다.

이와 같은 '나'의 행적에 대한 서술은 제국 일본에 협력은 했지만, 그것이 마음으로부터 우러나오는 협력이 아니라 학대를 모면하기 위한 불가피한 방편이었음을 말하는 것이다. 그리고 이때 황해도 강연회에서 만난 김이라는 청년이 찾아와 징병이나 학병문제에 대해 물을 때, 그가 무슨 수단을 써서라도 나가지 말라며 다음과 같이 말했다는 것이 그 증거로 제시된다. "강한 자에게 굽히고 아첨하여 구차한 일-시일-시의 안전만을 도모하는 타협주의 이것이 우리 민족성의 큰 결함입니다. 오늘의 우리의 불행은 이 민족성의 결함에서 온 것이요, 그 결함을 곳치지 않는 이상 우리는 민족적으로 멸망을 당하거나, 내일도 오늘처럼 영원히 불행할 것입니다."[32] 하지만 이러한 서술은 일본에의 협력이 불가피했다는 것을 증거할 수는 있지만, '나'로 하여금 자신의 친일적 행적을 무화無化시켜주는 것은 아니다. 그리하여 그는 과거 식민지시기 자신의 모습을 '양서동물兩棲動物'로 규정하기에 이른다. 겉으로는 협력하고, 속으로는 저항했던 과거의 자신을 양서동물로 기억하는 '나'의

31 위의 글, 41쪽.
32 蔡萬植, 「民族의 罪人(下)」, 『白民』, 1949.1, 52쪽.

욕망은 말할 것도 없이 현재의 시점에서 친일의 기억을 삭제하기 위한 노력의 일환이다. 하지만 서술자의 자기규정과는 달리, 이 '양서동물'이란 식민지시기 조선인이면서 동시에 일본인이었던 식민지 조선 지식인의 정체성의 핵심을 보여주는 것이라고 할 수 있다. 다시 말해, 표리부동의 상태로 자기의 과거를 규정하려 했던 이 상징적 표현은 오히려 '물'과 '땅'을 넘나들던 양서동물과 같은 식민지 조선 지식인의 행위와 욕망을 예리하게 포착할 수 있는 단서를 제공하고 있는 것이다.

한편, 「민족의 죄인」 서술자는 '나'의 대일협력에의 행적을 계속해서 서술하는데, 1944년 5월 평안북도에 있는 알루미늄공장을 시찰한 것과 『매일신보』에 시국적 소설을 쓴 것 등을 제시한다. 알루미늄공장의 시찰은 앞서 이태준이 1944년 4월 목포조선철공회사를 시찰한 것과 마찬가지로 국민총력조선연맹이 증산 현지를 시찰케 한 것의 일환이었다. 서술자의 서술처럼 시찰 경험을 소설화해서 발표하지는 않은 것으로 보이지만, 알루미늄공장의 시찰이 "노무관리勞務管理 모양을 보고, 공원工員의 증산增産 기타其他에 관한 미담美談 재료材料를 수집蒐集하고, 그러고 보고체報告體의 생산문학生産文學을 쓸 체험體驗을 얻기 위"[33]한 것이었음에는 틀림이 없었다. 또한, 먹고살기 위한 매문賣文으로 『매일신보』에 연재한 소설 — 1944년 10월 5일부터 1945년 5월 17일까지 총 101회에 걸쳐 연재된 『여인전기』를 가리키는 것으로 보인다[34] — 때문에 검열관

33 蔡萬植, 「輕金屬工場의 하루」, 『新時代』, 1944.6, 40쪽.

34 채만식의 이 소설은 97회까지는 '女人戰紀'로, 98회부터는 '女人戰記'라는 제목으로 연재되었는데, 1943년 『조광』에 연재되다가 중단된 『어머니』의 속편이라고 할 수 있다. 이 작품의 말미에 일본군 장교가 긍정적으로 묘사되는 부분이 있다. 이에 대해서는 채만식, 「女人戰紀/解題」, 『蔡萬植全集』 4, 創作社, 1987, 302쪽 참조.

에게 지적을 받기도 했지만, 이 소설 역시 스스로 밝히고 있듯이 내용적인 측면에서 '시국적인 소설'이었다.

이처럼 「민족의 죄인」은 서술자의 목소리를 통해 과거 식민지시기 '나'의 친일적 행적과 그것이 불가피했던 정황에 대해 지속적으로 들려준다. 이는 이태준의 「해방전후」의 감추기 전략과는 반대로 적극적으로 과거 친일 행적을 드러내는 전략을 펼치고 있는 것이다. 그런데 이 소설이 드러내기의 차원에서 1인칭 서술자의 자기고백의 서사라는 점과 그러한 서사가 진정성의 획득의 차원에서 효과를 발휘한다는 점을 감안한다고 하더라도, 「민족의 죄인」에서의 자기고백이 '나'의 내면으로부터 발아한 것이라고만 볼 수는 없다. 그것은 무엇보다 해방 이후 현재의 시점에서 '나'가 자신에 대한 비판적 시선으로부터 자유로울 수 없는 저간의 사정 때문에 특히 그러하다. 요컨대 「민족의 죄인」의 서사를 자기고백의 서사로 읽을 수 있고, 그러한 자기고백이 가능할 수 있었던 것이 과거 식민지시기 자신의 친일 행적에 대한 기억을 결코 떨쳐낼 수 없었기 때문이라고 할 수 있지만, 끊임없이 과거의 자기를 기억하게 하는 힘(권력)은 자기를 둘러싼 타자의 시선, 바로 그것이기 때문이다. 이런 점에서 이 소설의 서두를 다시 읽어볼 필요가 있다.

> 그동안까지는 단순히 나는 하여커나 죄인이거니 하여 면목 없는 마음 반성하는 마음이 골돌할 뿐이더니 그날 김(金) 군의 P사에서 비로소 그 일을 당하고 나서부터는 일(一)종의 자포적인 울분과 그리고 이 구차스런 내 몸뚱이를 도모지 어떻게 주체할 바를 모르겠는 불쾌감이 전면적으로 생각을 덮었다. 그러면서 보름 동안을 머리 싸고 누어 병 아닌 병을 앓었다.[35]

서사의 층위에서 나의 자기고백은 바로 이 "그날 김金 군의 P사에서 비로소 그 일을 당하고" 난 뒤에나 가능하다. 스스로 죄인임을 자처하고 반성하는 마음을 가지고 살아오던 나는 P사에서 만난 윤尹으로부터의 '적의와 증오' 앞에 다시 과거 자신의 행적을 기억하지 않을 수 없었던 것이다. 그렇다면 윤은 누구인가? 도쿄 소재 사립대학의 정경과를 마치고 귀국한 뒤 중일전쟁이 발발하던 1937년 무렵 2~3년 동안 신문사 정치부 기자로 재직했던 윤은 식민지 말 절필하고 신문사를 그만둔 뒤 낙향한 인물이다. 그런데 중요한 것은 "많으나 적으나 대일협력을 한 것이 있으므로 해서 민족반역자 혹은 친일파의 대열隊列에 들어야 할 민족民族의 죄인罪人 나"[36]와는 대척적인 지점에 위치하는 "대일협력對日協力을 하지 아니한 사람"[37]이 그라는 사실이다. 그래서 해방 이후 과거의 행적으로 인해 상반된 입장에 놓여 있는 나와 윤이 김의 P사에서 만나 대화를 나누던 중 자신에 대한 윤의 적의와 증오 앞에 무기력할 수밖에 없는 '나'가 "자포적인 울분"과 "주체할 바를 모르겠는 불쾌감"을 느꼈던 것이다.

윤은 식민지시기 "왜놈들의 주구走狗"[38]였던 문학자들이 해방 이후 아무런 자기비판 없이 건국에의 당위성을 역설하면서 친일파와 민족반역자를 처단하라고 나서고 있는 것에 깊은 적의를 느끼면서 "개도야지만 못한 것들이 숙청이 되기 전엔, 건국사업이구 무엇이구, 나서구 싶질 않아"[39]라고 말한다. 윤의 이러한 인식 속에서 김과 '나'는 숙청의

35 蔡萬植, 「民族의 罪人」, 『白民』, 1948.10, 33쪽.
36 위의 글, 35쪽.
37 위의 글, 34쪽.
38 蔡萬植, 「民族의 罪人(下)」, 『白民』, 1949.1, 57쪽.

대상인 '민족의 죄인'이 된다. 윤의 말에 김이 범죄가 끼친 영향이나 범죄 이후 범죄자의 심리와 행동 등 정상을 참작해야 한다고 강변하기도 하지만, '나'는 김의 변호가 형식 논리에 지나지 않을 뿐이라고 여기게 된다. 결국 스스로 속죄의식을 안고 살아왔던 '나'이지만 윤의 친일파와 민족반역자의 처단 논리에 무기력할 수밖에 없었던 것이다. 따라서 「민족의 죄인」의 서사는 '나'의 자기 고백적 서사를 통해 "구차스럽구, 울분이 도무지 어따 대구 풀 길이 없는 울분이, 가슴 속에가 뭉처가지구, 무시루 치달아 오르"[40]는 감정을 표출한 것에 다름 아니다.

상황이 이러하다면, 이 소설 역시 해방기 타자의 시선에 의해 자기비판을 강제받았던 개인이 '잊을 수 없는 기억'을 고백하는 것을 통해 자기를 재정립하고자 하는 욕망을 보여준 것으로 읽을 수 있다.[41] 요컨대 과거 청산의 문제에 직면한 해방기 망각할 수 없는 과거의 '친일적' 행적을 끊임없이 드러내는 자기고백의 서사를 통해 타자의 시선으로부터 벗어나 자신의 아이덴티티를 재정립하고자 했던 개인의 욕망을 「민족의 죄인」의 서사는 가감 없이 보여주고 있는 것이다. 하지만 이러한 개인의 욕망은 쉽게 달성되지 않는다. 그것은 '나'가 학업을 이유로 동맹휴학에 가담하지 않은 조카를 훈계해 돌려보낸 뒤 "무언지 모를, 속 후련하고,

39 위의 글, 58쪽.
40 위의 글, 63쪽.
41 이와 관련해서 박상준은 「민족의 죄인」에서의 고백이 '반성의 디에게시스+변명 · 변호의 미메시스' 패턴을 구사하는 서술전략과 대칭적인 회상구조에 의해 수행된다고 논의하면서 주인공이 자신의 역할을 다시 찾고 정체성을 재수립하는 고백의 긍정적 · 적극적 기능이 완수되었다고 말한다.(박상준, 「「민족의 죄인」과 고백의 전략—해방기 채만식 소설세계와 관련하여」, 『한국현대문학연구』 제27집, 한국현대문학회, 2009, 277~304쪽) 하지만, 소설 말미의 서사에 비추어보았을 때 그러한 고백의 효과가 달성되었다고 단정하기는 어렵다.

겸하여 안심되는 것 같은 것이 문득 느껴지고 있"[42]음을 자각한 것이 역설적으로 방증한다. '나'는 조카에 대한 훈계를 통해 자신 역시 누군가를 비판할 수 있다는 자기 망각의 환상을 맛보게 된다. 다시 말해 타자의 시선 앞에 적나라하게 노출된 무력한 개인(타자화된 대상)이 아니라, 자신 역시 누군가를 타자화할 수 있는 주체의 위치에 선 듯한 착각을 했던 것이다. 하지만 「민족의 죄인」의 서사가 말하고 있듯이, 기억의 망령들의 흔적은 결코 쉽게 지워질 수는 없으며, 그렇기 때문에 '나'의 자기 주체화는 쉽게 이루어질 수 없는 것이다. 스스로 자신의 과거 친일적 기억을 드러내는 전략이 고백과 반성의 서사를 통해 자기 재구축으로 이어질 수도 있지만, 오히려 그 전략 안에서 '민족의 죄인'이라는 굴레에 갇혀버릴 수도 있기 때문이다.

4. '기억서사'와 자기의 테크놀로지

이상에서 해방기 '기억서사'에 나타난 개인의 자기 재정립의 욕망을 살펴보았다. 이태준의 「해방전후」의 서사가 '잊어야 할 기억'을 감추는 자기기만 속에서 자기의 재구축을 보여주었다면, 채만식의 「민족의 죄인」의 서사는 '잊을 수 없는 기억'을 드러내는 자기고백 속에서 자신의

42 蔡萬植, 앞의 글, 65쪽.

아이덴티티를 재구축하고자 한 욕망을 펼쳐보였다는 점에서 차이가 있다. 또한, 이태준의 「해방전후」가 '과거-현재'의 순차적 시간 구성에 의해 서사를 이끌어나가면서 해방을 기점으로 과거를 망각하고 변화된 현재의 자신을 긍정하고 있다면, 채만식의 「민족의 죄인」은 '현재-과거-현재'의 순환적 시간 구성을 통해 현재의 자신이 결코 과거의 기억으로부터 자유로울 수 없다는 것을 역설적으로 보여준다. 하지만 이 두 서사 모두 해방기라는 혼돈의 시기가 개인에게 끊임없이 요청한 자기 갱신에 대해 나름의 방식으로 응답했다는 점에서, 그것을 '자기의 정치학'이라고 부를 수 있다. 다시 말해, 내적 욕망의 발로이든, 타자의 시선에 대한 반응이든, 해방기 개인이 정치적 주체로 자신을 새롭게 주조하고 있다는 점에서 「해방전후」와 「민족의 죄인」의 서사는 그 자체로 자기의 정치학을 보여주고 있는 것이다.[43]

미셸 푸코는 인간이 자기 자신을 이해하기 위해 사용하는 특수한 기술, '테크놀로지'에 관심을 기울이면서 "개인이 자기 자신의 수단을 이용하거나, 타인의 도움을 받아 자기 자신의 신체와 영혼 · 사고 · 행위 · 존재방법을 일련의 작전을 통해 효과적으로 조정할 수 있도록 해"[44]주

43 이와 관련해서 박용재는 해방기 민족 전체의 주체성뿐만 아니라 각 개인의 주체성까지도 복원을 요청받았는데, 인과적인 주체성 복원의 서사는 과거 식민지의 기억을 망각하고 새로운 미래상에 맞춰 현실을 재단하는 가운데 상당한 불인치를 드러냈지만, 그러한 불일치를 완결된 서사구조 내에서 봉합함으로써 주체성 복원의 기획이 완성될 수 있었다고 논의하였다.(박용재, 「해방기 자기서사와 주체성 복원의 기획」, 동국대 석사논문, 2009, 91쪽)

44 미셸 푸코 외, 이희원 역, 『자기의 테크놀로지』, 東文選, 1997, 36쪽. 푸코는 네 가지 테크놀로지의 주요한 형(型)으로 '자기의 테크놀로지' 외 사물을 생산하고 변형하며 조작하도록 해주는 '생산의 테크놀로지', 기호 · 의미 · 상징 혹은 의미작용을 사용할 수 있는 힘을 부여해주는 '기호 체계의 테크놀로지', 개인의 행위를 규정하고, 개인을 특정한 목적이나 지배에 종속시켜 주체의 객체화를 꾀하는 '권력의 테크놀로지'에 대해 논하기도 한다.

는 것을 '자기의 테크놀로지'라고 명명한 바 있다. 이 자기의 테크놀로지는 '자기 자신에 대하여 관심을 가지고 배려하기'라는 의미의 그리스어 epimelēsthai sautou의 체계와 밀접한 관련을 갖는데, 자기 자신에의 배려라는 문화 속에서 핵심적인 것 중 하나가 글쓰기이다. "인간이 자기 자신을 배려하는 행위는 끊임없이 글쓰는 행위와 결합되었다. 자기란 그것에 대해 무엇, 글쓰기 행위의 주제 혹은 대상(주체)이었다."[45] 자기 자신에 대해 글을 쓰는 것이 자기 자신을 배려하는 것이고, 다시 그것이 자기의 테크놀로지라는 푸코의 논의를 감안한다면, 이 글에서 지금까지 살펴본 해방기 기억서사 역시 자기의 테크놀로지의 맥락에서 이해할 수 있을 것이다. 특히 그것이 과거 식민지시기 자신의 행적에 대한 기억을 바탕으로 한 고백적 성격이 강하며, 마치 과오를 뉘우치는 것과 같은 내러티브를 취하고 있다는 점에서 그러하다. 다시 푸코의 논의를 빌려오면, "죄의 참회는 자기 동일성의 확립을 그 목표로 삼지 않으며, 대신 자기의 거부, 자기로부터의 탈출을 특징으로 설립하고자 한다. 즉, Ego non sum, ego(과거의 나는 이미 존재하지 않으며, 존재하는 것은 새로운 나이다)이다. 이 정식은 '자기 공개'의 핵심이다. 이것은 과거 자기 동일성과의 결별을 나타낸다."[46] 이태준의 「해방전후」와 채만식의 「민족의 죄인」의 서사를 죄의 참회[47]로 읽을 수 있다면, 그것은 (과거 식민지시기의) 자기에

45 위의 책, 52쪽.
46 위의 책, 77쪽.
47 이와 관련해서 유철상은 이태준의 「해방전후」와 채만식의 「민족의 죄인」이 "일제의 강요와 생활문제로 인한 친일행적과 자기반성에 따른 수치심의 극복문제를 다루고 있다"고 논의하면서 주인공들이 과거와의 급격한 단절을 통해 속죄의식을 보여주는 것은 수치심을 극복하고 자존심을 회복하기 위한 효과적인 수단이었다고 말한다. 이에 대해서는 유철상, 「해방기 민족적 죄의식의 두 가지 유형」, 『우리말글』 제36집, 우리말글학회,

대한 거부, 자기로부터의 탈출을 말하고 있는 것이기도 하다.

그런데 지금까지 살펴보았던 이태준의 「해방전후」나 채만식의 「민족의 죄인」의 서사 역시 한 편으로는 해방기 공적 기억이나 민족사 속에 사적 기억이나 개인사가 자연스럽게 미끄러져 들어가는 정황을 보여준다. 다시 말해, 해방기 새롭게 만들어진 공적 기억이나 민족사 속에서 자신의 과거를 기억하고 있는 것이다. 그렇지 않다고 하더라도, 이들 서사를 통해 해방기 자신의 아이덴티티를 재구축하고자 한 개인이 스스로의 기억이나 행위를 공적인 그것에 조응시키려고 하는 욕망을 발견할 수 있다. 그리고 그러한 과정 속에서 기억은 끊임없는 자기증식을 통해 해방기 한국사회를 형성해왔던 것이다. 그런데 과연 자기증식의 기억은 해방기에만 존재했던 것일까? 여기에서 제2차 세계대전이라는 세계사적 사건에 대한 최근의 기억(망각)하기의 행위에 대한 논의를 참고할 수 있다.

> 1990년대 기억의 물결은 제2차 세계대전을 다시 사람들의 관심의 중심에 두게 했다. 이것은 결코 특정한 지역에 국한된 현상이 아니라, 세계 각국에서 일어난 일이었다. 50년 전에 종결된 전쟁이라는 과거가 정치나 문화의 영역에서 갑자기 현재화(顯在化)되었던 것이다. 그 배경 중 하나로 세대적 이유가 있었다. 전쟁을 경험했던 세대는 자신들의 생애에 얽힌 집단적 비탄이나 신음, 또는 경의를 표명하는데, 전쟁을 '살아 있는 기억'에서 소거할 수는 없었던 것이다. 그리고 또 다른 이유로는 20세기가 끝나간다는 데 있어

2006, 365~366쪽 참고.

서 기억 그 자체에 대한 집착이 있었다. 사회, 국가, 그리고 개인이 어떻게 각각의 이야기를 말하고, 아이덴티티를 구축했던가, 그렇지 않으면 어떻게 과거를 이용해 미래에 대한 주장을 전개했던 것인가에 관해서 강렬한 관심이 일어났다. 사적인 생각이 다양했던 것, 집합적 기억을 둘러싼 상반된 주장이 교착(交錯)했던 것은 1990년대 격렬하게 투쟁했던 기억의 풍경을 특징짓는 것이었다. 전후 반세기를 지나 제2차 세계대전은 단순히 기념되었을 뿐만 아니라, 공적 기억의 형상을 둘러싼 투쟁 속에서 잇달아 커다란 정치적 · 문화적 이해를 갖고 '재(再)'기억화되었던 것이다.[48]

해방 이후 한국사회에서의 역사적 사건과 그 속에서의 개인들의 체험 역시 이러한 '기억의 물결'과 닮아 있다고 해도 과언이 아니다. 개인과 사회, 그리고 국가가 '과거'를 말하고, '과거'를 통해 정체성을 구축하며, 그러한 과정 속에서 미래에의 비전을 제시하는 것, 그것은 최근 한국사회의 도처에서 발견되는 '기억의 풍경'이기도 하다.

이와 관련해서 "과거 이해에 있어서도 풍문에 기초한 상상력의 발동이 신화 작용을 야기하는 경우가 많다"[49]고 했던 유종호의 지적에 비추어 최근 한국사회에서의 과거에 대한 기억하기의 한 양상을 파악할 수 있다. 물론 굳이 유종호의 지적을 고려하지 않는다고 하더라도, 해방 이후 한국전쟁의 참화를 겪고 단기간에 경제 성장을 이룩한 현재의 한국사회에서 여전히 '풍문에 기초한 상상력'이 기억을 사로잡아 과거 식

48 Carol Gluck, 梅崎透 譯, 「記憶の作用－世界の中の「慰安婦」」, 『岩波講座 近代日本の文化史』 8－感情 · 記憶 · 戰爭, 岩波書店, 2002, p.193.

49 유종호, 『나의 해방 전후 1940~1948』, 민음사, 2004, 21쪽.

민지시기와 해방기를 바라보고 인식하게 하고 있다는 것은 의심의 여지가 없다. "과거의 어떤 면을 상기하고, 그 면을 기억 속에서 두드러지게 하기 위해서는 이것과 모순되는 다른 면을 망각하는 것이 필요한 것이다"라는 이시다 다케시의 논의를 다시 떠올릴 필요도 없이, 유종호가 마르쿠제의 『에로스와 문명』의 한 대목을 인용하고 있듯이, 망각의 능력은 심적・육체적 위생의 필요 불가결한 요구이기 때문이다. 다시 말해, "어떤 일을 중요하지 않다고 판단하고 그 일의 망각을 허용하는 현상은 우리 영혼의 부담을 덜어주려는 유혹과 관련되어 있으며 그 일에 관여하는 사람들은 모두 마음이 편해지는 것이다."[50] 하지만 동시에 그것은 굴종과 체념을 부추기는 심적 능력이기도 하다는 것을 간과해서는 안 된다.

> 내세울 것 없고 볼품없기 짝이 없는 내 삶의 소롯길에서 보고 듣고 한 얘기를 적어보려는 것은 겪어보지 않은 사람들에게 과거 이해의 단서를 제공해 주고 싶다는 뜻에서다. 내가 보고 듣고 했던 것이 보편적이요 전형적이라고 말하지는 않겠다. 저마다 특정 지역과 특정 상황에 매인 특정 경험을 가지고 있을 터이다. 그런 경험을 될수록 많은 사람들이 기록하고 교환하기를 나는 바란다. 많은 기록의 종합과 검토를 통해 비로소 과거는 그 진실을 드러낼 수 있을 것이다. 모든 것을 잊어버릴 권리가 우리에게는 없다.[51]

50 하랄트 바인리히, 백설자 역, 『망각의 강 레테—역사와 문학을 통해 본 망각의 문화사』, 문학동네, 2004, 18쪽.

51 유종호, 앞의 책, 28쪽.

위의 유종호의 『나의 해방전후 1940~1948』 인용문에 나타난 "내 세울 것 없고 볼품없기 짝이 없는 내 삶의 소롯길에서 보고 듣고 한 얘기" 역시 기억의 산물이다. 하지만 기억하기의 행위가 정치적 주체로서의 자기 재정립의 일환이 아닌 과거 이해의 단초를 제공하기 위한 것이라는 점은 시사하는 바가 많다. '풍문에 의한 상상력'에 휩쓸리지 않고 '삶의 세목'을 기록하는 것, 어쩌면 거기에 기억하기의 행위가 갖는 의미가 내재되어 있는지도 모른다. 해방기라는 '과거'에 조금이라도 다가가기 위해서라도 망각된 기억을 복원할 필요가 있다. "모든 것을 잊어버릴 권리가 우리에게는 없"는 것이다.

제8장

민족적 제의로서 귀환의 젠더 정치

해방기 귀환서사 연구

1. 귀환서사 연구의 현황과 문제점

'해방기'라는 새로운 시공간 속에서 개인들은 신생新生 조선의 건국 주체로서 자기 정체성을 새롭게 확립해야 했다. 그리고 그러한 정체성 확립이 민족성 획득의 길로 이어진다는 것을 감안했을 때, 그들에게 무엇보다 시급한 과제는 '조선인'이 되는 것이었다. 따라서 식민지시기 제국의 지방으로서의 조선, 제국의 신민臣民으로서의 조선인이라는, 다시 말해 제국의 질서 속에 편입되었던 조선/조선인의 위치는 해방과 함께 재편되어야 했다. 이에 따라 제국의 질서 속에서 구획되었던 한반도의 지리적 경계를 재조정하여 확정[1]하고, 세계 곳곳에 이산離散된 민족을 귀환시켜야만 했다. 한반도 밖에 있었던 조선인들은 '조선-한반도', '조선인-한민족'이라는 경계에 포섭되어 가면서 그 속에 자신들을 위치시키기 위해 귀환의 길에 오르게 된다. 새로운 영토에 대한 희망을 품고 만주로 이주한 농민들이나, 강제이주정책에 의해 개척촌에 자리를 잡았던 농민들뿐만 아니라, 징용으로 내지內地 탄광이나 군수공장에 끌려갔던 조선인들, 징병 · 위안부 등으로 전쟁에 동원되었던 조선인들은 새로운 지리적 · 심리적 경계 속으로 돌아와 자신들의 정체성을 재정립해야만 했던 것이다. 요컨대 그들은 제국 내 조선인이라는 굴레를 벗고, 신생 조선의 민족으로서 자신들의 정체성을 새롭게 확립하기 위해 지리적 · 심리적 귀환을 서둘러야 했던 것이다.

한국 현대소설사 서술에서 귀환서사에 대한 언급은 의외로 간단하다. 그것은 해방기 '귀환'이라는 사건이 사회적 문제가 되었고, 이러한 민족 이동의 문제가 귀소본능의 일환으로 처리되었기 때문에 당시 소설에서 이를 다루는 것이 당연했다는 정도의 언급을 보일 뿐이다.[2] 이러한 현실 반영론적 관점은 귀환 주체를 '전재민戰災民'으로 상정하고 그들이 '실향성의 극복'이나 '민족의 정체성 회복'의 차원이 아니라 기아와 빈곤에 시달리는 자신들의 처지를 벗어나고자 하는 욕망을 귀환서사를 통해 보여주었다는 논의[3]나, 해방 직후 조국의 미래에 대한 낙

1 주권국가가 성립하기 위해서는 국경을 확정하고, 그 통치 공간 내부의 지세(地勢) · 지형 등의 정보를 세세히 파악하는 것이 필수적이다. 그것에 의해서 농지에 대한 지세나 사람에 대한 징병이 이루어져 국가 재정의 확보나 국방이 가능하게 되고, 나아가 교통 · 통신망의 정비에 의해서 국민 경제가 형성되며, 국내 주권이 침투한 공간으로서 국토가 편성되기 때문이다. 山室信一, 「國民國家 · 日本の形成と空間知」, 『「帝國」日本の學知 第8卷 ―空間形成と世界認識』, 岩波書店, 2006, 22쪽.

2 김윤식 · 정호웅, 『한국소설사』, 문학동네, 2000, 340쪽.

3 이에 대해서는 이병순, 『해방기 소설 연구』, 국학자료원, 1997, 369~381쪽 참고.

관적 전망을 바탕으로 이루어진 민족적 동일성 혹은 자기정체성 확립에 대한 기대와 좌절의 과정이 작품 속에 어떻게 반영되어 있는지에 초점을 두어 '귀환형소설'에 대해 논의[4]하는 것으로 확장되었다. 이들의 논의는 귀환서사의 현실 반영적인 측면에 주목한 나머지 귀환서사 그 자체가 갖는 특징에 대해서 간과했다. 특히, '귀환소설'이나 '귀환형소설' 등의 개념을 소재적 차원에서 정의하고 있어 해방기 귀환서사가 갖는 이데올로기적 효과에 대해서는 본격적인 논의를 전개하지 못했다.

이 글의 논의와 관련해서 해방기 귀환서사에 관한 연구 중 주목되는 것은 정종현과 정재석의 연구이다. 정종현은 안회남·엄흥섭·허준·김만선·염상섭·채만식·김동리 등의 작품을 대상으로 식민지시기 동아시아적 지리가 어떻게 소설의 심상지리에서 축소되어 해방기 민족국가의 지리로 경계 조정되었는가를 세밀하게 밝히고, 나아가 새롭게 형성되는 남·북한이라는 국민국가로 그 경계가 고착되어 갔는가를 검토하였다.[5] 한편, 정재석은 귀환을 다룬 서사물을 대상으로 국가 만들기 과정에서 나타나는 결속의 상상력과 이를 토대로 국민 만들기 및 국민 되기 사이의 길항관계를 추적하였다.[6] 이들의 논의는 무엇보다도 해방기 민족 결집 및 국가 건설 프로젝트와 귀환서사가 갖는 정치적 관계

4 이와 관련해서는 김태윤, 「해방기 귀환소설 연구」, 『어문연구』 제25집, 어문연구학회, 1994, 349~360쪽과 전흥남, 「해방기 '귀환형소설' 연구」, 『한국언어문학』 제32집, 한국언어문학회, 1994, 305~329쪽 및 전흥남, 『해방기 소설의 시대정신』, 국학자료원, 1999, 33~85쪽 참고.

5 정종현, 「해방기 소설에 나타난 '귀환'의 민족서사—'지리적' 귀환을 중심으로」, 동국대 문화학술원 한국문학연구소 편, 『'고향'의 창조와 재발견』, 역락, 2007, 261~289쪽.

6 정재석, 「해방기 귀환서사, 결속의 상상력과 균열의 역학」, 『사이間SAI』 제4호, 국제한국문학문화학회, 2007, 161~193쪽.

를 고찰했다는 점에서 기존 연구와 변별점을 갖는다고 할 수 있다. 하지만 귀환 이전이나 귀환 과정 그 자체, 그리고 귀환 이후의 사건을 서사화한 작품을 동일한 선상에서 분석하는 것이나, 소설 작품과 신문 사설 등을 같은 층위에서 다루는 것은 귀환서사의 메커니즘을 파악하는 데 있어 다소간의 문제를 발생시킬 수 있다. 또한, 두 연구가 심리적 귀환의 의미에 주목하고 있음에도 불구하고 논의의 초점을 '지리적' 귀환에 맞추고 일본으로부터의 귀환과 만주나 중국으로부터의 귀환을 함께 다루고 있는 것은 귀환서사의 이데올로기적 효과를 다소 간과한 결과라고 할 수 있다. 그리고 무엇보다도 귀환 주체의 계층・직업・성별 등에 따라 귀환 과정과 귀환서사가 다르게 나타나고 있음에도 불구하고, 이들을 '전재민'이라는 하나의 범주에 묶어 논의했다는 데 한계가 있다. 뒤에서 살펴보겠지만, 성별만을 예로 든다고 하더라도, 남성과 여성의 귀환 과정은 큰 차이를 보였으며, 각각에 대응하는 귀환서사 역시 그 의미가 다르다고 할 수 있다.

이상의 선행 연구를 비판적으로 수용하면서 이 글에서는 해방기 일본으로부터의 귀환 과정 자체를 서사화한 소설을 대상으로 하여 '귀환歸還'의 서사가 갖는 이데올로기적 효과[7]에 대해 살펴보고자 한다. 물론 귀환이 새로운 미래로의 귀환이어야 한다면, 그것은 조선으로 돌아오는 데서 끝나지 않고 돌아온 이후부터 시작된다[8]고 할 수 있지만, 이 글에서는 '돌아온다'는 귀환 행위 자체가 서사화된 의미에 대해 주목하므

7 소설의 이데올로기적 효과에 관해서는 Lennard J. Davis, *Resisting Novels－Ideology and Fiction*, Methuen, 1987의 2장 'The ideology of ideology'(pp.24~51)를 참고했다.

8 신형기, 「허준과 윤리의 문제－「잔등(殘燈)」을 중심으로」, 『분열의 기록－주변부 모더니즘 소설을 다시 읽다』, 문학과지성사, 2010, 153쪽.

로, 귀환 이전이나 이후의 상황을 그리고 있는 작품은 논의가 필요한 경우가 아니면 배제하였다. 한편, 식민지시기 일본은 만주와 달리 지배자의 영토였으며, 해방 이후 일본은 적대의 대상으로 그것은 조선인에게 치욕과 오염의 땅으로 인식되었다. 따라서 만주로부터의 귀환과 일본으로부터의 귀환은 그 의미가 다를 수밖에 없다. 이는 실제 작품을 통해서도 확인할 수 있는데, 만주로부터의 귀환이 지리적 귀환에 중점을 두고 있었다면, 일본으로부터의 귀환은 지리적 귀환을 넘어 보다 복잡한 과정을 요구했다.[9] 이 글에서 일본으로부터의 귀환에 주목하는 이유가 여기에 있다. 조선인-되기 과정의 일환으로서의 귀환이 제국/식민지의 위계 관계를 전복하고, 오염된 땅에서 순결한 영토로 돌아가는 것이라면, 귀환서사에서 핵심적인 것은 일본으로부터의 귀환이기 때문이다. 또한, 귀환 주체의 위상에 따라 귀환서사가 다르게 주조되고 있다는 점에 착안하여, 특히 남성의 귀환과 여성의 귀환의 차이에 대해 살펴보고 그러한 차이가 지니는 의미를 검토하고자 한다.

그런데 해방 이후 귀환은 조선인에게만 해당되는 사건은 아니었다. 다시 말해, 패전 후 일본인 역시 자국으로 돌아가 자신의 정체성을 새롭게 확립해야만 했던 것이다.[10] 조선인과 일본인 사이에는 '귀환민'이

9 일례로 만주로부터의 귀환 주체가 주로 '가족'이었던 반면, 일본으로부터의 귀환 주체가 '개인'이었다는 점은 만주와 일본으로부터의 귀환을 '지리적' 귀환이라는 동일선상에서 파악할 수 없음을 반증하는 것이라고 할 수 있다.

10 패전 당시 일본인은 북한 지역에 약 50만 명, 남한 지역에 약 27만 명이 있었으며, 만주에서 빠져나온 피난민은 약 12만 명에 달했다. 북한에 거주하던 일본인 중 피난 기차를 탈 수 있었던 사람은 군인과 경찰관 가족 등 일부에 불과했으며, 대부분의 사람들은 수용소 등지에서 1945년 겨울을 보낼 수밖에 없었다. 겨울을 넘기지 못하고 북한에서 죽은 사람은 약 2만 5천 명에 달했다. 남한을 점령한 미군은 일본에 대해 비교적 유화적이었지만, 일본인은 제한된 재산을 가지고 밀항해 일본으로 향하기도 했다. 1945년 말 남한의

라는 공통점을 넘어서 제국의 '주인'과 '노예'였다는 차이가 존재한다. 조선인의 '귀환'에 대응하여 일본인은 패전의 기억을 소거하기 위해 '인양引揚'이라는 표현을 쓰고 있다. 패전 후 일본인의 인양은 제국의 붕괴, 구 제국 내 새로운 국민국가의 형성, 축소된 영토 내에서 이루어지는 국민국가의 재편성과 밀접한 관련이 있다. 일본인 인양자들은 제국의 영역 내에서 지역에 따라 각기 다른 제국의 붕괴 방식을 경험했고, 현지의 내셔널리즘이라는 전혀 다른 귀환 조건 속에서 본토로 귀환하게 되었다. '인양'이라는 체험은 패전이라는 사건이 동반한 자신의 위치 변화였으며, 새롭게 드러난 '타자'와의 관계 설정이자 이제까지의 관계를 재고하도록 촉구하는 것이었다.[11] 따라서 조선인의 귀환에 앞서 일본인의 귀환에 대해 살펴보는 것은 해방 이후(패전 이후) 다양한 형태의 귀환의 기억을 서사화하고, 그 속에서 주체가 어떻게 자신의 정체성을 확립해나가는지 살펴보는 데 유효한 참조가 될 것이다.

가와무라 미나토는 『전후문학을 묻는다』에서 다케시마 미치오竹山道雄의 『버마의 하프ビルマの竪琴』와 요시다 도모코吉田知子의 「도요하라豊原」, 우메자키 하루오梅崎春生의 「사쿠라지마櫻島」 등의 작품을 예로 들면서, 패전 후 전쟁터의 병사들, 식민지(점령지)에 머물고 있었던 일본인들뿐만 아니라 국내에서 군대에 징집당하거나 군수공장에 동원되었

일본인은 2만 8천여 명으로 감소했지만, 1947년에 이르러서야 귀환은 완료되었다. 또한, 부산의 일본인 세화회(世話會)는 1948년 8월까지 계속해서 활동했는데, 이는 일선결혼(日鮮結婚) 파탄자의 송환이 계속해서 이루어지고 있었기 때문이다. 다카사키 소지, 이규수 역, 『식민지 조선의 일본인들—군인에서 상인, 그리고 게이샤까지』, 역사비평사, 2006, 182쪽.

11 나리타 류이치, 「'고향'이라는 이야기 · 再說—20세기 후반의 '고향'과 관련하여」, 동국대 문화학술원 한국문학연구소 편, 『'고향'의 창조와 재발견』, 역락, 2007, 247쪽.

던 사람들, 시골의 공동숙사에 소개疏開되어 있던 사람들이 원래 살았던 곳으로 돌아오려고 했던 점을 강조한다.[12] 가와무라는 일본의 전후문학이 '돌아오는' 데서 시작되었음을 역설하고 있는 것인데, 그에 의하면 패전 후 일본인들은 제국인으로서의 정체성이 와해되자 '일본'으로 돌아가야만 했던 것이다.

후지와라 데이藤原てい의 『흐르는 별은 살아 있다』 역시 일본인 귀환의 체험을 기록한 글이다. 이 글은 만주국 신찡新京 기상대에 근무하는 남편을 따라 1943년 만주로 이주하였다가 소련군의 참전으로 전쟁터가 된 신찡을 1945년 8월 9일에 떠나 1946년 9월 12일 하카다博多항에 상륙하여, 고향 미나미자와南澤에 도착하기까지의 일 년이 넘는 귀환 과정을 그리고 있다. 이 글에서 먼저 주목되는 점은 어린 아이 셋을 데리고 고향으로 돌아가려는 어머니의 희생과 용기, 그리고 험난한 귀환 여정이라고 할 수 있다. 그러나 이러한 그녀의 '고난의 기록' 어느 곳에도 제국 일본으로 인해 이산되었던 식민지인들의 고난의 기록은 보이지 않는다. 또한, 가족의 상흔이 사라지지 않은 채 지속되고 있음을 강조하는 「후기」 어디에도 타자의 상처에 대한 인식은 드러나지 않는다.[13] 이처럼 과거 사건에 대한 기억과 망각의 변증법을 통해 그녀는 자신의 고난만을 기억하게 되며, 타자의 그것은 망각하게 된다. 과거에 일어난 사건의 기억이 언어화되어 완결된 서사로 말해지는 과정 속에서 타자의 기억은 봉인되고, 무의식적으로 타자의 존재를 부인하게 된

12 가와무라 미나토, 유숙자 역, 『전후문학을 묻는다—그 체험과 이념』, 소화, 2005, 13~15쪽 참고.

13 후지와라 데이, 『流れる星は生きている』, 日比谷出版, 1949. 이 글에서는 위귀정 역, 『흐르는 별은 살아 있다』, 청미래, 2003을 참고하였다.

것이다.[14] 이는 전후 일본 사회의 타자의 부인이라는 내셔널리즘의 욕망 그 자체를 나타낸다고 할 수 있다.

한편, 일본인 귀환의 과정에는 귀환자 스스로가 일본인임을 증명해야 할 필요가 없었다는 점에 유념할 필요가 있다. 해방 후 조선인이 조선으로 귀환한다는 것은 민족이라는 주체에 참여하는 정치적인 행위를 의미하는 것이었지만, 이미 국민국가가 수립된 일본의 경우에는 지리적 귀환을 통해 새삼스럽게 정치적 권리를 획득할 필요가 없었다.[15] 단순화시켜 말하면, 일본인의 경우 지리적 귀환만을 이루면 되는 것이었고, 귀환의 과정에서 '일본인'이라는 아이덴티티를 새롭게 정립할 필요는 없었던 것이다. 그들은 단지 '제국인'이었던 과거를 망각하면 되었을 뿐, 전전戰前이나 전후戰後나 일본인이었던 것에는 변함이 없었다. 하지만 해방 후 귀환 길에 오른 조선인의 경우는 그 사정이 달랐다.

2. 민족적 제의로서의 귀환

엄흥섭의 「귀환일기」는 제목에서 시사하고 있는 바처럼, 조선인의 귀환 과정을 그린 소설이다. 이 소설의 전반부에는 여자정신대에 끌려가 내지의 군수공장에서 일하다 도망쳤으나 가짜 일본인 형사의 모략에 넘

14 오카 마리, 김병구 역, 『기억 · 서사』, 소명출판, 2004, 140쪽.
15 이에 대해서는 정종현, 앞의 글, 154~155쪽 참고.

어가 술집 작부로 전락해 해방을 맞은 '순이'와 '영희'가 탄광징용자로 끌려갔던 조선인들과 만나 S역을 거쳐 시모노세키下關항에서 귀국선에 오르기까지의 고초가 그려져 있다. 50여 명의 조선인들이 도착한 S역에서 기차는 이미 일본인들로 만원이었고, 조선인들은 결국 헌신적인 '청년'의 지휘 아래 노숙과 도보로 500리의 길을 힘겹게 걸어 시모노세키항에 도착한다. 시모노세키항에서 물샐틈없이 들어찬 조선인들로 인해 귀국선을 타기 어렵게 되었지만, '야미배' 장사꾼과의 밀거래를 통해 여자와 노인 15명이 귀국선에 올라 부산으로 향하게 된다.

이 작품에서 흥미로운 부분은 후반부의 순이와 '대구 여인'의 선상船上 해산을 둘러싼 장면이다. 순이는 살아남기 위해 어쩔 수 없이 술집 작부로 살아왔지만, 일본인에게 몸을 허락하지 않은 것에 대해서만은 자긍심을 가지고 있는 인물이다. 그녀는 시집 안 간 처녀가 아이를 가졌다는 것이 부끄러울 뿐 "조선 사람의 씨를 받은 것만은 떳떳이 자랑할 만한 사실"[16]이라고 생각한다. 나아가 '원수의 씨'를 받는 '부끄러운 죄'를 짓지 않았기 때문에 뱃속의 아이를 '조선의 아들'이라고 여기게 된다. 그녀는 자신에게 호의를 베푼 청년이 자신의 과거를 기억하고 있는 것에 부끄러움을 느낄 뿐이며, 주위의 조선인들 역시 사생아를 가진 그녀를 비난하지 않는다. 이러한 상황은 선상에서 해산할 때의 묘한 축제 분위기로 이어진다. 선상에서 순이의 산기가 있자 배 위에서 아이를 낳으면 장수한다며 '서울 노인'은 산파 역할을 자임하고, 아이를 받아든 뒤에는 "너야말로 우리 조선나라 건국동이로구나"[17]라며 흥겨워한

16 엄흥섭, 「歸還日記」, 『우리文學』, 1946.2, 10쪽.
17 위의 글, 18쪽.

다. 배 안에 탄 조선인들 역시 아이의 탄생을 기뻐하면서 저마다 산모와 아이를 돌보기에 여념이 없다. 반면, 대구 여인도 선상에서 해산을 하는데, 그녀는 "우리 조선이 이제 독립이 되게 됐는데 원수놈의 씨를 낳아 가지고 가면 되겠"[18]냐며 갑판 한구석에 자신의 아이를 방치한다.

> 얼마 후에 휘장 속에서는 '응아' '응아' 하고 제법 귀창을 울리는 요란스런 어린애 우름소리가 들려나왔다.
>
> "익크 고초 자지 봐라! 너야말루 정말 우리 조선나라 건국동이로구나!"
>
> 휘장 안에서 외치는 서울 노인의 우숨 석긴 고함 소리는 배 안에 탄 여러 선객들을 한꺼번에 기뻐게 하였다.
>
> (…중략…)
>
> 이 순간 어디서엔지 뜻밖게 '응아' '응아' 하고 또 갓난 어린아이 우는 소리가 난다.
>
> "아아니 참 대구 마누라 어디 갔서?"
>
> "글세 그 마누라가 없서졌군!"[19]

선상 해산 장면에서 주목을 끄는 것은 순이와 대구 여인의 아이에 대한 상반된 태도이다. 순이는 조선인의 아이를 낳았기 때문에 아무 거리낌 없어 하는 반면, 대구 여인은 일본인의 아이를 낳았기 때문에 고통스러워한다. 물론 아이의 탄생을 둘러싼 묘한 축제의 분위기 속에서 조선인의 아이도, 일본인의 아이도 '건국동이'로 불리게 되며, 그들은 모두

18 위의 글, 19쪽.
19 위의 글, 18쪽.

하나가 되어 조선으로 향하게 되는 듯 보인다. "선객들은 이 구석 저 구석에서 수군덕거리드니 건국동이가 둘이나 낫다고 좋아라 날뛰며 축하 추념들을 내너라고 야단법석이다."[20] 이처럼 귀환의 과정 속에서 탄생한 아이를 '건국동이'로 명명하는 것을 통해 정신대와 탄광 징용에 끌려갔던 조선인들은 일본에서의 치욕과 상처를 봉합하고 조선인으로서의 새로운 정체성을 획득하려 하였다. 하지만 조선인의 아이를 낳은 순이는 조선인으로의 귀환을 달성할 수 있지만, 일본인 혼혈아를 낳은 대구 여인은 조선인으로 귀환을 이룰 수 없다. 대구 여인은 자신이 낳은 아이를 방치하는 행위를 통해 조선인으로서의 정체성을 획득하기 위해 노력하지만 무엇보다도 그녀는 일본인에 의해 오염된 사람이었다. 이러한 일본인에 의한 오염은 정화를 통한 제의의 과정[21] 없이는 결코 지워질 수 없는 상흔으로 남는 것이며, 따라서 그것은 순이 아이의 탄생을 둘러싼 귀환 과정과는 본질적으로 다른 것이다. 일본인의 흔적을 간직한 대구 여인은 결코 새로운 조선의 주체로 거듭날 수 없는 것이며, 따라서 이 작품은 진정한 의미의 귀환이 단순히 지리적 귀환만을 의미하는 것이 아니라, 순혈한 조선 민족으로 거듭나야 함을 강조하는 것이다.

대구 여인과 달리, 순이가 제의의 과정을 거쳐 조선인으로서의 아이덴티티를 획득했음은 「귀환일기」의 연작 「발전」을 통해 확인할 수 있다. 이 작품에는 순이와 영희가 귀환 후 전재동포원호회戰災同胞援護會의 도움을 받아 고향인 서울에 도착한 뒤, 일본에서 귀환의 결정적 역할을

20 위의 글, 18쪽.

21 정화를 통한 제의의 과정은 허준의 「殘燈」(『殘燈』, 을유문화사, 1946)에서 귀환의 과정에 놓인 주인공이 주을온천에서 목욕을 통해 '만주의 때'를 벗는 의식 후에 서울로 가려고 하는 모습 속에서도 살펴볼 수 있다.

했던 응징사동맹應徵士同盟 청년 '김용운'의 도움으로 취업을 하고, 국어 교육을 받는 등의 '발전' 과정이 그려져 있다. 이 작품에서 순이가 선상 해산이라는 제의의 과정을 거친 뒤 조선인이 되었다는 것의 반증은 그녀의 '수혈' 행위로 나타난다. 부산에 도착한 뒤 순이는 해산 후 병을 얻어 치료받던 중 '친일파 민족반역자'에 의해 구타를 당해 병원에 실려 온 청년을 위해 "제 피가 에이형인데요, 뽑아다 수혈해주세요"[22]라고 말한다. 이러한 순이의 말에 의사뿐만 아니라 주위의 사람들 역시 의아해하면서도 그녀의 '아름다운 심정'을 치하할 정도로 순이는 이미 조선인으로 받아들여지고 있었다. 비록 작중에서 그 청년이 '조선 민족 해방만세'를 부르짖으며 죽어갔지만, 순이로 하여금 청년에게 수혈을 가능케 했던 것은 이미 그녀가 온전한 의미에서 순혈한 조선인으로 귀환했음을 의미하는 것이라고 할 수 있다. 요컨대, 순이는 '건국동이'의 출산으로 조선인-되기의 제의 과정을 거쳤고, '수혈' 행위를 통해 이를 확인시켜준 것이다.

안회남의 「섬」 역시 탄광노동자로 일본 규슈에 끌려갔던 조선인의 귀환서사를 담고 있다. 이 작품에서는 「귀환일기」의 순이와 대구 여인과 같은 처지에 놓인 인물로 '안'과 '박 서방'이 제시된다. 해방 후 조선으로의 귀환 길에 오르는 데 있어서 박 서방은 탄광노동자의 도망을 방지하기 위해 제도적으로 실시된 '데이자꾸定着'에 의해 일본인 여성과 결혼해 아이를 낳고 탄광촌에 정착했기 때문에 쉽게 조선으로 향하지 못한다. 고심 끝에 그는 처자를 버리고 조선으로 향하는 배에 오르지

22 엄흥섭, 「發展」, 『文學批評』, 1947.6, 16쪽.

만, 안이 풍랑을 만나 정박했던 대마도에서 그를 다시 만났을 때, 처자를 버리고는 조선으로 가지 못하겠다고 말한다. 일견 남편과 아버지로서의 책임감으로 인해 귀환 길에 오르지 못하는 것처럼 보이지만, 두 달 뒤 서울에서 만난 그는 "섬 속에서 보든 그와는 전혀 딴 사람이였다. 요새 종노 어디서나 볼 수 있는 사람 마찬가지로 평범하고 활기 있고 다시 거세고 하"[23]는 모습으로 안에게 비친다. 그러나 그 역시 「귀환일기」의 대구 여인처럼, 귀환을 달성하여 조선인으로서의 정체성을 획득했다고 보기 어렵다.

> 나는 몹시 그가 반가웠다. 그러나 그는 내가 궁금해 하고 반가워하는 모든 심리를 잘 알면서 그것을 끄려하는 눈치였다. 새로 퍽 어색하믈 느끼였다. 그는 나에게 묻지 말라는 드시 딴 인사말만 하고 황황히 사람들 사이로 사라저 갔다. 나는 그의 뒤 모양을 바라다보면서 검푸른 물결 속에 외로히 슨 섬, 섬을 생각하였다. 박 서방은 어디인지 섬이다 하는 느낌을 나에게 주었다.[24]

안이 박 서방을 바라보면서 외로운 섬을 연상한 것은 그가 아직 조선으로 귀환하지 못했다는 것을 의미한다. 이때의 섬은 물론 대마도를 의미하는 것이며, 이는 일본과 조선 사이에 놓인 박 서방의 아이덴티티를 표지하는 것이다. 일본과 조선 어느 곳에서도 자신의 정체성을 확립하지 못하고 둘 사이에 위치한 그는 비록 일본인 처자를 버리고 조선 땅으로의 지리적 귀환을 달성했다고 하더라도 조선인으로서 자신의 정체

23 안회남, 「섬」, 『新天地』, 1946.2, 111쪽.
24 위의 글, 111쪽.

성을 정립하지 못한다. 대구 여인과 마찬가지로 순혈한 조선인이 아니라 오염된 조선인인 그는 새로운 조선 건국의 주체로 거듭나기 위한 통과의례를 거쳐야 하는 것이다. 물론 일본인 처자를 버리는 행위를 통해서 그는 스스로 민족적 제의의 과정을 수행하려고 했다. 하지만 귀환을 달성한 안의 눈에 자신과 다른 위치에 서 있는 사람, 다시 말해 타자로 비쳐졌다는 것은 그가 아직 조선인-되기의 과정에 놓여 있다는 것을 의미하는 것이다.

한편, 그들을 조선인으로 귀환시키기 위해서는 탄광징용자나 정신대원으로서의 개개인의 체험을 민족의 수난사 속으로 포섭시키는 전략이 필요했다. 다시 말해, 식민지시기 산재散在된 민족 개개인을 귀환시키고 결집시키기 위해서는 무엇보다 공통의 상처를 간직하고, 공유해야만 했던 것이다. 「귀환일기」에서의 다음과 같은 서술은 그러한 수난사 공유의 한 맥락이라고 할 수 있다. "팔·일오八·一五 이후 조선 사람에게는 냉수한 목음조차 주지 않는 일본인의 야박하고 흉악한 인심으로 말미암아 조선으로 돌아오는 전재동포들은 자긔 자신이 몃 백 리의 길을 기차도 못 타고 몇 날이고 몇 날이고 거르며 옛날의 숫장수처럼 단지 밥을 지여 먹지 않을 수 없는 것이었다."[25] 그리고 이러한 집단적 수난사 체험의 극대화는 같은 귀환의 과정에 놓여 있는 일본인들과의 비교를 통해 한층 강화된다. "조선서 건너오는 일본인들은 조선으로 가려고 하관에 몰려 있는 조선 사람보다는 훨신 얼골에 윤택이 흘르고 가지고 오는 짐 뭉텅이가 모다 묵직한 것으로만 보아도 조선 내에서 그들을 심하게 학대하지 않었

25 위의 글, 7쪽.

다는 것을 넉넉히 알 수 있는 일이였다."[26] 요컨대, 조선인 개개인의 체험은 민족 수난사에 포섭되고, 그러한 수난사 속에서 타자 일본인의 체험은 '그들'의 체험이 아닌 '우리'의 체험에서 새롭게 만들어졌던 것이다.

이처럼 귀환의 과정에서 귀환민들은 '조선인'으로 거듭나지 않으면 안 되었다. 그들은 조선인이 되기 위해서 「귀환일기」의 순이처럼 스스로 조선인의 어머니가 되거나, 그러한 과정에 동참하는 등의 어떤 민족적 제의를 거쳐야만 했다. 엄흥섭의 「귀환일기」·「발전」 연작과 안회남의 「섬」에 나타난 귀환의 서사는 그 자체로 신고의 귀환 과정에 대한 묘사를 통해 조선인으로의 귀환 욕망을 강화하는 측면이 있지만, 동시에 조선인이 되는 민족적 제의의 과정을 거쳐야지만 진정한 의미에서 조선인이 될 수 있다는 의미를 함축하고 있다. 따라서 이러한 귀환서사는 누가 조선인이 될 수 있으며, 되어야 하는지에 대한 '모범 답안'을 제시하고 있는 것이다.

3. 젠더적으로 위계화된 귀환

귀환자와 미귀환자라는 범주를 「귀환일기」와 「섬」에 등장하는 인물에 적용했을 때, 전자에 안과 순이가 후자에 박 서방과 대구 여인이 속한

26 위의 글, 13~14쪽.

다는 것은 앞서 살펴본 바와 같다. 그런데 귀환자와 미귀환자라는 이분법적 구별만으로는 해방기 귀환서사가 내포한 이데올로기적 효과를 온전히 파악하기 힘들다. 왜냐하면 안과 박 서방이 남성임에 비해 순이와 대구 여인은 여성이라는 젠더적으로 위계화된 관계에 놓여 있기 때문이다. 이러한 개인들의 위계화된 관계는 귀환 과정 자체의 차이를 양산한다. 다시 말해, 개인들 간의 계층・직업・성별 등의 차이가 귀환 과정의 차이를 낳는 것이다. 그런데 보다 주목해야 할 것은 귀환서사에서 이러한 차이가 소거되는 것이 아니라, 전면적으로 부각된다는 데 있다. 즉, 귀환 주체의 계층・직업・성별 등이 귀환서사를 결정하는 것뿐만 아니라 귀환서사가 역으로 그러한 주체의 위치를 고착화한다는 데 유념할 필요가 있다. 이 글에서는 일본으로부터의 귀환 과정 자체를 서사화한 작품을 대상으로 하고 있으므로 앞서 살펴보았던 작품들에 나타난 귀환 주체의 성차에 주목해 본다면, 한편으로는 해방기 대의명분이자 당면 과제인 국가 건설과 민족 통합이라는 아젠다에 남성/여성의 젠더적 차이가 무화無化되었으리라고 짐작할 수 있다. 하지만, 그것은 오히려 강화되고 고착화되는 방향으로 나아갔다.

이와 관련하여 해방 이후 신생 조선의 주체로서의 제시된 여성상像 중 하나로 강인한 어머니상이 주조되고 있다는 점에 주목할 필요가 있다. 이때의 어머니는 특정 개인의 어머니로 위치하는 것이 아니라 민족의 어머니로 확장된다. 그런데 여성이 어머니로 위치 지어진다는 것은 여성성을 모성성母性性으로 제한하는 것이라고 할 수 있다. 다시 말해, 신생 조선에서 여성이 민족의 일원이 되기 위해서는 가부장제 체제 내에서의 현모賢母가 되어야 했던 것이다. 물론 이때의 어머니는 예속적인 사회적 역할, 단순한 기능으로 한정하는 분업에 종속된 질서에 의해 지배되는 탈주체화된 사회적 역할을 부여받을 뿐이다.[27] 그리하여 이율배반적으로 여성은 어머니가 되어 다시금 남성/여성의 위계화된 관계에 포섭되게 되는 것이다. 결국, 여성이 이상화되면 될수록 그와 동시에 여성의 위치는 고착화되었던 것이다.[28]

이처럼 해방기 남성/여성의 위계화된 위치가 고착화되어간다는 점을 감안한다면, 남성의 귀환과 여성의 귀환을 동일선상에서 바라보는 것은 무리가 있다. 따라서 대구 여인과 박 서방을 단순히 '오염된 조선인'으로 묶어낼 수 없다. 무엇보다 일본인에 의해 오염된 '여성'은 남성과 달리 제의의 과정을 통해서도 결코 쉽게 조선인으로 귀환할 수 없었기 때문이다. 안이 박 서방을 바라보면서 느꼈던 "그의 씩씩한 기품이 나로 하여금 저윽히 안심하게 하였다"[29]는 것은, 「귀환일기」의 연작 「발전」에서 대구 여인이 서사에서 사라져 그녀의 귀환 가능성이 봉쇄된 것과는 대비적으로, 남성인 박 서방이 언제나 귀환 가능의 상태에 놓여 있음을 짐작케 하는 것이다. 이처럼 남성/여성의 귀환, 특히 일본으로부터의 남성/여성의 귀환 과정에는 젠더적 위계화가 내포되어 있었다. 이는 앞서 살펴보았던 것처럼 「섬」에서의 남성 귀환 과정에 비해 「귀환일기」에서의 여성 귀환 과정에 조선인-되기의 복잡한 제의의 과정이 수반되었다는 것을 통해서도 확인할 수 있다.

지리적 귀환에 주목해서 엄흥섭의 「귀환일기」와 안회남의 「섬」에

27 뤼스 이리가레 외, 권현정 편, 『성적 차이와 페미니즘』, 공감, 1997, 268쪽.
28 조지 모스, 서강여성문학연구회 역, 『내셔널리즘과 섹슈얼리티』, 소명출판, 2004, 160쪽.
29 안회남, 앞의 글, 111쪽.

나타난 남성과 여성의 귀환 과정을 간단히 살펴보면, 남성의 귀환이 '규슈탄광→가라츠唐津→(폭풍)→대마도→부산항'이라는 비교적 간단한 경로를 보이고 있는 반면, 여성의 귀환은 '군수공장→(탈출)→청춘루→S역→시모노세키항→(선상 해산)→부산항'이라는 보다 복잡한 여정을 제시하고 있다. 물론 이러한 귀로의 과정 이면에는 남성 탄광징용자들의 곤궁한 삶과 탈출의 어려움에 대한 설명이 제시되어 있다. 「섬」에서 강제 이주 정책인 '데이쟈꾸定着'에 대한 설명 역시 이와 무관한 것은 아니다. "일본인 여자와 결혼해서 정착해 살었다는 그 자체가 강제적이었고, 조선 사람 남자로서는 어짤 수 없어서, 말하자면 피치 못할 사정에 억눌려서, 이룩한 생활이기 때문이다."[30] 그러나 귀환서사에 있어서 보다 중요한 것은 귀환이라는 사건을 재현해내는 데 있는 것이 아니라 그것이 해방기 소설로서 어떠한 이데올로기적 효과를 발휘하는지에 있으므로 지리적 귀환 과정 그 자체가 문제되지 않는다. 따라서 남성/여성의 젠더적으로 위계화된 귀환에 대해 좀 더 자세히 살펴볼 필요가 있다.

안회남의 「섬」에서 화자이자 주인공인 안은 자신 역시 귀환민임에도 불구하고 귀환의 과정에 놓인 박 서방에 대한 인식을 통해 귀환에 대해 이야기한다. 표면적으로 그는 박 서방과 마찬가지로 탄광징용자였으나, 일본인 여성과 결혼해 가정을 꾸리지 않았다는 점에서 차이를 보일 뿐이다. 그런데 그는 스스로 조선인임을 강조하거나 해방된 조선으로의 귀환의 당위성에 대해 굳이 역설하지 않는다. 그는 풍랑을 만나

30 위의 글, 106쪽.

대마도에 정박했을 때, "구주에서는 산에 그렇게 나무가 무성해도 통 소나무들이 볼 수가 없었는데 여기서는 흔히 눈에 띄이는 것이 우선 조선에 가까운 듯하였다"[31]는 조선으로의 지리적 이동에 따른 친밀감에 대한 간단한 언급만을 보일 뿐이다. 안이 이처럼 귀환 주체로서의 자의식을 표출하거나 귀환 과정에 커다란 의미를 부여하지 않는 것은 그가 조선인-되기의 민족적 제의로서의 귀환이 아니라 지리적 귀환만을 달성하면 된다는 것을 역설적으로 보여준다. 다시 말해, 그는 박 서방처럼 불순한 조선인이 아니라 순결한 조선인이기 때문에 지리적 귀환만을 달성하면 되는 것이다. 그리고 안이 순결한 조선인 남성이고 지리적 귀환만을 달성하면 된다면, 그의 귀환 과정은 굳이 여성의 귀환 과정처럼 복잡할 필요가 없는 것이다.

안에 대한 정보는 '탄갱炭坑 중심中心의 징용소설徵用小說'[32]이 묶여 있는 작품집 『불』을 통해서 확인할 수 있다. 안이 귀환한 뒤 자신과 함께 규슈탄광에서 일했던 조선인들의 집을 방문하는 내용으로 이루어져 있는 「그 뒤 이야기」에서 그는 지식인이자 소설가로 등장한다.[33] 안이 안회남이 이전부터 구축해온 사소설적 맥락에 의해 작가 자신으로 간주되는 인물이라는 지적[34]과 함께 "우리가 어떻게 자초지종 얼마나 악독한 일본 놈에게 압박을 받고, 학대를 당한 것을 그려보기로 했는데, 그

31 위의 글, 109쪽.

32 안회남, 『불』, 을유문화사, 1946의 「序文」 참고.

33 「그 뒤 이야기」가 「섬」의 연작이라고 단정할 수는 없지만, 『불』에 실린 단편들은 서로 긴밀한 연관을 갖고 있으며, 「섬」과 「그 뒤 이야기」에 등장하는 안이 동일인이라는 것은 다음과 같은 서술을 통해 쉽게 확인할 수 있다. "우리가 오다가 풍낭을 만나 대마도(對馬島)에까지 피난을 했었다는 말을 들은 게지, 그 이야기만 하고 나를 자기 집으로 끌었다."(안회남, 「그 뒤 이야기」, 위의 책, 147쪽)

34 정종현, 앞의 글, 265쪽.

럼, 한편 우리가 고향에 와서는 어떠냐는 것도 고대로 기록해 보고 싶었던 것이다. 나는 전자나 후자 모두, 다 글 쓰는 나의 직책이라고 믿는다"[35]는 「그 뒤 이야기」의 안의 서술이 그가 지식인 소설가임을 드러낸다. 그런데 규슈탄광에서 그는 충남 연기 지역에서 끌려온 조선인들의 대표이자 지도자 격으로 여겨지던 인물로 '다이쬬隊長'였다. 그는 연기대燕岐隊 조선인들의 대표로 일본인들과 협상을 하고, 자신이 먼저 귀환길에 오를 수 있음에도 불구하고 탄광에 남아 연기대 조선인들의 귀환을 위해 힘쓴다. 조선인들의 귀환을 주도하고 있었던 그는 그 자신이 귀환의 대상임에도 불구하고 다른 조선인들과는 구별되는 위치에 서 있던 사람이었으며, 이미 심리적 귀환을 달성한 인물이었던 것이다. 따라서 그에게 민족적 제의로서의 귀환 과정은 불필요했던 것이다.

하지만 여성의 귀환 과정은 이와는 다르다. 오염된 조선 여성인 대구 여인은 차치하고서라도, 순이의 귀환 과정만 살펴보더라도 확실히 안의 그것과는 차이가 있다. 그녀는 일본인 형사에게 속아 청춘루에 작부로 팔려갔을 때에도 "암 몸이야 이런데 떠러젓을망정 우리 맘만―우리 정신만 일치 안으면 좋다―"[36]라며 조선인의 정신을 잃지 않았음을 강조하거나, 앞서 살펴본 것처럼, 조선인의 아이를 가진 것에 오히려 긍지를 느낀다. 이처럼 순이가 식민지시기 일본 군수공장에서 일하거나 술집 작부의 생활을 했던 자신의 과거를 극복하는 방법은 끊임없이 조선인(의 마음)임을 자각하는 것을 통해서이다. 다시 말해 그녀는 스스로가 귀환의 주체인 조선인임을 역설하고 있는 것이다. 그런데 「섬」의 안

35 안회남, 앞의 글, 141쪽.
36 엄흥섭, 「歸還日記」, 『우리文學』, 1946.2, 3쪽.

과 달리 순이가 스스로 조선인임을 끊임없이 강조하는 것은 그녀가 치욕의 땅인 내지로부터 귀환하는 여성이기 때문이다. 다시 말해, 오염된 제국의 영토로부터 귀환하는 여성은 스스로를 정화하는 노력을 계속해서 수행해야만 했던 것이다.

한편, 「귀환일기」에서 조선인 50여명을 귀환시키는 영웅의 면모를 보이는 '청년'에 주목할 필요가 있다. 작중에서 그는 일본인 군수회사를 다니다 그만두고 집에서 공부를 하다 강제 징집되어 탄광 징용자가 되었지만, 과거 자신의 행적을 제국 일본에 의한 불가피한 상황이었다고 설명하면서도 "소위 대동아 전쟁을 사년 식이나 끄려나려온 것은 우리 조선 사람들의 힘이 아니고는 안 될 말이죠"[37]라며 모순적인 면모를 보인다. 물론 이러한 표현을 일본인에 비해 조선인의 우월감을 드러내는 당시 소설의 일반적인 표현이라고도 할 수 있겠지만, 자의에 의해서든 타의에 의해서든, 그가 제국의 질서 하에서 자신의 삶을 영위해 갔다는 것은 짐작할 수 있다. 그런데 이러한 그가 조선인들이 귀환하는 데 결정적인 역할을 하고 남다른 면모를 지니고 있는 인물로 묘사된 점은 흥미롭다.

> 그를 다만 징용을 갓다가 이번에 해방되여 귀국하는 수만흔 응징사 가운데의 하나로만 평범하게 해석해버리기는 너무나 아깝고도 경솔한 판단인 것도 같했다.
>
> 이 청년은 적어도 중학 이상의 지식을 가진 청년이나 아닌가 싶기도 했다.

37 위의 글, 11쪽.

첫재 그것은 그가 오십여 명 일행 가운데서 제일 말숙해 보이는 얼골을 가졌고 또 지성(知性)에 빛나는 두 눈이며 호리호리하고 날씬한 몸맵시가 다른 사람들과 월등이 달렀을 분더러 말소리조차 유창하고 우렁찻스며 씩씩하였기 때문이다.[38]

순이를 비롯한 조선인 귀환에 결정적인 역할을 한 청년은 "다른 사람들과 월등히" 다른 인물로 제시된다. 사실 「귀환일기」에서 귀환을 가능케 하는 인물은 이 청년이라고 할 수 있다. 그의 주도로 S역에서 시모노세키항까지 도보로 이동했으며, '야미배' 장사와의 밀거래를 성사시켜 노인과 여성들이 귀국선에 오를 수 있게 한 것도 그였다. 그는 귀환하는 과정에 놓인 조선인이라기보다는 이미 귀환한 자의 위치에서 그들을 돕는 '영웅'으로 제시된다. 노인과 여성의 귀환을 돕는 남성 청년이라는 설정은 자못 흥미로운데, 이것은 민족 결집과 조선 건국의 주체가 '남성 청년'이 되어야 한다는 것을 우회적으로 보여주는 것이라고 할 수 있다. 따라서 그 역시 민족적 제의로서의 귀환 과정을 굳이 거칠 필요가 없었던 것이다.

여성에 비해 남성의 귀환 과정이 간단하다는 것, 또한 순결한 조선인임을 굳이 증명할 필요가 없었다는 남성/여성의 위계화된 귀환은 「발전」에서 귀환 후 순이가 수혈을 하거나 국어교육을 받는 등 계속해서 조선인-되기 또는 검증의 과정에 놓여 있는 것과는 대비적으로 「그 뒤 이야기」에서 남성 귀환민들이 '흑우회黑友會'라는 조직을 결성하는 것

38 위의 글, 10쪽.

을 통해 명확히 확인할 수 있다.[39] 규슈탄광 징용자들이 주축이 되어 만든 흑우회는 자신들의 세력을 결집하여 귀환 전 탄광에서 죽은 징용자의 위로금을 받거나, 징용에 갈 때 지급하기로 되어 있었던 가족 수당을 받는 등의 활동을 펼치려고 한다.[40] 이는 규슈탄광 징용자들이 귀환 후 단체를 조직하여 자신들의 정치적 권력을 행사하고 있다는 것을 의미하는 것인데, 이처럼 남성 귀환자들은 귀환 이후 자신들의 정치적 권력을 행사할 수 있을 정도로 이미 민족의 일원이자 건국의 주체로 위치 지어졌던 것이다. 반면 여성 귀환자들이 귀환 이후에도 남성 주도 하에 교육을 받거나 직업을 구할 수밖에 없었다는 것은 그들의 귀환이 조선인-되기의 과정일 뿐만 아니라 여성(또는 어머니)-되기의 과정이라는 것을 여실히 증명하는 것이다.[41]

귀환의 주체이자 대상인 개인들은 계층 · 직업 · 성별 등에 따라서 위계화된 귀환 과정을 거쳤으며, 이를 그리고 있는 귀환서사는 그들의 위계화된 관계를 소거하는 것이 아니라 오히려 고착화하였다. 특히, 치욕

39 「그 뒤 이야기」에서 남성 귀환자들이 '흑우회'를 결성한 것과 대비적으로 「발전」에서 순이가 "나와 영히도 '정신대'에 강제로 쫍혀 갓다왓스니깐 '정신대동맹'이라두 만들어야 할 개 아닐가"(26쪽)라고 중얼거리는 것은 귀환 후 남성/여성의 정치적 권리의 획득과 행사가 남성 주도에 의해 이루어졌다는 것을 단적으로 드러낸다.

40 일본에서도 각 지역별로 청년단 등의 단체가 조직되어 자신들의 정치적 권력을 행사하고 사회적으로 유력한 단체가 되었다는 것은 다음과 같은 서술을 통해 확인할 수 있다. "전전(戰前) 이래의 유력한 관제단체나 전시기에 조직된 익찬단체가 전후(戰後)에 해체되었던 것에 비해서, 청년단은 전시 중 대일본청년단의 단위단(單位團)으로서는 해체되었지만, 지역청년단의 실체 특히 부락청년회는 잔존해왔다. 그리고 패전 후 지역지배층과 말단의 통치기구의 통합력이 저하되고 있는 가운데 재건된 청년단은 전후의 지역사회를 짊어지는 유력한 사회단체로서 존속했다."(北河賢三, 『戰後の出發』, 青木書店, 2000, 59쪽)

41 한편, 이 글에서는 본격적으로 논의하지 않았지만, 「섬」의 경우 남성화자(안)가 자신의 목소리로 귀환을 이야기하고 있는 데 반해, 「귀환일기」의 경우 귀환 주체인 여성(순이)이 자신의 목소리로 귀환에 대해 이야기하고 있지 않다는 점, 즉 재현(representation)의 대상이 된다는 점 또한 남성/여성의 위계화된 귀환 과정을 보여주는 것이다.

과 오염의 땅인 일본으로부터의 남성과 여성의 귀환 과정의 차이는 고스란히 각각에 대응하는 귀환서사의 차이를 양산하였으며, 이러한 차이는 결국 해방기 남성 주도의 국가 건설과 민족 결집의 메커니즘을 여실히 보여주는 것이라고 할 수 있다. 남성은 이미 귀환한 자의 위치에서 미귀환자인 여성을 자신의 영토 안으로 포섭하려 하였으며, 이때 여성은 순결한 어머니로서 위치 지어졌다. 따라서 당시 귀환서사가 민족 통합과 국가 건설의 당위성을 역설하고 있다고 하더라도, 그것은 그 자체로 남성 주도의 사회 구조 재편 과정을 반증하는 것이라고 할 수 있다. 역시 해방기 남성에게 있어서 문제는 여성이었던 것이다.

4. 현재진행형으로서의 미완의 귀환

이상에서 해방기 소설에 나타난 일본으로부터의 귀환서사를 대상으로 '조선인-되기'의 과정을 살펴보았다. 이를 통해 확인할 수 있었던 것은 해방기 개인들의 '조선인'으로서의 자기 정체성 확립의 욕망이었으며, 그러한 개인의 욕망을 실현하는 데 있어서 어떤 민족적 제의ritual의 과정이 수반되어야 한다는 것이었다. 해방기라는 혼돈의 시기에 조응하여 개인이 국가 건설의 주체로 자신의 아이덴티티를 재정립하는 것은 당면 과제인 동시에 신고의 여정이었다. 그리고 문학작품은 시대적 요청에 응답하여 그러한 문제에 대한 답을 작품 속에 형상화하였다.

물론 조선인-되기의 서사는 다양한 방식으로 만들어졌으며, 이는 당시의 정치적 상황에 민감하게 반응한 결과였다. 그러나 신생 조선 건국의 주체로서 개인을 호명하고, 개인이 스스로 자신의 아이덴티티를 재편성하려 했을 때, 일본으로부터의 귀환을 서사화하는 것은 그 자체로 아이덴티티 정립의 과정을 보여주는 것이라 할 수 있다.

한편, 귀환서사가 보여주는 '조선인-되기'의 과정은 귀환 주체의 계층·성별·직업 등에 따라 위계화된 차이를 보였다. 성차에 주목했을 때, 일본으로부터 남성/여성의 귀환서사는 남성과 여성의 젠더적으로 위계화된 관계를 소거하는 것이 아니라 고착화하는 방향으로 나아갔으며, 남성 주체는 이미 귀환을 달성한 자의 위치에서 여성 주체의 귀환을 주도했다. 그리고 이러한 여성의 귀환서사는 조선인-되기의 과정이면서 동시에 여성(어머니)-되기의 과정에 여성 젠더들이 놓여 있음을 여실히 보여주었다. 요컨대 해방기 일본으로부터의 귀환서사는 귀로형의 단선적인 서사를 제시하면서 남성 중심의 사회 구조 재편 과정을 보여주었으며, 그것은 그 자체로 해방기 소설의 하나의 특징이라고 할 수 있다.

이 글에서는 일본으로부터의 귀환 과정 자체를 서사화한 작품만을 대상으로 하였기 때문에 해방기 귀환서사의 다양한 이데올로기적 효과의 전모를 밝히지는 못했다. 다만, 귀환이라는 역사적 사건을 소설 속에서 서사화하는 것이 신생 조선의 민족으로서의 아이덴티티 정립 과정을 보여준다는 점에 착안하여 지리적 귀환의 차원에서가 아니라 심리적·정치적 귀환의 차원에 주목하여 논의를 전개했다. 그리고 일본으로부터의 귀환서사를 검토하는 것을 통해 해방기 '귀환'이라는 행위를 서사화하는 전략 안에 민족주의와 남성우월주의의 시선이 확고하게 자리 잡고 있었다는 것을 확인할 수 있었다. 그러나 「섬」에서의 미귀환자인 박 서방을 통해 귀환서사의 이데올로기적 효과가 민족적 주체로의 추인 과정만을 제시하지 않는다는 것을 알 수 있다. 다시 말해, 귀환하지 않는/귀환하지 못하는 박 서방을 통해 귀환서사의 이데올로기적 효과에 모든 주체가 포섭되지 않는다는 것을 알 수 있다. 표면적으로 일본인 처자에 대한 모종의 부채의식 때문에 박 서방이 귀환을 달성하지 못한 것처럼 보이지만, 내지 탄광 노동자였던 그가 신생 조선의 주체로 자신의 아이덴티티를 정립하지 않은 데에는 보다 착잡한 이유가 내재되어 있다고 짐작할 수 있다. 그리고 이러한 그의 행로는 그 자체로 해방기 개인들이 '조선인-되기'라는 시대적 요청에 직면하여 다양한 선택을 하였고, 그러한 선택이 시대논리나 담론에 포섭되지 않는다는 것을 반증하는 것이다.

끝으로 해방기 '민족'을 둘러싼 다양한 논의가 만들어지고 재생산되었던 점을 감안한다면, 이 시기를 현재의 분단 체제를 살아가고 있는 한국인들의 정체성 형성의 출발점으로 보아도 무방할 것이다. 제국에서 조선으로, 다시 남북한의 분단국가로, 해방기는 당대의 혼돈상처럼 혼종적인 한국인의 정체성이 형성된 시기인 것이다. 혼종적인 한국인의 정체성을 규명하기 위해서는 귀환을 통해 조선인이 되고자 한 개인의 욕망 못지않게 귀환하지 않은 자들의 내밀한 욕망을 고려해야 한다. 왜냐하면 재일조선인을 비롯해 중국·러시아 등 세계 각지에 이산되어 살고 있는 한국인들 — 귀환하지 않은 자(또는 귀환할 수 없는 자) — 의 욕망을 고려하지 않는 한 혼종적인 한국인의 정체성은 결코 구명될 수 없는 것이기 때문이다. 나아가 해방기 이후 귀환하지 않고 이산의 삶을 살아가고 있는 그들의 욕망을 추적하는 것은 '현재진행형으로서의 귀환'의 메커니즘을 해명하는 길이기도 할 것이다.

제9장

국가 부재의 가난서사와 민족국가 상상

해방기 가난서사 연구

1. 해방과 국가 없는 삶

1945년 8월 15일 제국 일본의 패전과 식민지 조선의 해방은 제국-식민지 체제의 붕괴 또는 해체를 의미했다. 해방이 역사적 '사건'이라고 했을 때, 그것은 기존의 제국-식민지 체제하 식민지 조선인 삶의 정치적·경제적·문화적 조건들을 탈식민-냉전 체제 형성기 해방 조선에서 재조정할 것을 요구했다. 사건은 새로운 존재 방식을 결정하도록 강요한다. 사건에 충실하다는 것은 이 사건이 잉여적으로 부가되는 상황 속에서 움직이면서 사건에 따라 상황을 사고하는 것으로, 사건적 충실성이란 사건이 발생한 고유한 질서 속에서의 실질적 단절을 의미한다.[1] 사건으로서의 해방 역시 그것에 따라 사고하는 한편 그것에 의한 질서 속에서의 새로운 존재 방식을 요청하였다. 특히, 1937년 중일전쟁에 이어 1941년 아시아-태평양전쟁의 발발로 이어지는 전시총동원 체제하 관리되고 통제되고 운영되었던 식민지 조선인의 삶은 해방 조선의 민족국가 건설의 기치 아래 새롭게 재편되어야 했다. 물론 그렇다고 해서 1945년 8월 15일을 기점으로 조선의 정치적 · 경제적 · 문화적 조건들이 급변했다고 볼 수는 없으며, 조선인들의 삶이 본질적으로 변화한 것은 아니었다. 많은 선행 연구들이 지적하고 있듯이, 표면적 단절 이면에는 곳곳에서 연속의 상황들이 펼쳐지고 있었다.[2] 하지만 내적 연속성의 흔적들에도 불구하고 해방은 민족국가 건설이라는 이후 사건으로 연결되고, 그런 점에서 그것은 과거 제국-식민지 체제와의 단절이나 극복을 지향했다. 그리고 그러한 지향은 경제 분야에서도 예외는 아니었다.

해방과 미군의 점령으로 상징되는 정치체政治體의 변동은 해방 조선에 극심한 경제적 혼란을 불러왔다. 식민지 말 통제 경제 질서의 해체에 따라 38선 이남 지역의 식량과 석탄 등 물자가 부족하게 되었고, 산업체로부터 쫓겨난 수천 명의 실업자들이 생겨나게 되었다. 시중 은행의 현금이 고갈되었고, 1945년 10월에 접어들면서 주둔 군비와 귀환자의 일은권日銀券 교환 등에 따라 통화가 증발되었다. 1945년 5월 미

1 알랭 바디우, 이종영 역, 『윤리학』, 동문선, 2001, 54~55쪽.

2 이와 관련해 비교적 최근의 괄목할 만한 연구 성과로 정종현의 『제국의 기억과 전유—1940년대 한국문학의 연속과 비연속』, 어문학사, 2012를 들 수 있다. 그는 해방 이후 한국사회와 문화 형성 과정에 있어서의 중층적이고 혼종적인 현상을 구명하기 위해 1940년대를 '암흑기'와 '해방기'로 변별하는 것이 아니라 '1940년대'라는 동일한 지평 위에서 사고할 필요성을 제기하는 한편, 당대를 연속과 비연속, 지속과 기원이 모순적으로 병존하는 시기였다고 명명하였다.

군정은 일반고시 제1호를 공포하여 식량통제정책을 폐지하고 미곡시장의 자유를 천명한데 이어, 10월 일반고시 제2호 〈자유 시장 설치에 관한 건〉을 통해 연초·소금·인삼·설탕 등 통제를 필요로 하는 몇몇 물자를 제외한 생활필수품의 자유 시장을 개설한다고 발표하였다. 그런데 이러한 자유 시장 체제로의 전환은 제국 일본식 통제에 반감을 가지고 있었던 조선인들의 미군에 대한 부정적 여론과 인력 부족에 기인한 실질적 통제의 곤란함 속에서 이루어진 불가피한 선택이었을 뿐이었다. 이에 따라 현상유지 정책의 기조 아래 생산력 증대를 위한 어떠한 조치도 취해지지 않았다. 비축 물자는 한정되어 있었고, 비료의 부족으로 농업 생산은 감소되었으며, 일본인 공장 관리자와 기술자들의 귀환에 따른 기술력 결핍과 미소군정의 분할 점령에 따른 남북한 경제 단절 등으로 공업 생산은 감퇴되었다. 반면 해외 거주 조선인의 귀환과 38선 이남으로의 이동으로 인구의 급격한 증가가 이루어졌다. 인구 증가와 물자 공급의 부족 속에서 물가의 등귀는 필연적인 것이었다. 그리고 이러한 가운데 미군정의 취약한 행정력을 틈타 초과 상업이윤을 획득하려는 상인들의 물자 은닉과 매점매석 등이 투기 풍조를 조장하여 물가 앙등에 더욱 부정적인 영향을 끼쳤다.[3] 정치고문이었던 베닝호프의 말처럼, 해방 이후 조선에서 인플레이션은 계속 진행 중에 있었으며, 그것은 통제될 수 없는 지경에 이르렀던 것이다.

당시 '먹고사는' 문제는 일반 대중의 주된 관심사였고, 거기에는 해방이 가져올 장밋빛 전망이 내재되어 있기도 하였다. 마치 해방이 모든

3 김점숙, 「미군정과 대한민국 초기(1945~50년) 물자수급정책연구」, 이화여대 박사논문, 2000, 10~14쪽.

경제적 문제를 해결하여 일반 대중의 삶을 윤택하게 만들어줄 것이란 환상이 유령처럼 사람들 사이를 배회했다. 해방 이후 '경기景氣'가 사람들의 얼굴색을 바꿀 정도로 "경기景氣가 좋고, 나쁜 데에 대對한 감각感覺은, 대단大端히 예민銳敏하며, 경제적經濟的으로 좀 더 편안便安한 생활生活을 바라고 있는"[4] 것이 일반적 상황이었던 것이다. 그런데 여기에서 주목되는 것은 이 일반 대중의 '먹고사는' 문제가 개인적인 경제활동에 국한되는 것이 아니라, "독립 조선獨立 朝鮮의 국민國民"의 자질이나 "국가國家 천년千年의 운명運命"으로 확장되고 있다는 점에 있다.[5] 즉, 개인의 경제활동은 모두 국가라는 정치체의 그것으로 수렴되는 국민적 행위로 간주되고 있었다.

이러한 정치경제적 상황과 관련해 백남운은 『조선 민족의 진로』에서 1945년 8월 15일 이후 조선사회의 대표적인 현상으로 엽관獵官운동과 이권利權운동을 거론하면서, 그것의 타파를 역설하였다. 그는 조선의 행정가들이 군정에 대해 협력하는 것은 필요하지만, 거기에는 언제나 인민의 공복이라는 관념이 내재되어 있어야 한다고 말한다. 또한, 경제자원이 건국의 기초가 되는 만큼 그것의 철저한 관리가 필요한데, 지주와 자본가들이 음모와 결탁을 통해 부를 꾀하는 패거리로 전락하고, 정권과 교환관계를 맺는 것은 정치 브로커의 작태라고 비난한다. 그에게 이러한 엽관운동과 이권운동은 식민지시대의 잔재로 청산해야 마땅한 것으로 여겨지고 있었던 것이다. 그가 "조선朝鮮 민족民族의 운명運命은 자주독립自主獨立에 달였고 자주독립自主獨立의 실성實性은 경제經濟 독립獨立

4 金亨燦 編著, 『日常生活에 必要한 經濟의 基礎知識』, 建國社, 1946, 10쪽.
5 위의 책, 7~8쪽.

에 맺었으며 경제經濟 독립獨立의 실태實態는 민주民主 경제經濟의 체제화體制化 그것이다 다시 말하면 명실名實이 상부相符한 자주독립自主獨立은 민주경제民主經濟와 민주정치民主政治의 동시同時 해결解決 이외以外에는 없는 것이다"[6]라고 단언했던 것 역시 이러한 맥락에서였다. 이 글의 논의와 관련된 부분에 한정하자면, 백남운은 해방 이후 지주와 자본가들이 정치권력과의 협잡을 통해 부를 축재하고 있는 현상을 제국-식민지 체제의 잔재로 치부하면서 그것의 타파만이 독립국가 건설로 연결된다는 점을 명확히 했다.

'민주경제(民主經濟)'는 민중(民衆)의 생활문제(生活問題)를 근본적(根本的)으로 해결(解決)하야 주는 경제생활(經濟生活)의 신체제(新體制)인 것이며 그것은 생산수단(生産手段)과 분리(分離)되였든 생산력(生産力) 담당자(擔當者)에게 생산수단(生産手段)을 법적(法的)으로 재분배(再分配)하야 사회적 생산(社會的 生産)의 토대(土臺)를 부여(賦與)하므로써 일면(一面)으로는 생산력(生産力) 담당자(擔當者)의 정당(正當)한 사유재산(私有財産)을 맨들 만한 조건(條件)을 용인(容認)하여 주는 것이며 타면(他面)으로는 대립성(對立性)이 없는 단일성(單一性)인 '민족경제(民族經濟)'의 부강(富强)을 실현(實現)하는 것이다 그러한 '민주경제(民主經濟)'만이 조선 민족(朝鮮 民族)의 사러갈 유일(唯一)한 방도(方途)인 것이며 그러한 '민주경제(民主經濟)'의 방향(方向)으로 발전(發展)되여가는 것이 조선(朝鮮) 경제사회(經濟社會)의 역사적(歷史的) 필연성(必然性)인 것이며 그러한 '민주경제(民主經濟)'의 실현(實現)을 담당(擔當)할 만한 정권(政權)만

6 白南雲, 『朝鮮民族의 進路』, 新建社, 1946, 20쪽.

이 진정(眞正)한 의미(意味)의 '민주정권(民主政權)'인 것이며 원칙(原則)으로는 생산력(生産力) 담당자(擔當者)를 대표(代表)하는 무산 정당(無産政黨)이 그것을 영도(領導)하는 것이다[7]

생산자에게 생산 수단을 재분배하는 것을 통해 사회적 생산의 토대를 구축하고, 이를 바탕으로 민족경제를 부강시켜 민주경제의 발전을 도모하는 것이 해방 이후 조선 경제사회의 필연적인 과정이라고 인식하고 있었던 백남운에게도 경제 문제는 민중의 '생활'이라는 개인적인 층위를 넘어 '민족경제', '민주정권'이라는 국가적인 층위로 연결되고 있다. 요컨대, 경제적인 층위에서 개인과 국가는 통합되고 있는 것이다. 이런 점에서 해방 이후 국가 단위의 경제로 통합된 개인들의 '먹고 사는' 문제, 곧 생활은 민족국가 경계 내부에서 관리되어야 하는 어떤 것이었다. 특히, 이때 민족국가가 과거 제국-식민지 체제 내 식민지 조선과의 절연을 통해 비로소 성립 가능한 것이라고 했을 때, 개인들의 생활은 새롭게 건설될 민족국가에 의해 균질적으로 관리되고 통치되어야 하는 것이어야만 했다. 하지만 과거 제국-식민지 체제와의 단절이나 그것의 극복을 지향한다고 해서 해방 이후 경제 지평이 국가를 축으로 하여 단기간에 균질화될 리는 만무했다. 오히려 전시총동원 체제하 통제 경제로 비교적 일원화·균질화되었던 조선의 경제 상황은 혼돈에 빠질 수밖에 없었다. 해방이 곧 독립을 의미하지 않듯, 1945년 해방 이래 1948년 단정 수립까지의 3년여의 시간은 '국가 없는 삶'의 나날이었고, 개인들의 경제 활동은 민족국가 건설의 열망과는 달리 사적 영역

7 위의 책, 41~42쪽.

에서 이전투구의 양상을 보였다.

이 글은 탈식민-냉전 체제 형성기 '가난서사'[8]의 이데올로기적 효과에 대해 고찰하는 것을 목적으로 한다. 특히, 해방 이후 남한 단독정부 수립 이전까지의 3년여 동안 씌어진 가난서사가 국가 부재의 정치적·경제적 지형 속에서 끊임없이 민족국가를 상상하게 하면서, 그것을 추인하고 정당화했다는 점을 구명하고자 한다. 이에 따라 이 글에서 가난이라는 경제적 빈곤 상태가 국가의 부재라는 정치적 공백으로 연결되고, 그것이 다시 민족국가의 건설을 염원하고, 나아가 정당화하는 이데올로기로 작동했던 과정을 살펴볼 것이다. 특히 해방 이후 군정 체제하 정치경제적 지형이 재편되면서 새롭게 빈자가 되었던 자의 인정투쟁과 제국-식민지 체제의 붕괴 이후 체제 안팎에서 소외상태에 놓인 존재들에 주목해 가난서사가 어떻게 이들을 재현하는가, 그리고 그러한 재현의 정치학이 어떠한 측면에서 민족국가 건설의 당위성으로 연결되는가에 대해 논의를 전개할 것이다. 이를 통해 탈식민-냉전 체제 형성기 한국문학의 이데올로기적 효과의 한 양상에 대해 확인할 수 있을 것이다.

8 이 글에서 '가난서사'는 해방을 기점으로 한 체제 및 사회 구조의 변동 과정 속에서 경제적으로 소외된 자들의 행위와 욕망을 축으로 사건을 전개하고 있는 이야기를 가리킨다. 특히, 제국-식민지 체제기 제국 일본의 경제적 지평 속에서 삶을 영위해왔던 조선인이 해방 이후 탈식민-냉전 체제 형성기 국가 부재의 정치경제적 혼돈 상태에서 소외된 과정을 서사화하고 있는 일군의 작품을 임의적으로 나타낸다.

2. 미군정 체제와 가난의 인정투쟁

38선 이남에 진주한 미군정은 해방 직후 남한 사회의 정치경제적 현황을 제대로 파악할 수 없었고, 이에 따라 과거 제국-식민지 체제가 구축하고 운영했던 제도를 원용하였으며, 특히 통치성의 공백을 최소화하기 위해 과거 식민지 관료를 재등용하였다. 이와 관련하여 당시의 정황을 엿볼 수 있는 흥미로운 작품이 채만식의 「맹순사」이다. 물론 이 소품은 식민지시기 순사였던 조선인이 해방 이후 자신의 악행을 합리화하는 것에 대한 냉소적 시선을 보여준다. 해방 이후 과거 순사 근무 경력으로 손쉽게 경찰이 되었던 맹순사가 살인강도 강봉세가 경찰이 된 현실에 대해 "하기야 예전 순사라는 게 살인강도허구 다를 게 있었나! 남의 재물 강제루 뺏어 먹구, 생사람 죽이구 하긴 매일반였지"[9]라고 탄식하는 장면이 이를 잘 나타낸다. 그러한 탄식 속에 섞인 비난은 그가 자각하지 못한다고 하더라도 결국 자기 자신을 향하는 것이기 때문이다. 하지만 이 소품에서 단편적이긴 하지만 보다 주목되는 것은 미군정 체제가 경찰로 등용했던 자들이 과거 식민지시기 순사나 폭력배와 살인강도 등의 범죄자였다는 데 있다. 물론 이것이 그 자체로 통치영역의 붕괴나 통치 권력의 균열을 상징한다고 할 수는 없겠지만, 당시 미군정 체제가 안정적인 통치성을 확보하지 못했다는 것을 짐작할 수 있다. 또한, 맹순사와 마찬가지로 식민지시기 순사로 근무했던 자들이 해방 이후 부를 축재하고, 잘 살게 되었다는 것은 이 미군정 체제의 통

9 蔡萬植, 「孟巡査」, 『白民』, 1946.3・4, 17쪽.

치 권력이 오히려 과거 제국주의적 권력을 역설적으로 지속시키거나 강화시키고 있었다는 것을 알 수 있게 한다. 단적으로 말해, 조선총독부의 통치 권력은 그 형태를 변형하여 미군정의 통치 권력으로 이어졌던 것이다.

따라서 해방이 되었지만 독립이 되지 못한 현실 속에서 또 다시 조선이 식민지가 되고, 조선인의 식민지민으로서의 삶은 바뀌지 않을 것이라는 불안의식은 엄존했다. 정비석의 「귀향」에서 미국군과 소련군의 조선 진주의 풍문을 전하자, 마을 사람들은 독립이 다 된 것이라고 생각했는데, 서양 제국주의 세력의 침략으로 '갑오년 난리'를 또 겪게 되지나 않을지 걱정한다. 이에 해방 이후 치안을 담당하면서 마을 재건에 힘쓰고 있던 청년 보안대장 권동성이 "연합군은 전승국이니까 당연히 조선에도 진주하리라는 것, 갑오년 때와는 문화 정도가 다르니까 략탈이나 부녀 겁탈이 없으리라는 것, 연합군은 우리를 해방시켜준 군대니까 우리는 그들을 진심으로 환영해야 한다는 것"[10] 등에 대해 설명하자 마을 사람들이 마음을 놓긴 했지만, 국가 부재 상태와 군정의 통치에 대한 불안은 여전히 지속되었다. 특히, 미군정에 의한 신탁통치는 일본과는 또 다른 제국주의적 질서 아래 조선인들의 삶이 관리된다는 것을 의미하는 것이었고, 그런 점에서 그것은 '탈脫'식민이 아니라 '후後'식민의 상태로 받아들여질 가능성이 컸다.

이처럼 미군정에 의한 통치를 또 다른 제국-식민지 체제의 산물로 여기면서 국가 없는 삶의 비애에 대해 서사화하고 있는 작품이 김동인

10 鄭飛石, 「歸鄕」, 『경향신문』, 1946.10.25~11.8. 여기에서는 김현주 편, 『정비석 문학선집』 3-단편소설, 소명출판, 2013, 96쪽.

의 「망국인기」이다. 적산가옥을 불하받았다가 내쫓기게 된 김동인은 망국인으로서 자기 자신의 처지를 실감하게 된다. '정부 없는 인생'으로 인해 미군정의 지시에 따라 통제, 관리되는 삶이 상실의 감각으로 연결되는 순간 그는 망국인으로서 자기 자신과 조우하게 되었던 것이다. 그리하여 미군에게 돼지와도 같은 한낱 미개인에 불과한 조선인으로서의 위치를 자각하지 않을 수 없었던 것이다. 여기에는 한편으로 문학자로서 자신을 기술자나 거지와 동등하게 취급하는 것에 대한 반감이 표출되어 있다. 즉, 조선인들을 미개인으로 단일화하는 시선에 대한 거부감과 함께 자신의 사회적·문화적 지위에 대한 인정 투쟁의 욕망이 내재되어 있는 것이다. 그가 광공국장이 과거 식민지시기 문학자로서의 자신의 공적을 인정해 적산가옥을 불하해줬을 때 감격의 표출과 함께 구어체의 확립, 3인칭 대명사와 과거시제의 창안 등을 통해 "내가 개척한 길은 조선 소설도의 한 지표가 되"[11]었다고 자부심을 내비쳤던 것도 이러한 맥락에서였다. 또한 식민지시기 친일적 행위가 자신의 명성이나 지위에 누가 될지도 모른다는 판단에 조선총독부 검열 당국에 의해 끊임없이 검열당하는 억압 속에서도 조선어를 지키기 위해 분투했고, 일본어 장려 속에서 잡지에 일본어로 짧은 수필 한 편을 쓴 일이 유일하다고 굳이 상기시켰던 것 또한 해방 조선에서 자신의 업적이 정당한 인정을 받고, 그에 따라 자신에게 적절한 대우가 뒤따라야 한다는 것을 은연중에 드러낸 것이라고 할 수 있다.

내 민족을 보호해줄 정부(政府)를 못 가진 가련한 망국인 — 이 너른 우주

11 金東仁, 「亡國人記」, 『白民』, 1947.3, 12쪽.

에서 '유태' 민족과 함께 정부 없는 인생이 된 우리는 다만 실력자의 하라는 대로만 움지길 밖에는 없었소. (…중략…)

일구사오(一九四五), 팔(八), 일오(一五)에 느꼈던 감격과 감사는 모두가 헛것이였소. 다만 '망국인'이라는 커다란 그림자가 우리를 지배할 뿐이오.[12]

일제(日帝)시절에는 그래도 서루 말, 언어가 통하야 이쪽 의사를 저쪽에 알릴 수 있고 저쪽 의사를 이쪽이 알 수 있었으니 서루 오해는 없이 살아 왔으나, 지금은 다만 저들의 눈에는 우리는 미개인(未開人)일 따름이요, 우리의 눈에는 저들은 다만 군인일 따름이오.

"도야지에게 진주를 던지지 말라. 도야지는 진주의 무엇임을 알지 못하너니"

라는 격언을 가지고 있는 저들의 눈에는, '문학 도야지' '기술 도야지' '거지 도야지' 등의 우열(優劣)의 구별이 안 보일지라, 무슨 협회 무슨 동맹의 총재며 위원장이라는 이들의 쟁쟁한 분류의 사람일지라도 사소한 일로 수감 구류 등 처분을 하기가 일수요, 좀 우수한 도야지라고 대접하며 준다는 일 등은 꿈에도 생각지 않을 것이오.[13]

이런 점에서 김동인이 집을 구하는 행위 속에 내재된 욕망을 좀 더 자세히 들여다볼 필요가 있다. "사십육四十六년의 전생을 아무 야심도 없이, 허심단회虛心擔懷, 오직 소설도小說道에만 정진해왔고, 지금 천하이 모도 정치적 야망이거나 매명買名적 야망이거나 모리적 야망에 뒤끓는

12 金東仁, 「續・亡國人記」, 『白民』, 1948.3, 106쪽.
13 위의 글, 107쪽.

판국에서도 그런 데서는 멀리 떠나서 다만, 내 가족에 몸을 쉬고 또는 조용히 앉아서 글 쓸 만한 집 한 채를 구하고저 하는 말하자면 지극히 담박한 욕망이거늘, 이 욕망 하나도 이루어지지 않는 사정이 진실로 딱하고 한심스러웠소."[14] 그는 어떠한 야망도 없고, 다만 가족과 함께 안정된 생활 속에서 소설가로서의 삶을 이어나가기를 바라고 있을 뿐이라고 말하고 있다. 하지만 「망국인기」의 전편 거의 대부분을 차지하고 있는 내용은 앞서 언급했듯이, 소위 조선문학의 완성자로서의 자기 현시이다. 더구나 적산가옥을 불하받은 뒤 항일투쟁 민족사나 진역 삼국지를 집필하려고 하는데, 조선의 작가들 중에는 자신 외에는 이를 쓸 만한 역량을 가진 자가 없다고 말하는 것 역시 동궤에 놓여 있다. 그런데 이 글에서 주목하는 것은 이러한 자기 현시나 인정 투쟁의 욕망 그 자체에 있지 않다. 과거 식민지시기 자신의 친일적 행적을 망각한 김동인이 해방 직후 문학자로서의 자신의 위상을 재구축해가는 과정 속에서 인정 투쟁의 욕망을 가감 없이 펼쳐 보이는 것은 어쩌면 자연스러운 일이기 때문이다.

따라서 이 글에서는 김동인의 그러한 욕망(그리고 그러한 욕망의 좌절)을 가능하게 한 것이 무엇인지에 주목하고자 한다. 「망국인기」에서 김동인이 스스로를 빈자의 위치에 놓을 수 있었던 것은 제국-식민지 체제의 붕괴, 미군정의 통치로 상징되는 국가 부재의 정치경제적 상황 때문이었다. 이와 관련해 탈식민-냉전 체제 형성기 미군정 통치, 특히 경제 정책에 관한 김동인의 인식을 살펴볼 필요가 있다. 김동인은 『가정신문』 1946년 4월 3일자 「한인이기에」에서 미국군이 38선 이남의 조

14 金東仁, 「亡國人記」, 『白民』, 1947.3, 8쪽.

선을 통치하는 데 있어 인정·풍속·제도·기후·습관이 달라 고심하고 있는데, 조선의 사정에 어둡기 때문에 시정施政에 있어 그릇된 점이 많다는 것을 명확히 한다. 같은 신문의 다음날 이어진 기사에서는 쌀을 주식으로 하지 않기 때문에 쌀 문제에 관해 절박함을 느끼지 않는 미국군의 그릇된 시정으로 인해 "쌀은 서울로 가져오지도 못하게 하고 배급도 안 주니 서울 사람은 공기만 먹고 살 수 있도록 체질이 변하지 않으면 굶어 죽을 밖에 도리가 없다"[15]고 힐난한다. 아울러 서울 주택난의 심각성에 대해서도 언급하는데, 이는 당시 김동인이 겪고 있었던 경제적 궁핍이라는 현실적 상황으로부터 나온 것이다. 그는 1945년 11월 소개지에서 서울로 돌아온 뒤 광공국 부국장의 호의로 서울 성동구 신당동 적산가옥을 불하받아 생활하다 같은 해 12월 6일 미군정 법령 제33호「조선 내 일본인 재산권 취득에 관한 건」이 공포[16]되면서 거처를

15 金東仁,「韓人이기에」,『家政新聞』, 1946.4.4. 여기에서는 金泰完,「金東仁 미발굴 자료 ①」,『月刊朝鮮』, 2012.4, 516쪽.

16 이와 관련해 일본인 소유재산 귀속 과정과 관련된 미군정청의 법령에 대해 간단히 살펴볼 필요가 있다. 미군정은 1945년 9월 7일 포고 제1호를 통하여 군정당국이 모든 행정권을 당분간 실시하고(제1조), 정부·공공단체 또는 공익사업·공공사업 등에 종사하는 직원과 고용인은 별령(別令)이 있을 때까지 현상을 유지한다고 공포하였다.(제2호) 이에 따라 포고 제1호 제4조에는 "주민의 재산권은 존중된다"라고 규정되어 있었고, 일본인도 주민에 포함되어 그들의 재산권을 인정하였다. 이어 미군정 당국은 일본정부 및 일본기관, 일본인 등의 재산이 무단으로 유출되는 것을 방지하기 위해 1945년 9월 25일 군정법령 제2호('재산이전금지')를 공포하여 재산권 이전 행위를 원칙적으로 금지하였고, 8월 9일 이후 체결한 재산권 이전의 법률행위를 무효화시켰다.(제4조) 다만 모든 적산(敵産)을 군정당국에 신고하도록 하면서도, 이를 거래하고자 할 경우에 사전에 보고서를 제출하도록 하였는데(제3조 3항), 보고서를 제출한 이후 60일 이내 금지명령이 없을 경우 당해 계약이 유효한 것으로 인정하였다.(제3조 4항) 그런데 이러한 입장은 1945년 12월 6일 제정한 미군정 법령 제33호(「조선 내 일본인 재산의 취득에 관한 건」)에 의해 선회하게 되었는데, 이 법령에 따라 구일본정부의 재산권뿐만 아니라 일본인의 사유재산권도 모두 몰수하여 미군정청의 소유로 강제 귀속시켰다.(제2조) 즉 1945년 9월 9일 이후 일본인의 사유재산을 포함한 모든 적산을 9월 25일부로 미군정청이 취득하

잃고 하왕십리동으로 이주한다. 「망국인기」, 「속망국인기」의 연작은 이 당시의 상황과 심경을 고스란히 토로한 것이다.

일본인 적산가옥을 불하 받아 거주하던 조선인이 미군정에 의해 일방적으로 내몰린 상황에 대해서는 김동인의 「일인가옥」에 구체적으로 서술되어 있다. 이 글에서 김동인은 합법적으로 일본인 가옥을 취득한 자에게 그 가옥의 사용권을 보장해 법치국의 백성으로서의 안정성을 확보해주어야 한다고 말한다. 그런데 미 24군의 필요에 의해 언제든 쫓겨날 수밖에 없는 상황 속에서 법에 의한 합법적 행위까지 거부당하게 되자 법치를 근간으로 하는 국가의 정당성을 의심하기에 이른다. 그리고 이러한 의심은 과거 식민지시기와의 비교를 통해 마치 현재를 부정하고 과거를 긍정하는 태도로 이어진다. "경제문제로도 이렇듯 불안한 생활을 해본 일이 없다. 게다가 일시동인一視同人이 그들의 표면기치였던 만큼, 표면만은 우월 인종과 열등 인종의 대우 차별이 적었다. 사상문제를 제외하고는 법치국 백성의 자유권을 한껏 즐겼다. 준법자는 법률이 보호해 주었다. 법을 아침에 세우고 낮에 고치고 저녁에 제거하는 변덕은 없었다."[17] 과거 식민지시기 제국 일본의 법과 질서에 의해 안정적으로 통치되고 있었다고 말하고 있는 김동인에게는 제국주의 권력의 폭력성은 보이지 않고, 현재 미군정의 인종주의적 차별만이 눈앞

고, 미군정청이 그 재산 전부를 소유한다고 규정하였던 것이다. 1945년 8월 9일은 미국 육군항공대가 일본 나가사키에 두 번째 원자폭탄을 투하함으로써 사실상 종전되었던 시점으로, 일본정부 및 일본인들이 공식적인 항복 선언에 대비하여 각종 재산권을 임의로 처분하거나 무단 이전시킬 가능성이 높아 그를 방지하기 위해 법령 제33호를 공포하였던 것이다. 이에 대해서는 김성욱, 「'재조선 미국 육군사령부 군정청 법령' 제33호에 의한 소유권의 강제적 귀속」, 『法學研究』 第42輯, 한국법학회, 2011, 95~96쪽 참조.

17 金東仁, 「日人家屋」, 『家政新聞』, 1946.7.28. 여기에서는 金泰完, 「金東仁 미발굴 자료 ②」, 『月刊朝鮮』, 2012.5, 521쪽.

에 나타난다. 그는 제국-식민지 체제기나 탈식민-냉전 체제 형성기 제국주의 국가 권력 앞에 개인이 폭력적으로 호명된 방식에는 어떠한 비판적 인식을 보이지 못하고, 그저 자신에 대한 차별적 처우에 대해 분개하고 있었던 셈이다.

물론, 이러한 개인적 분노의 정념은 국가 부재로 인한 국민으로서의 개인의 권리 박탈로 자연스럽게 연결된다. 김동인이 "조선 사람이 일본인의 집에 들어서는 아직 아주 사買는 법규가 안 섰으니 사지는 못하나 장차 그 주택의 소유권이 조선 정부(장차 설)로 이관되는 날에는 당연히 연고자인 자기네(현재 거주인)에게로 올 것으로 믿으므로 '내 집'이라는 기분으로 집을 간수하며 관리하여 개량하며 장차를 기다리고 있는 것이다"[18]라고 말했던 것은 국가의 성립이 개인의 권리(소유권)를 확보해줄 것이라는 믿음에 기초한 것이었다. 즉, 미군정 체제의 국가 부재의 상태가 국민으로서의 개인의 권리를 박탈하고 있으니, 민족국가가 성립되면 이러한 문제는 손쉽게 해결될 것이라고 보았던 것이다. 당시 문학작품에 표상된 '집'의 이미지는 국가 건설 담론의 자장 속에서 민족국가에 대한 상상으로 연결되었는데, 집이라는 공간을 민족의 공간으로 확장하는 것에서 나아가 민족공동체를 위한 국가 건설의 논리를 구축하기도 하였다.[19] 하지만 그러한 과정 속에서 작동하는 국가 권력의 통치성(과 그것의 폭력성)에 관심을 둘 여력이 김동인에게는 없었던 것이다.

이처럼 제국-식민지 체제 아래 식민지 조선인 문학자로서 자신의 삶을 영위해왔던 김동인은 제국-식민지 체제가 붕괴되자 자신의 삶을 재

18 위의 글, 519쪽.
19 이민영, 「해방기 소설에 나타난 '국가-집' 표상 연구-김동리, 김동인, 엄흥섭의 소설을 중심으로」, 『현대소설연구』 제49호, 한국현대소설학회, 2012, 239~263쪽.

정위해야 했고, 그 재정위 과정 속에서 빈자로서 자신의 경제적 위상을 내세우는 전략을 구사했던 것이다. 미군정 체제가 그로 하여금 빈자로서의 자기 구축을 가능하게 한 셈인데, 역시 이러한 자기 구축의 핵심적인 동력은 '망국인'으로서의 정치적 감각으로 직결된다. 물론 이러한 망국인으로서의 비애는 식민지시기의 삶과의 비교에서 오는 상대적 박탈감에서 기인하는 것이기도 하였다. 김동인은 위의 두 번째 인용문에 나타나 있듯이, 식민지 지배 언어인 일본어에 기반해 말과 언어가 통했다는 환상을 지니고 있었는데, 미군정 체제 아래 그러한 환상이 무참히 무너져 내리는 것을 맛보았던 것이다.[20] 이는 해방을 기점으로 일본어로 상징되는 언어 권력을 획득하고 있던 자가 영어로 상징되는 언어 권력의 외부에 놓이게 되었다는 것, 그리고 그로 인해 문화자본을 상실하게 된 상황을 여실히 보여준다. 물론, 김동인으로 하여금 말과 언어가 통했다는 환상을 가능하게 한 것 역시 언어 권력에 주박당한 식민지 문학자의 자기 망각에 다름 아니지만, 그리하여 일본어 외부에 놓인 식민지 조선인들의 척박한 삶은 은폐되게 마련이지만, 해방과 미군정 점령이라는 정치 지형의 변화 속에서 언어 권력(영어)의 외부에 놓인 자의 상실의 감각이 망국인의 비애로 연결되고 있었던 것이다. 이런 점에서 그가 조선어의 수호자, 조선문학의 완성자로서 끊임없이 자기를 현시하는 것에는 민족국가의 구심점으로서의 조선어(국어)에 대한 강박이 내재되어 있는 것이기도 하다.

따라서 이 「망국인기」는 미군정 체제에 대한 비판이나 빈자의 소외

20 이혜령, 「채만식의 「미스터 방」과 김동인의 「망국인기」, 해방 후 일본어가 사라진 자리」, 『내일을 여는 역사』 제32호, 내일을여는역사재단, 2008, 152~153쪽.

상태에 대한 거부감의 표출로 읽히기 쉽지만, 그러한 비판이나 거부감의 표출 이면에는, 김동인이 의도했든 의도하지 않았든, 민족국가의 건설의 당위성이 마련되어 있다. 국가 부재의 상태가 역설적으로 국가 건설의 당위성을 마련하고 있는 것이며, 특히 빈자의 정치경제적 소외 상태를 해소해줄 것으로 기대되는 국가의 도래는 그 국가의 통치성에 대해 어떠한 의문도 제기하지 않고, 국가 그 자체에 대한 염원으로 표출되게 되었던 것이다. 국가가 이러한 빈자들의 정치경제적 소외 상태를 해소해주리라는 것이 헛된 기대라는 것은 상식에 속하지만, 탈식민-냉전 체제 형성기 가난서사가 국가 부재와 그로 인한 빈자들의 재생산 과정을 재현하면 할수록, 국가라는 정치체는 의심의 여지없이 정당화되었던 것이다. 그리고 이때 개인들의 사회적 상상은 균질적으로 통합되었고, 국가의 통치성은 그 자체로 자명한 것이 되어버렸다. 국가에 대한 개인들의 충성은 이제 한 치의 의심도 없이 자연스러운 것이 되었고, 국가 통치권에 대한 자발적 복종은 오히려 국가 부재 상태가 가속화시킨 셈이었던 것이다.

3. 국가 부/재 안팎의 소외된 자들

해방이라는 사건이 민족국가 건설이라는 또 다른 사건으로 이어진다는 점을 감안한다면, 그러한 사건들 사이에는 인과 관계가 성립되어야 한다. 무엇보다 민족국가 건설은 비약적으로 제시되는 것이 아니라 서사적 인과성을 가져야만 했다. 그래야만 연합군의 전승에 의해 해방이 주어진 것이 아니라, 비록 아시아-태평양전쟁이나 제2차 세계대전이라는 동아시아 지역 질서 및 세계 체제의 변동 과정 속에서 해방이 타율적으로 이루어진 것이라고 하더라도, 그것이 조선인에 의해 예비되었다는 최소한의 논리를 마련할 수 있었다. 즉, 해방은 타율적으로 주어진 것이 아니라, 조선인이라는 민족적 주체들에 의해 능동적으로 달성된 것으로 의미 부여되어야 했던 것이다. 박노갑의 『40년』을 비롯해 해방기 20세기 전반 한국사회의 변화 속에서 민족적 주체의 성장 과정을 서사화한 장편소설이 빈번하게 씌어졌던 것도 이러한 맥락에서였다. 이에 따라 무엇보다 시급한 과제 중 하나는 주권, 영토, 국민을 통합시킬 수 있는 민족국가 건설의 열망을 결집시키는 것이었다. 상실된 국토를 회복하고, 국외에 이산된 조선인을 귀환시켜야 했으며, 그러한 과정은 대체로 민족국가로서의 조선의 재정위, 국민으로서의 조선인-되기의 일환으로 '민족적 제의'적 성격을 갖는 것이었다. 물론 제국-식민지 체제의 붕괴 또는 해체에 따른 이동이 모두 신생 민족국가 건설이나 국민 통합의 과정으로 균질적으로 수렴되는 것은 아니었다. 오히려 당시 이동하는 자들은 국가의 안전보장을 위협하고, 불안을 야기하는 존재로 국가의 체제 및 안전 유지를 위해 배제해야만 하는 존재들로 간주되기도 하였다.[21] 이처럼 민족국가 건설과 국민 통합의 과정은 언제나 배제와 차별을 동반하게 마련이고, 소외된 자들을 양산했다.

21 이에 대해서는 이종호, 「해방기 이동의 정치학-염상섭의 단편소설을 중심으로」, 『한국문학연구』 제36집, 동국대 문화학술원 한국문학연구소, 2009, 327~363쪽 참고.

이와 관련해 김만선의 「귀국자」는 해방 조선의 조선인-되기의 민족적 제의 과정이 깔끔하게 이루어지지 않는다는 것을 역설적으로 드러내고 있다. 「귀국자」의 서사는 만주국에서 제국 일본의 '신민臣民'으로 살았던 조선인이 해방 조선에서 다시금 조선인으로서 자신의 정체성을 재구축하는 데 있어서의 갈등과 균열의 지점을 보여준다. 만주국에서 일본인 학교에 다니면서 일본어로 공부했던 딸 경희는 귀환 후 조선인 학교에서 곤경에 처하게 된다. 학교 친구들 사이에서 일본어를 사용하면 벌금을 내기로 규칙을 정한 일본어 척결 운동이 일어나는데 번번이 일본어를 사용하게 된 경희는 학교생활에 쉽게 적응하지 못하게 된다. 과거 만주국에서 일본인 학교에 다닐 때 학교 당국이 조선어를 사용하는 학생에게 벌금을 부과했던 방식을 체험했던 경희는 언어만 바뀌어 그것이 반복되는 역설적인 상황에 놓이게 되었던 것이다. 언어 앞에서 주체는 언제나 분열할 수밖에 없었던 셈이다.

한편, 만주국 신문사에 근무하던 혁은 조선인이라는 이유로 차별 대우 받는 것에 불만을 가지고 있었지만, 반일운동을 펼치자는 동료의 제안을 거절하고 제국주의적 권력에 기생해 생활을 영위해나갔다. 해방 후 조선으로 돌아온 뒤 그는 정계에 진출하고자 하는 입신출세의 욕망을 지니고 있었지만, 만주 출신자에 대한 선입견과 차별로 인해 이를 이루지 못한다. 그러다 자신의 친구들이 군정청의 높은 자리를 차지하고 있는 것에 환멸을 느끼고, 자신의 헛된 욕망을 자책하면서 전문학교의 영어교수로 근무하게 된다. 하지만 교육자로서의 자질이나 열정을 회의하던 끝에 교수직을 그만두고자 한다. 나아가 해방 후 마음껏 '조선독립만세'를 외칠 수 없었을 정도로 용기가 없다고 여기고 있던 그는 조선을 떠나야 하는 게 아닌가 하는 망상에 사로잡히기도 한다. "그러고 보니 조선 안에서는 그의 발을 붙여놀 곳이 없는 것 같다. 그렇다면 하로 속히 떠나야 할 것이 아닐까."[22] 이처럼 그는 해방 조선에 정착하지 못한다. 그는 아직 귀환하지 못한 자, 여전히 귀환의 도상에 서 있는 자, 결국 귀환을 달성할 수 없는 자인 것이다. 오족협화五族協和의 이데올로기 공간인 만주에서 에스니시티로서의 정체성을 가지고 있었던 재만조선인이 귀환하여 민족국가 내부로 들어가고자 하였으나 그러한 욕망은 부인당한다.[23] 무엇보다 이는 그가 만주국으로부터 귀환한 전재민으로서 과거 제국 일본의 신민이었다는 점, 그리고 그러한 신민의 삶이 민족 수난사의 자장으로 회수될 수 없는 개인의 사리사욕에 물든 삶이었기 때문이었다. 이런 점에서 김만선의 「귀국자」는 국가 이데올로기가 개개인을 국민이라는 이름으로 균질적으로 호명한다고 하더라고, 그들이 쉽게 포섭되지 않는다는 것을 상기시킨다. 국민으로의 호명 과정에는 언제나 공백과 균열이 엄존하고 있었던 것이다.

물론 민족적 제의의 과정으로서 지리적 귀환을 달성했다고 해서 국민으로서의 지위를 확보할 수 있었던 것은 아니었다. 특히, 조선에 경제적 기반 자체가 없었던 전재민들은 국민-되기에 신경 쓸 겨를도 없이 집을 구하고 먹고사는 문제를 해결하는 것이 급선무였다. 이와 관련해 당시 전재민의 비참한 삶의 풍경을 그려내고 있는 문학작품을 찾아보기란 쉬운 일인데, 이 글에서는 그 중 엄흥섭의 「집 없는 사람들」을 대표적으로 거론하고자 한다. 노모와 어린 처자를 데리고 텐진天津에서

22 金萬善, 「歸國者」, 『鴨綠江』, 同志社, 1948, 37쪽.
23 이에 대해서는 이양숙, 「에스니시티와 민족의 거리－김만선 소설에 나타난 도시체험과 난민의식」, 『인문과학연구』 제38집, 강원대 인문과학연구소, 2013, 79～108쪽 참고.

배를 타고 인천으로 들어온 종호는 인민원호회의 도움으로 합숙소 생활을 하다가 반 년 동안 집을 구하지 못해 남의 집 마루 끝에서 더부살이를 하는 신세로 전락한다. 겨울이 다가오자 추위를 견디기 힘들어 반공호로라도 가자는 아내의 말에 거리에 나선 종호는 우연히 걸인 가족을 만나 그들 또한 만주에서 귀환한 전재민이었고, 집을 구하지 못해 반공호를 찾아갔으나 그 역시 만원이었다는 얘기를 듣고 자신과 가족의 미래를 예감한 듯 망연자실해 할 뿐이었다.

> 종호는 자기가 전재민으로 들어와 아직까지 집 한 채는 고사하고 방 한 간 의지하지 못한 것을 생각할 때에는 공연히 울화가 북바처 올라오다가도 이것이 모도 다 조선이 아직 독립 못 된 탓이라고 뉘우처 생각하곤 자기 역 스스로 얼굴을 붉히곤 했다. 지나간 사십(四十)여 년 동안 우리 민족의 등꼴을 처서 먹고 살든 일본 사람들이 일단 물러갓으면 응당 적산가옥은 그것이 집 없는 전재민과 조선독립을 위하여 싸운 혁명투사에게 우선적으로 분배되어야 할 것임에도 적산가옥의 반 수 이상이 악질 모리배의 책동으로 부정 점유되어 있다는 사실을 종호 역 모르지는 않었으나 그렇다고 해서 자기 한 사람의 힘으로 어떤 집으로 강제 들입을 할 수는 없는 일이었다.[24]

해방 이후 모리배에 의한 일본인 적산가옥의 불법 점유와 독립운동가 및 전재민들의 극빈한 삶을 그리고 있는 이 소설에서도 그 원인을 조선이 아직 독립되지 못했기 때문이라고 제시하고 있다. 국가 부재의 상태가 통치성의 공백을 낳고, 이것이 다시 각종 모리배의 창궐로 인한

24 嚴興燮, 「집 없는 사람들」, 『白民』, 1947.4・5, 63~64쪽.

무질서와 혼돈의 원인이 되고 있는 것이다. 이런 점에서 제목 그대로 집 없는 사람들의 가난한 이야기는 역설적으로 국가의 도래를 염원하는 '애국가'가 되고 있었던 것이다.

한편, 아직 도래하지 않은 국가의 (상상된) 경계 외부에 놓여 있었던 조선인들 역시 소외된 삶을 살아가기는 마찬가지였다. 염상섭의 「혼란」은 해방 직후 만주 봉천奉天 지역의 혼란상을 그려내면서 조선인들이 경제적으로 궁핍한 상태에 처한 상황을 전한다. 8월 15일 당일 치안유지회가 결성되어 구시가지의 중국인과 신시가지의 일본인(조선인 포함) 사이의 접촉이 단절되고, 이동이 통제된다. 재만조선인들 역시 조선인회를 결성하여 자민족의 자치와 치안 유지를 도모하는 한편, 중국인들에 의해 거행되는 승전 축하의 가두 행진에 참가하기 위해 중국인 치안유지회와 교섭하였지만 실패하고 "이민족異民族의 불안과 공포에 싸인 눈"[25]으로 그들을 부러워할 뿐이었다. 또한, 제국 일본의 패전 이후에도 무기를 지니고 있다거나, 패전민을 도외시한다거나 하는 이유 등으로 중국인과 일본인 사이에 충돌이 없었던 것에 비해, 거래와 접촉이 여전히 잦고 서로 깔보고 있었던 한편, 조선인들이 일본인들의 앞잡이로 인식되고 있었던 탓에 오히려 중국인과 조선인 사이의 충돌이 많이 발생하고 있었다. 이러한 혼란한 상황을 타파하기 위해 조선인회가 조직되었지만, 조선인 유력자들 사이의 이해관계로 인해 반목과 갈등이 극심해질 뿐 "국가의 보호도 없고 통제도 없이 굴레 벗은 말같이 날뛰기만 하는 이 혼란을 어떻게 무사히 가라앉히겠는가가 큰 걱정이었다."[26] 이처럼 염상섭의 「혼란」은 해방 직후 재만조선인 사회의 무질서

25 廉想涉, 「混亂」, 『廉想涉全集』 10－중기단편 1946~1953, 民音社, 1987, 152쪽.

와 그러한 무질서 속에서 궁핍해져가는 조선인들 — 피난민 · 싸움꾼 · 주정꾼 등 — 의 척박한 삶의 한 단면을 그려낸다. 무엇보다 이 소설에서 주목되는 것은 국가의 보호나 통제가 없는 상태, 즉 국가 부재 상태로 인해 이전투구의 양상을 보이는 한편, 헐벗고 굶주려가는 일반 민중들의 모습에 있다. 모든 혼돈의 원인은 곧 국가 부재로 귀결되고 있는 셈이다.

이와 관련해 김만선의 「이중국적」은 제국 일본의 패전 이후 만주국 거주 조선인의 흔들리는 위상을 가늠할 수 있게 하는 작품이다. 제국 일본의 패전 이후 소련군의 만주 진주와 함께 만주인들에 의한 폭동과 약탈이 빈번하게 일어나고 있는 상황 속에서 재만조선인들은 조선으로 귀환하고자 하였지만, 「이중국적」의 박 노인은 계속해서 만주에서 삶을 영위해나가고자 한다. 무엇보다 이는 고향을 떠나 많은 시간이 흘렀기 때문이기도 하였지만, 그가 만주에서 경제적 토대를 구축했기 때문이었다. 농사꾼이었던 그는 만주인들이 일본인들에게 토지를 매매하려고 할 때 조선인인 자신이 일본인들과 쉽게 접촉할 수 있어 일본인들에게 소개해주는 것을 통해 부를 축적한 인물이다. 즉 만주인과 일본인 사이에서 조선인으로서 토지 매매의 중개인 역할을 했던 것이다. 그런데 「이중국적」에서 이러한 부의 축적 과정에서의 중개인으로서의 조선인의 위치보다 흥미로운 것은 박 노인이 자신의 국적을 바꾸는 한편, 그것을 숨겨가면서 경제적 이익을 도모했다는 데 있다. 여기에서 제국 일본의 괴뢰정부인 만주국에서 조선인의 이중적 위상, 일본인도 만주인도 아닌 자, 그렇다고 조선인으로서 자기 자신을 현시할 수도 없는

26 위의 글, 155쪽.

자의 유동적인 상황이 상징적으로 드러난다.

'만주사변'이 일어나기 십수 년 전 일인들의 만주에 대한 야망은 차츰 노골해가는 한편 이것을 막으려는 중국인들 틈에 끼어 재만조선인들은 처신하기에 난처했다. 아주 일인들의 앞잽이가 되던가 그렇지 않으면 중국 정부 현지 당국인 길림성장(吉林省長)의 소청대로 귀화하던가 하지 않으면 그 날 그 날의 생활에까지 위협을 느끼였었다. 그때 박 노인은 선선히 중국인으로 국적을 고치고 말았다. 조선서 생활에 쪼들린 끝에 만주로 건너온 바에야 마음 놓고 살 수 있는 방법을 좇는 편이 현명할 것 같아서였었다. 그 뒤로부터 박 노인은 언제나 민적(民籍)을 품에다 지니고 다녔었다. 만주국이 탄생된 후에야 궤 속에다 간직했었다. 농사를 짓는 한편 토지매매를 소개해오던 그로서는 그가 중국인으로 귀화했다는 사실을 숨기는 편이 유리한 까닭이었다. 그것은 그가 만어를 잘하는 조선인이기에 쉽사리 일인들에게 토지를 소개해올 수 있었던 까닭이었다. 중국의 동삼성(東三省)이 만주국으로 행세하게 된 후로부터 일인들 앞에서 조선인들이 공공연하게 조선인으로서 처세한 것은 기실 조선인으로서이기보다도 일본인인 '반도인'으로서였기 까닭에 일어는 불과 몇 마디 못하는 박 노인이었으나 아들 명환의 일어를 빌어 만인들의 토지를 일인에게 소개해주는 잇속에 빠른 그에게는 중국인으로 귀화했다는 증거물을 지니고 다닐 필요가 없어서였다. 그리던 그는 작년부터 또 다시 묵은 문서를 저고리 안주머니에다 지니고 다녔다. 전쟁 때문에 하도 세상이 시끄러우니까 어느 때 또 그놈이 긴요하게 쓰일지 몰라서였다.[27]

27 金萬善, 「二重國籍」, 앞의 책, 70~72쪽.

박 노인이 중국인으로 귀화한 것은 조선에서와 달리 만주에서 먹고 사는 데 곤란함을 겪지 않기 위한 경제적인 이유 때문이었다. 하지만 제국 일본에 의해 만주국이 건국된 이후 중국인으로 귀화한 사실을 숨기고 조선인으로 행세하였고, 다시 제국 일본의 패전 이후 중국인으로 행세하기 시작했던 것이다. 물론 박 노인이 이중국적을 취득한 상황을 한 개인의 기회주의적 선택의 결과라고 단정하는 것은 단편적이고, 그런 점에서 재만조선인의 사회적 위상을 고려할 필요가 있다. 단적으로 말해 재만조선인은 만주에서 사회적 마이너리티로서의 위치로 인해 권력의 요구에 따라 중국인, 일본인, 조선인 등으로 호명당하였던 것이다.[28] 그런데 조선인으로서 그가 기실 만주인들에게는 일본인(또는 그에 준하는 반도인)으로 여겨지고 있었다는 점을 감안한다면, 그는 일본인과 중국인의 민족적 경계를 넘나들었던 것뿐이지 조선인으로서 안착할 수는 없었던 것이다. 특히, 오족협화의 이데올로기적 공간으로서 만주국에서 조선인들이 제2국민으로서의 위상을 통해 자신의 정체성을 재조정했던 상황을 감안한다면, 조선인이라는 에스닉 아이덴티티는 박 노인의 자기 구축에 있어 핵심적인 동력이 되지 못했다. 물론 그렇다고 해서 박 노인이 일본인이나 중국인이 될 수 있었던 것은 아니었고, 그는 '한토진半島人'이나 '꺼우리高句麗 팡즈幇子'로 천칭될 뿐이었다. 따라서 해방 이후 중국 국적이 그의 존재를 증명하지 못했고, 그는 만인들에게 일본인들과 마찬가지로 약탈의 대상이 될 수밖에 없었던 것이다.

이처럼 김만선의 「이중국적」은 해방 이후 (상상된) 한반도라는 영토

28 김종욱, 「'거간'과 '통역'으로서의 만주 체험」, 『한국현대문학연구』 제24집, 한국현대문학회, 2008, 311쪽.

밖, 만주 거주 조선인의 국가 없는 삶의 비애를 보여준다. 국가 부재의 상태에 놓여 있는 그에게 자기 존재를 증명할 방법은 요원하다. 그가 민족적 정체성을 내세운다고 하더라도 그것은 부인되게 마련이며, 이런 점에서 그는 존재하지 않는 자이다. 물론 이 소설을 국가 없는 삶의 비애로 읽은 것은 피상적이다. 무엇보다 박 노인이 만주 군인들에게 돈을 빼앗기고 생명에 위해를 당하였던 것은, 마치 스파이와 같은 이중국적을 지니고 있는 자의 모호함으로부터 기인하는 것이어서, 이 소설은 해방 이후 조선인으로 귀환하지 않는 자에 대한 처벌과 배제의 메커니즘을 여실히 드러내고 있기 때문이다. 아들이 고국으로 돌아가자고 하였음에도 불구하고, 중국 국적을 취득하여 만주 지역에서 중국인으로 살아가고자 하는 조선인의 욕망은 부인되거나 거세되어야 할 필요가 있었던 것이다. 그리고 이러한 통합/배제의 이분법적 구조는 다시금 국가의 당위성으로 연결되는데, 개인들이 자신의 존재를 증명하는 데 있어 그 어떤 것보다 국가가 최종심급에 위치하게 되었던 것이다. 국가 부재의 상태, 체제 밖의 소외된 삶, 자기 존재의 부인 등 김만선의 「이중국적」의 서사 또한 민족국가의 건설을 정당화하는 이데올로기적 효과를 발휘하고 있었던 것이다.

탈식민-냉전 체제 형성기 도래해야 할, 그래서 아직 미완의 민족국가가 상상되면서 바로 그 상상된 민족국가에 의해 개인들은 관리되고, 통제되며, 운용되었다. 특히 전재민과 귀환자로 상징되는 국가 부/재가 양산한 자들의 가난서사는 피통치 집단으로서의 그들이 갖는 '소속할 권리'에 대한 복잡한 욕망과 욕구 그리고 좌절을 가늠할 수 있게 하는 동시에 국가 권력에 의해 '국민'이나 '시민'이라는 '최상'의 위치를 부여받거나, '난민'이라는 '최저'의 위치로 내몰릴 수 있는 '인민'의 유동적 위상을 짐작하게 한다.[29] 따라서 민족국가 건설이나 국민 통합이라는 이데올로기가 개인을 민족적 주체로 균질적으로 호명했다고 하더라도, 그러한 과정은 대체로 균열을 동반하게 마련이었고, 개인은 때때로 분열증을 겪게 되었던 것이다. 그리고 이러한 균열을 봉합하고 분열을 치유하기 위해 또 다시 대타자로서 민족국가가 스스로의 정당성을 내세우면서 등장하게 되었던 것이다. 따라서 민족적 주체로서의 자신의 정체성 구축 과정에 실패하거나 지연된 상태를 서사화하고 있는 가난서사는 표면적으로는 민족국가와 개인들 사이의 길항 관계를 증언하고 있지만, 그렇다고 해서 그것이 민족국가의 통치 권력의 당위성을 와해하는 데로까지 나아갔다고 보기는 어려울 것이다. 당시 가난서사의 이데올로기적 효과의 한 양상 역시 바로 여기에서 찾아야 할 것이다.

4. 가난서사와 민족국가의 상상

이상에서 살펴보았듯, 탈식민-냉전 체제 형성기 가난서사는 민족국가를 상상하게 한다. 그것은 국가가 가난하고 척박한 국민의 삶을 개선할 것이라는 환상을 강화시키는 것일 뿐만 아니라, 그러한 환상의 강화

29 이에 대해서는 김예림, 「'배반'으로서의 국가 혹은 '난민'으로서의 인민-해방기 귀환의 지정학과 귀환자의 정치성」, 『국가를 흐르는 삶』, 소명출판, 2015, 107~146쪽 참고.

속에서 국민 삶의 개선을 위해 국가가 얼마든지 통치 권력을 행사해도 좋다는 암묵적 동의를 표하는 것이기도 하다. 이때 조선인은 국민됨을 자각하는 동시에 개인으로서의 자신의 권리를 국가에 양도하게 되고, 국가는 자신의 통치 권력이 개인들로부터 나왔다는 것을 망각한 채 바로 그 개인들을 관리하기 시작한다. 이미 역사가 증명하듯, 이러한 통치성에 기초한 국가의 국민에 대한 관리가 가난하고 척박한 국민의 삶을 개선하기는커녕, 그것을 일정 수준에서 통제하게 된다는 것, 따라서 언제나 빈자는 끊임없이 재생산되고 있다는 것을 알 수 있다. "현대라는 시대 내내 국민국가는 질서와 혼돈, 법과 무법, 시민과 호모 사케르, 소속과 배제, 유용한(=합법적인) 생산품과 쓰레기 사이의 구분을 관장할 권리를 주장해왔다. '수많은 그럴싸한 말들에도 불구하고' 질서 구축 과정에서 생산된 쓰레기를 골라내고 분리하고 처리하는 작업, 그리고 국가가 권력을 주장할 권리를 제공하는 일이 국가의 최우선 과제이자 메타 기능이었다."[30] 물론 지그문트 바우만의 이러한 논의를 탈식민-냉전 체제 형성기 한국에 단순 적용하는 것은 무리가 있다. 하지만 국가가 국민을 관리하고 통제하는 통치성의 당위성을 주장하는 한편, 그러한 통치성을 공고히 하기 위해, 이 글의 논의 내용에 한정해서 말하자면, 빈자를 소외상태로부터 구제하기는커녕 끊임없이 재생산하고 있다는 점을 묵과할 수는 없다. 국가는 자신의 통치성의 정당화를 위해 빈자를 양산하고 있었던 것이다. 따라서 국가가 빈곤의 문제를 해결할 수 있다는 것은 헛된 망상에 다름 아닌 것이다.

30 지그문트 바우만, 정일준 역, 『쓰레기가 되는 삶들-모더니티와 그 추방자들』, 새물결, 2008, 69쪽.

탈식민-냉전 체제 형성기 한국문학의 가난서사는 국가를 추인하고 정당화하는 이데올로기적 효과를 유감없이 발휘했다. 그것은 빈자와 빈곤의 문제를 국가 없는 삶으로 등치시켜, 국가라는 형식에 대한 의문을 괄호 치게 한 혐의가 짙다. 부재는 언재나 그것의 도래를 욕망하게 하며, 그러한 욕망은 결코 달성되지 않은 채 끊임없는 지연을 통해 강화되어갔던 것이다. 단독정부 수립으로 상징되는 한국의 1948년 체제 이후 국가라는 정치체는 비교적 최근까지 먹고사는 문제에 갇혀 본격적인 의문의 대상이 되지 못했다. 한국전쟁 이후 국가 재건과 고도경제성장이라는 허상 속에서 독재 정부의 국가라는 정치체는 당시에도, 지금도, 정당화되고 있다. 아니 어쩌면, '지금-여기'에서도 바로 그 먹고사는 문제가 국가라는 형식에 대한 진지한 성찰을 촉구하는 것이 아니라 오히려 괄호 치게 하고 있는지도 모른다. 이제 우리가 물어야 할 것은 국가라는 형식 그 자체에 있다.

> 국가는 국민을 결속하며 구속하지만, 동시에 그들에 대한 속박을 풀기도 합니다. 국가는 민족의 이름으로 구성원들을 결속하고 구속하면서, 특정한 방식으로 구성된 민족의 기억을 강렬하게 혹은 강제로 불러냅니다. 그러나 다른 한편으로 속박을 풀고 구속을 느슨하게 하고 권리를 박탈하고 추방하기도 합니다. 이러한 국가의 행위에서 '내버려두거나' '자유롭게 풀어주는' 것 같은 해방의 수단만이 사용되는 것은 아닙니다. 국가는 장벽과 감옥을 동원해 권력을 행사하거나, 국가에 소속되지 않은 자를 추방하는가 하면 한정된 구역에 그들을 봉쇄하고 가두어 두기도 합니다.
>
> 추방되었을 때 우리는 권력 외부에 있는 것이 아닙니다. 오히려 사법기능

을 특권처럼 휘두르는 물샐틈없는 군사적 권력의 손아귀 안에 놓이게 됩니다. 이러한 추방된 자들의 상황은 자연 상태에 놓인 벌거벗은 삶이 아니라, 박탈의 조건과 상태를 생산하고 유지하도록 고안된 권력과 강제적으로 구성된 어떤 조건입니다.[31]

물론 국가라는 형식을 묻는다고 해서 그 답이 쉽게 도출되는 것은 아니다. 하지만, 2006년 가야트리 스피박과의 대담에서 주디스 버틀러가 삶의 존재 방식과 '법과 군대의 복합체'로서 '국가/상태'에 대해 말한 위의 인용문을 참고해 국가라는 형식이 무엇인가에 대한 답을 찾아갈 수는 있다. 국가 권력의 해방/추방의 메커니즘의 일단을 보여주는 위의 수행적 발화는 국가의 통치성이란 무엇인지를 재사유하게 한다. 이와 관련해 푸코가 통치성의 개념에 대해 설명하면서 국가의 '통치화'를 문제 삼는 것에 시선을 돌릴 필요가 있다. 그는 그리스도교의 사목, 새로운 외교적·군사적 기술, 그리고 내치를 통해 국가의 통치화가 발생한 과정을 계보학적으로 추적하였는데, 그 출발점에는 국가 자체를 절대적이고 본질적인 어떤 것, 그러니까 특권적 위치로 만들어버리는 것에 대한 비판의식이 내재되어 있었다. "그런데 지난 역사 속에서나 지금에서나 확실히 국가는 이러한 단일성, 개체성, 엄밀한 기능성을 지닌 적이 없으며, 감히 말하건대 그런 중요성을 지닌 적도 없습니다. 결국 국가란 우리가 생각하는 것만큼 중요하지 않은 혼성적 현실, 신화화된 추상일지 모릅니다. 어쩌면 우리의 근대에서, 즉 우리의 현재에서 중요

31 주디스 버틀러 · 가야트리 스피박, 주해연 역, 『누가 민족국가를 노래하는가』, 산책자, 2009, 14~15쪽.

한 것은 사회의 국가화가 아니라 제가 국가의 '통치화'라 부른 것일지 모릅니다."[32] 신화화된 추상으로서의 국가, 따라서 국가라는 형식 그 자체를 묻는 것은 국가의 통치성을 따지는 일이 되어야 한다. 다시 푸코에 의하면, "인구가 주요 표적이고, 정치경제학이 그 주된 지식의 형태이며, 안전장치가 그 주된 기술적 도구인, 지극히 복잡하지만 아주 특수한 형태의 권력을 행사케 해주는 제도, 절차, 분석, 성찰, 계산, 저술의 총체"[33]인 통치성을 국가권력이 어떻게 행사할 수 있게 되었고, 그것이 어떻게 정당성을 가지게 되었는지 고찰해야 되는 것이다.

1945년 8월 15일의 해방에서 1948년 8월 15일 남한 단독정부 수립까지의 탈식민-냉전 체제 형성기 국가 부재의 상태에서 역설적으로 강화되어갔던 국가의 통치화에 대해 시선을 돌릴 때이다. 20세기 중반 이후 지속되는 분단 체제 아래 국가의 통치화에 대해 국가 스스로 정당성을 주창하고, 그것에 의심의 시선 없이 동조하고 있는 한국사회에서 '세월호 참사'라는 실재의 귀환이 상징적으로 말하고 있듯, 국가 부재와 파탄의 시대인 '지금-여기'에서 국가라는 형식을 되묻기 위해서라도 국가 너머의 탈주의 상상력이 필요하다.

32 미셸 푸코, 「통치성」, 콜린 고든 외편, 심성보 외역, 『푸코효과—통치성에 관한 연구』, 난장, 2014, 155쪽.
33 위의 책, 154쪽.

제10장

남성서사의 젠더 정치와 맨스플레인

정비석, 김동리, 염상섭 장편소설을 중심으로

1. 상실의 감각과 증상으로서의 문학

1945년 8월 15일의 '해방'은 말 그대로 식민지 조선(인)이 제국적 질서에 의해 구속된 상태로부터 벗어났음을 의미한다. 즉, 그것은 1910년 한일병합 이래 유지·존속되어왔던 제국-식민지 체제라는 정치체政治體의 강고한 질서로부터 식민지 조선(인)이 놓여났음을 나타낸다. 한편, 해방은 구속된 상태로부터의 벗어남만을 의미하지 않고, 구속되기 이전의 상태로 되돌아간다는 의미를 동시에 지닌다. 제국 일본에 병합된 뒤 조선총독부를 비롯한 식민통치 권력에 의해 운용되어왔던 식민지적 삶으로부터 벗어나 식민지 이전의 상태를 회복했음을 의미하는 것이다. 이처럼 1945년 8월 15일의 역사적 사건을 해방으로 명명하는 것은 그러한 명명 주체의 정치적 무의식을 드러내는 것이지만, 무엇보다 그러한 명명을 가능하게 하는 것은 바로 상실/회복의 감각에 있다. 다시 말해 근대 국민국가 건설의 모색이 좌절되고, 제국-식민지 체제에 복속되어 주권이 상실되었지만, 제국 일본의 패전에 의해 그것을 되찾게 되었다는 인식이 거기에 내재되어 있는 것이다. 이에 따라 제국-식민지 체제의 36년은 상실의 시간으로 균질화되고, 이후의 시간은 바로 그 상실을 극복하기 위한 회복·복권의 시간으로 여겨졌다.

제국-식민지 체제기가 상실의 시간으로 균질화되는 가운데 그러한 시간을 살아왔던 개인들의 행위와 욕망은 대체로 상실의 감각과 결부되었다. 그것이 무엇이든 간에, 상실에의 비애나 상실에 대한 저항, 상실된 것들로 인한 결핍감이나 상실된 것들을 회복하고자 한 욕망의 발현 등 식민지 조선=상실의 시간=상실의 감각은 자연스럽게 연결되었다. 물론 이때 상실된 것들은 주로 '주권'과 같은 것들로 명명되었고, 그러한 주권이 민족성과 병치되면서 주권의 복권은 민족성의 회복으로 인식되었다. 해방 직후 민족성 회복의 정치문화적 내러티브가 범람한 것 역시 이와 무관한 것은 아니었다. 그리고 이러한 민족성 회복의 내러티브는 해방이라는 사건이 촉발한 민족국가 건설이라는 당면과제의 당위성을 마련하는 방향으로 이어졌다.

이처럼 개인적 층위에서 상실된 것들이 민족적 층위에서 상실된 것으로 통합되는 순간, 그리고 민족국가 건설의 주체가 누구인가라는 질문에 봉착하게 되는 순간, 상실된 것은 흥미롭게도 '남성성'이 된다. 다시 말해, 제국-식민지 체제의 시간들이 상실의 시간으로 규정되고, 해방을 맞아 이제 그 상실의 시간을 벗어나 상실된 것을 회복해야 한다고 했을 때, 그것은 대체로 남성성 회복의 양상으로 드러나게 되었던 것이다. 해방이 상실의 감각을 추동하였고, 바로 그 감각에 기초해 회복되어야 할 것은 잃어버리거나 훼손된, 또는 거세된 남성성이었다. 해방의 시간은 거세된 남성성을 극복하고 국가 만들기의 주체로 '남성(청년)'을 호명하는 데 점철되었다.[1] 그리고 이러한 상실된 남성성을 회복하기 위해 '남성서사'라고 부를 수 있을 만한 것들이 출현하기 시작하였다. 그것은 대체로 강인한 의지와 육체를 바탕으로 제국 일본의 통치 권력 아래에서도 민족적 주체로서 부단히 자기를 성장시켜온 일련의 남성 드라마였다.

그런데 해방이라는 사건이 촉발한 젠더 정치의 지평에서 회복되어야 할 '남성'이 '인간=시민'이라는 말과 동의어로 쓰였던 남성이 아님에 유념할 필요가 있다. 서양에서 남성은 변화하는 세계에서 지켜야 할 덕행과 행위모델로서 기사도라는 귀족적 이상에 기대고 있었지만, 그것은 프랑스혁명으로 촉발된 부르주아 계급이 권력을 장악하기 시작한 이래 시민사회의 기초를 제공할 인간의 규범을 정당화하기 위해 피력된 탈자연화의 의지를 갖는 남성의 이미지와 결부되었다. 그리하여 자연을 극복하는 과정 속에서 만들어진 역사적 산물로서의 시민사회를 구성하는 핵심에 '인간=시민=남성'이 놓이게 되었고, 남성은 육체와 정신의 강건함을 기초로 민족적 생명력을 상징하게 되었다.[2] 하지만 해방 이후 한국사회에서 민족국가 건설의 주체로서 자기를 재구축해간

1 허윤, 「1950년대 한국소설의 남성 젠더 수행성 연구」, 이화여대 박사논문, 2015, 4쪽.
2 조지 모스, 서강여성문학연구회 역, 『내셔널리즘과 섹슈얼리티』, 소명출판, 2004, 43~44쪽.

남성은 '인간=시민'으로서 자신의 위상을 내세우고 있었지만, 그들은 공동의 자유를 지향하는 시민적 덕성을 갖춘 자들이 아니었다.[3] 그리하여 그들은 근대사회의 시민으로서의 남성성을 주창하기보다는 복권되어야 할 민족성에 기대 자신들의 남성성을 발현할 수밖에 없었던 것이다. 상실된 남성성의 회복이 민족성의 강조로 연결된 것은 바로 이러한 맥락 속에서였다.

이 글은 이러한 점에 착안하여 해방기 장편소설을 남성서사의 관점에서 읽는 한편, 그러한 남성서사를 상실된 남성성을 회복하고자 하는 해방 조선사회의 병리적 증상의 하나으로 파악하고자 한다. 즉, 해방 이후 전개된 정치적·경제적 사회 구조의 재편 과정을 상실된 남성성 회복의 젠더 정치의 맥락에서 이해하는 한편, 당시의 한국문학, 특히 장편소설의 내러티브가 그러한 젠더 정치의 자장 속에서 남성/여성의 젠더적 위계화와 성 역할을 규정하고 있다는 점을 밝히고자 한다. 그리고 이러한 젠더 정치의 서사 전략이 해방 이후 남한사회에 출현한 '새로운 남성들'에게 어떠한 권위를 부여하는 것을 통해, 그들이 남한사회에 안착하고 정치경제적 헤게모니를 장악하게 하였는가에 대한 탐색의 길을 열어보고자 한다. 그래서 이 글에서는 무엇보다 해방기 장편소설

3 이와 관련해 해방기에서 한국전쟁에 이르기까지 정비석의 탈정치적 의식을 논의한 전성규는 정비석의 작품이 '남성성의 귀환과 회복'으로 읽혀왔지만, 그때의 남성성은 근대적 시민의 특질로서의 남성성과 다르다고 말하고 있다. 나아가 정비석의 작품을 통해 말하고 있는 남성성이 식민화된 혹은 신식민화된 남성성이라고 규정하고 있다. 전성규의 이러한 논의를 확장하자면, 해방 이후 남성서사에서 나타난 회복되어야 할 남성성은 근대사회의 시민으로서의 자질과 역량을 갖는 남성성과 거리가 있음을 짐작할 수 있다. 이에 대해서는 전성규, 「해방의 우울과 퇴폐·거세된 남성성 사이의 '명랑'—정비석의 『장미의 계절』과 『도회의 정열』을 중심으로」, 『대동문화연구』 제85집, 성균관대 대동문화연구원, 2014, 133~167쪽 참고.

에 나타난 새로운 남성들에 주목하고자 하는 것이다.

이를 위해 이 글에서는 해방기 장편소설에 등장하는 남성인물의 행위와 욕망을 당시의 정치경제적 사회 구조의 변동 속에서 자신의 정체성을 새롭게 구축하고자 한 남성 젠더의 어떤 병리적 증상의 메타포로 읽고자 한다. 그리고 그러한 병리적 증상 중 하나로 '맨스플레인man-splain'[4] 현상을 젠더 정치의 관점에서 비판적으로 고찰하고자 한다. 해방 이후 남성 젠더가 새로운 정치경제적 주체로서 자신을 재정립하는 과정 속에서 여성을 타자화하는 양상은 쉽게 확인할 수 있다. 또한, 당시 문학작품 속에서 여성을 대상화하거나 여성과의 구별 짓기를 통해 민족적 주체로서 자기를 구축해간 남성 젠더의 면모를 발견하는 것은 어려운 일이 아니다. 물론 민주주의 국가 건설이라는 기치 아래 여성 또한 정치적 주체로서 등장하였지만, 48년 체제 성립을 전후해 미국적 헤게모니 아래 재편된 남한사회에서 여성은 반공주의 가부장제 속에서 남성 젠더에 의해 대상화되었다. 이 글에서는 해방 이후 남성 젠더의 여성 대상화에 대한 기존 논의[5]를 참고하는 한편, 그러한 대상화의 핵

4 리베카 솔닛에 의해 고안된 이 용어는 학술 개념어로 부적절할지 모른다. 그러나 '맨스플레인'이 '젠더화된 위계 현상'을 명명하기에 적합하다는 판단에 따라 이 글에서는 이 용어 사용의 위험성을 감수하고 그대로 사용한다. 맨스플레인에 대해서는 리베카 솔닛, 김명남 역, 『남자들은 자꾸 나를 가르치려 든다』, 창비, 2015, 9~32쪽 참고.

5 이와 관련해 해방 직후 한반도 경계 내부에서 경합하던 여성 재현의 양상과 좌우익의 이념을 축으로 분기하는 남북한 체제 속 모순적이거나 전위적으로 위치했던 여성작가의 입지, 그리고 남한/국제무대를 배경으로 등장한 여성 모델의 변화가 1945년에서 1947년까지의 시간적 흐름과 제국/한반도, 좌우/남북, 남한/세계라는 공간의 재편 과정과 맞물려 있음을 밝힌 류진희의 논의를 참고할 수 있다. 그녀에 의하면, 해방기 여성과 그를 둘러싼 서사들은 모순된 식민 기억과 전후의 민주주의, 그리고 분열된 좌우익의 남북과 냉전적 세계 체제를 배경으로 창출되었고, 그런 점에서 여성의 재현, 여성작가의 입지, 세계 여성의 번역 등은 모두 탈식민 주체의 젠더동학을 보여주는 것이다. 이에 대해서는 류진희, 「해방기 탈식민 주체의 젠더전략–여성서사의 창출을 중심으로」, 성균관대 박

심적인 양상으로 맨스플레인에 주목하고자 한다. 잘 알려져 있다시피, 맨스플레인은 자신들이 어떤 말을 하고 있는지 알지도 못한 채 여성들을 자꾸 가르치려고 드는 남자들의 행위를 지칭하는 말이다. 물론 남성 젠더의 병리적 증상으로서의 맨스플레인은 해방기에만 나타난 현상은 아니었다. 하지만 근대 이후 제국-식민지 체제 아래 거세되었다고 여겨졌던 남성성이 탈식민-냉전 체제 형성기 민족국가의 건설 과정 속에서 회복·발현되면서 맨스플레인 현상은 보다 강고하게 작동하였다. 특히 그것은 해방기 민족국가 건설 주체의 자리를 점유하려는 남성 젠더의 욕망의 발현 속에서 광범위하게 확산되었다.

이에 따라 이 글에서는 먼저 정비석의 『고원』을 분석하는 것을 통해 해방이라는 사건이 촉발한 남성성 회복의 욕망이 발현되는 양상을 살펴본 뒤, 김동리의 『해방』과 염상섭의 『효풍』을 분석하는 것을 통해 신생 조선 건설의 정치경제적 주체로서 자기를 정위定位하려고 하는 남성들의 맨스플레인 양상에 대해 논의할 것이다. 이 글에서 정비석·김동리·염상섭의 문학에 주목하는 이유는 해방 이후 남북한 문학 장의 재편과 이후 남한 문학사의 전개 과정 속에서 그들의 역할과 위상을 염두에 두었기 때문이다. 좀 더 직접적으로 말하자면, 민족문학으로서의 한국 근대문학의 역사적 전개 과정 속에서 해방 이후 그들의 문학적 활동이 중심에 놓여 있다는 점을 감안했기 때문이다. 아울러 해방기 그들에 의해 만들어진 남성서사가 과거 식민지 조선문학과 해방 이후 남한 문학에 나타난 남성 젠더의 행위와 욕망의 변화 지점을 잘 보여주고 있다

사논문, 2015 참고.

고 판단했기 때문이다. 한편, 논의의 대상을 장편소설로 삼은 것은 장편소설이라는 서사 형식이 민족국가 건설의 이념 아래 자기 정체성 구축 과정에서의 맨스플레인이 주체화=타자화 전략으로 발휘된 양상을 다각도로 확인할 수 있게 하기 때문이다. 즉, 당시 장편소설은 해방 이후 남성 젠더가 억압된 자신들의 욕망을 투사하는 대상으로 여성을 위치시키는 한편, 그러한 여성을 소유하려고 하는 과정 속에서 맨스플레인의 면모를 보이고 있다는 점을 서사화하고 있는 특징을 보인다. 또한, 그것은 해방이라는 사건이 촉발한 남성성 회복이라는 사회병리학적 증상에 대한 당대의 문학적 대응이기도 하였다. 이 글에서 해방기 장편소설에 나타난 맨스플레인 현상에 대해 논의하는 것을 통해 해방 이후 한국사회에 출현한 새로운 남성 젠더의 자기 구축 과정에 대해 비판적으로 바라볼 수 있을 것이다.

2. 해방이라는 사건과 남성서사의 출현

1945년 8월 15일의 해방은 제국-식민지 체제에서 탈식민-냉전 체제로의 전환을 의미하는 역사적 사건이었다. 제국 일본의 패전과 식민지 조선의 해방이라는 정치경제적 사회 구조의 변동 과정 속에는 물론 제국적 질서의 잔영이 짙게 드리워져 있었지만, 개인들은 해방 이후의 시공간 속에서 자신의 존재 방식을 새롭게 모색해야만 했다. 이에 따라 제국-식민지 체제 아래 식민지 조선인으로서의 민족적 · 지역적 · 계층적 · 젠더적 위상을 탈각하고 해방 조선의 인민으로서 자신의 위치를 재조정해야 했으며, 그것은 동시에 민족국가의 일원이자 민주사회의 시민으로서의 주체화의 길을 걷는 것이었다. 해방이라는 사건이 개인들로 하여금 새로운 자기를 구축할 것을 요청한 것인데, 이때 주목되는 것이 앞서 언급했듯 상실된 남성성의 회복과 발현이었다. 여기에서는 정비석의 『고원』을 대상으로 하여 해방이라는 사건이 촉발한 남성성 회복의 욕망이 서사화된 양상과 그 의미에 대해 살펴보고자 한다. 물론 정비석의 『고원』 외에도 해방기 남성성 회복의 욕망을 드러낸 서사는 쉽게 살펴볼 수 있지만, 해방 직후 발표된 이 작품은 남성성 회복의 욕망이 어떻게 과거 식민의 체험과 기억을 탈각하는 한편, 그러한 식민의 체험과 기억을 환기시키는 여성을 대상화하여 소거하고 있는가에 대해 명확하게 확인할 수 있게 한다는 점에서 여러모로 주목된다.

정비석의 『고원』은 사랑에 관한 이야기이다. 정비석 또한 다음과 같이 창작 의도를 밝히고 있다. "그릇된 애정愛情의 길을 밟은 한 남성男性이 최후最后까지 의義를 직혀나가는 한편으로, 참된 사랑을 열렬熱烈히 추구하야 고행자적苦行者的 고뇌苦惱에 몸을 태우면서도, 인간人間 본래本來의 약점弱點인 육신적肉身的 욕구欲求를 극복克服하고 한층層 높은 단계段階로 지양止揚하려는 정신精神의 절규絶叫와, 그 사랑에 호응呼應하야 일의一意 연모戀慕의 정情에 불타면서도 끝까지 신神의 딸이 되려는 한 여성女性의, 자살自殺에 가까운 몸부림, 그 두 사람의 '깨끗한 마음과 착한 양심과 거짓 없는 신앙信仰'을 성실誠實히 그려보려는 것이 이 작품作品의 의도意圖였습니다."[6] 『고원』은 현오권과 오영주를 중심으로 한 남녀

간의 사랑의 이야기를 펼쳐 보이는 가운데 '참된 사랑'의 의미를 묻고 있는 것처럼 보인다. 그런데 정비석은 해방 이후 문학자들이 정치 방면에 투신하는 것과는 거리를 두면서 소설가로서 순수한 창작열에 휩싸여 이 작품을 집필한 것처럼 말하고 있다. 하지만 『고원』의 서사를 남녀 간의 사랑의 이야기로만 읽는 것은 곤란하다. 정비석이 해방 직후 격변기에 놓인 조선의 정치적 상황과 거리를 두고 있다고 말하고, 『고원』의 서사가 해방 정국의 정치적 헤게모니를 선취하려는 다양한 주체들에 의해 발생하고 있는 사건을 직접적으로 다루고 있지 않다고 해서, 해방의 시공간으로부터 자유로운 것은 아니다. 왜냐하면 『고원』에서의 남녀 간의 사랑 이야기는 해방 직후 정치적 주체로서의 남성 젠더의 자기 재정립을 예비하고 있기 때문이다.

이 소설은 현오권이라는 인물을 축으로 하는 식민지 조선인 남성의 자기 서사로, 조선을 떠나 만주로 이주한 그가 다시금 조선으로 돌아올 것을 결심하는 내용으로 이루어져 있다. 그리고 그러한 이동의 과정 속에서 조혼한 아내와 자신을 유혹하는 친구의 아내 김채옥, 그리고 연모의 대상으로서의 오영주라는 세 여성 사이에서 배회하는 남성의 이야기가 서사의 중심을 이루고 있다. 아내를 버리고 친구의 아내와 도피하여 결혼생활을 이어가면서도, 마음속으로는 끊임없이 다른 여성을 연모하고 있는 이 식민지 조선인 남성의 이율배반적인 행위를 통해 '참된 사랑'의 의미를 묻고 있다고 정비석은 말하고 있지만, 결국 현오권에게 이 여성들은 자기의 욕망을 투사하는 대상이었을 뿐이다. 그는 구한말

6 鄭飛石, 『故苑』, 白民文化社, 1946, 239쪽.

벼슬아치를 지낸 완고한 아버지의 뜻에 따라 조혼한 아내를 구식 여성이라 치부하여 버리고, 관능적 매력을 지니고 있는 친구의 아내 김채옥을 데리고 만주로 이주하여 죄의식을 가지고 살아간다. 그리고 애정 없이 책임감을 느낀 채 남편으로서의 의무를 다하고 있다고 생각하면서도 자신의 이상향으로 오영주를 상정한다. 이는 물론 여성을 욕망의 대상으로 위치시키는 남성의 면모를 보여주는 것이다. 하지만 이 소설은 단순히 남성 주체의 욕망의 대상이 되는 여성에 대해 말하고 있지는 않는다.

현오권은 3 · 1운동에 가담한 것을 이유로 투옥되어 출소한 뒤 일본 경찰에 의해 감시를 받고 있는 현실에 대한 거부감을 느껴 만주로 이주한다.[7] 그는 제국-식민지 체제 아래에서는 자신의 삶을 영위할 수 없었고, 그리하여 북간도 신흥무관학교로 향하던 중 국경을 넘으면서 "조국 광복의 날 — 언제든지 그 날이 반드시 올 것을 나는 굳게 믿었다. 그것까지 믿지 않고서야 무슨 희망으로 살어갈 것인가 — 이 오기까지는 죽어도 조선 땅을 밟지 않기로 굳게 결심"[8]한다. 마치 자신의 이주 행위를 민족의식에 기초한 정치적 망명 행위인 것처럼 말하고 있다. 이와 더불어 『고원』의 서사에서 현오권의 제국 일본의 통치 권력에 대한 반감과 저항의식의 편린들을 찾는 것은 어려운 일이 아니다. 하지만 이후 행적을 통해서 확인할 수 있듯이, 그는 민족주의자로서 자기를 주조해나가

7 "아무리 생각해도 나는 조선의 현실을 그대로 수긍하고 싶지는 않었다. 사천 년 역사를 믿고 세게 어느 나라에 비겨도 조곰도 손색이 없는 우리 문화의 전통을 시인하는 이상, 나는 나날이 좀 먹어가는 왜정하의 조선의 현실을 수긍할 수는 없었다. (…중략…) 조선의 현실을 그대로 수긍한다는 것은 조국에 대한 모독이요, 치욕이 아니면 안 된다고 나는 생각하였다."(위의 책, 116~117쪽)

8 위의 책, 54쪽.

고 있지는 않았다. 단적으로 말해 그는 그저 일상을 살아가는 한 개인일 뿐이었고, 그를 사로잡고 있었던 것은 오영주라고 하는 여성이었다. 따라서 오영주를 비롯해 여성에 대한 그의 인식과 욕망을 살펴볼 필요가 있다.

만주 이주 이후 10년 동안 김채옥과 부부 관계를 유지해온 현오권은 그녀에 대한 자신의 감정을 '동정'이라고 규정한다. 일본 경찰에 협력한 친구 오현우의 훼절과 그러한 남편에게 돌아가고 싶지 않다고 말한 김채옥을 데리고 만주로 이주했던 그는 가장이자 남편으로서의 도리를 다하고자 한다. 하지만 그에게 김채옥은 사랑의 대상이 아닌 동정과 연민의 대상이었다.[9] 물론 김채옥에 대한 자신의 감정을 동정이라고 규정한 것은 오영주에 대한 사랑을 부각시키기 위한 것이었다. 그런데 현오권이 오영주를 욕망하고 있다고 할지라도 그러한 욕망이 결코 달성될 수 없는 것은 바로 김채옥 때문이다. 친구이자 사촌 오빠의 아내라는 점에서 현오권과 오영주에게 김채옥은 욕망을 지연시키거나 달성 불가능하게 하는 존재였다. 그래서 현오권은 연모의 대상으로서의 오영주에 대한 욕망을 '성스러운 것'으로 명명한다. 처음 만났을 때부터 정신적 아름다움을 가진 존재로서 오영주를 인식하고 있었던 그는 끊임없이 그녀를 욕망하고 있었지만, 그러한 욕망이 달성 불가능하다고 판단한 뒤에는 그녀에 대한 사랑을 조국애로 확장한다. "영주에의 사모—그것은 나에게는 조국애와 직통하는 성스러운 사랑이었던지 모른다,

9 "채옥과의 결합은 그 출발부터가 동정이었고, 십 년 동안 부부생활을 계속해온 것도 오로지 동정의 힘인 것 같았다."(위의 책, 153쪽) "나를 떠나서는 아무 데도 의탁할 곳 없는 가엾은 여성 채옥에게 대한 한 남성으로서의 동정이었다."(위의 책, 130쪽)

조국애와 일개인에게 대한 사랑이 궁극에 가서는 일치되는 것이 아닐까 하고 나는 새삼스러히 생각하였다. 조국애가 현실적인 조건에 구속되지 않듯이 개인과 개인 사이의 애정도 그것이 참다운 애정이라면 서로 헤어져 있다고 식어질 것도 아니오, 가까이 있다고 더 열렬해질 것도 않일상 싶다. 참다운 사랑은 공간의 영향도 받지 않고 시간의 제약도 받지 않을 것 같다."[10] 오영주에 대한 애정을 고국애로 등치시키는 이 놀라운 비약이 가능한 것은 남성 주체가 자신의 욕망이 달성 불가능했을 때 그 대상을 여성에서 고국으로 전치轉置하여 자신의 욕망을 '성스러운 것'으로 변형시켰기 때문이었다.

하지만 현오권이 성스러운 사랑을 지향하고 있다고 하더라도 그는 속俗의 세계에서 김채옥과 생활하고 있다. 따라서 그는 김채옥과의 결별을 통해서만 비로소 성의 세계에 진입할 수 있게 된다. 그런 점에서 김채옥의 죽음은 여러모로 의미심장하다. 현오권에 대해 병적인 집착을 보인 그녀는 한 쪽 눈을 실명한 상태에서 병사하게 되고, 죽기 전에 현오권에게 조선으로 돌아갈 것을 당부한다. "제가 죽거던 당신은 조선으로 도라가세요. 당신이 조선을 사랑하시는 걸 전, 누구보다도 잘 알어요. (…중략…) 만주에 와서 조선을 생각한다는 건 공상이애요. 망상이애요. 공상만으로는 현실을 변혁식힐 수 없잖아요? (…중략…) 제가 죽거던 당신은 이내 조선으로 도라가셔서, 조선을 위해 일해주세요. 제 마즈막 소원이애요. 일생 동안을, 당신을 사모하고 존경해온, 당신의 안해로서의 마즈막 부탁이오니 부대 들어주세요. 당신은 당신을 기대

10 위의 책, 120~121쪽.

리고 있는 조선으로 도라가서야 해요!"[11] 이 유언 격에 해당하는 말 속에서 김채옥은 만주로 이주한 현오권이 식민지 조선의 현실을 변혁시키기 위해서는 조선으로 돌아가야 한다고 강변한다. 더구나 조선이 현오권을 기다리고 있다고까지 말한다. 식민지적 현실에 반감을 가지고 만주행을 선택했으나, 만주에서 조선의 독립을 위해 특별한 활동을 하지 않았던 현오권이 돌아가기 위해서는 이처럼 그동안 그의 일상을 제어하고 있었던 김채옥과의 결별이 선행되어야 한다. 다시 말해, 김채옥과의 결별만이 그로 하여금 조선으로 돌아갈 수 있게 하는 것이다. 그러니 김채옥의 죽음은 남성의 귀환을 위해 필수적인 서사 장치가 된다.

이 소설을 해방 직후 조선으로 귀환해야 할 남성 젠더의 자기 서사로 읽을 수 있다면, 바로 이 여성들은 성/속의 이분법적 세계로 구분되는 것이 아니라, 남성의 귀환에 정당성을 부여하는 구원자의 위상을 갖는다. 현오권과 두 여성과의 관계가 "생활-채옥-만주와 조국애-영주-정신-조선으로 이원화된 분열적인 것이라기보다는 차라리 '나'에게 동시에 구현된 삶을 표상"[12]하는 것이라는 이혜령의 예리한 지적을 감안했을 때, 그녀들은 결국 현오권으로 하여금 다시금 조선으로 돌아올 수 있게 하는 어떤 당위를 마련하고 있는 것이다. 오영주에 대한 사랑이 고국에 대한 사랑으로 전이되어 '성스러운 것'으로서의 의미를 갖는 순간 식민지 조선을 떠나 만주로 이주한 현오권의 행위는 문제되지 않는다. 오영주에 대한 지속적인 사랑=고국 조선에 대한 그리움으로 등치

11 위의 책, 199~200쪽.

12 이혜령, 「'해방기' 식민기억의 한 양상과 젠더」, 『여성문학연구』 제19호, 한국여성문학학회, 2008, 19쪽.

되는 것을 통해 조선을 떠난 행위가 갖는 한계는 극복된다. 비록 만주로 이주하였지만 오영주에 대한 사랑의 감정을 지속적으로 지니고 있었던 것처럼, 고국에 대한 애정만큼은 변한 적이 없다는 것이 부각되면서 식민지 조선이라는 지리적 경계를 넘어서게 한다. 다시 말해 심리적 일체감을 통해 물리적 거리감을 극복하고 있는 것이다.

이러한 남성 귀환의 당위성을 마련하는 또 다른 유력한 방법 중 하나는 식민의 시공간을 괄호치는 것이다. 식민지 조선을 떠나 만주로 이주한 조선인 남성이 다시 돌아오기 위해서는, 다시 말해 과거를 청산하고 새로운 삶을 살아가기 위해서는 식민의 체험과 기억이 각인된 시공간을 삭제하거나 봉인해야만 한다. 『고원』 내 서사의 시간이 식민지시기를 다루고 있음에도 1919년 3·1운동에서 1931년 만주사변 발발 이전까지의 시간들로 축소되고 있다는 점 또한 눈여겨볼 필요가 있다. 그것은 '오족협화五族協和'·'왕도낙토王道樂土' 등 제국주의 이데올로기 공간으로서의 만주를 의도적으로 삭제하여, 제국적 질서 아래 자신의 삶을 영위하지 않았다는 알리바이를 확보하게 하여 조선인 남성의 귀환 가능성을 열어주는 것이다. 그리고 바로 그러한 식민의 체험과 기억을 환기시키는 여성을 자신의 삶으로부터 배제해야만 했다는 점에서 김채옥의 죽음은 서사 전개의 필연적 결말이 된다. 식민의 체험과 기억을 신체에 각인당한 존재로서의 여성은 그 자체로 식민지 조선인 남성의 남성성 거세의 직접적인 증거이므로, 남성성 회복을 위해서는 소거되어야만 했던 것이다.

이처럼 정비석의 『고원』은 해방 이후 조선으로 돌아가는 남성들의 행위와 욕망을 여성의 희생과 구원을 통해 가능하게 하고 있다는 점에서 남성 젠더의 자기 구축의 한 문법을 보여준다.[13] 그리고 그런 점에서 이 남성서사는 해방 직후 여성의 역할과 위상을 상징적으로 드러낸다. 그것은 민족적 주체로서의 남성 귀환의 정당성을 확보하기 위해 마땅히 희생을 감수해야 하며, 그러한 희생을 통해서만 구원자로서의 여성의 위상을 확보할 수 있다는 것이다. 『고원』에서 식민의 체험과 기억의 공간으로서의 만주를 상징하는 여성(김채옥)을 지우기보다는 바로 그 여성의 목소리를 통해 남성 귀환의 당위성을 설파하는 서사적 전략을 발휘하고 있다는 점을 다시 한 번 감안한다면, 이 서사는 그 자체로 여성의 역할과 위상을 강제하는 서사구조를 취하고 있는 것이다. 요컨대 정비석의 『고원』은 해방기 남성 젠더의 자기 구축의 서사로, 젠더 정치의 측면에서 여성의 희생을 요구하고 위상을 고착화시키는 이야기인 것이다.

따라서 『고원』은 해방기 남성 젠더의 자기 서사self-narrative로 읽을 필요가 있다. 북간도를 여행하던 중 우연히 입수한 '수기'를 소개하는 형식의 이 서사의 서두에서 주인공 현오권은 "과거 생활의 일체를 청산하고 새 생활로 스타―트 하려는 이제" "참된 양심과 진실된 반성심을 가지고" 자신의 과거사를 기록한다고 밝히면서, 그것이 "부자연한 과거 생활에의 메별사袂別辭가 되는 동시에 앞으로의 새 생활에 대한 양심적 기초"가 될 것이라고 말한다.[14] 즉, 이 수기는 과거와 결별하고 미래

13 이 글에서 정비석의 『고원』을 남성 젠더의 자기 서사로 읽으면서 남성/여성의 위계화된 성 구도를 고착화하고 있다고 논의한 것은 한편으로 이후 남한사회에서 그의 문학 활동을 염두에 둔 것이기도 하다. 전성규에 의하면, 정비석은 1948년 이후 섹슈얼리티의 측면에서 남성성을 전면에 내세우면서 순수 혹은 탈정치를 주장한 남한의 문협 문학과 이승만 정권의 정당성을 뒷받침하기도 하였다. 이에 대해서는 전성규, 앞의 글, 161쪽 참고.

14 鄭飛石, 앞의 책, 5~6쪽.

를 지향하는 자가 글쓰기를 통해 자기를 새롭게 구축하고자 하는 언어적 실천적 행위 그 자체를 보여주는 것이다. 그런데 그로 하여금 과거와 결별하고 미래를 지향하게 하는 원동력은, 다시 말해 새로운 자기 구축의 욕망을 추동하게 하는 것은 다름 아닌 해방이라는 사건이다. 물론 서사 내 시간은 식민지시기에 머물고 있다. 하지만 이 텍스트가 서술자에 의해 선택되고 의미화되어 발화되는 시간이 해방 직후라는 점을 감안했을 때, 현오권의 '새 생활'은 해방 이후의 시간 속에서 가능해진다. 『고원』의 서사는 과거 식민의 체험과 기억에 관한 것이지만, 그것은 해방이라는 시간 속에서 봉인 해제되어 비로소 의미를 갖게 되는 것이다.

물론 해방기 남성서사로서 『고원』에서 주목되는 것은 남성 젠더의 주체화 과정 속에서 여성이 대상화되었다는 젠더 정치의 맥락만이 아니다. 보다 주목되는 것은 상실된 남성성 회복의 과정과 여성의 역할이다. 이 소설은 식민지 조선인 남성이 제국의 통치 권력에 의해 자신의 남성성을 상실했지만, 고국에 대한 사랑을 지속적으로 가지고 있어 언제든 회복 가능하다는 것, 그리고 그러한 회복을 위해서는 식민의 체험과 기억을 환기시키는 여성이 희생/구원자로서 위치 지어지면서 배제된다는 것을 말하고 있다. 해방이라는 사건이 식민지 조선인으로서의 위상을 탈각하고 해방 조선의 일원으로서 새로운 자기 구축을 요청했을 때, 남성들은 제국의 식민 통치 권력에 의해 상실된 남성성을 은폐하는 동시에 여성의 목소리를 통해 바로 그 상실된 남성성을 회복하고자 했던 것이다. 그리고 이때 식민의 체험과 기억을 간직한 여성들은 남성성을 위협하는 존재로서가 아니라, 바로 그러한 남성성을 강화하는 도구로서 자기희생과 남성 구원의 역할을 떠안게 되었던 것이다.

이처럼 해방이라는 사건이 젠더 정치의 새로운 지평을 열었고, 민족국가 건설의 이념이 상실된 남성성의 회복을 가능하게 했다는 점을 염두에 두었을 때, 남성성 회복의 방식이 어떻게 이루어졌는가가 관심의 대상이 된다. 앞서 살펴봤듯이, 그것은 대체로 식민의 체험과 기억을 환기시키는 존재로서의 여성을 괄호 치거나 삭제하는 방식으로 이루어졌으며, 그때 여성은 해방 이후 남한사회에 남성이 안착할 수 있는 근거를 제공하였다. 여성의 목소리를 통한 남성 귀환의 당위성 마련이라는 남성서사는 그런 점에서 해방 이후 남한사회에서의 젠더 정치의 한 양상을 극명하게 보여준다. 그렇다면 해방 조선에서 회복된 남성성은 어떻게 발현되는가? 상실된 남성성을 회복했다고 여긴 남성들은 어떻게 자신들의 남성성을 발현하면서 강화해갔던가? 이하에서는 맨스플레인을 키워드로 하여 이에 대해 살펴보고자 한다.

3. '말'하는 남성과 성적 대상으로서의 여성

맨스플레인이 여성을 가르치려고 하는 남성들의 행위를 나타낸다는 점에서 남성의 '말하기'가 주목된다. 제국-식민지 체제기 남성성이 거세되거나 억압되었던 식민지 조선의 남성들은 말할 수 있는 권리를 박탈당한 상태였는데, 해방 이후 그러한 권리를 회복하여 말하기 시작하였다. 물론 해방은 제국의 식민 통치 권력에 의해 통제된 말의 해방이자, 소수자의 특권처럼 여겨졌던 말할 수 있는 권리를 인민대중에게도 허락하는 것이었다. 하지만 누가 민족국가 건설의 주체가 되어야 하는가에 따라 말할 수 있는 권리는 제한되었다. 특히 정치적 수사와 구호에 기대 민족적 주체로서 자기를 재정립해간 남성들에 의해 말할 수 있는 권리가 독/과점되어가면서 여성은 남성의 말을 듣는 대상으로 위치 지어졌다. 즉, 말할 수 있는 권리에 의해 남성/여성의 젠더적 위계화가 구획되었던 것이다. 그리고 보다 주목해야 할 것은 남성들의 말이 그 자체로 정당성을 갖는 것이 아니었음에도 불구하고 말하는 행위를 통해 어떤 권위를 획득해가고 있었다는 점이다. 여기에서는 김동리의 『해방』을 통해 말할 수 있는 권리를 획득한 남성들이 정치적 주체로서 자신을 정립해간 과정 속에서 어떠한 맨스플레인의 양상을 보이는지에 대해 살펴보고자 한다.

김동리의 『해방』은 1949년 9월 1일부터 1950년 2월 16일까지 『동아일보』에 연재된 신문연재 장편소설이다. 동아일보사 측에서는 김동리의 『해방』 연재 예고 격의 글에서 이 소설이 해방 이후 단독정부가 수립되기까지의 고난의 시간을 다루면서 "민족적 환호리에 태어난 해방이 과연 우리에게 무엇을 가르처주었나?" 묻고 있다고 하였다. 김동리 또한 삼팔선의 분단 상황 속에서 파괴와 혼돈이 계속되어 온전한 해방은 달성되지 못했지만, 독립은 반드시 달성될 것이라고 믿고 있다면서 "나는 우리의 이러한 자유와 독립에 대한 신념으로 우리의 해방을 충실히 그려 보려 한다. 여기에는 우리의 해방을 상징할 만한 몇 개의 인간형人間型이 등장할 것이다. 그리하여 나는 그들이 해방의 기쁨보다도 해방이 가져온 아픔과 괴로움에 어떻게 울며 쓰러지며 싸우며 나아가며 하고 있는가를 그려보려 한다"라고 창작의도를 밝혔다.[15] 즉 인물들의 행위를 중심으로 해방 정국의 혼돈 상황을 어떻게 극복해나가고 있는가에 대해서 말하고자 한 것이다.

실제로 『해방』은 해방 직후 이념과 노선을 달리하는 정치 집단, 특히 청년단체의 대립과 갈등 속에서 우익 단체 대한청년회 회장 우성근이 좌익 단체 민주청년동맹의 맹원이었던 하기철 등에 의해 피살된 이후의 사건을 중심으로 서사를 전개하면서 다양한 인물군상을 보여주고 있다. 과거 식민지시기 민족주의자였다 전향한 친일파 심재영, 대한청년회 고문격으로 소속 청년들로부터 추앙을 받고 있는 동아여자대학관 교수 이장우를 비롯해 대학병원 내과의이자 인민당에 관련된 하기철의 형 하윤철, 해방주보사 주필 겸 편집국장인 신철수 등 해방이라는 사건이 새롭게 탄생시킨 다채로운 인물들이 『해방』의 서사 곳곳에 등장한다. 따라서 이 소설에는 해방 이후 정치적 격변기 속에서 친일파 청산의 문제와 좌우익 이념의 대립 상황, 그리고 그러한 과정 속에서 나타난 각종 단체 및 개인의 이전투구의 양상이 혼돈의 상태로 제시된다. 그런데 이 소설의 주인공 이장우가 대한청년회의 고문 격으로 친일파 청산에 미온적인 태도를 보일 뿐만 아니라, '미국식 민주주의'에 기초하여 "독립된 진정한 민족국가를 건설"[16]하려고 한다는 점에서 김동리의 우파 민족주의적 노선을 보여주는 것으로 읽기도 한다.[17] 하지만 이

15 『동아일보』, 1949.7.12.

16 金東里, 「解放(150)」, 『동아일보』, 1950.2.10.

17 『해방』을 발굴하여 소개한 바 있는 김주현은 『해방』의 분석을 통해 김동리가 좌우익 대결 속에서 제3의 가능성을 차단한 채 좌우를 이념의 대립이 아닌 선악의 구도 속에 위치시

글에서는 해방 이후 남한사회에 새롭게 출현한 남성 젠더의 행위에 초점을 맞춰 논의를 전개하고자 한다.

이와 관련해 허윤은 『해방』이 좌우 이념을 둘러싼 청년들의 갈등 양상과 함께 중재자로서의 이장우를 주인공으로 내세워 해방기 청년단체와 테러, 폭력이라는 정치적 혼란과 주체의 재건을 병치시키고 있다고 논의한다. 그러면서 해방기 청년들이 거세된 남성성을 회복할 수 있는 총이나 테러 즉 '폭력'을 통해 공동체를 결성하고, 전선戰線을 형성했으며, 그를 통해 자신들을 정치적 주체로 정립하였다고 하였다. 이러한 논의를 통해 김동리가 『해방』을 통해 보여주고자 한 것은 식민지의 거세된 남성성이 재구축되는 양상으로, 아버지-국가를 잃은 남성 청년들이 물리력을 바탕으로 공동체를 형성하고 가족화된 민족국가를 상상하고 있었다고 결론지었다.[18] 『해방』에서 움직이는 남성인물들, 특히 청년단체에 가담한 청년들의 행위와 욕망을 남성 젠더의 주체화 기획의 내러티브로 읽는 흥미로운 독법이다. 다만, 이러한 논의가 해방기 청년단체에 가담한 남성들을 집단화하여 집단 내 각 개인의 행위와 욕망을 균질화할 우려가 있는 만큼, 여기에서는 개인적인 층위에서 남성 젠더의 자기 구축의 논리와 문법의 측면에 보다 관심을 기울이고자 한다.

이때 이 글에서 주목하고자 하는 인물이 신철수이다. 그는 해방 전 만주에서 발행된 『만주일보』 신문기자이면서 한편으로는 일본 군부의

킨 뒤 우익을 도덕적 우위에 두고 거기에 정당성을 부여하는 한편 친일에 대해 인정주의적 태도를 보여주었다고 말한다. 그리고 그것을 당시 우익의 정치의식의 일단이자 김동리의 현실 인식이었다고 논의하였다. 이에 대해서는 김주현, 「김동리의 「해방」 연구」, 『어문학』 제121집, 한국어문학회, 2013, 245~267쪽.

18 허윤, 「해방기 김동리 소설의 남성성 연구-『해방』을 중심으로」, 『한국현대문학회 학술발표회자료집』, 2015, 133~143쪽.

촉탁 격에 해당하는 이력을 가지고 있는 인물이다. 해방 이후 조선으로 돌아온 그는 우연히 과거 하숙집 주인이었던 오금례를 만나 그녀가 자신의 장사에 도움이 될까 하여 신문사를 차리려 하는 것을 듣고, 그녀와 함께 해방주보사를 만든다. 오금례의 집 한 편을 신문사 사무실로 사용하고, 그녀를 사장에, 그녀의 딸 윤정혜를 기자로 삼고 스스로 주필 겸 편집국장이 된 그는 과거 『만주일보』에서 함께 근무했던 후배 안준식의 도움을 받아 신문을 발간하는데, 그것은 대체로 기존에 발행된 신문을 짜깁기하는 방식이었다. 그래서 『해방주보』는 신철수의 판단에 따라 비정기적으로 발간되었는데, 그는 신문을 통해 뉴스를 제공하거나 여론을 형성하기보다는 자신의 사리사욕을 채우는 도구로 활용하였다. 그는 『해방주보』에 친일파 민족 반역자와 악질 모리배를 규탄하는 기사를 주로 실었는데, 그들을 협박해 돈을 갈취하는 수단으로 악용했던 것이다. 한편, 그는 좌우익을 가리지 않고 청년단체의 단원들과 관계를 맺고 있었는데, 이 또한 해방주보사 편집국장이라는 지위를 이용하여 그들에게 접근한 뒤, 해당 단체의 이념에 동조하는 방식으로 이루어졌다. 그래서 그는 좌우익을 막론하고 '기회주의자' 또는 '회색분자'로 여겨질 만큼 신뢰할 수 없는 인물로 받아들여지고 있었다.

그런데 이 글의 관심사에 초점을 맞추었을 때, 신철수라는 인물이 주목되는 것은 해방 이후 정치적 격변기에 놓인 남한사회에 출현한 기회주의자의 어떤 전형을 보여주기 때문만은 아니다. 보다 주목되는 것은 그가 소위 자신의 사회적 지위를 이용해 여성을 성적 대상으로 삼고 있다는 점이다. 그리고 그러한 성적 대상에 대한 성욕을 발현하는 과정 속에서 여성을 가르치려고 하는 맨스플레인의 면모를 뚜렷하게 보인다는 것이다. 그는 스스로를 다음과 같이 정의한다. "나는…… 사회의 목탁이요, 인민의 대변자요 민족의 호소呼訴기관인 해방주보사解放週報社의 주필 겸 편집국장이요, 또 사회社會 문화文化 비평가올시다…… 네, 긇은 건 긇으다고 하고, 옳은 건 옳다고 하고, 좌익에 죄가 있으면 좌익을 치고 우익에 잘못이 있으면 우익을 치고…… 나는, 좌우를 초월하여 어디까지나 정의와 양심에 충실한 비평가올시다……."[19] 물론, 정의와 양심을 가진 비평가로서의 자기규정을 허위의식의 발현으로 치부할 수도 있다. 하지만 작중 인물들은 그에 대한 모종의 거부감을 드러낼 뿐만 아니라, 서술자 역시 '방약무인' 정도로 취급한다.[20] 그럼에도 불구하고 주위 사람들의 인식과 무관하게 그는 신문기자이자 비평가로서 자임하며, 여성을 성적 대상으로 삼는 데 여념이 없다.

여성을 성적 대상으로 위치시키면서 맨스플레인의 양상을 보이는 신철수의 면모는 먼저 윤정혜를 대하는 태도를 통해 확인할 수 있다. 그는 윤정혜를 해방주보사 기자로 임명한 뒤 업무를 맡기면서 직무와 관련이 없는 사적인 질문을 한다. 이에 윤정혜가 대답하지 않으면서 사적인 질문은 실례라고 말하지만, 그는 자신에게 대답하지 않는 것에 대해 힐난한다.

19 金東里, 「解放(61)」, 『동아일보』, 1949.11.2.
20 신철수가 처음 등장했을 때, 서술자는 다음과 같이 그의 모습을 서술하고 있다. "들어미는 얼굴은 스물너댓 살짜리 애숭이 청년이다. 옥색 양복에 자주 빛 넥타이를 매고, 그 위에 렝코오트를 받혀입었다. 모자는 미색 계통의 소프트 · 햇인데 가운데를 똥그랗게 접어 쓰고 그 모자 모양으로 역시 똥그랗게 생긴 얼굴은 양쪽 볼이나 연지나 찍은 듯 붉으스레 하고, 또 그 얼굴 윤곽 같이 똥그란 두 눈에는 청년답기보다도 방약무인한 독선적(獨善的)의욕이 불타고 있다."(金東里, 「解放(56)」, 『동아일보』, 1949.10.28)

> 정혜 씨와 나는 지금 해방주보사를 위하야 같은 직장에서 일하고 있는 동지요 또 동료라고도 말할 수 있읍니다. 게급으로 말하면 물론 나는 정혜 씨에게 명령하고, 정혜 씨는 내 명령에 복종해야 할 처지에 있지마는 한 사람의 인간 대 인간으로 볼 때는 동지요 동료요 같은 사원이라 할 수 있읍니다.
>
> 정혜 씨의 그러한 태도는 한 사람의 신문기자로서는 탈선적이라고 말할 수 있어요. 왜 그러냐 하면 신문기자란 것은 어디까지나 상대자의 비밀을 지켜줄 의무가 있어요. 아시겟서요? 그러므로 우리와 같이 이렇게 한 사에 공생동사(共生同死)를 맹서한 동지로서는 죽을 때까지 서로 서로 상대자의 비밀을 지켜줄 의무가 있단 말씀예요. 나는 이러한 동지적인 결의와 각오에서 그것을 물은 것이에요.[21]

이러한 궤변에도 불구하고 윤정혜는 신철수를 우러러보고, 대답하지 않은 것에 사과의 뜻을 피력한다. 윤정혜에게 신철수는 "사람이 분명하고, 말을 잘 하고, 정열이 있고, 가다가는 좀 날카롭게 굴 때도 있지만 대체로 신사적이고…… 그리고 무엇보다도 재미가 있는 사람이라 믿어졌다."[22] 여기에서 간과해서는 안 될 것은 이때 여성이 남성의 궤변을 제대로 파악하지 못하는 존재, 즉 남성 젠더의 '말'을 듣고, 그것을 받아들이는 위치에 놓여 있다는 점이다. 이는 수동적 존재로서의 여성 인식이 드러난 부분이라고 할 수 있다.

이후 신문 창간호가 발행된 것에 대한 조촐한 축하연을 마친 뒤 신철

21 金東里, 「解放(74)」, 『동아일보』, 1949.11.15.
22 金東里, 「解放(77)」, 『동아일보』, 1949.11.18.

수는 윤정혜를 집밖으로 유인해 자신의 성적 욕구를 채우고자 한다. 하지만 윤정혜가 나가지 않으려고 하자, 다음과 같이 말하면서 자신의 성욕을 은폐한다. "정혜 씨, 나는 정혜 씨의 그 솔직하고 진보적인 성격을 여간 높이 사고 있지 않습니다. 우리가 그 일제시대의 압박 밑에서 해방된 오늘날 좀 더 자유스럽고 솔직하게 그리고 좀 더 해방된 민족의 금도를 가지고 서로 서로 청춘을 즐기는 것이 얼마나 좋은 일입니까? 우리는 좀 더 대담하고 용감하게 우리에게 주어진 청춘의 특전을 충분히 인식하며 유감없이 이용할 필요가 있지 않느냐 하는 말씀이에요. 아시겠서요?"[23] 제국적 질서로부터 해방되었으니 자유롭게 즐기는 것이 해방된 민족의 긍지이자 청춘의 특권이라는 궤변 속에 윤정혜에 대한 자신의 성욕을 은폐하고 있는 이 신철수의 모습을 통해서 남성 젠더의 맨스플레인의 핵심적인 양상을 유추할 수 있다. 그것은 '해방'・'민족'・'청춘'・'자유' 등 해방 이후 남한사회에서 범람하고 있던 그 자체로 어떤 권위를 획득하고 있다고 여겨졌던 말들이 남성 젠더의 욕망을 달성하기 위한 말로 활용되고 있다는 것이다. 흥미롭게도 해방기 말의 향연이라고 부를 수 있을 만한 상황 속에서도 그 말들은 남성/여성의 젠더적으로 위계화된 관계 속에서 남성의 욕망을 달성하기 위한 권위로 나타난다. 그리고 남성 젠더는 그 말의 권위에 기대어 자신이 무슨 말을 하고 있는지도 모른 채 여성을 가르치려고 한다.

이러한 남성 젠더의 맨스플레인의 양상은 하미경을 강간하려는 신철수의 행위와 욕망 속에서 보다 극명하게 드러난다. 하미경은 십여 년

23 金東里, 「解放(80)」, 『동아일보』, 1949.11.21.

전 자신의 집에 기거하던 이장우와 연모의 감정을 가지고 있다 그가 도쿄로 유학을 떠난 뒤 헤어진다. 이장우에 대한 미련을 가지고 있던 그녀는 해방 이후 동아여자대학관을 다니던 중 이장우와 재회하지만, 동생 하기철이 우성근 피살에 연루되어 있을지도 모를 불안감을 지니고 있다. 이장우를 만나기 위해 동아여자대학관을 찾았던 신철수는 그곳에 있던 하미경에게 우성근 피살사건과 관련해 하기철의 생명이 걸린 중대한 사안을 말하려고 한다면서 자신과 동행할 것을 종용한다. 이장우 앞에서 자신과 얘기를 하지 않겠다던 하미경이 동생에 관해 묻자 모독을 받았다며 사과를 요구한 신철수는 하미경이 사과를 하려고 했음에도 하기철에 관한 정보가 비밀이고, 하미경을 믿을 수 없다며 자신을 따라오라고 말한다. 그는 득의와 냉소의 시선을 가지고 하미경을 협박한 것인데, 이에 하미경은 분노와 살기로 신철수를 바라보고, 그와 헤어져 돌아가려고 한다. 신철수는 동생을 살리고 싶으면 자신을 찾아오라면서 자신의 숙소 열쇠를 던져주고 사라진다. 이후 동생의 행적에 의문과 불안을 가지고 고민에 고민을 거듭하던 하미경은 결국 신철수의 숙소를 찾아간다. 그런데 신철수는 하기철에 관한 얘기를 하기는커녕 하미경에게 이장우를 사랑하냐고 비아냥대면서 자신의 성적 야욕을 드러낸다. 그러면서 이장우를 사랑하듯이 자신을 사랑할 수 있냐고 물으면서 대답을 강요한다. 이에 공포와 분노를 느낀 그녀가 돌아가려고 하자 하기철을 경찰에 넘기겠다고 협박한 신철수는 혼절한 그녀를 겁간하려고 한다.

물론 이와 같은 신철수의 모습은 "야비한 성욕만으로 불타고 있"[24]는 남성의 면모를 유감없이 보여준다. 그의 여성에 대한 성적 편력은 『해방』 서사 곳곳에서 발견할 수 있다. 그런데 그로 하여금 성욕을 발휘할 수 있게 하는 것이 해방주보사 신문기사로서 말의 권위뿐만 아니라, 하미경을 협박할 때 권총을 들고 있는 것을 통해 확인할 수 있듯이 폭력(힘)이라는 점에 주의할 필요가 있다. 남성의 성적 욕망은 언어와 폭력을 매개하여 발현되었던 것이다. 따라서 『해방』을 해방 이후 과거 식민의 체험과 기억 속에서 상실된 남성성 회복의 서사로 읽을 수 있다면, 그러한 남성성 회복이 해방기 남한사회에서 새로운 권위를 획득했다고 여겨지는 말들과 남성들의 전유물인 폭력에 의해 작동하고 있다는 점은 의미심장하다. 그것은 그 자체로 남성 젠더의 남성성 구축과 발현이 갖는 폭력성을 드러내는 것이자, 상실된 남성성 회복이 성욕의 분출이라는 과잉된 형태로서만 달성 가능하다는 것을 말하는 것이기도 한다. 그리고 이때 여성은 남성 젠더의 성적 응시의 대상으로 고착화된다.

여기에서 신철수가 신문기자라는 점을 다시 한 번 강조할 필요가 있다. 즉, 그는 '말'의 권위에 기대 그것을 독점한 상태에서 상대방에게 강제하는 위치에 있는 인물이다. 그리고 그러한 말을 통해 자신의 욕망을 가감 없이 드러낸다. 그런데 『해방』에서 그는 아무런 논리도 없이 횡설수설할 뿐, 그의 말이 그 자체로 권위를 갖는 것은 아니다. 이장우를 만나 강연을 교섭하려고 하거나, 하미경을 겁간하려다 김상철에게 발각된 뒤 그로부터 취조를 당할 때, 신철수의 말은 그 스스로 무엇을 말하고 있는지 알지 못한 채 그저 내뱉고 있는 말일 뿐이다. 나아가 그가 여성들을 성적 대상으로 삼아 자신의 성욕을 채우려고 할 때의 말들

24 金東里, 「解放(97)」, 『동아일보』, 1949.12.9.

또한 그의 행위와 욕망을 긍정해주기는커녕, 그것이 얼마나 탐욕적이고 기만적인 것인지를 드러낼 뿐이다. 그럼에도 그는 끊임없이 말을 하면서 상대방에게 알겠냐고 묻는다. 물론 그의 말을 듣는 상대방의 이해를 구하기 위해서 알고 있냐고 확인하는 것이 아니라, 그것은 상대방으로 하여금 자신의 말을 받아들이라는 즉, '알아야 한다'라는 명령과도 같은 것이다. 그리고 이는 그가 알든 모르든 그 자체로 그의 말을 듣는 상대방, 특히 여성들이 그의 말을 알 수 없다는 것을 드러낸다. 그래서 그는 지속적으로 가르치려고 하는 것이다.

물론 신철수로 상징되는 '기회주의자', '회색분자'에 대한 단죄, 나아가 이장우의 영웅주의적 면모를 부각시키는 『해방』의 서사를 통해 우파 민족주의의 이념을 승인하는 김동리의 문학적 지향점을 확인할 수 있다. 하지만 여기에서는 해방 이후 남한사회에 출현한 새로운 남성들이 어떻게 자신의 남성성을 발현하는가에 초점을 맞춰 논의하였다. 특히 정치적 수사와 구호로 넘쳐나는 말들의 향연 속에서 그러한 말의 권위에 기댄 남성이 여성을 대상화하여 자신의 욕망을 펼쳐보이고 있는가에 주목하였다. 그리하여 위에서 확인할 수 있듯이, 해방기 남성 젠더의 남성성 발현은 여성을 성적 대상으로 위치시키는 한편, 자신의 탐욕적인 성욕을 충족시키기 위해 바로 그 여성을 자신도 알지 못하는 말을 통해 가르치려고 하는 양상으로 나타난다. 그리고 그때 말들은 해방기 민족국가 건설의 이념 속에서 새롭게 권위를 획득했다고 여겨지는 관념적이고 추상적인 언어들로, 『해방』의 서사 곳곳에서 발견할 수 있는 '폭력'과도 같은 남성들의 전유물이었던 것이다.

4. 새로운 경제적 인간과 교환되는 여성

남성/여성의 젠더적 위계화를 낳는 맨스플레인은 남성 주체의 여성 대상화의 방식을 극명하게 보여준다. 그리고 그것은 개인의 주체성 형성 과정에서의 타자화 전략의 메커니즘을 짐작하게 한다. 개인은 주체화 과정 속에서 대상을 요구할 뿐만 아니라, 그러한 대상을 하위의 열등한 자질이나 속성을 갖는 존재로 고착화한다. 한편, 맨스플레인이 가르치는 행위라는 점에서 그것은 대상이 가르침을 받을 정도로 무지하다는 것을 전제로 할 뿐만 아니라, 내가 가르칠 수 있다는 점에서 대상에 대한 소유욕을 포함하고 있기도 하다. 다시 말해 맨스플레인의 행위 주체로서 남성은 여성을 하위의 열등한 존재로 규정할 뿐만 아니라, 여성은 가르침을 받아야 하는 무지한 존재이며, 이는 모두 소유 가능한 대상으로서의 여성 인식에 기초한 것이라고 할 수 있다. 그런데 여성을 소유할 수 있다는 감각은 가부장제적 질서를 내면화한 것일 뿐만 아니라, 자본주의 체제 속 인간의 물신화 현상과 밀접한 관련이 있다. 여기에서는 이와 관련해 염상섭의 『효풍』을 대상으로 해방 이후 재편된 경제 구조 속에서 여성을 교환가치의 대상으로 고착화하는 가운데 나타나는 맨스플레인의 양상에 대해 살펴보고자 한다.

1948년 1월 1일부터 같은 해 11월 3일까지 『자유신문』에 연재된 염상섭의 『효풍』은 여러모로 해방 이후 남한사회의 구조 변동 과정에 대한 예리한 시각을 보여주는 작품이다. 이미 『효풍』에 관한 다양한 연구가 진행되어왔지만, 이 작품은 대체로 박병직과 김혜란, 그리고 최화순을 둘러싼 삼각관계의 서사 속에서 남북한 정치적 이념 대립의 양상을 드러내는 한편, 김혜란을 축으로 하는 이진석 · 베커 등의 '금전적 유대' 속에서 남한과 미국 사이의 경제 재편의 양상을 서사화하고 있는 작품으로 이해된다.[25] 다시 말해 해방 이후 정치경제적 측면에서의 남한사회의 구조 재편의 양상을 인물들의 행위와 욕망을 통해 서사화하고 있는 것이 『효풍』인 것이다. 또한, 이러한 해방기 사회 구조의 재편 과정이 민족국가 건설로 수렴되는 상황 속에서 민족적 동일성의 차원에서 국민으로서의 '조선인'이 이념적으로 타자를 배제해가는 과정에 대한 염상섭의 비판적 인식에 주목하는 한편, 남북이 분단되어가고 있는 현실 상황에 대해 거부감을 피력했던 염상섭의 중간파로서의 면모를 읽어내기도 한다. 그리하여 염상섭이 혈통과 언어에 기초한 단일민족 신화의 차원에서 민족적 동일성을 강조했던 당시의 주류 담론과 달리 법률적 차원에서의 국민이 내포하고 있는 비균질성에 대한 비판의식을 보여줬다거나 『효풍』에 나타난 조선이라는 기표가 남과 북을 모두 포괄하는 정치적 지향을 보여준 것이라고 논의하기도 하였다.[26] 물론, 『효풍』의 서사를 정치경제적 사회 구조의 변동 과정에 대한 풍속도 정도로 이해하는 것은 곤란하다. 한편으로 이 작품은 해방 이후 일본문화의 잔재와 함께 남한사회에 미국문화가 전면적으로 수입되면서 발생하는 혼종적인 문화 현상과 함께 그러한 문화를 향유하고 있는 다양한 인물들을 조감한다. 패전 이후 조선에 남아 '취송정'을 경영하고 있는 일본인 처 가네

25 이에 대해서는 김영경, 「해방기 염상섭의 정치 · 경제의식과 서사의 비균질성—염상섭의 『효풍』론」, 『우리말글』 제67집, 우리말글학회, 2015, 221~247쪽.

26 김종욱, 「해방기 국민국가 수립과 염상섭 소설의 정치성—『효풍』을 중심으로」, 『외국문학연구』 제60호, 한국외대 외국문학연구소, 2015, 101~118쪽.

코金子, 오리엔탈리즘적인 시선으로 조선(민속)에 대해 관심을 가지고 있는 미국인 베커, 미 군정청과 조선인들을 연결시켜주는 통역사 장만춘이나 같은 맥락에서 미 군정청에 기생하는 무역상 이진석 등 해방 이후 남한사회에 새롭게 등장한 인물들의 행위와 그 속에 내재된 욕망의 지점을 흥미롭게 펼쳐 보이고 있는 것이다.

그런데 이 글의 관심은 해방 이후 남성 젠더의 자기 재정립의 욕망이 어떻게 서사화되고 있는지에 있다. 이런 점에서 서사의 중심에 놓인 남성 인물인 박병직에 주목해야 할지도 모른다. 약혼자인 김혜란을 두고 좌익 계열의 신문사 기자인 최화순에 이끌려 그들의 정치적 활동에 동조하는 한편 최화순을 따라 월북하려다 경찰에 붙잡혀 옥고를 치른 뒤, 김혜란의 부친을 만나 미국도 소련도 아닌 조선에서 공부해 남북이 함께 할 길을 모색하겠다고 말하는 그를 통해 해방기 정치적 주체로 자기를 구축해가는 청년의 한 면모를 확인할 수 있다. 물론, 이 지식인 남성이 어떤 정치적 이념과 비전을 가지고 있는지 『효풍』의 서사에는 명확히 제시되지 않는다. 남북이 하나 되는 길을 모색하겠다는 것을 두고 그가 중간파의 입장을 갖는다고 볼 수도 있지만, 엄밀히 말해 그것은 월북행이 좌절된 이후 현재의 자신을 긍정하기 위한 입장 표명, 즉 처세술에 다름 아니기 때문이다. 따라서 박병직은 남북한이 분단되어가는 좌우익 이념 대립 속에서 유동적 상태에 처한 우유부단한 남성 청년의 어떤 모습을 보여줄 뿐이다. 그는 여성을 대할 때도 "안온하고 행복한 결혼생활, 가정생활을 하자면 화순이는 문제도 아니요 혜란이보다 더 나은 사람을 구할 수 있으리라는 생각은 꿈에도 없다"라고 생각하면서도, "화순이의 취할 점은 감연히 인습因襲을 타파하고 봉건적 가족주의에 반항하고 나온 데 있다"라고 말할 정도[27]로, 아직 명확하게 자신의 입장을 확립하지 못한 자이다. 다만 『효풍』 서사의 한 축이 박병직과 김혜란, 최화순의 삼각관계를 연애담 정도로 전개되고 있다는 점을 감안했을 때, 이 우유부단한 남성이 남한사회에 안착하는 데 여성을 대상화하고 있다는 점을 확인할 수 있다.

하지만 여기에서는 해방기 경제구조의 재편 과정 속 젠더 정치의 측면에서 남성 인물의 행위와 욕망에 관심을 가지는 만큼 이진석이라는 인물에 초점을 맞춰 논의를 전개하고자 한다. 그는 20여 년간 하와이에서 거주하다 해방 이후 조선에 들어와 '경요각'을 운영하고 있는 인물이다. 그런데 그는 고물상 · 골동품점 · 보석상 · 시계점 등 그 성격이 애매한 잡화점과도 같은 경요각을 직접 운영하는 상인이라기보다는 해방정국에서 미국인들을 이용하여 해외에서 물건을 들여와 판매하는 무역상에 가깝다. 『효풍』의 첫 장면에서 그가 골동 취미를 가지고 경요각을 찾아온 미국인 베커에게 호의를 보인 것 역시 "베커가 무역, 산업관계의 기관에서 일을 본다는 바람에 이게 웬 떡이냐고 천재일우의 호기나 만난 듯"[28] 했기 때문이다. 그가 하와이에서 조선인으로서 어떠한 삶을 살았는지 작중에 명확히 제시되어 있지 않을 뿐만 아니라 어떠한 경로를 통해 해방 이후 남한에 들어온 것인지 알 수 없지만, 미군정 체제 아래 영어를 구사할 수 있다는 것이 그로 하여금 남한사회에서 경제활동을 가능하게 했다는 점을 쉽게 짐작할 수 있다. 『효풍』에서 이진석은 부를 축재하는 데 여념이 없는 경제적 인간으로 그려질 뿐이다. 해서 서술자

27 염상섭, 『효풍』, 실천문학사, 1998, 190쪽.
28 위의 책, 12쪽.

또한 베커를 대하고 있는 이진석에 대해 "코 큰 사람만 보면(그야 제2고향의 친구나 만난 듯이) 반갑기도 하겠지마는 제 코부터 컹컹 소리를 내며 무슨 냄새를 맡으려 들고 쓸모가 있을 위인인지 진맥하기에 바쁘다"[29]라고 냉소적 시선을 보였던 것이다. 영어 구사능력을 물질적 토대로 하여 미국과의 친연성을 보이면서 신분 상승 및 부의 축적을 도모하는 이 '호모아메리카나'[30] 남성은 미군정 체제와 신식민지적 질서가 해방 이후 남한사회에 출현시킨 새로운 경제적 인간이라고 할 수 있다.

이처럼 해방 이후 남한사회에 출현한 새로운 경제적 인간으로서의 이진석은 부를 축재하기 위해 김혜란을 이용한다. 그는 자신이 경영하는 경요각 사무원 김혜란에 대해 호감을 가지고 있는 베커에게 환심을 사 그를 통해 미 군정청과 교섭해 해외에서 물자를 들여온 뒤 판매를 하려고 한다. 그런데 그가 자신의 부를 축재하기 위해 김혜란을 이용하는 방식은 겉으로는 그녀를 하나의 인격체로서 존중하는 것처럼 보이지만, 그 이면에서는 하나의 수단으로 그녀를 대상화하고 있다는 점이 명확히 드러난다. 그리고 이러한 여성을 도구로써 활용할 수 있다는 생각은 이미 여성을 남성에 속박된 존재나 소유 가능한 존재로 인식하고 있는 것에 다름 아니다. 그는 "병직이란 존재만 없으면 얼마든지 마음대로 주무를 수 있는 것을!"[31]이라고 생각할 정도로 김혜란을 자신의 소유의 대상으로 인식한다. 사실 『효풍』에서 김혜란은 그녀가 일하고 있는 경요각에 진열된 고물 · 골동품 · 보석 등과 마찬가지로 하나의 상

29 위의 책, 14쪽.

30 김복순, 「해방 후 대중성의 재편과 젠더 연관－『1945년 8 · 15』 『효풍』 『해방』을 중심으로」, 『여성문학연구』 제26호, 한국여성문학회, 2011, 261쪽.

31 염상섭, 앞의 책, 159쪽.

품으로서 기능한다. 이진석이 김혜란을 통해 베커와 거래를 하려고 하는 것은 그녀를 교환가치의 대상으로 위치시키는 것에 다름 아니다. 베커 또한 김혜란에게는 문화인이자 신사와도 같이 여겨지지만,[32] 사실 그녀를 하나의 상품으로 인식하고 있다. 이는 베커의 조선에 대한 오리엔탈리즘적인 시선을 통해서도 쉽게 간취할 수 있지만, 인천에 가 끊임없이 김혜란의 사진을 찍는 베커의 모습을 통해서도 확인할 수 있다. 그 역시 소유의 대상으로서의 조선 여성에 대한 남성적 응시의 면모를 유감없이 드러내고 있었던 셈이다.

이진석은 바로 이 베커의 욕망의 지점을 간파하고, 자신의 소유물로 여겨진 김혜란을 수단화해 베커와 거래하고자 했던 것이다. 그는 김혜란을 경요각의 지배인으로 임명하면서 베커와의 경제적 교섭에 나서줄 것을 요구하는데, 지배인으로서의 경제적 실무를 맡기는 것이 아닌 그녀에게 호감을 가지고 있는 베커에게 감정적으로 호소할 것을 요구한다.[33] 물론 그는 경제의 기초적인 지식이나 미국식 자본주의 아래 이루어지고 있는 남한의 경제활동 등에 대해서 가르치려고 하지는 않지만, 지배인이라는 직함에 맞는 실무 역량을 발휘할 것을 요구하는 것이 아니라 베커의 환심을 사는 도구로서의 역할에 충실할 것을 김혜란에게 강요하고 있다. 해서 자신의 경제 활동과 관련해 맨스플레인의 태도를 적극적으로 드러내지는 않는다. 하지만 이는 자신에 대한 김혜란의 반

32 "곱게 꾸민 조선 여자를 보면 '동양의 선녀'를 생각하면서 몽환적(夢幻的) 기분에 잠겨들어 간다는 이 이국의 청년, 조선의 하늘과 자연을 예찬하고 조선은 서서(西瑞)와 같은 평화의 나라가 되어 동서양 두 문화가 여기에 아담스럽게 결정(結晶)될 날이 있을 것을 믿는다는 이 청년을 어디까지든지 문화인이요 신사로 믿는 것이다."(위의 책, 272쪽)

33 "김 선생은 내게 이용당하는가 하는 오해도 하시나 봅니다만 상회의 지배인으로 그런 청쯤 하는 거야 으레 일이요 저편도 그럴 듯이 들은 거니까……."(위의 책, 165쪽)

감을 억제하기 위한 처세술일 뿐이지, 그렇다고 해서 이진석에게서 맨스플레인의 양상을 살펴볼 수 없는 것은 아니다. 그는 김혜란이 약혼자 박병직과의 결혼 문제를 둘러싸고 번민하고 있는 상황에서 조언을 한다며 다음과 같이 말한다.

> 나는 이렇게 생각합니다. 정치 정세가 어떠니 미소(美蘇) 세력이 어떠니 자-이데올로기다 이념이다 하고 떠들지마는 내가 무식해 그런지 세상 일이 주먹다짐으로만 되는 게 아니요 사람이 이론의 기계가 아니고 인간생활이 이론대로 되는 게 아닌 바에야 이론이나 이념보다도 먼저 감정과 의지의 힘이 움직이는 것이요. 일의 성패가 여기에 달렸다고 봅니다. 삼팔선을 처음부터 이념이나 이론으로 새운 것은 아니겠죠?[34]

이처럼 이진석은 "혜란이 앞에서 자기도 한몫 단단히 보는 일가견一家見을 가졌다는 자랑이나 하고 싶은지 손짓 턱짓을 하여 가며 그 넙죽거리는 구변으로 떠들어놓는"[35]다. 서술자에 의해 소위 '삼팔선 철학'으로 치부되고 있을 정도로 그 또한 자신이 무슨 말을 하는지 알지 못한 채 여성을 향해 말하고 있는 것이다. 물론 『효풍』의 서사에서는 이진석이 직접적으로 김혜란을 가르치는 장면은 잘 드러나지 않는다. 하지만 그 자신의 경제적 이익을 위해 여성을 도구화하는 한편, 해방 이후 정치적 혼돈 속에서 무엇을 말하고 있는지 알지 못한 채 여성을 대상으로 하여 정국에 대해 가르치려는 듯 말하고 있다는 점에서 이진석

34 위의 책, 229~230쪽.
35 위의 책, 230쪽.

또한 맨스플레인을 가능하게 하는 젠더 정치의 양상을 보여주고 있는 것이다.

한편, 이진석은 교환가치의 대상으로서만 김혜란을 인식하고 있지는 않았다. 그 또한 부의 축재를 위한 수단이 아니라면, 자신의 성적 욕망을 발현할 수 있는 대상으로 그녀를 바라보기도 하였다. "진초록 빛 외투에 싸인 날씬한 뒷모양, ― 가냘픈 어깨집에서 허리 깨로 흘러내려가서 살짝 퍼진 곡선미, 실크 스타킹이 제 살결 같은 쪽 곧은 종아리에서부터 반즐거리는 구두 뒤축에 물린 발목까지 전체가 아름다운 조각을 보는 것같이 눈에 스며든다."[36] 하지만 이진석은 자신의 욕망을 은폐한 채 그녀를 배려하거나 마치 자신과 동업자적 관계에 놓여 있는 것처럼 말한다. 이처럼 해방기 새로운 경제적 인간으로서의 이진석은 여성을 자신의 소유물처럼 인식하는 한편, 교환가치의 대상으로 위치시키면서 거래 행위를 통해 자신의 욕망을 달성하려고 한다. 그리고 이는 남성/여성의 젠더화된 위계 속에서 여성의 삶이 남성들에 의해 규정되는 양상을 극명하게 보여준다. 박병직 · 이진석 · 베커 등 남한사회를 살아가고 있던 남성들은 자신들의 욕망을 달성하기 위해 여성을 대상화하는 가운데 자신의 남성성을 발현하고 있었던 것이다. 그런 점에서 정치적 · 경제적 · 문화적으로 유동적인 남한사회에서 자기 정립의 길을 걷고 있었던 남성들은 여성이라는 욕망의 대상에 기대어서만 자기의 존재 방식을 드러낼 수 있었던 셈이다.

그런데 염상섭의 『효풍』 서사가 흥미로운 것은 여성이 단순이 남성

36 위의 책, 160쪽.

주체의 성적 응시의 대상이나 교환가치의 대상으로 거래되는 상태에 처해 있지 않다는 데 있다. 오히려 이때 여성은 자신에 대한 남성들의 인식과 시선이 어떠한지를 간파한 상태에서, 그러한 남성의 욕망을 역으로 이용해 자신의 삶을 기획하기도 한다. 이진석과의 관계에 있어서 김혜란은 그가 자신을 이용하려 한다는 점을 명확히 인식하고 있었다. 그녀는 이진석이 "자기를 미끼로 서양 사람을 이용하자는 협잡꾼 모리배의 간판 밖에 아무것도 아닌 것"[37]을 알고 있었고, 또한 그를 "무식하고 멉둥스럽고 허풍이나 치며 돈에 눈이 벌개서 돌아다니는 축"[38]으로 여기고 있었다. 그녀는 자신을 버리고 최화순을 따라 월북하려고 한 박병직과의 결혼이 성사되지 않을 수 있다는 불안감과 자신에 대한 신의와 애정을 가지고 있는 베커를 염두에 두면서 이진석의 요구를 일정 부분 수용하면서 자기 나름의 삶을 모색하고 있었던 것이다. 따라서 그녀 또한 자신이 남성들에 의해 교환가치의 대상으로 여겨지고 있었다는 것을 명확하게 인식하고 있었다고 보아야 할 것이다. 다시 말해, 남성들의 욕망의 대상으로 자신이 어떻게 규정되고 위치 지어지는지 알고 있는 상태에서 김혜란은 역으로 그러한 남성들의 욕망을 이용해 자기 존재가치나 자신의 삶의 방향을 결정하고 있었던 것이다.

이처럼 『효풍』은 해방 이후 정치경제적 혼돈상태 속 남성 주체들의 자기 기획의 과정 속에서 도구화되는 여성의 위치를 보여준다. 특히 이진석이라는 인물이 상징적으로 보여주듯, 남한사회의 미국화 과정 속에서 '협잡꾼 모리배'와 같은 남성 인물이 부의 축재를 위해 여성을 교

37 위의 책, 142쪽.
38 위의 책, 244쪽.

환가치의 대상으로 위치 짓는 상황을 여실이 드러낸다. 하지만 이때 여성은 쇼윈도에 진열된 상품으로 전락하는 것이 아니라, 자신에 대한 남성적 응시의 시선과 욕망을 간파하는 한편, 교환가치의 대상으로서의 자신의 가치를 역으로 활용하여 여성 주체로서의 자신의 삶을 모색할 가능성을 보이기도 하였다. 그런 점에서 『효풍』은 해방기 남성/여성의 젠더적으로 위계화된 구도 속에서 자기를 구축해간 인물들의 욕망을 섬세하게 보여주었다. 그리고 그러한 개인들의 욕망이 좌우익 이념 대립의 구도 속에서 남북한의 분단이 가속화되어가는 정치적 현실과 남한사회의 미국화 과정 속에서 인간의 새로운 존재 방식을 가능하게 한 경제적 논리에 의해 강화되어갔음을 알 수 있게 한다.

5. 해방과 남성 젠더의 맨스플레인

1945년 8월 15일의 해방은 개인적·집단적 층위에서 젠더 정치의 새로운 지평을 열었다. 제국 일본/식민지 조선≒남성/여성이라는 이분법적으로 위계화된 구도에 놓여 있었던 조선인들은 신생 민족국가 건설의 주체로서 개인적·집단적 층위에서 성 정체성을 새롭게 구축해야 했다. 그리고 그것은 특히 남성 젠더의 상실된 남성성 회복이라는 내러티브 형식을 취했다. 과거 제국-식민지 체제하 제국적 질서 아래 거세되어 상실된 남성성을 회복하고, 해방 이후 민족국가 건설의 이념 속에서 회복된 남성성을 발현하기 위한 다양한 기획이 고안되었던 것이다. 그런데 이러한 남성성의 회복과 발현을 위해서는 과거 식민의 체험과 기억은 의도적으로 망각되거나, 삭제되거나, 공백의 상태로 남아 있어야 했다. 남성성 회복의 내러티브는 그런 점에서 식민의 체험과 기억을 소거하거나 왜곡했다. 하지만 그렇게 한다고 해서 남성성이 확보되는 것은 아니었다. 해방 이후 민족국가 건설의 주체로서 스스로의 위치를 재조정하기 위해서 남성 젠더는 자신의 남성성을 발휘해야만 했다. 그리고 이때 필수적으로 타자화된 대상으로서의 여성이 요청되었다. 그런데 문제는 바로 이 여성이 과거 식민의 체험과 기억을 각인당한 신체를 지닌 존재 그 자체라는 점에 있었다. 해방 이후 여성은 민족수난사의 맥락 속에서 또 다른 해방의 내러티브를 추동하고 있었고, 그런 점에서 그 자체로 과거 식민의 경험과 기억을 환기시키는 존재였던 것이다.

여기에서 해방 이후 남성 젠더의 남성성 회복 및 발현이 결코 쉽게 달성될 수 없다는 것을 짐작할 수 있다. 남성 젠더가 자신의 상실된 남성성을 회복하기 위해 의도적으로 망각하거나 삭제했던 식민의 체험과 기억이, 바로 자신의 남성성을 발현하기 위한 대상으로서의 여성(의 신체)을 통해 환기된다는 점에서 해방 이후 남성 젠더의 남성성 회복 과정의 아이러니한 상황을 확인할 수 있다. 그런가 하면 당시 여성 주체들은 섹슈얼리티의 강화를 통해 남성 중심적 권위로부터의 탈피, 가족제도의 와해, 모성 이데올로기의 약화 등을 기획하여 제국-식민지 체제에 대한 탈식민적 의지를 드러내는 한편, 무력하거나 비겁했던 조선 남성들에 대한 노골적 반감을 드러내기도 하였다.[39] 따라서 이제 남성 젠더는 남성성 회복 및 발현의 욕망을 스스로 폐기하거나, 그것이 지니고 있는 폭력성에 대해 고백하는 방법을 취할 수밖에 없는 것처럼 보인다. 해방이라는 사건이 가져온 젠더 정치의 정체성 재구축에 편승하기를 포기하거나, 아니면 그것이 여성 젠더의 대상화라는 타자의 권리를 박탈하는 폭력이라는 것을 시인하는 길, 다시 말해 자기 부정과 자기 환멸의 윤리적 실천을 통해서 새로운 주체로 자기를 재정립할 수 있는 길이 그들 앞에 펼쳐져 있었던 것이다.

하지만 바로 이때 그들은 흥미롭게도 자신들이 무슨 말을 하는지도 모른 채, 여성들을 가르치려고 하는 맨스플레인의 면모를 보였다. 앞서 살펴봤듯이, 해방기 남성 젠더의 남성성 발현은 여성을 성적 대상으로 위치시키는 한편, 자신의 탐욕적인 성욕을 충족시키기 위해 바로 그 여성을 자신도 알지 못하는 말을 통해 가르치려고 하는 양상으로 나타났다. 그리고 그때 말들은 해방기 민족국가 건설의 이념 속에서 새롭게 권위를 획득했다고 여겨지는 관념적이고 추상적인 언어들로, 김동리의 『해방』의 서사 곳곳에서 발견할 수 있는 '폭력'과도 같은 남성들의 전유물이었다. 한편, 염상섭의 『효풍』을 통해 확인할 수 있듯이, 해방 이후 미국식 자본주의 체제로 재편되어가는 남한사회에 출현한 새로운 경제적 인간으로서의 남성은 부를 축재하기 위해 교환가치의 대상으로서 여성을 위치시키고, 여성으로 하여금 그러한 역할을 수행할 것을 강요하였다. 이처럼 여성을 교환가치의 대상으로 고착화시키는 것은 이미 여성을 남성에 속박된 존재나 소유 가능한 존재로 인식하고 있는 것으로, 하위의 열등한 위상을 갖는 여성을 가르치려고 하는 맨스플레인

39 이영미, 「성애(性愛)의 시대, 여성 주체와 섹슈얼리티－해방공간의 성담론(性談論) 시고(試考)」, 『국제어문』 제33집, 국제어문학회, 2005, 312~313쪽.

의 구조와 닮아 있는 것이었다.

요컨대 해방이라는 사건이 촉발한 남성성 회복의 서사에서 여성은 희생을 통한 남성 구원자로 표상되었다. 남성성 회복을 위해 타자로서의 여성의 위상이 고착화되었던 것이다. 한편, 남성 젠더의 주체성 확립 과정에서 여성을 가르치려고 하는 맨스플레인 현상이 두드러졌는데, 이는 탈식민-냉전 체제 형성기 민족국가의 건설 과정 속에서 민족적 주체로서 자신의 자리를 점유하려는 남성들의 욕망이 발현되면서 보다 강화되었다. 이러한 남성 젠더의 맨스플레인 현상은 해방 이후 미국적 헤게모니 아래 재편된 남한사회에서 가부장제도와 우파 민족주의, 미국식 자본주의를 기초로 자기를 구축해간 남성들의 젠더 정치의 문법을 확인하게 한다.

제11장

지정학적 세계 인식과 해방 조선의 정위

표해운의 『조선지정학개관』을 중심으로

1. 해방과 지정학의 부상

1945년 8월 15일 제국 일본의 패전에 의한 식민지 조선의 해방은 조선의 위상topology에 심대한 변화를 가져온 역사적 사건이었다. 특히 식민지 말 정치적·경제적·문화적·지리적으로 제국 일본을 중심으로 한 동아시아 지역 질서regional order=대동아공영권을 구성하는 식민지 지방local으로서의 위상을 부여받았던 조선은 과거 식민의 경험과 기억을 청산하고 조선 민족을 축으로 새로운 국가를 건설해야 하는 당면 과제에 봉착하게 되었다. 이때 무엇보다 시급한 과제 중 하나는 주권, 영토, 국민을 통합시킬 수 있는 국가의 건설이었으며, 이에 따라 각종 학문 분야는 이러한 국가 건설이라는 당면 과제에 복무하게 되었다. 특히,

지리학은 국가의 영토를 획정하는 데 있어 핵심적인 학문적 자양분을 제공했는데, 문제는 해방이 곧 독립으로 이어지지 않았기 때문에, 또한 38선을 기준으로 남한과 북한을 각각 미군정과 소군정이 분할 통치하였기 때문에, 국민국가를 건설하기 위해서는 한반도를 둘러싼 국제 정세 및 동아시아 지역 질서에 대한 면밀한 검토가 선행되어야 할 필요가 있었다. 이에 따라 지정학이 새로운 학문 분야로 부상하기 시작했다.

일반적으로 지정학地政學, Geopolitics은 지리적 환경과 정치 현상의 관계에 대해 고찰하는 학문 정도로 이해되지만, 그것은 영토를 통제하고 쟁취하고자 하는 국가들의 행위나 영토와 대중을 분류하는 언어와 실천으로 규정되기도 한다. 나아가 지정학은 세계를 '보는' 방식에 관한 학문으로 단지 국가의 보존에 관한 학문이 아니라 특정한 방식으로 국가의 영토를 표상하는 것을 넘어 세계의 복잡성, 전 세계인들의 특수한 상황을 드러내는 것으로 이해되기도 한다. 익히 알려져 있다시피, '지정학geo-politik'이라는 단어는 19세기 말 스웨덴의 역사학자이자 정치학자인 루돌프 키옐렌Johan Rudolph Kjellèn에 의해 고안되어 사용되기 시작하였는데, 당시 서양 열강들의 각축전 속에서 세계의 패권을 누가 차지할 것인가의 문제에 논의의 초점이 맞춰져 있었다. 뒤를 이어 핼퍼드 매킨더Halford Mackinder의 '심장지역Heartland', 프리드리히 라첼Friedrich Ratzel의 '생활권Lebensraum', 칼 하우스호퍼Karl Haushofer의 '범지역pan-regions' 등 고전적 지정학의 핵심적 개념들은 모두 "지구와 그 위에 살고 있는 사람들은 위계적으로 분류하고, 제국, 전쟁, 동맹, 그리고 무시와 같은 정치행동들을 정당화하는 것"들이었다.[1] 이처럼 지정학은 발생 초기부터 공간의 위계화와 분할 및 점령이라는 정치적 목적에 충실했다.

근대 국민국가는 국가 주권, 영토적 완결성, 국가 공동체라는 원칙에 기초해 조직되기 시작하였고, 이에 따라 일원화된 총체로서의 세계적 정치 공간은 주권을 지닌 국민국가의 영역적 단위로 구성되었다. 존 애그뉴John Agnew는 이러한 국민국가와 세계적 정치 공간의 관계를 '근대의 지정학적 상상the modern geopolitical imagination'이라는 관점에서 논의하면서 4가지 원칙을 제시하였다. 첫째, 세계를 하나의 일체화된 총체로 인식하고, 이 일체화된 총체는 여러 개의 상이한 장소들로 구성된 위계의 층위로 나누어질 수 있다고 바라보는 세계관의 발전이다. 이러한 세계관의 발전은 세계적 정치 공간을 자민족 중심주의적 시각에서 바라보고 상상하는 것을 제도화하였다. 둘째, 지정학적 존재론이 세계를 '근대적' 지역과 '낙후된' 지역으로 구분함에 따라 세계 인식의 축이 '시간에서 공간'으로 전환되었다. 그리고 이에 따라 세계 속의 장소들은 본질적이고 자연적인 것처럼 인식되어 상대적인 차이가 절대화되는 결과를 초래했다. 셋째, 세계는 공간의 블록 위에서 권력을 행사하는 국가들로 구성되어 있고, 영역적 국가는 사회의 담지체로, 외교와 국내 문제는 근본적으로 구분되어야 한다는 가정에 근거를 둔 국가 중심적 존재론이 부상하였다. 그리고 넷째, 국가 간 체계는 '무정부적 상태condition of anarchy'에 의해 특징 지워지고, 지배적인 국가들이 여타 국가에 비해 빠르게 권력을 축적한다는 것이다.[2]

---

1 이에 대해서는 필립 모로 드파르쥐, 이대희 · 최연구 역, 『지정학 입문—공간과 권력의 정치학』, 새물결, 1997과 콜린 플린트, 한국지정학연구회 역, 『지정학이란 무엇인가』, 길, 2007 참고.

2 이에 대해서는 John Agnew, *Geopolitics—Re-visioning world politics*, Routledge, 2003 (second edition), pp.15~83과 이를 정리한 제랄드 토알, 「지정학」, 데이비드 앳킨슨 · 피터 잭슨 · 데이비드 시블리 · 닐 워시본 편저, 이영민 · 진종헌 · 박경환 · 이무용 · 박

이처럼 지정학에서 지리의 의미를 인식·확인·부여하는 과정은 언제나 사회적이고 정치적인 과정으로, 그것은 필연적으로 문화·담론·권력/지식 등과 긴밀히 결부된다. 따라서 모든 '지-기술geo-graphy'은 권력/지식의 한 형태이며, '지-정치학geo-politics'의 한 형태인데, 이때 지식의 영역은 정치-영토의 실체인 국가와 직접적으로 연결된다. 국가의 영토에 대한 지도를 만들어내는 것은 일종의 '지-권력geo-power'으로, 지-권력은 국가를 위해 작동하고, 국가에 의해서 만들어진 지리적 지식을 의미한다.[3] 따라서 지정학은 지-권력의 형식으로 국민국가 건설과 영토 획정, 제국주의적 영토 확장 및 지배를 정당화하기 위한 역할을 수행한다. 해방이 조선의 위상에 심대한 변화를 가져온 역사적 사건이라고 했을 때 그것은 제국-식민지 체제 내 식민지 지방으로부터 벗어나 탈식민-냉전 체제 형성기 국민(민족)국가 수립으로의 전환을 의미하는 것이고, 이때 지정학적 상상은 세계 체제 및 동아시아 지역 질서 내 조선의 위상을 정립·강화시키기 위한 학문적 원동력이었다. 특히 그것이 한반도를 중심으로 조선이라는 국가의 영토에 대한 지도 그리기 작업의 일환으로 진행되었다는 점에서 지-권력의 형태로 작동하고 있었다는 점을 간과할 수는 없다. 따라서 해방 이후 지정학이 새로운 학문 분야로 부상한 것은 그 자체로 주목을 요하는 것이다.

이러한 관점에서 이 글에서는 표해운의 『조선지정학개관』을 주된 논의의 대상으로 삼고자 한다. 표해운의 본명은 표문화表文化로 그는 1908년 출생하여 만주국 대동학원大同學院 및 일본 오사카 외사전문학

배균 역, 『현대 문화지리학－주요 개념의 비판적 이해』, 논형, 2011, 142～143쪽 참고.

3 제랄드 토알, 「지정학」, 위의 책, 141～142쪽.

교外事專門學校를 졸업하고 고등문관시험 행정과에 합격한 뒤 히메지姬路 고등학교 교수로 근무했으며, 해방 후에는 국립 공무원훈련원 학감, 국학대·중앙여대·부산 수산대·서울대 교수를 역임하였고, 우랄알타이어학회 이사장 및 대한민국건국십년지 집필위원 등을 지냈다. 해방 이후 대표적인 저서로는 『조선지정학개관』 외 『정치지리학개요』(고려출판사, 1955), 『경제지리학』(고려출판사, 1955), 『국방지정학강의』(우성사, 1958) 등 지리학 관련 저서와 함께 『몽고어·만주어 교과서』(국학대학 국학연구원, 1947), 『고등경제지리』(창인사, 1956) 등 언어학 및 교과서 관련 저서가 있다.[4] 표문화는 식민지시기 만주국 봉천성奉天省 공서公署 총무청總務廳 기획고企劃股로 근무하던 1936~1937년경 만주국 민족문제 및 소작 입법, 그리고 일본 민족의 발전 방향에 관한 글을 『흥아협회』에 게재[5]하였는데, 이 글들을 통해서 그가 해방 이전부터 지리학에 대한 학문적 관심을 보였던 것을 확인할 수 있다. 표문화의 개인적인 행적과 학문적 성과는 구체적으로 밝혀진 바 없고, 기존 관련 연구 분야에서도 그에 대해 거의 주목하지 않았는데, 한국의 정치지리학과 인문지리학의 역사를 간략히 정리한 임덕순의 언급이 거의 유일하다고 할 수 있다. 그에 의하면 해방 직후 정치지리학은 일본 학자들의 저서 일부가 유입되어 읽히고 있을 정도로 그 존재가 미미한 형편이었는데, "일서日書로 정치지리학 내지 지정학地政學 공부를 해온 비지리학자非地理

4 이에 대해서는 表文化, 『政治地理學概要』, 高麗出版社, 1955의 저자 약력 및 국사편찬위원회 한국사데이터베이스 한국근현대인물자료의 검색 결과를 중심으로 작성한 것이다.

5 表文化, 「滿洲國民族問題に對する斷片的再考察」, 『興亞協會』, 1936.9; 表文化, 「滿洲國小作立法に關する私見」, 『興亞協會』, 1936.10; 表文化, 「日本民族 發展의 內在的 原因」, 『興亞協會』, 1937.1.

學者 표문화表文化"에 의해 『조선지정학개관』이 출간되면서 한반도의 육지와 해양의 이중성, 완충국으로서의 한국사 전개 과정 등에 대한 논의가 돋보인다고 평가하였다.[6] 그럼에도 불구하고 근대 이후 최초의 지정학(또는 정치지리학)에 관한 학문적 논의를 전개하여 추후 남한/한국 지리학 분야의 학문적 발전에 기여한 표문화는 거의 잊혀진 존재가 되었다고 해도 과언이 아니다.

한편 『조선지정학개관』은 1947년 건국사에서 단행본으로 발간되었는데, 흥미로운 것은 이 책이 건국사에서 발간한 '건국상식문고' 시리즈 중 한 권이었다는 점이다. 과거 일본 독서신문 사장이었던 김형찬金亨燦이 사주로 있었던 건국사에서는 해방 이후 여러 가지 시리즈의 책을 기획하여 문고본으로 출간[7]하였는데, '건국상식문고' 역시 그 중 하나였다.[8] '건국상식문고'의 기획 의도는 제1권에 해당하는 『일상생활

6 임덕순, 「한국 정치지리학과 인문지리학 일반 50년의 회고와 전망」, 『대한지리학회지』 제31권 제2호, 대한지리학회, 1996, 296쪽.

7 "자미(滋味) 많고 권위(權威) 있고 실용적(實用的)인 건국사(建國社)의 오대(五大) 문고(文庫)"에 대한 당시의 광고는 다음과 같다. "1. 건국상식문고(建國常識文庫) 우리 청년(靑年)의 책임(責任)은 중(重)하고도 크다. 사리(事理)를 똑바로 알고 억세게 실천(實踐)하자. 읽어라 본(本) 문고(文庫)를!! // 2. 생활개선강좌(生活改善講座) 우리의 일상생활(日常生活) 가정생활(家庭生活) 그 자체(自體)가 문화적(文化的)이며 능률적(能率的)이어야 되겠다. 읽어라!! // 3. 우리과학문고 민족(民族) 천년(千年)의 운명(運命)을 결정(決定)하는 것은 어린이에게 있다. 과학(科學)의 능력(能力) 여하(如何)가 모든 것의 기반(基盤)이 된다!! // 4. 우리동무문고 애국의 정열과 순국적 정신만이 민족을 살린다. 읽어라 그리고 우리나라를 위하야 싸우자!! // 5. 건국사그림책 애국사상의 과학적 지식인 어렸을 때부터 기르자. 자미있는 그림 속에서 살 길이 열린다!!" 이들 건국사의 문고는 해방 이후 국민국가 건설에 조응해 소위 '상식', '생활개선', '과학', '청년' 등을 키워드로 내세워 국민 만들기 기획의 일환으로 진행된 것으로 이해할 수 있다.

8 이 '건국상식문고' 시리즈의 서지는 다음과 같다.
① 金亨燦 編, 『日常生活에 必要한 經濟의 基礎知識』, 建國社, 1946.
② 金亨燦, 『今後 活動에 必要한 社會思想의 基礎知識』, 建國社, 1947.
③ 쏘聯國立百辭典硏究所, 朝鮮文化普及會 譯, 『쏘聯이 본 美國의 實情』, 建國社, 1946.

에 필요한 경제의 기초지식』에 실린 김형찬의 서문을 통해 짐작할 수 있다.

> 우리는 해방(解放)(일본 제국주의(日本 帝國主義)의 속박(束縛)에서)만은 되엿스나 자주독립(自主獨立)(세계 국가 무대(世界 國家 舞臺)에서)은 못 되엿다. (…중략…) 사상(思想)의 좌우(左右)를 불문(不問)하고 사람의 생활(生活)은 사람의 힘으로 해결(解決)하여야 되는 것과 마찬가지로 결국(結局) 우리의 생활(生活) 우리의 행복(幸福) 우리 자손(子孫)의 참따운 번영(繁榮)은 오직 우리의 피와 땀으로써만 해결(解決)된다는 진리(眞理)를 알려야만 될 것이다.
>
> 즉(卽), 미(美)나 소(蘇)가 아니고 우리의 실력(實力) 우리 국민(國民)의 한 사람 한 사람의 역량(力量)만이 우리의 운명(運命)을 개척(開拓)하며 우리를 진실로 행복케 하는 원동력(原動力)이 된다는 말이다.[9]

해방은 되었으나 독립은 되지 못한 정치적 현실 속에서 청년 세대에게 필요한 경제의 기초지식을 함양하기 위해 쓰인 이 책은 국민으로서의 자질과 역량을 강화하는 데 목적이 있었다. 이런 측면에서 건국사에서 발간된 '건국상식문고'는 해방 이후 국민국가 건설 프로젝트와 국민만들기의 일환으로 진행된 것이었다. 그런데 '건국상식문고'의 제1권과 제2권은 경제와 사회사상에 관한 기초지식을 소개하는 데 그쳤고, 제3권은 소련 학사원 직속 소련국립백과전서연구소가 편한 책을 조선

④ 表海雲, 『朝鮮地政學槪觀 : 朝鮮의 過去・現在와 未來』, 建國社, 1947.

9 金亨燦 編, 「머리말」, 위의 책.

문화보급회 대표로 있던 김형찬의 주도로 번역한 것이어서 새로운 학문적 논의를 전개했다고 볼 수는 없다. 이런 점에서 표해운의 『조선지정학개관』은 해방 이후 새로운 학문(=과학)으로 부상한 지정학에 기초해 조선의 위상을 재정립하려고 했다는 점에서 여타 '건국상식문고'와는 차별성을 지닌 학문적 소산이라고 할 수 있다.[10]

표해운은 『조선지정학개관』의 「서문」에서 "협소狹小한 조선朝鮮 국토國土가 북위北緯 삼십팔도선三十八度線을 획劃하야 세계世界 강대국强大國 미소美蘇 양국兩國의 점령지占領地가 될 당시當時 필자筆者는 파란波蘭의 분할分割를 상기想起하였다. (…중략…) 조선朝鮮의 인과관계因果關係를 이러한 물과 물길에 비교比較하야 지정학地政學이라는 신과학적新科學的 견지見地에서 고찰考察하였다. 이 소책자小冊子는 전도前進하는 시세時勢를 따라 집필執筆한 수필적隨筆的 논문집論文集이다. 독자讀者가 시종始終 일독一讀하면 조선朝鮮의 지위地位 진로進路 급及 지정학地政學의 전모全貌를 이해理解할 수 있을 것"[11]이라고 밝혔다. 이 서문을 통해 표해운이 지정학이라는 학문적 관점에 기초해 미국과 소련에 의해 양분된 조선의 정치적 상황 및 앞으로의 조선의 진로를 모색하려 했다는 것을 확인할 수 있다. 이는 탈식민-냉전 체제 형성기 미군정과 소군정에 의해 분할된 조선을 어떻게 단일한 국민국가의 건설로 이끌 것인가, 그리고 그때 국제

10 당시 신문광고에서 표해운의 『조선지정학개관』은 다음과 같이 소개되어 있다. "우리의 운명(運命)은 우리의 '힘'과 '노력(努力)'으로써만 개척(開拓)할 수 있다. 그러자면 우리의 과거(過去)·현재(現在)·미래(將來)를 지정적(地政的) 검토(檢討)와 연구(硏究)로써 새로운 활로(活路)를 과학적(科學的)으로 발견(發見)하여야만 한다. 정치가(政治家)·학자(學者)·학생(學生)·청년(靑年)·문화인(文化人)들은 반드시 읽어라!"(『동아일보』, 1947.7.4)

11 表海雲, 「序文」, 앞의 책.

정세 및 세계 질서의 역학 관계는 어떠한 것인가에 관해 고찰하기 위해 지정학이라는 새로운 과학으로 부상한 학문적 관점의 적용 필요성을 주장한 것이라고 할 수 있다. 이 글에서는 표해운의 『조선지정학개관』의 논의 내용을 따라 읽으면서, 이 책에 나타난 지정학적 세계 인식과 조선의 정위定位 과정에 대해 고찰할 것이다. 이를 통해 탈식민-냉전 체제 형성기 국민국가 건설의 학문적 모색의 한 양상을 파악할 수 있을 것이다.

2. 냉전 체제의 형성과 지정학적 세계 인식

제국-식민지 체제의 붕괴에 이어 탈식민-냉전 체제 형성으로의 세계사적 전환 과정에서 핵심적인 국제문제는 제2차 세계대전의 전후 처리에 있었다. 전쟁에 참여한 국가들은 승자/패자의 위계화된 역학 구도 속에서 승전국들의 주도 아래 세계 체제 및 지역 질서를 재편하기 시작했으며, 이에 따라 패전국 및 그들의 과거 식민지 지역과 국가 역시 새로운 세계 체제 및 지역 질서에 편입되어갔다. 국제관계와 국제정치는 제2차 세계대전의 전후 문제를 어떻게 처리할 것인가에 집중되었고, 소련과 미국이 그 중심축으로 부상했다. 해방 조선의 경우 38도선을 기준으로 이북과 이남 지역에 각각 소련군과 미국군이 진주하였고, 소군정과 미군정이 분할 점령하게 됨에 따라 조선의 진로를 모색하는 데 있어 세계 체제 내 소련과 미국의 위상과 역할, 나아가 그들의 국가 정책, 특히 대외정책을 이해하는 것이 필수적인 과제로 부상하게 되었다. 표해운 역시 조선을 둘러싼 국제정세를 파악하는 데 있어 소련과 미국에 대한 과학적(=학문적) 고찰을 통해 그들의 국가 정책을 파악할 필요성을 자각하고 있었다. 그리하여 그는 『조선지정학개관』에서 국가의 정책이 자연지리적·역사적·사회적·정치적 환경에 의해 성립된 국민성에 기초한다는 전제 아래 소련과 미국의 민족성과 국가 정책에 관한 논의를 전개하였다.

표해운은 소련의 민족성과 세계관을 소개하는 데 있어 먼저 소련의 지형·기후 등 자연 환경의 영향으로 러시아인이 활발하지 못하고, 공상적 성격을 형성하게 되었다고 말한다. 그리고 17세기 중반까지 200여 년간 지속된 농노제로 인해 러시아인의 소극적인 성향이 강화되었고, 러시아 민중은 자유를 상실하고 노예로서만 생존하게 되었다고 덧붙인다. 한편, 문화적으로는 아시아와 서구로부터 차단되어 음울한 생활을 영위하였고, 경제적으로는 고립적 농업국에 빠져 있었으며, 몽고의 지배와 농노제로 대표되는 역사적·사회적 상황이 러시아인으로 하여금 숙명적으로 수동성을 갖게 하는 한편 공상적 성향을 한층 강화하게 되었다고 설명한다. 나아가 이로 인해 소련의 볼셰비즘은 사회주의의 일반적 성격과 함께 '러시아적 볼셰비즘의 성격'을 지니게 되었는데, 그것은 인간 권리의 해방과 평등이라는 민주주의적 성격을 갖는 한편, 지배자의 권위와 독재를 긍정하는 전제주의적 성격도 구비한 것이었다고 보았다. 그는 소련의 볼셰비즘의 특징을 공리주의적·현실주의적인 동시에 팽창주의적·전제주의적이라고 판단했던 것이다.

한편, 미국의 민족성과 세계관을 논의하면서, 표해운은 미국이 독립 국가를 건설할 당시부터 미국인의 개인주의적·자유주의적 세계관이 형성되고 있었다고 보았다. 그는 미국이 지리적으로 타 대륙과 격절하여 국방상 안전한 위치에 있을 뿐만 아니라 농업자원과 광물자원이 풍부하다고 설명한 뒤, 칼빈주의적 종교관에 영향을 받은 청교도주의의 생활태도와 개척자 정신을 가지고 있었던 미국인들은 선민의식에 기초하여 도덕적 우월의식을 표출하게 되었다고 말한다. 그런가 하면, 서점운동 시기 다종다양한 인종과 민족의 아메리카 대륙으로의 이민/이주는 미국인들을 경제적으로는 통합했지만 문화적·정치적으로는 분열시켰는데, 일례로 1880년대 이후 동유럽 지역으로부터 이주해온 유대인 하층민들은 유대 민족주의의 기치 아래 '국가 내 국가'를 형성하기도 하였다고 설명한다. 그는 미국인의 민족성에 커다란 변화를 가져온 사건이 제1차 세계대전을 전후한 시기에 발생하였다고 보았는데, 제1차 세계대전 전 황금시대를 구가하던 미국인들은 자신들의 청교도주의적 생활태도와 개척자 정신을 상실한 채 물질의 노예가 되어 독선적 성향을 갖게 되었고, 세계대공황에 이어 제2차 세계대전이 발발함에 따라 미국인이 지니고 있었던 모험적 기질과 물질 숭배의 태도가 아시아로 향하게 되었던 것이라고 여겼다.

이처럼 표해운이 소련과 미국의 민족성과 세계관을 개괄적으로 검토했던 것은 무엇보다 그들의 국가 정책이 바로 그 민족성과 세계관에 토대를 둔 것이라고 판단했기 때문이었다. 이는 민족성/국민성과 환경을 결부시켜 이해하는 방식으로, 특히 이러한 민족성에 기초해 국가의 정책이 입안·시행된다는 것은 지정학의 기본적인 명제 중 하나라고 할 수 있다. 즉 표해운은 지정학의 학문적 방법론에 입각해 "일국一國의 정책政策은 그 국가國家의 국토國土와 국민성國民性과 세계관世界觀에 그 연원淵源이 있어 이 원류源流에서 국내國內의 현실現實과 국제國際의 정세情勢를 따라 규정規定된다"[12]고 보았던 것이다. 이는 고전지정학의 대표적인 관점으로, 영토 자체를 가치 있는 것이자 의미 있는 것으로 규정하는 '국가 주권을 중심으로 한 정치학'으로서의 지정학을 여실히 보여주는 것이라고 할 수 있다.[13] 이러한 지정학적 관점에서 표해운은 소련과 미국의 국민성과 세계관에 관한 논의를 전개했던 것이다. 그런데 그의 관심사는 소련과 미국의 국가 정책 일반이 아니라, 한반도를 둘러싼 지리적 팽창의 문제, 즉 극동 정책에 있었다. 그리고 그것은 태평양 제해권 획득과 결부된 열강의 지정학적 세력 확장 움직임 속에서 해방 조선이 어떻게 독립을 획득할 것인가의 과제로 수렴되는 것이었다. 따라서 그가 논의한 소련과 미국의 극동 정책에 대해 살펴볼 필요가 있다.

소련의 극동 정책의 핵심은 남하 정책에 있고, 그것은 대륙 국가의 해양 국가로의 지정학적 확장 움직임에 다름 아니다. 소련은 정치경제적으로나 군사적으로 서구 열강들에 비해 뒤쳐져 있다는 인식 속에서 공업화의 기치를 내걸면서 노동 생산성의 발달 여하가 사회주의의 승리로 연결되고, 이것이 다시 국제적 소비에트국가의 건설로 이어진다는 점을 명확히 했다. 그리하여 자본주의 국가들 간 대립과 모순을 이용하여 존재하고 있었던 소련은 제2차 세계대전이 발발하자 독일, 이탈

12 위의 책, 32쪽.

13 지상현 · 콜린 플린트, 「지정학의 재발견과 비판적 재구성」, 『공간과 사회』 제31호, 한국공간환경학회, 2009, 169쪽.

리아 등과 함께 독재주의 국가군에 속해 미국·영국·프랑스 등 민주주의 국가군과의 대결 구도를 형성하다 미국·영국·프랑스 등의 현상 유지국에 반해 독일·이탈리아·일본과 함께 현상 타파국의 입장에서 대립하게 된다. 한편, 소련은 현상 타파국 중에서도 빈국貧國으로 분류되는 독일·이탈리아·일본과 달리 현상 유지국들과 마찬가지로 부국富國으로 분류된다는 점에서 차이가 있었다. 즉, 소련은 현상 타파국으로서는 미국·영국·프랑스와 대결하는 동시에 부국으로서는 독일·이탈리아·일본과 거리를 두고 있었던 셈이다. 표해운은 제2차 세계대전을 둘러싼 소련의 이러한 모순적 위상이 외교 정책에 그대로 반영되었다고 보았는데, 독소불가침조약에도 불구하고 독일과 함께 폴란드를 침략하여 분할한 것을 대표적인 예로 제시한다. 이러한 논의에 이어 그는 소련이 러시아 제정시대부터 난해의 제해권을 획득하기 위해 영토 확장 정책을 펼쳐왔고, 태평양 진출을 위한 첨단 기지로서 1860년경 블라디보스토크항 건설과 1905년 만주 동지東支 철도 남단 뤼순旅順 군항 건설을 통해 확인할 수 있듯이, 소련의 남하 정책에는 어떠한 변화도 없었다고 생각했다. 따라서 제2차 세계대전 전후 처리에 있어서도 이러한 소련의 남하 정책의 기조가 유지될 것이라는 것이 표해운의 판단이었다.

한편, 표해운은 미국의 극동 정책 역시 소련과 마찬가지로 팽창주의의 기조를 지니고 있는데, 그것은 대체로 라틴아메리카 지역에 대한 먼로주의, 구주 대륙에 대한 고립주의, 아시아 지역에 대한 기회균등주의의 태도로부터 나왔다고 보았다. 그러면서 미국의 태평양 정책을 중심으로 논의를 전개하면서 서세동점 시기 서양 제국주의 세력의 동아시아 진출과 점령에 대해 뒤늦게 아시아에 진출한 미국이 서구 열강 세력의 균형을 강조하였고, 그러한 기회 균등의 측면에서 미국 또한 중국에 통상을 요구했다는 점에 주목했다. 왜냐하면 미국이 중국에 대한 문호 개방, 통상의 기회 균등, 중국 영토 보전 등을 주장했던 것은 후발 제국주의 국가로서의 자국의 이익을 극대화하기 위한 최상의 방책이었기 때문이었다. 다시 말해 표면적으로는 약소민족의 입장에서 그들의 해방을 제창한 것이었지만, 푸젠성福建省 3도오都澳에 대한 군사적 할양 요구가 단적으로 보여주듯, 결국 그것은 미국의 자원 획득과 투자를 위한 경제적 팽창주의 및 소련의 남하를 저지하기 위한 전략적 선택이었기 때문이었다. 그리하여 표해운은 미국의 이러한 극동 정책을 '동양의 미국화'라고 비판한다.

이처럼 소련과 미국의 극동 정책은 제국-식민지 체제가 붕괴되고 탈식민-냉전 체제가 형성되어가는 과정 속에서도 여전히 제국주의 국가의 경제적 팽창주의의 모습을 보였다. 과거 서양 제국주의 국가들이 식민지를 개척·경영하던 방식과 마찬가지로 근본적인 변화가 없었던 셈인데, 이와 관련하여 표해운은 다음과 같은 결론을 내린다.

> 미국 정책(美國 政策)의 중점(重點)은 자본주의 국가(資本主義 國家)의 지향(指向)으로서 광대(廣大)한 시장(市場)과 투자(投資)를 요구(要求)하는 한편(便) 자본주의적(資本主義的) 세계 건설(世界 建設)과 그 지배(支配)에 있고 소련(蘇聯)의 정책(政策)의 본질(本質)은 대륙국가(大陸國家)로써 그들의 발전(發展)을 용이(容易)하게 영도(領導)하는 해양(海洋)으로 진출(進出)하려는 영토적 야심(領土的 野心)에 기인(基因)한 해양성(海洋

性) 국가 건설(國家 建設)에 있는 한편(便) 그들의 국력 증대(國力 增大)에 따라 사회주의(社會主義) 국가 건설(國家 建設)과 그 지배(支配)에 있다.[14]

즉 미국의 자본주의적 세계 건설과 지배, 소련의 사회주의적 국가 건설과 그 지배가 양국의 극동 정책을 추동하는 원리였으며, 이런 점에서 제2차 세계대전 전후 처리 과정에서 나타난 양국의 대외 정책이라고 하는 것 역시 이러한 극동 정책과 그 궤를 같이 하는 것이었다. 물론, 표해운의 이러한 인식은 해방 조선의 당시 담론 장에서 인식되고 표상되었던 소련과 미국에 대한 일반적인 인식과 표상으로부터 큰 거리가 있는 것은 아니었다. 하지만 그의 이러한 인식은 '건설과 지배'라는 표현이 상징적으로 드러내듯 제국/식민지, 자본주의/사회주의, 대륙/해양 등 지정학적 이분법에 의해 세계 체제를 인식하고 이해하는 방식으로부터 나온 것이었고, 궁극적으로 그것은 해방 조선에 대한 지정학적 인식의 산물이었다고 할 수 있다.

그런데 이러한 지정학적 관점에서의 소련과 미국의 극동 정책에 관한 논의는 냉전 체제 형성기 세계 체제 및 지역 질서의 변동에 관한 인식의 한 단면을 보여주는 것이었고, 해방 조선의 현실—해방은 되었지만 독립은 달성하지 못한—을 염두에 뒀을 때는 소군정과 미군정의 조선에 대한 신탁통치의 문제와 결부되는 것이었다. 따라서 그가 소련과 미국의 민족성과 국책에 이어 신탁통치제도에 대해 논의를 전개한 것은 필연적인 것이었다. 그는 신탁통치제도를 국제공법적으로 해석할

14 表海雲, 앞의 책, 44쪽.

필요가 있다고 말한 뒤, 그것이 제1차 세계대전의 전후 처리 과정에서 부상한 위임통치제도의 연성선상에 놓여 있음에 주목했다. 표해운의 설명에 의하면, 제1차 세계대전 전후 처리 과정에서 종래의 식민지 지역과 국가의 자립과 발달을 위해 국제연맹의 권한을 위임받은 위임국의 통치를 승인하는 위임통치제도가 창정되었는데, 수임국의 조언과 원조를 받는 위임통치, 수임국의 통치권을 제한적으로 인정하는 위임통치, 수임국의 통치권의 총괄적 행사를 인정하는 위임통치 등 3가지 방식의 위임통치제도가 있었다. 그리고 이러한 위임통치제도가 제2차 세계대전을 거치면서 신탁통치제도로 변화한 것이었다. 즉, 1945년 샌프란시스코회의에서 "제일차 대전第一次大戰 후後 실행實行된 세계世界 식민지植民地 위임통치제도委任統治制度의 불미不美한 성과成果로 보아서 이것을 개선改善하야 종속從俗 영토領土 주민住民의 복리福利를 향상向上시키며 그들의 자치독립自治獨立을 촉진促進할 목적目的으로 '신탁통치信託統治'라고 하는 후진後進 민족民族 처리안處理案을 세우게 된 것"[15]이었다. 이와 함께 과거 제국 일본의 식민지 지역 및 국가 처리와 조선의 독립 문제를 의제로 삼았던 모스크바 3상회의에 의해 조선의 신탁통치가 결정되었던 것인데, 위임통치제도가 만들어질 당시에서부터 연합국은 적국의 영토를 자국에 편입시키려는 의도가 있었다는 점에 주의할 필요가 있다고 표해운은 말한다. 즉, 그는 연합국(또는 강대국)들이 약소국에 대해 후견·후원·원조 등의 수사적 표현을 쓰고 있지만, 신탁통치제도 또한 궁극적으로는 열강의 이해관계의 산물이라는 점을 명확히 했

15 위의 책, 49쪽.

다. 그래서 그들이 '공약'한 조선의 독립은 천연되고, 국제공법상의 규약에 의해 구속받게 되었을 뿐이었다고 말할 수 있었던 것이다.

1945년 12월 모스크바 3상회의의 결과가 알려지자 반탁운동이 거세게 일어났으나, 1946년으로 넘어가면서 남한 지역은 반탁과 찬탁의 양 진영으로 나뉘어 극심한 갈등을 겪게 된다. 신탁 통치를 둘러싸고 다양한 정치 세력들의 입장 표명이 난무했지만, 김구로 대표되는 임시정부 세력의 반탁과 박헌영으로 대표되는 조선공산당의 찬탁을 대표적으로 거론할 수 있다. 김구를 중심으로 한 임시정부 세력들은 신탁통치 반대 운동을 '제2의 독립운동'으로 간주하면서 정국의 주도권을 확보하려고 하였다. 해방 직후 임시정부 세력들은 미국과 소련에 대한 중도적 대외노선과 민족통일전선의 구축을 통한 민족국가 수립을 지향하고 있었지만, 신탁통치의 반대는 미국과의 대립과 갈등을 낳는 한편 반소반공운동으로 비화되어 소련 및 좌파와의 대립으로 이어져 결국 임시정부 세력들의 입지를 약화시키는 결과를 초래했다.[16] 한편, 신탁통치 실시에 대한 입장 표명을 유보하였던 조선공산당은 1946년 1월 3일 신탁통치 지지에 대한 공식적 입장을 표명하였다. 물론 당시 김구 주도의 반탁운동을 비판하면서도, 일반 대중의 반탁 감정을 의식해 반탁에 반대한다든가 모스크바 3상회의의 결정을 지지한다는 명시적 주장을 곧바로 피력한 것은 아니었지만, 1월 4일자 「모스크바 삼상회담결정에 대한 중앙인민위원회의 결정서」에 의하면 해방의 규정성, 결정의 진보성, 해결의 적절성 등의 3가지를 근거로 내세워 전면적인 지지를 결정

16 남광규, 「제2장 김구 통일운동의 기본 성격과 현실적 한계」, 『민족사상』 제8권 제3호, 한국민족사상학회, 2014, 35~70쪽 참고.

하였다.[17] 이러한 대립 속에서 여운형은 좌우합작에 의해서만 통일국가 건설이 가능하다고 여기고 좌우합작을 통해 모스크바 3상회의 결정에 주체적으로 대응해 임시정부를 수립하려고 했지만, 정치적 헤게모니 투쟁과 계급적 이해관계가 첨예하게 대립하는 와중에 자신의 뜻을 펴지 못하기도 하였다.[18] 또한, 미국과 소련은 이러한 정치적 혼돈을 자국에 유리한 정치 세력을 규합하는 기회로 삼는 등 신탁통치를 둘러싼 해방 조선의 정치권과 사회계는 그야말로 들끓고 있었다.

그런데 표해운은 해방 조선의 다양한 정치적 주체들의 좌우이념 대립의 구도 및 일반 민중들의 여론이나 감정의 추이와 무관하게 신탁통치 문제를 국제공법상의 관점에서 논의하고 있다는 점에 차이가 있다. 특히 국제공법상의 신탁통치제도와 얄타회담에 의해 소련과 미국이 조선을 양분하여 점령하고 있는 상황과 이후 두 강대국이 사회주의 사상과 자본주의 사상을 축으로 2대 블록을 형성하는 방향으로 나아갈 것이라는 전망 속에서 조선이 국제정치 노선의 축도를 보여준다는 점에 집중한다. 그는 소련과 미국의 국가 정책이 서로 교착·대립하는 동안에 어느 한 국가가 자발적으로 퇴각하지 않을 것이고, 양국이 교전의 의도가 없는 이상 대립·충돌을 회피하려 할 것이라고 보았으며, 이런 점에서 양국의 협조에 의한 정책적 독립국 성립이 가능하다고 판단했다. 소위 '중립지대성적 완충 독립국가'로서 조선이 독립할 수 있다는

17 이완범, 「조선공산당의 탁치 노선 변화 과정(1945~1946)」, 『한국근현대사연구』 제35집, 한국근현대사학회, 2005, 189~280쪽 참고.

18 서중석, 「국내 독립운동세력의 해방 후 국가건설방향—여운형의 인민공화국·인민당·신탁통치 관련 문제를 중심으로」, 『大東文化硏究』 第56輯, 성균관대 대동문화연구원, 2006, 289~321쪽 참고.

것이다.

완충국가라는 개념은 2개 이상의 강대국이 상호간 직접적인 충돌을 회피할 목적으로 그 중간에 독립국의 존재를 용인하는 것으로, 스위스나 태국 등에서 그 역사적 사례를 확인할 수 있다. 표해운은 '팽창적 제국주의의 한 변태'에 지나지 않는 소련과 미국의 국책을 잘 이용하면 조선 역시 완충 독립국가로서 존재할 수 있다고 보았고, 그런 점에서 양국에 의한 신탁통치를 수용하는 것 또한 표면적으로는 순종이나 무저항을 의미하는 것처럼 보일 수 있지만, 독립국가 획득의 차원에서는 불순종이나 저항을 의미하는 것으로 이해할 수 있다고 하였다. 여기에서 흥미로운 것은 소련과 미국에 의한 분할 통치를 '후後'식민의 상태로 파악하는 것이 아니라, 독립(으로의 과정)으로 여기고 있다는 점인데, 이는 당시 신탁통치에 대한 찬반 논의에 나타난 조선의 '비非'독립적 인식과는 확실히 거리를 두는 것이었다. 이는 지정학이라는 학문적 인식틀이 표해운으로 하여금 이러한 인식의 차이를 발생시킨 것이라고 할 수 있다.

이처럼 표해운의 『조선지정학개관』에는 해방 조선을 분할 통치하고 있던 소련과 미국의 민족성 및 국가 정책, 그리고 그에 기초한 신탁통치제도에 관한 세밀한 고찰이 전개되고 있다. 무엇보다 이는 조선이 제국 일본의 식민지로부터 해방된 과정을 식민지 조선인들의 항일 투쟁사의 측면에서 파악하는 것이 아니라 제2차 세계대전의 전후 처리라는 국제정치사의 측면에서 이해한 것이다. 그리고 이러한 국제정치사의 거시적 관점은 그가 해방 이전부터 관심을 가지고 있었던 지정학이라는 학문에 기초해 세계 체제 및 지역 질서의 변동 과정을 이해했기 때문에 가능한 것이었다. 조선을 거점으로 한 소련과 미국 등 열강 세력의 교착과 갈등, 그들의 지리적 팽창주의에 의한 한반도의 분할과 신탁통치, 나아가 자본주의와 사회주의로 양분된 세계 체제 및 냉전 체제로의 재편 과정에 대한 인식은 모두 지정학적 관점과 방법론을 통해 이루어진 것이었다. 또한, 이는 제국 일본의 패전에 의해 타율적으로 주어진 해방 정국을 이해하고, 조선의 독립을 모색하기 위해 지정학이라는 학문적 관점을 적용해 국제정치사의 측면에서 조선을 둘러싼 동아시아 지역 질서 및 세계 체제에 기민하게 반응한 결과이기도 했다.

3. 탈식민 민족국가로서의 조선의 위상 재정립

제국-식민지 체제의 해체 및 탈식민-냉전 체제 형성 과정 속에서 해방 조선은 스스로 자신의 위상을 재정립해야 했다. 그것은 과거 식민지 경험과 기억을 극복하는 동시에 신생 민족국가 건설이라는 과제로 직결되었다. 따라서 먼저 식민지시기 제국/식민지, 중앙/지방의 이분법적 위계 구도 속에서 부여된 '중앙 제국 일본'의 '지방 식민지 조선'이라는 위상으로부터 탈각할 것을 요청받았다. 특히, 제국 일본의 아시아 권역으로의 지리적 팽창이 본격적으로 전개되던 1930년대 이후 제국 일본의 대륙전진병참기지로 위치 지어졌던 조선은 '대동아공영권'이라는 동아시아 지역 질서 및 이를 토대로 구상된 세계 신질서의 자장으로부터 이탈해야 했다.

한편, 상실된 국가의 주권을 회복하고, 영토적 완결성을 확보하며, 나아가 국가 공동체를 통합시키기 위한 민족국가 건설에 매진해야 했다. 이에 따라 식민지의 경험과 기억은 주권 상실의 감각과 수난사의 맥락에서 재조정되었고, 민족적 영토로서의 한반도에 대한 문화지리적 구획 작업이 이어졌으며, 일체화된 조선 민족성의 자각과 공통 감각이 강조되었다. 물론, 이러한 민족국가 건설 과정 속에서 과거 식민지 경험과 기억은 극복되었다기보다 망각되었을 뿐이고, 해방의 감격과 환희 속에서 다양하고 이질적인 주체들의 목소리는 무시되었다. 어찌 되었든, 탈식민-냉전 체제 형성기 해방 조선은 자신의 위상을 새롭게 정립하는 데 분투하고 있었다. 이런 점에서 표해운의 『조선지정학개관』 논의의 핵심적인 내용 역시 탈식민 민족국가로서의 조선의 위상 재정립에 있었다. 그에게 있어 무엇보다 시급했던 과제는 조선의 위상에 대한 지정학적 분석과 이해를 통해 해방 조선의 활로를 모색하는 것이었다.

이와 관련해 표해운은 먼저 조선이 아시아의 부속적·주변적 위치라는 점을 명확히 했다. 부속적 위치와 관련해 표해운의 설명에 의하면, 대륙 아시아의 입장에서 보았을 때 조선은 하나의 '지방적 반도'이고, 이로 인해 대륙에서 발생한 강대국들이 자국의 영토를 확장할 때 반드시 조선을 편입시키려는 의도를 갖고 무력을 행사해왔다는 것이다. 마찬가지로 해양 아시아의 입장에서 보았을 때도, 과거 제국 일본이나 그를 대체한 현재의 미국을 통해 확인할 수 있듯이, 반도라는 지리적 특징으로 인해 해양 국가가 대륙으로 진출하려고 할 때 조선을 자국의 부속적 영토로 편입시키려고 해왔다는 것을 알 수 있다는 것이다.

이러한 조선의 부속적 위치는 곧 주변적 위치를 뜻하는 것이기도 한데, 조선은 아시아 대륙의 중심으로부터 떨어진 주변부에 위치해 있기 때문에 정치적·문화적 특징이 두드러진다고 말한다. 즉, 강대국의 정치나 문화가 조선에 직접 침투하지 못하고, 조선에서도 그것들을 피상적으로만 받아들인다는 것이다. 이런 점에서 표해운은 조선의 정치사나 문화사에 있어 타율적인 부분이 많았는데, 이는 열강의 지정학이 발휘되었기 때문이라고 서술한다. 상식적인 수준에 그치는 조선의 위치에 대한 이러한 설명이 주목되는 것은 이어서 전개되는 조선의 '관계적 위치'에 관한 지정학적 논의를 예비하고 있기 때문이다.

지정학적 관점에서 조선은 관계적 위치에 놓이는데, 그것은 중앙적 위치, 병참적 위치, 역적閾的 위치의 성격을 모두 구비한다. 첫째 중앙적 위치는 조선을 둘러싼 양 지역의 결합과 분리 작용을 동시에 발생시키는 한편, 양 지역의 교통선을 형성·점령해 군사상 유리한 거점이 된다는 것을 의미한다. 하지만 조선은 강대국 사이의 약소국으로서 중앙적 위치의 불이익을 받은 역사적 사례가 많은데, 임진왜란·청일전쟁 등 강대국들이 자국의 발전을 도모할 때마다 군사전략상 좋은 위치인 조선을 선점하였던 것이 이를 증거한다. 둘째 병참적 위치는 대륙국가가 남하 정책에 따라 조선을 병참기지로 이용하거나 도서국가가 북진 정책에 따라 조선을 병참기지로 이용한 것으로, 고려왕조 충렬왕 때 원나라가 마산 부근에서 왜 원정에 나선 것이나 1930년대 만주국 건국 이후 제국 일본의 대륙전진병참기지로서 식민지 조선이 역할을 부여받았던 것을 통해 이를 확인할 수 있다. 해방 직후 소련군의 북조선 주둔 및 미국군의 남조선 주둔 역시 이와 동일한 것으로 정치지리적으로 좋은 위치인 조선을 지정학적 거점으로 활용하기 위함이다. 그리고 셋째 역적 위치는 배후의 광대한 지역을 지배하는 성장 첨단을 의미하는 것으로, 소련의 해양 진출의 첨단으로서 북조선이 위치하거나 미국의 대륙 진출의 성장 첨단으로서 남조선이 위치하는 것을 의미한다. 이처럼 조선은 서북부의 대륙 국가와 동남부의 도서 국가 사이에 위치한 관계적 위치로서, 과거 역사가 증명하듯 중앙적 · 병참적 · 역적 위치로서의 위상을 지니고 있고, 그것은 현재 소련과 미국에 의한 분할 통치에서도 확인할 수 있다는 것이 표해운의 『조선지정학개관』에 나타난 핵심적 논지이다.

한편, 관계적 위치로서의 조선은 '대륙 정치성'과 '해양 정치성'을 갖는다. 조선은 압록강과 두만강을 국경으로 만주 대륙에 인접하고 있어 중국 · 몽고 · 소련 등 대륙 국가와 밀접한 관련을 갖는데, 역사적으로 북부 대륙 국가의 내습에 커다란 영향을 받게 되었던 것이다. 또한, 삼면에 해양을 가진 임해성臨海性 반도국으로서 조선은 해양의 결합적 · 분리적 작용에 심대한 영향을 받고, 남부의 해양 국가의 침입에 따라 정치 · 경제 · 문화적 교통의 (불)가능성을 내포하게 되었던 것이다. 표해운은 이러한 점에서 과거 제국 일본이 조선의 동남부를 방파제와 같이 둘러싸고 조선의 해양 진출 및 발전에 큰 지장을 주었을 뿐만 아니라, 조선을 자국의 한 영토로 포섭시켜 대륙 정치성을 획득하고자 하였다고 비판한다. 소위 '팔굉일우八紘一宇'의 제국주의 이데올로기도 이러한 측면에서 이해할 수 있다는 것이 그의 견해이다. 또한 해방 이후 소련의 '노동자 계급의 세계적 결합', 미국의 '민주사상의 보급'이라는 것 역시 대륙 국가의 '해양 정치성' 획득과 해양 국가의 '대륙 정치성'

획득의 관점에서 비판적으로 바라보아야 할 필요성을 역설하기도 하였다. 그는 사회주의와 민주주의의 이념 전파와 수용을 제국주의 세력의 지리적 확장의 측면에서 비교적 단순화시키고 있었지만, 전 세계적 이념 전파와 수용 과정에 나타난 제국주의 국가의 지리적 팽창 과정을 염두에 두고 있었던 것이다. 이상의 조선의 관계적 위치와 대륙/해양 정치성에 대한 논의에 이어 표해운은 다음과 같이 조선의 지정학적 위상을 규정한다.

> 우리 조선(朝鮮)은 근근(僅僅) 하천(河川)으로서 국경(國境)이 되어 삼면(三面) 해양(海洋)에는 무진장(無盡藏)의 자원(資源)이 있고 해양(海洋)은 공도(公道)라는 원리(原理)를 따라 극동(極東) 각지(各地)를 결합(結合)시키는 요소(要所)에 위치(位置)한다. 국경(國境) 하천(河川)의 대안(對岸)에는 무진장(無盡藏)의 자원(資源)이 매장(埋藏)되여 있고 광대망망(廣大茫茫)한 만몽(滿蒙)과 세계(世界) 삼십(三十)% 이상(以上)의 인구(人口) 지구(地球) 최대(最大)의 아세아주(亞細亞洲)가 횡재(橫在)하고 있다. 대륙(大陸) 해양(海洋) 양(兩) 정치성(政治性)을 가진 조선반도(朝鮮半島)가 여하(如何)히 하면 대륙(大陸) 해양(海洋) 양(兩) 방면(方面)에 발전(發展)하야 양(兩) 성격(性格)을 임기응변적(臨機應變的)으로 발휘(發揮)할 수 있을가. 이 양(兩) 성격(性格)을 어덯게 하면 주위(周圍)의 해양국(海洋國)과 대륙국(大陸國)과 우호적(友好的)으로 결합적 친목(結合的 親睦)과 상호적 발전(相互的 發展)을 도모(圖謀) 계속(繼續)할 수 있을가. 조선(朝鮮)의 평화(平和) 초래(招來)의 사명(使命)은 중대(重大)하고도 심장(深長)하다.[19]

그는 조선을 둘러싼 주변국과의 우호적 관계를 통해 궁극적으로 조선의 평화를 도모하고자 했다. 이는 해방 조선의 불안정한 상황과 유동적인 국내외 정세에 대한 판단에 기초한 것이다. 이런 점에서 그가 『조선지정학개관』 서문의 첫 문장에서 "협소한 조선 국토가 북위 삼십팔도선을 획하야 세계 강대국 미소 양국의 점령지가 될 당시 필자는 파란의 분할를 상기하였다"라고 적었던 것을 다시 한 번 떠올릴 필요가 있다. 그는 4회에 걸쳐 진행된 폴란드의 분할과 독립 상황을 염두에 두면서 해방 조선 역시 언제든지 강대국에 의해 분할 점령·통치될 수 있다는 불안감을 가지고 있었다. "이 심각深刻하고도 비참悲慘한 파란波蘭의 실례實例를 고찰考察할 때 남북南北으로 분할分割되야 미소美蘇 양국兩國의 전통적傳統的 국책國策의 발동發動으로 말미암아 남북南北이 상호相互 용인容認치 못할 만치 분열分裂되고 있는 조선朝鮮의 현실現實은 진실眞實로 파란波蘭과 꼭 같은 점點을 다수多數히 발견發見하게 되는데 이것은 우리의 비극悲劇이다."[20] 그리고 이러한 불안감을 해소하기 위하여 독립국으로서 조선의 지위를 확보하기 위해 지정학이라는 학문적 탐색을 시도했던 것이다.

이런 점에서 조선이 독립국가로서 지위를 확보하기 위해 어떠한 방책을 마련할 수 있는가? 여기에서 조선이 중립지대성적 완충 독립국가로서 존재하기 위해서는 양국의 국책을 잘 이용할 수 있어야 한다는 전제조건이 있다는 점에 다시금 주목할 필요가 있다. 왜냐하면, 앞서 조선의 관계적 위치에 관한 논의에서 표해운은 과거 조선 역사의 사례를 통해 바로 그러한 능력을 결여했기 때문에 조선이 독립국으로서의 지위를 확

19 表海雲, 앞의 책, 25쪽.
20 위의 책, 56쪽.

보할 수 없었다는 점을 명확히 했기 때문이다. 그렇다면 이러한 능력은 어디에서 오는 것일까? 표해운은 이에 대해 다음과 같이 말한다. "우리 민족民族의 유일唯一한 결함缺陷인 민족적民族的 단결심團結心을 배양培養하고, 이 단결심團結心을 중추中軸으로 하야 독립獨立 유지維持에 충분充分한 국가적國家的 민족적民族的 실력實力을 양성養成하야 민족民族 자주독립권自主獨立權을 완전完全 행사行事할 수 있도록 만전萬全한 대책對策을 강구講究 실천實踐해야 된다."[21] 즉, 조선의 독립을 위해 민족적 단결을 제시하고 있는데, 이는 해방 직후 정치적으로 사분오열하고 있는 혼돈상태를 타파할 것을 역설한 것으로 이해할 수 있다. 그런 점에서 그는 한 민족에 속하는 개인의 심리에는 격심한 차이가 있지만 민족에게는 고유한 공동심리가 있고, 그러한 민족심리에 의해 민족문화가 성립된다고 말하였던 것이다. 즉, 그는 조선인에게 고유한 민족성이 있고, 그에 기초한 민족문화가 면면이 이어져 내려오고 있다며 민족심리의 회복을 최우선의 과제로 제시하고 있는 것이다. 이는 탈식민-냉전 체제 형성기 민족 담론의 전개 방향과 그 궤를 같이 하는 것이기도 하다.

해방 직후 국가 건설 과정에서의 민족 담론은 소위 친일 청산을 통한 민족정기의 회복이라는 논리 속에서 민족/반민족의 구도로 나뉘었다. 당시 좌우익 세력들은 모두 자주독립국가 건설을 위해서 민족의 규합을 통한 통일전선체 등의 구성을 필수적인 것으로 인식하고 있었는데, 이승만은 국가 수립을 위해 모든 민족의 단결을 주장한 반면, 김구를 위시한 임시정부 세력들은 친일파 세력을 제외한 민족의 단결을 내세

21 위의 책, 64쪽.

웠다. 그러다가 1945년 12월 말 모스크바 3상회의의 신탁통치안이 국내 알려지면서 민족 담론의 지형에 커다란 변화가 발생하였다. 초기에는 좌우익 세력을 망라해 반탁 운동을 전개하면서 그 논리의 중심에 '민족'을 두고 단일민족으로서의 조선 민족이 5천 년의 역사와 문화를 가지고 있어 자주독립할 수 있는 능력과 자격이 있음을 강조하였다. 하지만 이듬해인 1946년 1월 초 좌익 세력들이 찬탁으로 입장을 선회하자 이승만을 비롯한 우익 세력들은 반탁운동을 통해 반탁=민족주의, 찬탁=반민족주의라는 등식을 확산시키면서 민족/반민족, 민주/파쇼의 대립 구도를 만들어냈고, 반탁=민족주의=반소반공주의라는 등식을 성립시키기도 하였다.[22] 이처럼 탈식민-냉전 체제 형성기 민족이라는 기표는 이념과 노선을 달리하는 정치 세력들에 의해 같으면서 다른 기의로 채워졌고, 그것은 하나의 담론 체계를 형성해나갔다.

그런데 표해운이 조선의 독립을 위해 민족심리 또는 민족성의 회복을 최우선의 과제로 제시한다고 했을 때, 거기에는 고정된 '민족성'이 전제되어 있고, 그것의 상실이라는 감각이 투영되어 있다고 할 수 있다. 즉, 조선인만의 민족성이 있는데, 그것이 어떠한 계기로 인해 상실되었으니 회복해야 한다는 논리구조가 마련되어 있는 것이다. 물론, 표해운은 '소여所與'로서의 민족성을 상정하고 있었다. 이는 그가 민족심리가 자연 환경의 영향을 깊이 받는다며, 기후·지형·지세 등 자연 환경과 민족성 형성을 연결시켜 논의하는 것을 통해 확인할 수 있다. 즉, 그는 지리적 환경에 의해 민족성이 형성되었고, 그러한 민족성에 의해

22 김수자, 「해방 이후 우익 민족 담론의 공고화 과정(1945~1953)-일간지를 중심으로」, 『歷史學報』 第198輯, 歷史學會, 2008, 91~98쪽 참조.

정치 · 경제 · 사회 · 문화가 구성된다고 보았던 것이다. 그의 이러한 관점은 쉽게 짐작할 수 있듯이, '민족의 피, 민족의 흙'을 연구하는 학문으로서의 지정학적 관점에서 나온 것이었다.

한편, 이러한 민족성 상실의 원인을 표해운은 이익사회화의 과정에서 찾았다. 그는 조선이 공동사회에서 이익사회로 변화하면서 개인주의 사상을 초래하였는데, 개인의 이익 추구는 일시적으로 민족의 정신적 · 물질적 이익을 불러오지만, 그것이 극대화되었을 때에는 민족적 · 국가적 번영의 약탈로 이어진다고 보았다. 그리하여 그는 이익사회화의 장점을 이용하여 민족의 번영을 추구하는 한편 공동사회화의 장점을 활용하여 민족의 단결을 도모할 것을 역설하였던 것이다. 공동사회/이익사회의 단순 구도 속에서 민족성 회복을 주장하고 있는 한계를 보이고 있지만, 고유한 민족성 회복을 축으로 독립국가로서의 조선의 지위를 확보할 수 있다는 관점은 『조선지정학개관』에 나타난 민족국가로서의 조선의 위상 재정립의 욕망을 여실히 드러내는 것이라고 할 수 있을 것이다. 그리고 그것은 민족주의를 자연스럽게 추인하는 결과를 낳을 뿐이었다. 결국 지정학은 민족국가 건설의 지적 이데올로기로서의 기능을 충실히 수행했던 것이다.

표해운이 지리적 환경에 의해 민족성이 형성되고, 다시 민족성에 의해 독립국가로서의 조선의 위상을 확보할 수 있다고 했을 때, 그것은 조선을 균질적인 공간으로 위치시키는 것에 다름 아니다. 그런데 탈식민-냉전 체제 형성기 이러한 균질적 공간으로서의 민족국가에 대한 감각은 기실 표해운만의 것은 아니었다. 당시 조선지리학회나 미군정청 및 대한민국 문교부는 지리교육과 교과서, 지리부도 및 지도의 생산 등을 통해 '한반도'에 관한 지식을 생산하고 대중화하는 데 크게 기여했으며, 이때 '국토'는 조선인들에게 '자연적인 것'으로 표상되고 인식되었다. 즉 해방 이후 민족주의적 국토 의식의 고양은 국토라는 정치적·역사적 공간을 자연화하고 실재화하면서 선=경계에 의해 명확하게 구획되는 공간으로 국토를 표상하였다.[23] 물론 이러한 구획은 민족 개개인과 국토 사이의 관련성, 좀 더 직접적으로 말해 소위 국토=향토에 대한 '애착심'을 전제하기 때문에 가능한 것이었다. 이와 관련해 해방 이후 지리학자 박노식朴魯植의 『신조선지리』를 대표적으로 살펴볼 수 있는데, 흥미롭게도 박노식은 독일의 지정학자 프리드리히 라첼의 저서를 활용해 "자기自己 조국祖國에 대對한 지식知識을 더욱 심원深遠히 할 필요必要"[24]가 있음을 역설하였다. 이 책은 자연지리, 인문지리, 지리구분의 3편으로 나뉘어 서술되어 있는데, 자연지리에서는 조선의 위치와 토지·기후·자연 등에 대해 설명하였고, 인문지리에서는 산업·교통 취락인구 등에 대해 밝혔으며, 지리구분에서는 지리적·문화적 지역구의 특징을 설명하는 한편, 남선南鮮·중선中鮮·북선北鮮 등 지방지地方誌를 기술하였다. 물론 이러한 설명과 서술은 모두 조선을 하나의 통합된 유기체적 공간으로 인식한 뒤에 이루어진 것으로 그 기저에서는 언제나 균질적으로 통합된 공간을 상정하고 있었던 것이다.

자연지리와 인문지리의 조화, 각 지방들의 유기적 통합체로서의 국토에 대한 인식과 감각은 표해운의 『조선지정학개관』에서도 쉽게 찾아

23 임종명, 「脫식민지시기(1945~1950) 남한의 국토 민족주의와 그 내재적 모순」, 『歷史學報』 第193輯, 역사학회, 2007, 93~94쪽.

24 朴魯植, 「序文」, 『新朝鮮地理』, 同志社, 1947.

볼 수 있다. 특히, 자연 환경과 민족 심리, 나아가 민족문화를 단선적으로 연결시키는 표해운의 논의는 지리적 민족주의와 문화적 민족주의를 동일시하는 전략적 서술이라고 할 수 있다. 그런데 조선을 남선·중선·북선으로 구분하는 것과 달리 이裏조선과 표表조선으로 구분하는데 차이가 있다.

> 통속적(通俗的)으로는 경성(京城)을 중심(中心)으로 북조선(北朝鮮) 남조선(南朝鮮)에 양분(兩分)하나 지리(地理) 역사(歷史) 풍속(風俗) 관습(慣習) 언어(言語) 인정(人情) 등(等)을 지리적(地理的)으로 연구(硏究)할 때 지구대(地溝帶)를 중심(中心)으로 양분(兩分)하는 것이 좋을가 한다. 한편(便)에는 북조선(北朝鮮) 중조선(中朝鮮) 남조선(南朝鮮)으로 삼분(三分)하야 연구(硏究)하는 것도 일(一) 방편(方便)이나, 다시 조선반도(朝鮮半島)를 남북(南北)으로 종주(縱走)하고 교량(橋梁)이 되는 산맥(山脈)을 중심(中心)으로 동서(東西)로 양분(兩分)하야 이동(以東)을 이조선(裏朝鮮) 이서(以西)를 표조선(表朝鮮)으로 연구(硏究)할 때 각종(各種) 조선(朝鮮)의 지리(地理) 역사(歷史) 언어(言語) 풍속(風俗) 관습(慣習) 인정(人情) 등(等)을 구분(區分)하기가 일층(一層) 자연적(自然的)일 것이다. (…중략…) 이러한 산지(山地)와 평야(平野)의 교착(交着)한 관계(關係)가 그 민족성(民族性)을 형성(形成)하는 것은 분명(分明)한 사실(事實)이며 대륙(大陸)에 거주(居住)하는 로서아 민족(露西亞 民族) 중국 민족(中國 民族)을 산국(山國)이고 협소(狹小)한 일본 민족(日本 民族)에 비교(比較)할 때 그의 산지(山地)와 평야(平野)가 부여(附與)하는 민족성(民族性)의 범주(範疇)는 명백(明白)히 비교 연구(比較 硏究)가 될 것이다.[25]

표해운은 당시 여타의 지리지와 마찬가지로 환경결정론에 입각해 조선을 인식하고 있었지만, 38도선을 기준으로 남북으로 분할되어가고 있었던 국토를 '지구대'를 중심으로 겉과 속으로 분류하는 것을 통해 민족적으로 보다 균질화된 공간으로 상정할 수 있게 하였다. 마치 북선과 남선의 이분법적 구분이 자칫 조선 자체를 분열과 갈등의 공간으로 인식하게 할 수 있다는 것을 염두에 두고 있는 것과 같은 이러한 서술은 통합공간으로서의 국토의 유기성을 보다 강조할 수 있는 전략의 일환이라고 할 수 있다. 물론 이러한 균질화된 통합 공간으로서의 국토는 대륙국가인 소련이나 중국, 해양국가인 일본과 다른 민족성을 자아내는 그 차제로 특권을 갖는 공간으로 드러나기도 하였다.

이처럼 표해운의 『조선지정학개관』 논의의 한 축은 탈식민 민족국가로서의 조선의 위상 재정립에 있었다. 그는 먼저 조선이 아시아의 부속적·주변적 위치라는 점을 명확히 한 뒤, 지정학적 관점에서의 중앙적·병참적·역적 위치의 성격을 모두 구비한 조선의 관계적 위치를 부각시켰다. 그리고 관계적 위치로서의 조선은 '대륙 정치성'과 '해양 정치성'을 갖는다고 밝혔다. 이러한 관계적 위치에 대한 지정학적 논의는 강대국 사이의 약소국으로서의 조선이 완충독립국가로서 조선의 지위를 확보하기 학문적 탐색이었다. 특히, 고유한 민족성을 회복하는 것을 통해 독립국가로서의 조선의 지위를 확보할 수 있다는 인식은 『조선지정학개관』에 나타난 민족국가로서의 조선의 위상 재정립의 욕망을 여실히 드러내는 것이었다. 하지만 그것은 민족주의를 자연스럽게

---

25 表海雲, 앞의 책, 74~77쪽.

추인하는 결과를 낳게 되고, 결국 지정학은 민족국가 건설의 지적 이데올로기로서의 기능을 충실히 수행하게 되었다. 아울러 표해운이 지리적 환경에 의해 민족성이 형성되고, 다시 민족성에 의해 독립국가로서의 조선의 위상을 확보할 수 있다고 했을 때, 그것은 조선을 통합된 균질적 공간으로 위치시켜 상상하는 것에 다름 아니다. 자연지리와 인문지리의 조화, 각 지방들의 유기적 통합체로서의 국토에 대한 인식과 감각, 그리고 자연 환경과 민족 심리, 나아가 민족문화를 단선적으로 연결시키는 논의는 지리적 민족주의와 문화적 민족주의를 동일시하는 전략적 서술이었던 것이다.

4. 지정학적 상상의 (비)연속들

1945년 8월 15일 제국 일본의 패전과 식민지 조선의 해방이 조선의 위상에 심대한 변화를 가져온 역사적 사건이라고 했을 때, 특히 그것이 국민국가로서의 조선을 재정립하는 과정으로 이어진다고 했을 때, 무엇보다도 중요한 문제는 세계 체제 및 동아시아 지역 질서의 변동 과정 속에서 해방 조선의 정치적 위상을 구축·강화하는 것이었다. 그리고 그것은 과거 제국-식민지 체제의 경험과 기억을 극복하여 탈식민-냉전 체제 형성기 분열된 민족을 통합시키고, 단일한 국가를 건설하기 위한 실천이 되어야만 했다. 이때 해방 조선을 둘러싼 동아시아 지역 질서와 세계 체제에 대한 지리적 상상은 자기 구축을 위한 핵심적 동력으로 작동했다. 당시 아시아 지역에 대한 상상은 냉전이라는 국제적 환경과 국민국가 건설이라는 국내적 요구 속에서 반공 국가로서의 자기 구성과 함께 미국 헤게모니의 자장 내 자신의 국가적 위상을 확보하려는 시도 속에 출현한 것이었다.[26] 또한, 해방 이후 조선의 '반도성'은 대륙과 해양 양 방면으로의 성격을 발휘할 수 있는 지리적 유리함으로 이해되었고, 1948년 단정 수립 이후에는 반도의 해양성이 선호되는 가운데 영해/공해라는 국민국가적 영토 개념에 기초해 바다를 구획하는 과정 속에서 '태평양' 지역이 새롭게 의미화되기도 하였다.[27] 그런가 하면, 해방 이후 아시아 지역 기행문들에서는 냉전 서사를 과잉 전유하는 가운데, '적'과 '동지'의 이분법적 구별 속에서 분열된 아시아 상을 구축하기도 하였는데, 거기에는 탈식민-냉전 체제의 구심점으로서 미국의 보편성이 내재되어 있기도 하였다.[28]

아울러 탈식민 초기 혈통과 지연을 강조하는 민족주의가 고조되는 분위기 속에서 한국인들은 서양과 구별되는 단일한 지리적・역사적・문화적 실체로서 아시아를 상상하기도 하였다.[29] 이와 동시에 국내적으로는, 당시 대중을 국민/민족으로 호명하기 위해 기획되었던 지리교육이 식민주의적 지리 지식과 담론을 전유하여 한반도를 국토로 표상

26 김예림, 「냉전기 아시아 상상과 반공 정체성의 위상학-해방~한국전쟁 후(1945~1955) 아시아 심상지리를 중심으로」, 『상허학보』 제20집, 상허학회, 2007, 311~345쪽.

27 장세진, 「해방기 공간 상상력의 전이와 '태평양'의 문화정치학」, 『상허학보』 제26집, 상허학회, 2009, 103~149쪽.

28 장세진, 「역내 교통의 (불)가능성 혹은 냉전기 아시아 지역 기행」, 『상허학보』 제31집, 상허학회, 2011, 123~171쪽.

29 임종명, 「脫식민 초기(1945.8~1950.5), 남한국가 엘리트의 아시아紀行記와 아시아表象」, 『민족문화연구』 제52호, 고려대 민족문화연구원, 2010, 184쪽.

하는 한편, 피교육자의 국토애와 국가에 대한 충성심을 고취하였다. 즉, 당시 지리교육은 한반도의 국토화와 민족강토화의 주체로 대중을 위치시키는 것을 통해 민족강토에 대해 주권을 가진 국가, 즉 민족국가임을 대중에게 표상하는 작업을 수행했던 것이다.[30] 이처럼 탈식민-냉전 체제 형성기 민족국가 건설 과정 속에서 아시아 지역(나아가 세계) 및 한반도는 지리적 상상의 대상으로 새롭게 위치 지어졌는데, 표해운의 『조선지정학개관』 또한 그러한 흐름의 산물이었다. 그리고 그것은 미군정과 소군정으로 분할 통치되고 있는 유동적인 조선의 위상을 새롭게 획정하기 위한 학문적 실천의 일환이었다. 표해운은 『조선지정학개관』의 논의 말미에 다음과 같이 결론을 제시한다.

> 조선 민족(朝鮮 民族)은 '슬라부' 민족(民族)도 아닐 것이고 미국 민족(美國 民族)도 아닐 것은 명백(明白)한 사실(事實)이다. 삼십팔도선(三十八度線)을 획(劃)하야 남조선(南朝鮮)에는 미국 세력(美國 勢力)이 북조선(北朝鮮)에는 소련 세력(蘇聯 勢力)이 침입(侵入)한 이때에 양국(兩國)의 정치(政治) 문화(文化) 경제(經濟) 제도(制度) 등(等)을 직접 간접(直接 間接) 수입(輸入)할 것은 사실(事實)이다. 그렇나 소련(蘇聯)의 사회주의 제도(社會主義 制度) 미국(美國)의 자본주의 제도(資本主義 制度) 일본(日本)의 군국주의 제도(軍國主義 制度) 중국(中國)의 보천율토주의(普天率土主義) 이러한 제도(制度)에는 그들의 국책(國策)이 반다시 발동(發動)하고 있다. 조선 민족(朝鮮 民族)은 민족심리(民族心理)에 적합(適合)한 문화(文化)를 수

30 임종명, 「脫식민지시기(1945~1950) 남한의 지리교육과 국토표상」, 『韓國史學報』 제30호, 고려사학회, 2008, 191~242쪽.

입(輸入)하야 '혈(血)과 육(肉)'이 되도록 섭취(攝取)할 것이다. 맹목적(盲目的) 수입(輸入)은 모방(模倣)에 시종(始終)하고 민족 발전(民族 發展)에 일대(一大) 장애물(障碍物)이 될 뿐이다. 따라서 맹목적(盲目的)으로 수입(輸入)하자는 지도자(指導者)는 문화(文化) 수입(輸入)의 미명하(美名下)에 대중(大衆)을 위만(僞瞞)하야 자기 번영(自己 繁榮)의 도구(道具)로 이용(利用)할 가능성(可能性)이 있을 뿐이다. 우리는 과학적(科學的)으로 분석(分析)한 고찰(考察)로서 민족적(民族的) 입장(立場)에 입각(立脚)하야 민족 발전(民族 發展)을 위(爲)하는 문화(文化)의 섭취(攝取)가 지정학(地政學)의 지향(指向)이다.[31]

탈식민-냉전 체제 형성기 해방 조선을 둘러싸고 미국·소련·중국·일본이라는 강대국들의 국책이 각축전을 벌이고 있는 상황 속에서 표해운은 외래문화의 맹목적 모방을 경계하고 있다. 거기에는 다양한 정치적 지향과 이념적 노선 속에서 또다시 민족문화를 상실할 수 있다는 불안감이 내재되어 있다. 그리하여 그가 민족적 입장에 근거해 해방 조선의 정치적·문화적·지리적 위상을 재조정하고 강화하고자 했던 것은 조선 민족을 위해 민족문화를 발전시킬 필요성이 있다고 판단했기 때문이었다. 지정학이라는 과학은 바로 그러한 민족문화 발전을 모색하기 위한 하나의 학문적 도정이었던 셈이다. 하지만 이미 주어진 것으로서 고유하고 자명한 민족(성)과 민족문화를 상정하고, 그것을 지리와 연결시키는 방식은 민족국가를 상상하게 하는 데 유력한 동력이 될

31 表海雲, 앞의 책, 91쪽.

수 있을지 몰라도, 결국 탈식민-냉전 체제 형성기 세계 체제 및 동아시아 지역 질서와 연동한 해방 조선의 흔들리는 위상에 대한 면밀한 탐색을 가로막는다. 즉, 지정학이라는 과학에 대한 맹신이 민족국가 건설에 대한 염원을 정당화하는 도구로 전락하는 순간, 해방 조선의 갈등과 분열, 파탄과 절망의 정치적·사회적 현실은 도외시되어버렸던 것이다.

하지만 그럼에도 불구하고 그의 지정학적 세계 인식과 조선의 정위에 대한 논의가 해방 조선의 독립 문제와 관련해서 민족국가 건설의 학문적 모색의 하나였다는 점은 부인할 수 없는 사실일 뿐만 아니라, 해방 조선의 독립에 대한 나름의 새로운 관점을 개진한 것 역시 평가받을 만하다. 이는 『백민』 1947년 7월호에 발표한 글을 통해 확인할 수 있다. 『조선지정학개관』의 내용을 압축적으로 정리해서 싣고 있는 이 글에서 표해운은 다시금 조선의 관계적 위치와 한반도를 둘러싼 열강의 국책 전개 과정을 정리한 뒤, 약소민족으로서의 조선이 남북으로 분할된 이상 민족적 감정에 휩싸여 신탁통치에 반대할 것이 아니라, "조선인朝鮮人은 민족적民族的 위신威信을 견지堅持하야 군정軍政에 협력協力하면서 양국兩國이 조선朝鮮에서, 이해理解가 합치合致되도록 촉진促進시켜 중립지대성적中立地帶性的 완충독립국가緩衝獨立國家일지라도 조선朝鮮의 독립獨立"[32]을 이끌자고 주장하기에 이른다. 즉, 미국과 소련의 충돌을 방지하는 한편, 양국의 완충지대로서의 독립국가를 달성하기 위해 민족성에 기초한 조선의 지정학적 위상을 이용할 것을 역설하고 있는 것이다. 하지만 역사가 증거하다시피, 표해운의 완충독립국가로서의 조선의 독립은

32 表海雲, 「現下世界情勢와 地政學上으로 본 朝鮮獨立」, 『白民』 제3권 제4호, 1947.7, 13쪽.

한국전쟁의 발발로 인해 이루어지지 못한다.

1953년 7월 한국전쟁의 휴전협정이 조인되던 때 표해운은 다시금 지정학적 관점에 기초해 남한의 진로를 모색한다. 그는 "양단兩斷된 국토國土, 양단兩斷된 국민사상國民思想 더구나 북한北韓의 침략侵略을 받아 국민國民은 극도極度의 피곤疲困에 빠졌다. 정치政治, 문화文化, 사회社會, 경제經濟는 누구나 아다싶이 혼란混亂의 도度를 넘었다. 우리의 역량力量은 마비痲痺하여 퇴화退化하려 한다. 우리는 전염병傳染病이 좀먹는 신체身體를 건전健全한 토대土臺 위에 세워야 하겠다. 국가國家가 무정부주의無政府主義의 온양지醞釀地가 되고, 우리 자신自身이 부패腐敗하기 시작始作할 때는 주위周圍의 국가國家는 그 전염병傳染病이 자국自國에 전염傳染되리라는 이유理由로서 자연自然히 간섭干涉하려는 기회機會를 노리게 되는 것이고, 주위周圍 국가國家는 자국自國의 건전健全한 발전發展을 위爲하여, 그 전염傳染을 그대로 방기放棄할 수가 없어 중요重要치 않는 간섭干涉조차 시작始作하게 되며, 또는 취약脆弱의 틈을 타서 진출進出할 야욕野慾을 두게 되는 것은 자연적自然的 행동行動일 것이다"[33]라며 민족의 진로를 결정하는 것은 오직 민족 자신 밖에 없을 것이라고 역설하였다. 그러면서 남한의 정치적 위치를 잘 이용하여 국가에 대한 정화의 필요성을 주장하였다. 흥미롭게도 지정학적 관점에서의 조선의 관계적 위치에 대한 활용을 위해 민족성을 발현해야 한다는 주장은 의심의 여지없이 지속되고 있다. 결국 해방과 한국전쟁을 거쳐 탈식민-냉전 체제 및 남북한 분단 체제가 형성・고착되어가는 상황 속에서도 표해운은 지정학이라

33 表文化, 「歷史的으로 본 韓國의 政治的 位置와 우리의 進路」, 『協同』 제40호, 1953.7, 69쪽.

는 과학에 대한 맹신을 버리지 못하고 있었던 것이다. 그것은 그의 국민국가에 대한 지정학적 상상이 제국-식민지 체제에서 탈식민-냉전 체제로 재편된 세계 체제 및 동아시아 지역 질서의 변동 과정 속에서 역설적으로 강화되어갔다는 것을 보여준다.

제2차 세계대전 이후 서양 지식계에서는 제국주의 침략의 학문적 자양분을 제공했다는 판결을 통해 지정학을 은폐하거나 폐기 처분했다. 하지만 국제정치사의 전개 속에서 지정학은 얼마든지 되살아날 수 있었고, 곳곳에 자신의 변종을 이식시키기도 하였다. 근대 국민국가의 '지-권력'으로 국가에 의한 지리적 지식이 만들어지고 유포되어왔던 저간의 상황을 감안한다면, 사실 이는 새삼스러운 것이 아니다. 흥미롭게도 한국의 경우에는 해방 직후 제국 일본의 침략주의 논리를 강화시켰던 지정학적 관점을 통해, 비록 그것이 완전히 동일한 것은 아니라고 할지라도, 국민국가를 상상하고 있었다. 제국-식민지 체제기 지정학적인 역학 구도 속에서 식민지 지방의 위상을 부여받았던 조선이 탈식민-냉전 체제 형성기 민족국가로서 자신의 위상을 재정립하는 데 있어 바로 그 지정학을 동원하고 있었다는 것은 다시금 주목할 필요가 있다. 또한, 이러한 지정학적 세계 인식과 조선의 위상 정립 과정이 한반도를 축으로 균질적이고 통합된 단일공간으로 한국을 인식하고 상상하게 했다는 점을 간과할 수는 없다. 그것은 지정학이라는 학문이 민족국가로서의 한국의 위상을 구축하고 강화하는 이데올로기적 효과를 유감없이 발휘했다는 것을 지적하기 위한 것이 아니라, 바로 그것으로 인해 탈식민-냉전 체제 형성기 다양하고 이질적인 주체들이 상상하고 있었던 다채로운 조선들이 은폐되었다는 점을 부각시키기 위해서다. 한반도를 구심적으로 하는 영토/국토에 대한 지리적 상상은 근대 전환기 국민국가 건설의 모색과 좌절, 제국-식민지 체제기 제국주의 세력의 지리적 · 문화적 팽창, 해방 이후 민족국가 건설의 이념 속에서 변형과 굴절의 과정을 거듭해 지속되어왔던 것이다.

제3부

보론 - 논단과 현장

제12장

문학의 위상 변화와 문학 연구의 (탈)영토화

최근 풍속-문화론적 연구의 한 경향에 대한 이의

1. 위기의 담론을 넘어서

문학 연구란 무엇인가. 답하기 어렵다. 교과서적인 답을 듣고자 질문한 것이 아니라면, 누가 어떠한 욕망을 가지고 어떤 위치에서 답하느냐/답하지 않느냐에 따라 문학 연구의 개념은 달라진다. 말할 것도 없이 문학 연구의 개념은 유동성을 가지고 역사적·문화적으로 구성되는 것이다. 따라서 단일한 '문학 연구'가 존재하는 것이 아니라, 다양하고 이질적인 문학 연구'들'이 존재하는 것이다. 분과 단위의 학문편제 속에서 문학 연구가 문학 연구 아닌 것과 구분된다고 해서 문학 연구'들'이 하나의 '문학 연구'로 통합되는 것은 아니다. 그럼에도 불구하고 문학 연구는 문학을 그 대상으로 한다는 점에서 '문학 연구란 무엇인가'라는 질문은 곧바로/우회적으로 '문학이란 무엇인가'라는 질문으로 수렴되거나 치환된다.

그런데 문학 연구란 무엇인가를 묻는 것이 문학이란 무엇인가를 묻는 것으로 수렴되거나 치환된다고 할 때, 현시점에서 문학 연구란 무엇인가를 묻는 것은 문학의 사회적 · 문화적 · 학문적 위상topology에 변화가 발생하고 있다는 판단에 따른 결과로 볼 수 있다. 특히, 21세기 첫 10년이 지난 현시점에서 한국문학에 대해 묻는 것은 '지금 여기'의 한국문학이 '과거 저기'의 한국문학과는 다르다는 인식을 전제로 하는 것이다. 하지만 한국문학의 개념과 범주, 한국문학에 관한 인식, 한국문학을 둘러싼 제도, 한국문학을 구성하는 담론 등에 변화가 발생하고 있다는 인식은 특별한 것이 아니다. 20세기 초 한국 근대문학이 형성된 이래 그것들은 끊임없이 부침의 과정을 겪어왔다. 그럼에도 불구하고 '지금 여기'에서 한국문학의 위상 변동에 대해 말하는 것은 20세기 후반 이래 전 지구적으로 발생하고 있는 문화변동 속에서 '근대문학'의 역사적 조건들이 붕괴하고 있다는 현실 인식의 결과이다. 문자 미디어의 쇠퇴와 국민국가의 구심력 약화, 그리고 근대적 자아에 대한 회의와 의심 등 근대문학을 지탱하고 있었던 역사적 조건들은 확실히 그 지반이 흔들리고 있다.[1]

1 "20세기 후반부터 전 지구적으로 일어나고 있는 문화변동은 근대문학을 가능케 했던 역사적 조건들이 사실상 붕괴하고 있음을 알려주고 있다. 인쇄된 서적은 문화 생산과 수용에서의 주도적인 위치를 라디오, 텔레비전, 시네마, 비디오, 인터넷 등 새로운 미디어에 내주었고, 경제, 정치, 기술에서의 전 지구화의 결과 국민국가는 그 독립성, 건재성, 동질성이 약화되는 사태를 맞이했으며, 통일된, 항상적인, 주권적인 자아에 대한 확신은 20세기 문학과 철학에 이룩된 가장 중요한 혁신들 속에서 자아의 파편화에 대한 감각, 자아의 구성물적 성격에 대한 인식으로 대치되었다. 그런 만큼 근대문학은 이미 끝났거

한편, 현 시점에서의 '문학 연구/자'의 위상에 관한 논의는 여전히 1990년대 말 이래의 '위기의 담론'을 반복하고 있는 느낌이다. '근대문학의 종언'으로 촉발된 문학의 위기 담론은 한편으로는 신자유주의 시대 '문학 연구/자'의 위상 저하에 대한 불안의 감각을 표출한 것이다. 학문의 실용주의적 재단에 의해 '문학 연구/자'가 변방으로 밀려나고 있거나, 밀려날 수 있다는 불안감이 '먹고사는' 문제와 결부되어 불안감을 강화시키고 있는 형국이다. 그런데 그러한 불안의 감각이 한국 근대문학이 변화해온 과정에 대한 진지한 성찰을 바탕으로 한 것이라기보다는 근대문학의 파탄을 자연스럽게 수리하고, 근대문학 이후의 (비)문학을 옹호하기 위한, 다시 말해 근대문학을 타자화시키는 방식 속에서 만들어진 것이라는 점은 유념할 필요가 있다. 근대문학의 역사적·문화적 조건들이 붕괴하고, 근대문학 이후의 문학이 근대문학과는 다른 어떤 것이기 위해서는 근대문학을 타자화시키는 전략이 필수적인 것이다. 그리하여 '문학 연구/자'는 너무나 자연스럽게 자신의 운명을 근대문학의 그것에 투사시킨다. 하지만 그것은 그러한 행위 주체의 정치적 (무)의식이 위기의 감각에 이끌린 결과이며, 특히 그 감각은 소위 '인문학의 위기'라는 담론에 기댄 것이다.

제도로서의 인문학이 새로운 요구를 잘 따라가지 못하고 있고, 사람들이 대학이라는 제도 안에서 분과학문으로서의 인문학 지식이 생산·유통되는 방식에 갑갑함을 느끼고 새로운 것을 요구한다는 점, 그래서 제도권 밖에서

나 머지않아 끝난다고 말해도 결코 사리에 어긋나지 않는다."(황종연, 「문학의 묵시록 이후」, 『탕아를 위한 비평』, 문학동네, 2012, 14쪽)

이루어지는 인문학 지식의 연구와 교육에 관심이 많다는 판단이 깔려 있겠지요. 독서시장에서도 인문학에 대한 수요는 많은 편이니, 인문학이 위기라지만 실상 인문학자들의 위기가 아니냐는 말들이 있잖아요. 그런 현실을 염두에 두자면 종래의 인문학이 아닌 다른 인문학의 새로운 이념과 실천이 요구되고 있다는 생각이 듭니다. (…중략…)

여기서 인문학 위기의 주범이 무엇인지, 새로운 인문학과 대비되는 낡은 인문학이란 무엇이며 왜 그것이 위기인지를 먼저 따져봐야 할 텐데요. 저는 위기가 인문학의 본래 이념인 인간다운 삶의 고양을 충실히 하는 총체성 학문이란 점을 깨닫지 못한 데서 온다고 생각해요. 그러니 학문의 분화가 심각한 현실에 맞서 파편적 지식을 종합하고 삶에 대한 총체적 이해와 감각을 길러주며 현재의 '삶에 대한 비평'의 역할을 하는 인문학으로 혁신되어야 한다고 봅니다. 자연과학과 분리되고 이어서 사회과학과도 결별하고 남은 인문학에 머물러 그 가치를 정당화하기 위해 애쓴다면 선택의 길은 위태롭기 짝이 없지요.[2]

제도로서의 인문학의 위기가 실은 "인문학의 본래 이념인 인간다운 삶의 고양을 충실히 하는 총체성 학문이란 점을 깨닫지 못한" 인문학자들의 위기라는 위의 지적은 새겨들을 만하다. 만약 문학이란 무엇인가를 묻는 일(문학 연구)이 문학의 위상에 어떤 변화가 발생했다고 여기고, 그러한 위상 변화가 낳은 위기의 감각에 대한 반응이라면, 이때의 위기는 문학의 위기가 아니라 제도권 문학 연구자들의 위기이다. 그리고 문

2 최원식 · 백영서, 「인문학의/에 길을 묻다」, 『창작과비평』 통권 144호, 창비, 2009, 18~19쪽.

학 연구자들의 위기는 신자유주의 시대 국가나 시장에 의한 대학 제도의 변화[3]가 그 주된 원인이 아니라, 문학 연구자 스스로 제도권 문학 연구에 안주한 데서, 그리하여 제도권 밖, 일반 시민사회와의 소통의 가능성을 모색하지 않고 고집스럽게 자기 폐쇄의 길을 걸어온 데서 그 근본 원인을 찾아야 할 것이다. 물론 문학 연구자의 위기가 전적으로 제도권 밖, 일반 시민사회와 소통하지 않기 때문에 발생한 것은 아니다. 다만 여기에서 지적해두고 싶은 것은 제도권 문학 연구자들 사이에서 위기의 감각이 형성되어 유통되고 있다면, 그것은 외부의 어떤 것으로부터 기인한 것이라기보다는 그들 내부의 학문적 폐쇄성의 결과라는 점이다. 따라서 과연 현시점에서의 한국문학이 '위기'라고 단정할 수 있는가, 또는 문학 연구자들의 '위기'가 없었던 적이 있었던가, 되묻지 않을 수 없다. 위기의 담론을 만들어 유포하거나, 그것에 편승하는 것이 위기인 셈이다.

이 글에서 제도권 문학 연구자들의 학문적 폐쇄성에 대해 지적하고자 하는 것은 나의 의도가 아니다. 오히려 나는 그러한 폐쇄성을 극복하기 위한 다양한 실천들에 주목하고자 한다. 이럼 점에서 문학 연구자들이 기존 문학 연구의 관행을 내파內破하여 새로운 문학 연구를 정립하려 하고, 인접・이접 학문분야와의 통섭의 가능성을 모색하기 위해

3 "지금 대학의 변화는 아주 강력한 동력, 국가나 시장에 의해 작동되고 있으니까요. // 그것을 중계하는 중요한 에이전트가 학진이죠. 학진을 통해서 BK나 HK(인문한국) 사업 등이 추진되고, 교수 개인들의 업적을 관리하는 학술지 등도 이러한 변화에 개입하고 있어요. 특히 젊은 교수들이 많은 사업에 참여하고 주어진 평가기준에 맞추려다 보니 학문관에 영향을 받고 있는 현실입니다. 이 변화의 축은 바로 경쟁력이죠. 대학 간 경쟁을 통해 각 대학의 경쟁력을 높이고, 그럼으로써 국가경쟁력을 높이는 것이 가장 중요한 학문적 성취의 기준이 되었습니다."(위의 글, 29쪽)

분투하고 있는 학문적 실천들을 검토할 필요가 있다. 그런데 과문한 나의 역량으로는 이러한 분투의 과정을 추적하여 기록하는 것이 불가능하다. 따라서 이러한 문제의식을 바탕으로 이 글에서는 다양한 형태의 글쓰기 시도를 통해 제도권 문학 연구의 학문적 폐쇄성을 극복하고 학제적 연구를 지향하고자 한 풍속-문화론적 연구의 현주소를 살펴보는 동시에 그와 함께 진행되어온 문학 연구의 현황을 비교하여 고찰해보고자 한다.

이를 위해서 이 글에서는 2000년대 이후 '풍속-문화론적 연구'와 문학 연구가 주된 연구 대상으로 삼은 경성에 관한 대표적인 연구 경향과 성과들을 검토할 것이다. 이를 통해 문학 연구와 풍속-문화론적 연구의 '차이'를 명확히 하는 동시에 경성에 관한 연구에 있어서 문학 연구의 새로운 가능성을 모색해보고자 한다. 물론, 풍속-문화론적 연구와 문학 연구의 '차이'를 드러내는 데 있어서 경성에 관한 연구가 대표성을 갖는가—나아가 경성에 관한 연구가 풍속-문화론적 연구의 대표성을 지니는가—에 대해서는 이견이 있을 수 있다. 하지만, 2000년대 이후 이들 연구가 탈근대성 담론 구축의 전략 속에서 근대성의 역사적 기원에 관한 탐색에 주력해왔고, '경성'이라는 도시 공간이 그러한 기원의 장소로서 새롭게 주목받기 시작했다는 것 또한 사실이다. 한편, 역사학과 사회학 분야에서의 경성 연구와 문학 연구와 풍속-문화론적 연구에서의 경성 연구는 분과 단위의 학문적 경계를 넘어 학제 간 통섭의 시험대 속에서 새롭게 조응하고 있다. 기존의 도시사회학 분야의 역사주의적 접근과 문학 연구, 풍속-문화론적 연구에서의 문화론적 방법론의 절합이 경성을 대상으로 시도되고 있는 것이다. 이런 점에서 다소 제한적이지만, 이 글에서는 문학 연구와 풍속-문화론적 연구에서의 경성에 관한 논의를 그 대상으로 삼고자 한다.

2. 풍속-문화론적 연구와 경성의 소비

2000년대 이후 '근대문학의 종언'에 대한 위기의 감각이 가져온 결과 중 하나는 문학에 대한 기존의 근대주의적 관념을 문제 삼고 문학을 탈신비화하는 새로운 학문적 관점의 대두였다. 그리하여 새로운 학문적 관점의 연구들은 "점차 문학 텍스트 자체보다는 그것이 놓인 외부의 맥락에 관심을 집중하고 텍스트 해석보다는 그 텍스트 생산을 가능하게 한 물적 조건으로서의 제도에 대한 실증적 천착과 탐구를 앞세우는 문화/제도 연구의 경향으로 가시화되고 확산되었다".[4] 이와 관련해서 최근 문학 연구의 새로운 흐름을 이끈 연구 경향을 다섯 가지로 대별한 하재연의 견해를 참고할 수 있다. 그가 정리한 바에 의하면, 문학 개념과 장르 개념, 기타 근대문학에서의 주요한 개념의 기원과 형성사 연구, 근대문학의 생산 양식과 환경을 이루는 제도와 매체 연구, 풍속-문화론 또는 풍속사적 연구, 언어 내셔널리즘의 형성 및 역사적으로 변동하는 언어 구성물로서의 글쓰기와 텍스트 연구, 민족문학을 상대화하

4 김영찬, 「끝에서 본 기원과 비평/문학 연구」, 『상허학보』 제35집, 상허학회, 2012, 130쪽.

여 외부와의 교섭과 상호 작용에 주목하거나 탈식민주의, 젠더적 관점을 반영한 연구 등이 최근 한국 근대문학 연구의 주된 경향이다. 그런데 이들 연구 흐름 중 "근대성의 담지자이자 문화의 매개가 되는 기호와 표상들을 탐사하고 이를 통해 근대문학의 형성과 발전에 질료가 된 풍속적 · 문화적 원천들을 사고하고자" 한 풍속-문화론적 연구가 대다수를 차지하고 있고, 이러한 연구들을 통해 "작가와 생산자 중심의 문학사 읽기를 문학 제도와 소비자, 생산과 수용의 메커니즘 속에서 고찰하게 하는 시각의 전환을 가져왔다"는 점은 익히 알려진 바이다.[5]

확실히 2000년대 초반 이래 풍속-문화론적 연구가 활황을 띠고 있는 느낌이다. 그것은 문학 연구에서 문화연구로의 전환을 상징적으로 보여주고 있는 것처럼 여겨지지는 한편, 기존 문학 연구의 자기 영토 확장의 방식으로 이해되기도 한다. 그런가 하면, 풍속-문화론적 연구는 기존의 문학 연구와는 다른 어떤 것이라는 인식과 함께, 기존 문학 연구의 전회轉回라는 인식이 서로 상충하는 동시에 상호 보완하고 있는 형국이다. 흥미로운 것은 기존의 문학 연구의 고답적 태도를 비판하는 입장으로서의 풍속사 연구를 포함하는 '문화론적 연구'가 문학 연구의 성과를 계승하거나 그것의 일부라고 천명하고 있다는 점이다.

> '문화론적 연구'도 문학의 규범과 제도적 요건, 문학이 지식의 체계와 문화전반에서 지니는 (상대적) 지위와, 그 역사에 대해 민감한 태도를 본질적인 요소로 한다. 이것이 '문화론적 연구'가 한편 절충적인 이름인 '문학문화

5 하재연, 「식민지 문학 연구의 역사주의적 전환과 전망」, 『상허학보』 제35집, 상허학회, 2012, 14~19쪽 참조.

> 론'으로 불리거나 오래된 '문학사회학'과 유비될 수 있는 이유이기도 하겠는데, '문화론적 연구'는 한국 근대문학의 장르・개념・내포와 매체・문단형성과정・등단제도・정전 등에 대한 연구 성과를 바탕으로 한 것이며 그 일부이기도 하다. 역사적 산물로서의 한국 근대문학을 추동해온 가장 중요한 힘과 그 자체가 상대화될 수 있는 시점에 왔고, '문화론적 연구'는 이를 급진화시켜서 근대문학주의의 이념과 제도로부터 자유를 취하는 데서부터 출발했다. 즉 최대한 좁게 구획된 시・소설 중심의 문학관의 극복, 고전문학과 현대문학 사이에 놓인 장벽의 철폐, 엘리트주의적이며 자폐적인 '문학성' 개념에 대한 정정의 요청 등등. 이와 같은 것이 '문화론적 연구'의 기본적인 태도이며, 학제와 아카데미즘 속으로 함몰되려는 문학(연구)의 재-정치화와 연관된 것이기 때문이다.[6]

이는 '(근대)문학의 종언'에 대해 비판적 인식을 보이는 문학 연구를 '근대문학주의자의 엘리트주의'로 폄훼하기 때문에 가능한 것이기도 하다. 그런데 '국문학' 연구의 폐쇄성에 대한 신랄한 비판을 가하고 있는 '문화론적 연구'의 지향점이 학제적 연구에 있다는 점은 영미 문화연구의 발생과 전개 과정을 고려하면 특별한 것은 아니지만, 과연 학제적 연구의 어떤 가능성을 모색해오고 있는지 의문이다. 한국의 문화연구가 학제간 연구의 특성을 갖는 영미 문화연구를 전범으로 삼고 있다고 해서 그와 동일할 리도 만무하지만, 문학 연구의 성과를 바탕으로 하거나 그 일부인 '문화론적 연구'가 기존 문학 연구와는 달리 학제적

6 천정환, 「'문화론적 연구'의 현실 인식과 전망」, 『상허학보』 제19집, 상허학회, 2007, 17쪽.

연구의 어떤 가능성을 보여주고 있는지, 회의적이다. 단순화할 수 없지만, 인문교양서 수준의 독서대중 지향의 글쓰기와 각종 미디어의 자료를 집적해서 파노라마식으로 제시하는 것이 학제적 연구인지는 따져볼 문제이다.

사실 풍속-문화론적 연구는 그 전략과 방법에 있어서 기존 문학 연구와는 큰 차이를 갖는다. "작가 · 작품 혹은 유파라는 경계를 전제하는 대신 텍스트 사이를 자유롭게 미끄러지면서 유행과 취향의 풍속의 역사를 재구성해 내는 것, 그럼으로써 근대의 육체성을 문제삼는 것이 이들 연구의 전략이다. (…중략…) 이들은 정치나 미학이라는 질서를 떠나 다른 층위에서 문학 텍스트를 활용하고자 하며, 일상과 무의식의 차원에서 근대를 다시 문제삼고자 한다."[7] 풍속-문화론적 연구가 다른 층위에서 문학 텍스트를 활용하여 근대(성)를 재고찰하고자 한다는 이 말은 솔직하다 못해 대담하다. 왜냐하면 "경계를 전제하는 대신 텍스트 사이를 자유롭게 미끄러지"는 태도와 "정치나 미학이라는 질서를 떠나 다른 층위에서 문학 텍스트를 활용"하는 방법이 다음과 같은 반론에 쉽게 직면할 수 있기 때문이다.

> 풍속사는 자기 해부적 방법과 대상이 아닌, 소위 '잉여, 버려졌던, 문학의 타자들을 복원하는 방식'을 택함으로써 대상을 수집하고 추가하는 방식을 취한다고 할 수 있다. 신여성이라는 타자, 분과화된 장르에 비교해 잡문으로 타자화된 영역, 패션, 몸치장, 대중문화의 다양한 영역들이 그것이다. 이 과

7 권보드래, 「'풍속사'와 문학의 질서」, 『현대소설연구』 제27호, 한국현대소설학회, 2005, 28~29쪽.

정에서 문학적인 것과 비문학적인 것, 중요한 것과 부차적인 것을 나누는 '경계'를 무화시키지만, 그 경계를 반성적으로 성찰하는 것은 아니라는 점을 주목해야 한다. 즉 경계가 없어진 것이 아니라 확장된 것이고, 그럼으로써 경계 자체를 대상화해 탐문할 필요 역시 사라진 것이다.[8]

이처럼 문학의 '경계'를 묻지 않는 것에 대한 비판이 가능한 것은 문학을 문학 아닌 것과 혼재해 받아들이고 이해한다는 것, 그리하여 문학(성)의 차이를 무화시키고 있기 때문이다. 물론 풍속-문화론적 연구가 문화연구로서의 학제적 연구의 성격을 지향하고, 그런 점에서 문학 텍스트를 비문학 텍스트들과 동궤에 놓고 분석의 대상으로 삼을 수 있다. 하지만, 결국 답해야 하는 것은 언어적 구성물인 문학 텍스트를 비언어적 구성물인 비문학 텍스트와 동궤에 놓고 이해했을 때의 어떤 새로운 가능성이다. 여기에서 문학 텍스트를 비문학 텍스트의 우위에 놓고 이해해야 한다고 강변하는 것은 아니다. 하지만 기왕의 풍속-문화론적 연구의 목표가 근대(성)를 재고찰하고자 하는 것이라면, 문학/비문학, 언어/비언어의 경계를 무화시키는 전략이 어떠한 효과가 있는지 스스로 답해야만 한다. 이런 점에서 풍속-문화론적 연구는 근대(성)의 역사적 구성 과정에 주목하기보다는 그것이 '대중들'에게 소비·유통되는 과정에 보다 천착한다. 그리고 그러한 과정 속에서 문학 텍스트의 문학성은 소거되어 증발된다. 문학성이 자명한 것이 아니라고 하더라도, 문학성 구성의 문화역사적 동력은 밝혀야만 한다.

8 차혜영, 「지식의 최전선–'풍속-문화론 연구'에 대한 비판적 검토」, 『민족문학사연구』 제33호, 민족문학사연구소, 2007, 89~90쪽.

2000년을 전후해 경성에 관한/관련된 풍속-문화론적 연구의 결과물들을 일별해보아도[9] 문학 텍스트와 비문학 텍스트 사이의 차이를 무화시키는 전략을 명확히 확인할 수 있다. 이들에게 문학 텍스트는 신문과 잡지의 기사・만문만화・광고 등과 다른 것이 아니다. 아니 오히려 이들은 문학 텍스트에는 관심을 두지 않는다. 그런 점에서 문학의 언어로 체화된 경성에 관한 공간 인식과 경계 감각은 주된 논의의 대상이 되지 못한다. 이들에게 경성의 공간과 장소는 언어적 구성물이 아니라 비언어적 형식들 속에서 감각적으로 육박하는 어떤 것이다. 따라서 이들 풍속-문화론적 연구의 글쓰기에서 대체적으로 시각 이미지에 의존하는 것은 한편으로는 기존의 문학 연구와의 차별성을 드러내기 위한 전략적 선택이자 다른 한편으로는 감각적 풍속의 재구를 목표로 하고 있기 때문이다. 그리하여 경성에 관한 풍속-문화론적 연구들이 '모더니티의 장소'로서 경성의 시각화[10]에 주목하고 있는 것은 당연한 귀결점이다.

> '도시'가 담고 있는 것들, 사람의 시야를 훨씬 넘어버리는 건물과 사람을 왜소하게 만드는 구조물들, 땅에 깔려 땅과 사람을 가르는 아스팔트 포장,

9 과문한 탓에 모두 확인할 수는 없었지만, 2000년을 전후한 시기 이후 경성의 공간과 장소에 관한 풍속-문화론적 논의의 결과물들은 지속적으로 생산되었다. 익히 알려진, 김진송의 『현대성의 형성-서울에 딴스홀을 許하라』, 현실문화연구, 1999와 신명직의 『모던뽀이, 京城을 거닐다』, 현실문화연구, 2003 외에도 장유정, 『다방과 카페, 모던보이의 아지트』, 살림출판사, 2008; 최병택・예지숙, 『경성 리포트』, 시공사, 2009; 소래섭, 『불온한 경성은 명랑하라』, 웅진지식하우스, 2011; 한성환 편, 『이토록 아찔한 경성』, 꿈결, 2012 등을 대표적으로 들 수 있다.

10 '모더니티의 장소'로서의 경성의 시각화는 풍속-문화론적 연구 결과물에서만 보이는 것이 아니다. 이경민의 『경성, 사진에 박히다』, 산책자, 2008과 『경성, 카메라 산책-사진으로 읽는 경성 사람, 경성 풍경』, 아카이브북스, 2012와 같은 책을 통해 확인할 수 있듯이, 시각 자료 자체를 집적해서 제시하는 책들도 경성을 소비하는 데 일조하고 있다.

> 손쉽게 건널 수 없이 넓어져 버린 길들, 그 위로 소리내며 달리는 차들과 차들이 내는 굉음, 그 너머 하늘을 가로질러 토막내 버리는 전깃줄, 그것들은 한마디로 사람과 자연을 분리시키고 사람들이 자신들이 지닌 인간적인 척도로는 인식하거나 감지하지 못할 거대한 공간을 구성하는 것들이다. 그리고 그렇게 이루어진 거대한 공간. 그것을 우리는 '도시'라고 부른다. 현대성의 본성을 꼽아 도시성이라고 둘러 말해도 옳을 만큼 도시는 현대의 상징이다.[11]

교통·통신시설의 구축, 서양식 건축물의 축조, 상업지구와 거리의 형성, 자본주의 시스템에 의해 운용되는 도시공간과 도시적 감수성의 발생. 식민지시기 경성은 그야말로 "현대의 상징"이다. 그런데 이때 '현대'는 무엇인가? "현대의 상은 현대와 동시대적 유사성을 지니는 그 어떤 지점으로부터 출발하는 과거의 일상성에 대한 주목에서부터 시작되어야 하며, 그 일상성의 재구에 의한 '현대적 개념'이 새롭게 찾아지지 않으면 안되기 때문이다. 그 지점에서 현대에 대한 상은 시작된다"[12]라는 우회적 답변은 물론 부족하다. 일상성의 재구에 의한 '현대적 개념'을 찾는 일이 의미가 없다는 것이 아니라, 일상성의 재구의 방식을 문제 삼아야 한다. 그리고 이때 문학/비문학의 텍스트가 일상성을 어떻게 다르게 표상해내고 있는지 밝혀야 한다. 하지만 풍속-문화론적 연구에서는 근대 자본주의 체제에 의해 변화된 삶의 방식 자체에만 지나치게 주목하고 있다. 경성의 공간과 장소 연구에서 근대도시의 소비문화에 방점을 두고 있는 것 역시 이러한 맥락에서이다.

11 김진송, 앞의 책, 244쪽.

12 위의 책, 19쪽.

> 진고개 중심의 남촌지역 상가에는 근대적 상품과 화려한 건물, 네온사인으로 덮인 근대도시가 형성되었다. 하지만 종로통 부근 북촌지역은 전근대의 잔재가 남아 있는 불완전한 근대, 곧 식민지적 근대도시를 형성하게 된다. 백화점이 즐비한 남촌 진고개 부근은 근대 상품의 진열장이라 불러도 손색이 없을 정도였다. 새로운 경성을 구경하러 시골에서 온 사람들이 제일 먼저 들르는 곳도 이곳 진고개였다.[13]

모더니티의 장소로서의 경성의 백화점・카페・요릿집・박람회・공원과 그곳을 거니는 '혼부라本ぶら'로서의 '모던 보이'와 '모던 걸'들. 소비와 유행의 공간으로서의 경성을 다시금 바라보게 한 것은 풍속-문화론적 연구 나름의 성과라고 할 수 있지만, 그것은 경성이 가지는 '식민지도시'로서의 성격[14]을 무화시키는 것이자, 현재의 입장에서 과거를 소비하는 또 다른 '혼부라'들을 낳는 것이기도 하다. 식민지시기 경성을 현재의 서울과 유비 관계에 놓고, 현재의 풍속의 기원이 과거에 있었다는 점을 밝히는 것만으로는 모더니티의 장소로서 경성을 단순화할 우려가 있다. 2000년대 이후 한국의 대중문화에서 경성이라는 공간이 소비되고 있는 양상을 감안한다면, 풍속사 연구가 "유행과 취향의 풍속

13 신명직, 앞의 책, 22~23쪽.

14 앤소니 킹에 의하면, '식민지도시'의 고유한 특징은 "1. 권력(경제적, 사회적, 정치적)은 주로 소수의 비토착 집단의 수중에 장악되어 있고 식민지 주민들의 권리는 아예 없거나 매우 제한되어 있다. 2. 이 소수 집단은 우월한 군사적, 기술적, 경제적 자원을 소유하고 있고 그 결과 사회조직도 장악하고 있다. 3. 식민지의 대다수 주민들은 인종적(혹은 종족적), 문화적, 종교적으로 식민지 개척자들과 다르다."(앤소니 킹, 이무용 역, 『도시문화와 세계체제』, 시각과언어, 1999, 48~49쪽) 물론 근대 한국의 경성이 유럽 제국주의의 '식민지도시'의 고유한 특징을 고스란히 보여주는 것은 아니다. 하지만 풍속-문화론적 연구에서 '식민지도시'로서의 경성의 특징은 너무나 쉽게 간과된다.

의 역사를 재구성해 내는 것, 그럼으로써 근대의 육체성을 문제삼"고자 한 전략의 효과가 달성되었다고 보기는 곤란할 것이다. 파편적이고 이질적인 기록의 집적이 곧바로 재구로 이어질 리도 만무하지만, 풍속-문화론적 연구에서의 경성의 공간과 장소에 관한 연구는 대체로 공간의 모더니티를 확인하는 수준에 그치고 있기 때문이다.

여기에서 경성의 공간과 장소에 관한/관련된 풍속-문화론적 연구를 지향한 책들의 부제로 눈을 돌려보자. '만문만화로 보는 근대의 얼굴', '식민지 일상에서 오늘의 우리를 보다', '식민지 조선을 파고든 근대적 감정의 탄생', '여섯 가지 풍경에서 찾아낸 근대 조선인들의 욕망과 사생활' 등등. 그것은 현재의 기원을 과거에 두고, 그 기원의 발생을 탐색하는 과정에 초점을 맞추고 있다. 그런데 풍속-문화론적 연구가 문학연구와 차별성을 둔 핵심은 그러한 기원을 탐색하는 데 있어서 식민지 조선의 '다중'들의 행위에 주목한다는 데 있었다. 하지만 모더니티의 장소로서 경성을 거닐고, 백화점·카페·요릿집·박람회·공원 등을 향유한 주체가 다중으로서 식민지 조선인들이라는 등식은 쉽게 성립하지 않는다. 식민지도시로서의 경성에 거주했거나 경성의 공간과 장소를 체험했던 대다수는, 도시사회사 연구의 결과들이 확인시켜주듯이,[15] 도시 노동자와 빈민들이지 모던 보이와 모던 걸들로 대표되는 '혼부라'가 아니기 때문이다. 결국 풍속-문화론적 연구가 "일상과 무의식의 차원에서 근대를 다시 문제삼고자 한다"면, 비유컨대 경성의 공간과 장소를 소비한 '주어'를 교체하기보다는 '서술어'를 다채로움을 드러낼 수

15 이에 대해서는 손정목, 『日帝强占期 都市社會相 硏究』, 一志社, 1996이 자세하다.

있어야 한다. 서술어를 고정시키고 주어를 교체하는 것은 다시금 공간적 실천 행위의 주체를 획일화·균질화하는 결과를 낳을 뿐이다.

3. 문학 연구와 경성 장소화의 분열

> 도시는 근대 체제의 압축이다. 거기에는 근대적 시간, 공간 범주가 빠질 수 없다. 근대를 사는 존재는 그 근대적 시·공간의 성격이 내면과 신체에 기입되어야만 비로소 근대적 존재가 된다. 요컨대 근대적 동일성 형태는 근대적 시·공간의 문제와 분리되어 형성될 수 없는 것이다. 도시는 근대적 시·공간의 논리가 가장 전면적, 압축적으로 드러나는 곳이다. 그러므로 도시 거주인은 도시가 요구하는 시·공간의 논리, 광의로 말해 근대 시·공간 논리에 순응하고 거기에 자기를 맞추어 살아야 하는 존재이다.[16]

일반화의 위험이 있지만, 문학 연구에서의 경성의 공간과 장소에 관한 논의에는 대체로 위의 인용문과 같은 인식이 전제되어 있다. 문학 연구에서의 경성의 공간과 장소에 관한 논의 역시 대체적으로 모더니티의 장소로서의 경성의 장소성을 구명하는 데 초점을 맞춰왔던 것이다. 근대 체제의 압축으로서의 도시와 그러한 "도시가 요구하는 시·공

16 이성욱, 『한국 근대문학과 도시문화』, 문화과학사, 2004, 105쪽.

간의 논리"를 통해 자기의 정체성을 구축하는 도시인에 대한 관심은 기실 풍속-문화론적 연구의 관점과 큰 차이를 보이는 것은 아니지만, 주로 이상과 박태원의 문학작품에 대한 분석에서 드러나듯이 그것은 근대적 인간의 욕망과 의식이 도시공간이나 장소들과 맺는 관계성을 구명하는 데 천착한다. 그런 점에서 경성이라는 공간과 장소들이 근대적 개인들을 창출해내는 것이 아니라, 근대적 개인들이 자신들의 정체성을 구축하는 데 있어서 경성의 공간과 장소를 어떻게 인식하고 감각하는지에 논의의 초점을 맞춘다.

그런데 김백영은 기존의 경성의 공간과 장소에 관한 연구 경향을 사회과학적 접근을 지향하는 사회학적 연구와 문학 연구자들에 의해 주도되고 있는 문화사적 성격의 연구로 대별한 뒤, 후자의 연구 경향을 다음과 같이 규정한다. "대체로 식민지시기 신문이나 대중잡지 등의 문학 텍스트 자료에 대한 자유로운 담론 분석을 통해 '풍속지적 연구' 혹은 '문화 연구cultural studies'를 지향하고 있다. 이들 연구는 식민지 조선의 도시 공간에서도 근대적인 도시적 주체와 문화적 장의 형성을 통해, 보편적 의미에서의 문화적 근대성이 — 비록 극히 제한되고 소외된 형태일지라도 — 명백히 존재했음을 공통적으로 강조하고 있다."[17] 사회학적 연구를 식민지적 특수성을 강조하는 전통적인 방식의 접근으로, 문화사적 연구를 근대적 보편성에 주목하는 새로운 방식의 접근으로 일괄한 뒤, 두 경향이 대치하고 있다고 평가하고 있는 김백영은 "전자가 외형상 근대적인 식민 통치 기구의 식민지적 폭압성의 실상을 드러

17 김백영, 『지배와 공간—식민지도시 경성과 제국 일본』, 문학과지성사, 2009, 44~45쪽.

내는 데 초점을 맞추고 있다면, 후자는 외관상 여전히 전근대성이 농후한 도시 환경 속에서도 매체의 각광을 받으며 새롭게 출현하기 시작한 근대적 감수성과 주체성을 부각시키는 데 주력하고 있다"[18]고 정리한다. 그러면서 이러한 두 연구 경향이 도시 공간의 생산·건설자와 소비·향유자의 상호 작용을 동시적 상관성 속에서 파악하지 못하고 편향적 관점과 자의적 해석, 모호한 개념의 덫에 빠져 있다고 비판한다. 물론 이러한 비판으로부터 문학 연구가 자유로울 수는 없겠지만, 문학 연구에서의 경성의 공간과 장소에 관한 논의가 이렇게 간단히 정리될 이유는 없다. 특히, 최근의 문학 연구 중 몇몇 성과들은 역사학이나 사회학, 지리학에서의 경성에 관한 연구 성과[19]를 비판적으로 수용하는

18 위의 책, 45쪽.

19 경성도시계획에 대한 검토가 제국 일본의 식민지 조선에 대한 식민통치의 특징과 모순을 잘 드러내줄 수 있다는 문제의식에서 출발한 염복규는 1910년대에서 1920년대의 경성시구개수(京城市區改修), 1930년대에서 1940년대의 경성시가지계획(京城市街地計劃), 1930년대 후반 이후의 경인시가지계획(京仁市街地計劃)과 광역도시권 구상의 세 단계로 전개된 경성도시계획의 변화 과정을 고찰한 뒤 다음과 같이 결론 내린다. "일제하(日帝下) 경성(京城)도시계획의 전개는 도심부의 도로망 정비에서 도시 외곽 지역의 공장지와 주택지 개발, 주택(지)의 공공적 공급, 빈민주거의 박탈, 빈민주거대책의 진전과 좌절, 나아가 위성도시까지 포함하는 광역도시권 구상에 이르기까지 근대 도시계획의 통상적인 의제와 전형적인 과정을 크게 벗어났다고 보기 어렵다. 그러나 그것은 식민통치의 거시적인 이념에서부터 대륙 침략 전쟁의 수행이라는 구체적인 당면 과제에 이르기까지 식민지권력이 설정한 목표에 의해 통제(統制)되거나 혹은 조장(助長)되어 비동시적인 문제들이 동시적·압축적으로 전개된 과정이기도 했다."(염복규, 「日帝下 京城도시계획의 구상과 시행」, 서울대 박사논문, 2009, 285쪽) 즉, 식민지 조선의 경성도시계획은 근대 도시계획의 전형적인 과정을 보여주는 동시에 제국 일본의 식민지 통치의 특수한 과정을 보여준다는 것이다. 한편, 김백영은 "도시 공간의 변화를 연구의 중심에 놓고, 식민지시기 도시 사회에서 특수한 형태로 전개되는 공간과 권력의 상호 관계의 문제에 초점을 맞추어 식민지시기 서울의 도시사를 재구성"(위의 책, 40쪽)하기 위해 개항기 서양인 여행자들의 눈에 비친 서울, 러일전쟁 이후 이중 도시의 탄생 과정, 식민지 행정수도 건설과 도시 공간의 재편, '대경성(大京城)' 계획을 둘러싼 식민 권력의 균열과 갈등 양상 등을 폭넓게 고찰하여 '식민지도시'로서의 경성의 특수성을 구명한다. 그의 이와

한편, 문학작품의 층위에서 경성의 공간 인식과 장소 감각에 대한 흥미로운 논의들을 제출하고 있다.

경성의 북촌과 남촌의 공간 분할이 소설 속에서 어떻게 분절화되고 있으며, 그것을 통해 식민지인의 심상이 어떻게 형성되어갔는가를 추적한 대표적인 논의가 윤대석의 「경성의 공간 분할과 정신 분열」이다. 그는 박태원의 「소설가 구보 씨의 일일」에서 구보가 일본인과 일본인의 공간인 남촌을 괄호 침으로써 관찰자로서의 자신의 위치와 정체성을 구축할 수 있었던 데 비해, 김사량의 「천마」에서 현룡은 남촌과 북촌을 월경함으로써 정신 분열을 일으키게 되었다고 논의한다. 나아가 식민자와 피식민자 모두 이러한 공간 분할의 구도 속에서 자기만의 공간에 안주하면서 정신 분열을 일으키지 않고 스스로의 정체성을 지킬 수 있었다고 결론지었다.[20] 윤대석이 지적하고 있듯이, 이중 도시로서의 경성의 공간 분할에 관한 논의는 문학 연구의 성과만이라고 할 수 없다. 이미 도시사회학 분야의 연구에서 경성의 공간 분할에 대해 설명하고, 이중 도시로서 경성의 성격을 명확히 한 바 있었다.[21] 따라서 문학 연구에서 보다 주목해야 할 것은 경성의 공간 분할과 개인의 정체성 형성 과정 사이에 어떠한 관계를 설정하고 문학적으로 상상하게 하느냐에 있다.

김사량은 「천마」에서 남촌/북촌이라는 경성의 공간 분할을 명확히

같은 방대한 논의는 범박하게 말해 식민지시기 공간의 파괴와 복원, 장소의 발명과 변용이 전통성과 식민성, 그리고 근대성의 상관관계 속에서 이루어졌다는 점을 밝혀낸 것이라고 할 수 있다.

20 윤대석, 「경성의 공간 분할과 정신 분열」, 『식민지 문학을 읽다』, 소명출판, 2012, 164쪽.

21 이에 대해서는 손정목의 『日帝强占期 都市化過程 硏究』(一志社, 1996) 중 'Ⅶ. 日本人의 都心部 점거와 南村 · 北村 현상'의 논의가 선구적이다.

한다. 황금로黃金路를 경계선으로 그 이북이 '순수한 조선인 거리'라거나, 본정本町 거리가 경성에서 '제일 번화한 내지인 동네'라거나, 조선인 거리에서 '제일 번화한 종로 거리'라는 표현을 쉽게 찾아볼 수 있다.[22] 그런데 중요한 것은 김사량이 경성을 일본인 거주지와 조선인 거주지로 분할해 인식하고 있었다는 것이 아니라, 그러한 분할된 공간을 넘는 체험이 식민지 조선인의 정체성 형성과 어떤 관련을 가지고 있는지를 예리하게 포착해냈다는 점이다. 신정의 유곽→본정 메이지 제과→장곡천정 조선호텔→황금정 다방 리라→종로 네거리→종로 한청빌딩 앞 야점→우미관 뒷골목 선술집→황금정 하숙집→황금정 거리→신정 유곽이라는 현룡의 이동 경로는 남촌에서 북촌으로, 북촌에서 다시 남촌으로의 월경의 과정을 보여주는 것이다. 월경의 체험을 통해 식민지 조선인인 그가 일본인으로서 자신의 정체성을 구축하는 데 실패했을 뿐만 아니라, 일본인도 조선인도 아닌 분열된 정체성을 가지게 되었다는 「천마」의 서사는 식민지 말 한 문학자의 정치적 무의식의 단면을 보여주는 것만이 아니다. 그것은 식민지도시로서의 경성이라는 공간이 식민지 조선인의 정체성 구축에 어떠한 이데올로기적 효과를 발휘하는지를 짐작하게 하는 것이며, 개인의 자기 정체성 구축에 있어 공간 인식과 경계 감각이 그 핵심에 놓여 있다는 것을 확인하게 하는 것이다.

이와 관련해서 윤대석은 다음과 같은 흥미로운 관점을 제시한다. "한국문학은 자신의 정체성을 만들어내기 위해 타자를 고정시키거나

22 金史良, 「天馬」, 『光の中に』, 小山書店, 1940.

괄호 속에 묶어 두었다. 괄호 속에 묶어 두었다는 말은 일본인의 공간과 일본인이 등장하지 않는 문학이라도 억압자로서의 일본과 일본인이 전제되어 있다는 말이다. 이러한 타자 인식은 일본문학도 마찬가지다. 일본문학은 한국인/조선인을 야만으로 표상함으로써 스스로를 문명으로 파악할 수 있었다. 일본문학 속에서 천편일률적인 조선인 상이 등장하는 것은, 혹은 아예 등장하지 않는 것은 그 때문이라 할 수 있다."[23] 한국문학에서 일본인과 일본인 거주지 남촌에 대한 의도적 배제가—일본문학에서 조선인을 타자화하는 것과 마찬가지로—식민지 조선인의 자기 정체성 구축의 전략이었음을 밝히고 있는 이러한 논의는 그 자체로는 새로운 것이 아닌지도 모른다. 하지만 이는 제국-식민지 체제 내 식민지 조선문학의 중요한 특징을 피식민 주체의 공간 인식과 경계 감각을 서사화한 작품 분석을 통해 보여주고 있다는 점에서 역사학이나 사회학, 풍속-문화론적 연구와는 다른 것이다. 오해를 방지하기 위해 덧붙이자면, 단순히 논의 대상과 범주를 달리한 것에 의의를 두는 것이 아니라, 식민지도시 경성에 대한 공간 인식과 경계 감각을 문학작품이 어떻게 상상하게 하는지, 나아가 그것이 식민지 조선문학의 한 특성으로 어떻게 자리 잡고 있는 것인지 밝히고 있다는 점에서 문학 연구로서의 경성에 관한 연구의 의의를 부여할 수 있는 것이다.

한편, 황호덕은 「경성지리지, 이중언어의 장소론」에서 "경성이야말로 완연한 이중언어 상황의 도시였고, 사실상의 분할 통치의 공간이었다고 주장"[24]하고 있다. 이렇게만 말하면 이중 도시로서의 경성에 관한

23 윤대석, 앞의 책, 165~166쪽.

24 황호덕, 「경성지리지, 이중언어의 장소론」, 『벌레와 제국-식민지 말 문학의 언어, 생명

기존 논의를 변주하고 있는 것으로 단정할 위험이 있다. 하지만 경성의 공간 분할 자체에 주목하는 것이 아니라, 그것이 피식민지 조선인에게 어떻게 신체화된 장소로 받아들여지고 있으며, 그러한 과정을 서사화하는 것이 어떤 의미를 갖는지 밝히고 있다는 점에서 기존의 이중 도시론의 성과를 이어받으면서도 그것과는 명확한 차이를 갖는다. 단적으로 말해, 그는 식민지도시로서의 분할된 경성을 신체화된 장소로 받아들이는 데 있어서의 '사고와 감각의 한계'를 말하고자 한다. 그래서 채만식의 「종로의 주민」에서 주인공 송영호가 본정과 명치정으로 가는 행위를 구경꾼의 '여행'으로 규정하는 반면, 종로에 대해서는 애착을 느끼고 있는 상황에 주목하고 있는 것이다. 식민지 조선인이 일본인의 공간에서 이물감을 느끼는 반면, 조선인의 공간에서 친밀감을 느끼고 자기 장소화하는 것은 자연스러운 것이라고 할 수 있을지도 모른다. 하지만 '국어(일본어)'의 공간을 자기 장소화할 수 없다는 것, 아니 오히려 그러한 '국어'의 공간을 의도적으로 배제하는 서사적 전략이야말로 문학작품이 보여줄 수 있는 공간 인식과 경계 감각의 상상력일 것이다.

채만식의 「종로의 주민」에서 송영호는 북촌에서 남촌으로 갔다가, 다시 남촌에서 북촌으로 돌아온다. 하지만 그러한 이동은 한편으로 국어의 공간으로서의 남촌과 조선어의 공간으로서의 북촌 사이의 공간 구획과 단절을 드러낸다. 그것은 송영호 스스로 본정, 명치정으로 이동하는 자신의 행위를 '여행'으로 규정[25]하는 데서 명징하게 드러날 뿐만

정치, 테크놀로지』, 새물결, 2011, 334쪽.

25 "화신 앞 네거리까지가 송영호 군에겐 거주구역이고, 게서부터 남쪽으로 본정을 둘러 명치정 골목을 돌아 내려오는 건, 이를테면 여행을 하는 셈이다. 간혹, 네거리에서 다시 서쪽으로 약 이백 미터가량 더 가서, ××영화의 사무실로 친구를 찾는 수도 있으나, 그

아니라, 종로에 대한 그의 장소애topophilia를 통해 확인할 수 있다.[26] 〈인조견이 되기까지〉라는 문화영화를 제작하기 위해 전주에 다녀온 송영호는 상경한 당일 저녁 종로로 가 그곳(의 거리와 풍경)에 대해 "잘 맞은 낡은 구두처럼 임의롭고 정다운 것이었다"[27]고 느낀다. 이쯤 되면 확실히 황호덕의 지적대로, 이 소설의 주인공은 종로라고 할 수 있다. "그 모든 일이 '종로'라는 신체화된 장소들에서 일어나고 있으며, 그 장소만이 송영호 군에겐 위안이고 주체의 확인이며 하나의 사건이다."[28] 하지만 '임의롭고 정다운' 종로의 반대편엔 국어의 공간 남촌이 있다. 식민지도시 경성에서 종로가 종로일 수 있는 이유는 여행의 공간으로서 본정의 남촌, 국어의 공간이 엄존하기 때문이다. 따라서 채만식의 「종로의 주민」은 남촌으로 향하지만, 북촌으로 돌아올 수밖에 없는 조선인이 북촌의 종로에 대해 느끼는 신체적 애착을 서사화하는 가운데 식민지도시로서의 경성이 "이중언어 상황의 도시였고, 사실상의 분할 통치의 공간"이었음을 말하고 있는 것이다.

장소론적 사유 속에서 보자면, 지리는 인간의 삶 자체이고, 공간은 역사의 전장이다. 신체는 스스로 '몸 둘 바를' 알고 있는데, 장소가 신체의 확장

역시 두고 먹는 골은 아니다."(채만식, 「鐘路의 住民」, 『蔡萬植全集』 8, 창작사, 1989, 158쪽)

26 "오라는 사람은 없어도 꼭이 볼 일은 없어도, 가고 싶은 것이 종로였다. (…중략…) 종로는 송영호 군에게 새삼스러이 반가웠다. 모든 것이 다 눈에 익은 그대로요, 차악 안기었다. 사실이지 송영호 군은, 그의 하숙집을 나와서 공원 앞을 지나 네거리까지 이르는 그 동안이, 가령 장인(匠人)으로 치면 수십 년 가지고 쓰던 연장과 같은 것이었다. 하나도 생소하고 어색함이 없이 가늠이 잘 들어맞는 것이었다."(위의 책, 166~167쪽)

27 위의 책, 167쪽.

28 황호덕, 앞의 책, 355쪽.

> 이기에 그렇다. 방위와 축적이라는 절대적 지리 개념에 의해, 혹은 문화적 산물로서의 모더니티의 역사성과 식민지－제국이라는 상대적 지리 개념에 의해 점유되어 온 경성. 그러나 어떤 감각과 사고의 한계들을 표시하지 않는 한에서라면 백화점, 박람회, 카페가 몇 개였던 그 무슨 상관이겠는가. 공간의 '모더니티'라는 일반 논리 속에서 언급되는 그 많은 도시론인들 무슨 소용 있겠는가. 삶의 경계들을 표시하지 않는 사고, 식민지 도시를 근대의 양으로 재는 사고는 결국 아무것도 알지 못한다.[29]

식민지시기 도시론과 문화론에 모종의 의혹을 지니고 있다고 밝힌 황호덕은 절대적/상대적 지리 개념에 의해 점유되어온 경성을 해방시키기 위해서라도 식민지도시로서의 경성의 이중성을, '삶의 경계들'을 포착하기 위한 노력이 필요하다고 말한다. 이 말을 다른 방식으로 이해하자면, 식민지도시로서의 경성이라는 공간의 획일화・균질화가 아닌 그것의 내적 차이화・분절화 양상에 주목할 필요가 있다는 것이다. 김사량의 「천마」와 채만식의 「종로의 주민」에 대한 윤대석과 황호덕의 논의들이 주목되는 것은 도시사회학 분야의 이중도시론을 문학작품 분석에 적용한 것도 아니고, 풍속-문화론적 연구에서의 도시 공간의 모더니티의 시각화와 거리를 두어서도 아니라, 공간의 인식과 장소의 신체화를 언어로 포착하는 문학 텍스트가 사실 그러한 포착 불가능성을 보여주고 있다는 점을 밝혔기 때문이다. 그리고 그것은 풍속-문화론적 연구자들이 종종 망각하고 있듯이, 지금-여기에서 과거 경성이라는 공

29　위의 책, 361~362쪽.

간을 장소화하는 것이 곤란하다는 것을 역설적으로 환기시켜주는 것이다. 풍속-문화론적 연구에서처럼, 근대 한국의 경성은 그렇게 매끄럽게 포착되어 연구자들에게 소환되어 장소화되는 곳이 아니다. 이미 「천마」의 현룡과 「종로의 주민」의 송영호가 보여주고 있듯이. 아니, 그들의 공간적 실천 행위와 경계 감각을 서사화하는 것을 통해 김사량과 채만식이 징후적으로 예견하고 있듯이.

4. 문학의 자유와 문학 연구의 자리

앞서 밝혔다시피, 이 글은 2000년대 이후 풍속-문화론적 연구와 문학 연구가 주된 연구 대상으로 삼은 경성의 공간과 장소에 관한 대표적인 연구 성과들을 검토하는 것을 통해 문학 연구와 풍속-문화론적 연구의 '차이'를 명확히 하는 동시에 경성의 공간과 장소 연구에 있어서 문학 연구의 새로운 가능성을 모색해보고자 씌어진 것이다. 풍속-문화론적 연구와 문학 연구의 '차이'는 전자가 모더니티의 공간으로서 경성을 시각화하여 소비하고 있는 반면, 후자는 식민지도시로서의 경성 장소화의 불가능성을 포착하고 있다는 점, 혹은 전자가 경성이라는 공간을 획일화·균질화하고 있는 반면, 후자는 그곳의 내적 차이화·분절화 양상에 주목하고 있다는 점에 있다. 그런데 경성의 공간과 장소에 관한 연구가 식민지 조선=근대 한국에 관한 이해를 압축적으로 보여주는 것이라면, 그것의 차이화·분절화—분할과 분열(윤대석), 삶의 경계들(황호덕)—양상에 주목할 필요가 있다는 것은 새삼 강조되어야 한다.

이런 점에서 문학은 중요하다. 근대문학의 역사적 조건들이 쇠퇴하고, '근대문학의 종언'이 공공연히 말해지는 한편 위기의 담론이 유포된다고 해서, 문학을 폐기해도 좋은 것은 아니다. 문학은 사물의 실재를 고정시키는 개념의 힘을 허구를 목적으로 하는 언어 사용을 통해서 약화시키거나 무화시킨다. "문학은 언어에 의해 구성되는 현실의 환상적 성격을 경고하는 수사적 행동을 함으로써 현실과 일치된 개념을 확보하고 있다고 자처하는 모든 권위주의적 담론으로부터의 자유를 약속한다."[30] 문학의 언어는 우리로 하여금 전복적 상상력을 가능하게 하는 자유의 원천이 되는 것이다. 물론 문학의 언어가 고유한 것은 아니다. 그것은 역사적·사회적·문화적으로 변화한다. 하지만 문학의 언어가 우리의 삶을 획일화·고정화하는 것들에 대항하고 있다는 점에서 그것의 가치는 여전히 중요하다. 이를 문학주의자의 자기 옹호나 고답적 폐쇄성으로 치부하는 것은 온당한 태도가 아니다. '근대문학의 종언'이라는 담론을 기민하게 받아들이고, 기존 '국문학' 연구의 학문적 폐쇄성을 비판하는 한편, 문화연구의 학제적 성격을 지향하는 풍속-문화론적 연구가 문학의 언어를 천시하는 것은, 문학의 언어가 우리에게 약속하는 이와 같은 자유를 깨닫지 못하거나, 애써 무시하기 때문이다.

경성의 공간과 장소에 관한 연구에서 문학 연구의 새로운 가능성은

30 황종연, 「문학의 옹호」, 앞의 책, 297쪽.

바로 이 지점에서 찾아야 한다. 그것은 문학의 언어가 경성에 대한 공간 인식과 경계 감각을 어떻게 획일화·고정화하지 않고 있는지, 아니 그러한 획일화·고정화에 어떻게 저항하고, 그것들을 무력화시키고 있는지 밝혀야 한다. 도시사회사 연구들을 통해 확인할 수 있듯이, 식민지배 권력에 의한 경성의 도시계획과 공간 변용이 '식민지도시'로서 경성을 획일화·고정화하고자 한 것이라면, 김사량의 「천마」나 채만식의 「종로의 주민」 등 당대 한국문학이 보여주고 있는 허구의 경성은 그러한 획일화·고정화 방식의 권위주의적 담론을 전복해 경성에 관한 새로운 공간 인식과 경계 감각을 갖게 한다. 따라서 경성에 관한 연구에서 문학 연구의 자리는—풍속-문화론적 연구가 모더니티의 공간으로서 경성을 시각적으로 획일화·고정화하여 소비하고 있는 것과 달리—문학의 언어에 의해 구성되는 공간 인식과 경계 감각의 전복적 상상력을 포착하는 것, 바로 그 지점에서 찾아야 할 것이다.

끝으로 이 글에서 문학 연구와 풍속-문화론적 연구의 차이에 주목하고자 한 문제의식과 관련해서 간단하게 언급해두고 싶은 것이 있다. 그것은 이 글에서 문학 연구와 문화연구의 이분법적 구도를 상정한 상태에서 문학 연구의 문화연구에 대한 어떤 학문적 위상의 우위를 강조하고자 한 것이 아니라, '근대문학의 종언' 이후에도 문학의 언어와 문학 연구가 나름의 가치를 가지고 있다는 점, 또한 그것들이 풍속-문화론적 연구나 문화연구의 학문적 자기 정체성 구축을 위해 타자화될 까닭이 없다는 점을 말하고 싶었다. 물론 문학의 언어와 문학 연구가 지니는 '나름의 가치'에 대해 구체적으로 밝혀야 하는 것이 나의 책무이겠지만, 이 글에서는 문제 제기의 차원에서 문학 연구와 풍속-문화론적 연구의 차이를 밝히는 데 주안점을 두었다. 이동연의 지적처럼, "문제는 문학연구가 새로운 형태의 진보적인 지식생산의 패러다임을 어떻게 확보하여, 경쟁과 배제의 원칙에 기반한 신자유주의적인 현행 지식체계를 전복할 것인가"[31]에 있는지도 모른다. 하지만 한국에서 지배적인 문학 연구의 장과 아비투스에 관한 그의 비판적 인식이 시사하는 바가 있다고 하더라도, 문화연구를 통해 (전통적인) 문학 연구에서 "문학의 진리는 절대적 가치와 권위를 보장받을 수 없다는 것과 동일성과 통일성에 기반하는 문학 텍스트들은 해체되어야 한다"는 지적은 한국의 문학 연구를 너무 단순하게 바라본 결과이다. 이런 점에서 "의미화과정signification에 대한 분석은 텍스트의 의미가 생산되는 방식, 그 의미가 왜곡되고 변형되는 방식에 대한 연구를 함으로써 문화연구는 문학연구와는 다른 패러다임을 갖는다"[32]라며 문화연구의 자기 정체성을 구축하기 위해 문학 연구를 왜곡해서 타자화하는 태도는 온당하지 못하다. 2000년대 이후 한국문학 연구에 조금이라도 관심이 있다면, 그것들이 이렇게 간단히 치부될 수 없다는 것을 쉽게 알 수 있다.

하지만 문화연구의 입장은 확실히 문학 연구/자를 타자화시키는 데 주력한다. "문학주의자들에게 텍스트는 작가가 완결한 진리의 총체적 산물이다. 문학주의자들은 그 텍스트의 진리에 대한 해석과 비평을 통해서 현실의 진리를 파악할 수 있는 길이 있다고 믿고 있다. 그러나 문화연구자들에게 텍스트는 불안정할 뿐 아니라, 특정한 가치에 의해 위

31 이동연, 「문학연구의 대안적 지식생산을 위한 질문」, 『문화/과학』 통권 34호, 문화과학사, 2003, 87쪽.
32 위의 글, 96~97쪽.

계화될 수도 없다. 텍스트는 진리를 재현했다기보다는 진리를 가장하는 권력의 산물로서 특정한 상황과 국면 안에서 재구성될 수 있다. 따라서 문화연구자들에게 중요한 것은 텍스트 그 자체라기보다는 텍스트가 생산되는 과정, 조건, 그리고 그것이 특정한 국면에서 생산하는 권력과 이데올로기이다."[33] 여기에서 '문화연구자' 이동연이 문학 연구와 문화연구를 이분법적으로 도식화하고 있다는 혐의는 차치하더라도, 문학 연구에 대해 얼마나 큰 오해와 편견을 가지고 있는지 알 수 있다. 문화연구자들이 차이의 지표로 내세운 텍스트 생산의 과정과 조건, 그것들이 만들어내는 권력과 이데올로기 등은 기왕의 문학 연구의 성과이거나 문학 연구의 영토 내부의 것들이기도 하다.

몇몇 문화연구자를 통해 확인할 수 있듯이, 문학 연구를 타자화시키기 위해서는 확실히 문학 연구자를 텍스트 해석자로 단순화하거나 엘리트주의에 빠진 '문학주의자'로 협애화狹隘化할 필요가 있는지 모른다. 하지만 문화연구나 이 글에서 관심을 가진 풍속-문화론적 연구가 나름의 학문적 정체성을 구축하기 위해서는 문학 연구를 타자화하기보다는 제도권 안팎에서 (비)학문적 글쓰기의 새로운 가능성을 보여줘야 할 것이다. "'문학'을 미학적 실정성과 지배계층의 제도로부터 해방시켜" "새로운 정치적·문화적 경험을 지닌 세대"에 의해 '새로운 혁명'이 일어나야 한다는 것을 강변[34]하고 있는 '풍속-문화론적 연구'가 독서 대

33 이동연, 「문화연구와 해석의 정치」, 『문화/과학』 통권 71호, 문화과학사, 2012, 302쪽. 이 글에서 문화연구자로서 글쓴이의 자기 정체성 구축의 방식은 '문학**주의자**'/'문화**연구자**'의 용어 사용을 통해 단적으로 확인할 수 있다.

34 천정환, 「포스트-근대문학의 시대, 또는 연장전에 대하여-'근대문학의 종언' 담론을 돌아보며」, 『실천문학』 통권 103호, 실천문학사, 2011, 48~49쪽.

중 지향의 글쓰기를 다양한 방식으로 펼쳐나가고 있지만, 한편으로는 그러한 방식이 "시장원리로부터 상대적 자율성을 유지해왔던 학문영역을 더욱 시장 시스템에 지배받게 하는 현상을 낳을 수 있다"[35]는 점을 간과해서는 안 된다. 근대문학이 종언을 고하고, 신자유주의 시대가 낳은 우리 사회의 모순을 해결하고 극복하기 위해 다시금 혁명이 도래할 것이라는, 그 혁명의 주체는 근대(문학)를 향유한 자가 아닌 새로운 정치적・문화적 경험을 지닌 자일 것이라는 풍속-문화론적 연구의 입장을 인정한다고 하더라도, 그러한 혁명의 맹아가 또 다른 방식으로 자본주의 시스템에 복속되는 풍속-문화론적 연구(또는 글쓰기)에 있는 것은 아닐 것이다. 위반과 전복의 상상력으로 우리를 이끄는 문학(의 언어)에 주목해야 하는 이유가 여기에 있다.

35 이정석, 「대중문화 시대, 인문학과 문학연구의 향방에 대한 고찰」, 『우리文學研究』 제19집, 우리문학회, 2006, 467쪽.

제13장

제국-식민지 체제의 구멍을 응시하는 눈

차승기의 『비상시의 문/법』에 기대어

1. 전시총동원 체제의 편린

『국민문학』 1942년 11월호에는 최정희의 일본어 단편소설 「야국초」가 실려 있다. 잘 알려져 있다시피, 이 단편소설은 자신을 버리고 떠나간 남성에게 그의 아이를 낳아 키워왔던 12년 동안의 원한의 시간을 서간문의 형식으로 적어 보내는 내용으로 이루어져 있다. 그런데 이 단편소설의 서사의 핵심에는 식민지 말 총후부인銃後婦人으로서 아들을 제국 일본의 군인으로 성장시키겠다는 어머니의 목소리와, 제국 일본의 군인으로서 전쟁에 나가 죽음을 무릅쓰고 국가를 위해 헌신하겠다는 것을 다짐하고 있는 아이의 모습이 놓여 있다. 최정희의 「야국초」가 전시총동원 체제에 문필봉공文筆奉公한 식민지 조선문학이라는 점은 명확해 보인다. 이 단편소설이 "국체 개념의 명징, 국민 의식의 앙양, 국민 사기의 진흥, 국책에의 협력, 지도적 문화이론의 수립, 내선문화의 종합, 국민문화의 건설"[1] 등을 편집요강으로 내세운 『국민문학』에 일본어로 실렸다는 점과 1942년 5월 각의결정에 의해 1944년부터 식민지 조선에서도 징병제가 실시된다고 공포된 직후인 11월에 마치 그에 부응이라도 하듯 발표되었다는 점에서 자연스럽게 일본 제국주의의 통치 이데올로기를 선전 · 선동한 국책문학 정도로 이해할 수 있다.

"엄마, 내가 전쟁에 나가 죽어도 이 꽃을 보고 울지 않지."

"엄만, 이제 울지 않는다고 하지 않았니."

"만약, 울고 싶어지면 어떻게 해."

"글쎄, 울고 싶어지면 승일이가 해줬던 말을 생각해내고 울지 않도록 노력할게."

바람이 불어와 들국화가 살랑살랑 흔들리고 있습니다. 잠자리는 날고 있지 않지만, 매미는 아직 울고 있습니다.

이제 저는 아무것도 생각하지 않고, 승일이를 키우는 것처럼 승일이를 위해 들국화를 아름다운 꽃, 강인한 꽃으로 기르기로 했습니다. 그게 저를 대했던 당신에 대한 복수가 될 테니까요. 그럼 안녕히.[2]

그런데 지원병훈련소 견학을 마치고 돌아가는 길에 아이와 나눈 대화를 전하면서 마무리하고 있는 이 단편소설은 자신을 버리고 간 남성

1 崔載瑞, 「朝鮮文學の現段階」, 『國民文學』, 1942.10, 12쪽.
2 崔貞熙, 「野菊抄」, 『國民文學』, 1942.11, 146쪽.

에 대한 복수의 의지를 다짐한 것이기도 하다. 처자식과의 생활에 염증을 느껴 서술자인 여성을 만나 사랑을 나눴지만, 여성이 임신하자 낙태를 강요하다 버리고 떠난 남성에 대한 복수는 일차적으로 아이를 낳아서 키웠다는 데 있을지 모른다. 남성이 낳기를 원하지 않았지만 그에 반해 여성이 아이를 낳아 키웠다는 것은, 바로 그 아이가 여성에 대한 남성의 폭력적인 행위의 증거로서 언제든 제시될 수 있기 때문이다. 하지만 여기에서 보다 주목되는 것은 여성이 아이를 제국 일본의 군인으로 키우겠다는 데 있다. 더구나 그 아이는 전쟁에 나가 죽기를 자처하고 있다. 그러니까 복수는 아이를 죽이겠다는 선언에 다름 아니다. 자신을 버린 남성에게 원한을 가지고 있는 여성의 복수는 홀로 아이를 낳아 키우는 데 있는 것이 아니라, 그 아이를 죽음에 이르게 한다는 데 있는 것이다.

그런데 복수는 어떻게 가능한 것인가? 개인적 층위에서 복수는 자신을 버리고 떠난 남성에 대한 원한의 정념을 발현하는 데 있는 것처럼 보인다. 그러한 정념이 아이를 낳아 키워 복수하겠다는 의지로 연결되거나 그것을 강화시켰다고 할 수 있기 때문이다. 그런데 이때의 복수가 아이를 전쟁에 내몰아 죽음에 이르게 하겠다는 데 있다는 점을 간과할 수 없다. 복수를 위해서 아이를 죽게 하고, 아이를 죽게 하기 위해서는 참전시켜야 한다는 점을 감안한다면, 결국 복수는 '전쟁'에 의해서 비로소 가능해지는 것이다. 아니 보다 정확하게 말하자면, 전쟁 수행을 위해 재편된 제국-식민지의 전시총동원 체제가 복수를 성립시킨다. 전시총동원 체제가 식민지 조선인 아이로 하여금 제국 일본의 군인이 될 수 있게 하기 때문이다. 물론 총후부인으로서의 어머니 역시 '군인이 되는 과정'에 놓여 있다.

전시총동원 체제는 어머니와 아이가 평시라면 자신들의 일상과 무관했을 지원병훈련소를 견학해 그곳의 훈련 내용 및 시설을 둘러보게 한다. "군인과의 인연이 먼 우리들은 군인생활을 모르고, 군인생활을 모르기 때문에 군인정신도 알지 못하는 것입니다. 훌륭한 제국 군인을 만들려고 하는 저입니다. 훌륭한 군인이 되려고 하는 승일입니다. 아무래도 군인생활 — 군인정신을 철저히 가르치지 않으면 안 됩니다. 군인에게 군인정신이 빠졌다는 것은 혼이 없는 인간과 마찬가지이기 때문입니다. 저는 무슨 일이 있어도 승일이를 혼이 없는 인간, 군인정신이 빠져 있는 군인으로는 만들지는 않을 작정입니다."[3] '무슨 일이 있어도' 자신의 아이를 제국 일본의 군인으로 만들겠다는 이 식민지 조선인 여성의 단호한 목소리에는 식민지 조선인을 제국 일본의 전쟁에 동원시키기 위한 문법이 작동하고 있지만, 거기에는 자신을 버리고 떠난 남성에 대한 여성의 사적 복수에 대한 강한 의지 또한 담겨 있다. 따라서 거칠게 말하자면, 식민지 조선인 여성으로서의 개인의 행위와 욕망은 전시총동원 체제에 의해 비로소 의미를 갖게 되는 것이다.

사정이 이러하다면, 바로 그 행위의 결과를 가지고 친일 여부를 판정하거나, 얼마나 체제 협력적이었느냐를 따지는 것은 식민지인의 삶의 조건들과 행위 속에 내재된 욕망을 이해하는 데 제한적이다. 물론, 최정희의 「야국초」가 '국책문학'으로 『국민문학』에 실린 것 또한 전시총동원 체제의 문법에 의한 것임에는 틀림없다. 또한, 전시총동원 체제가

3 위의 글, 139쪽.

개인적·집합적 수행의 과정 속에서 문법화되고 작동된다는 것은 의심의 여지가 없다. 제국 일본의 통치 권력에 의해 전시총동원 체제가 구축되었다고 하더라고, 그것이 개인이나 집단에 의해 수행되지 않는다면 체제의 질서와 문법은 무화될 수 있다. 그럼에도 「야국초」에서 식민지 조선인 여성의 복수라는 행위를 가능하게 한 것이 전시총동원 체제가 문법화하고 질서화한 삶의 조건들과 욕망의 지점들이라는 점은 명확하다.

제국-식민지의 전시총동원 체제가 식민지 조선인 여성의 행위와 욕망을 가능케 했다는 점 — 아니, 식민지 조선인 여성의 수행적 과정을 통해 제국-식민지의 전시총동원 체제가 문법화되고 있다는 점 — 을 최정희의 「야국초」를 통해 간단하게 살펴보았는데, 여기에서 체제와 인간의 행위 및 욕망의 관계성 그 자체에 주목하고자 하는 것은 아니다. 이 글에서 「야국초」의 서사를 통해 전시총동원 체제의 편린에 시선을 뒀던 것은 삶의 조건들로서의 식민지 조선을 관통한 체제가 무엇이었던가를 되묻기 위해서이다. 그리고 그러한 물음에 기초해 식민지 말 전환기의 임계점에 서서, 제국-식민지 체제의 장치들을 검토하는 것을 통해 식민지를 사유하는 것의 의미를 다시 묻고자 한다. 이를 위해 이 글에서는 "식민지/제국 체제의 언어-법-미디어의 문법을 탐구함으로써 동시에 '문/법'의 결여를 확인하고 그 절개된 곳에서 시대의 문법으로 환원되지 않는 내재적 초월성의 구멍들을 탐색하고자 한"[4] 차승기의 『비상시의 문/법』에 기대어 논의를 전개하고자 한다.

4 차승기, 『비상시의 문/법 – 식민지/제국 체제의 삶, 문학, 정치』, 그린비, 2016, 13~14쪽.

차승기의 『비상시의 문/법』에 기대어 식민지 말 전시총동원 체제하 식민지 조선인의 삶과 욕망, 식민지 조선문학에 대해 살펴보기 위해서는 그가 전제로 제시한 문제의식에 동의할 필요가 있다. "첫째, 식민지/제국을 하나의 '체제'로서 다뤄야 한다는 것. 둘째, 식민지/제국 체제를 지속시키는 힘의 한가운데에서 그 체제의 궁지를 발견해야 한다는 것. 셋째, 말할 수 있는 것에서부터 말해야 한다는 것."[5] 첫째는 제국과 식민지가 함께 연루된 체제라는 관점을 통해 민족·계급·젠더·지역 등의 차원에서 작동한 권력 관계를 포착할 필요성을 제시한 것이고, 둘째는 말 그대로 식민지/제국 체제를 지속시켜왔던 구조에 대한 고찰의 필요성을 피력한 것이며, 셋째는 식민지/제국 체제의 문법이 차단하거나 포획하면서 분할해 놓은 세계를 해체하고 새로운 잠재성들을 해방시킬 수 있는 또 다른 문법을 모색할 필요성을 역설한 것이다. 그의 이러한 문제의식에 동의하면서 『비상시의 문/법』의 논의 내용을 따라가 보자.

2. 식민지 말 전환기라는 임계점

『비상시의 문/법』의 부제는 '식민지/제국 체제의 삶, 문학, 정치'이다. 이 부제에서 무엇보다 눈에 띄는 것은 '식민지/제국'이라는 표현이

5 위의 책, 10~11쪽에서 발췌 인용.

다. 20세기 초 한국과 일본은 식민지와 제국의 위계화된 관계 속에서 정치적 · 경제적 · 문화적 · 지리적 위상을 가졌다. 그리고 그러한 관계는 주체가 주체화 과정 속에서 끊임없이 타자를 요구하듯, 주체-타자의 이분법적으로 위계화된 위상을 축으로 하였다. 하지만 해방 이후 한국사회에서 민족 로망스를 창출하고 재생산하면서 식민의 체험과 기억을 균질화시켜 제국을 배제하거나 적대시했듯이, 패전 이후 '전후戰後' 일본사회에서도 유사한 방식으로 제국의 체험과 기억이 식민지를 망각하게 하거나 은폐시켰다. 그리하여 제국과 식민지는 마치 명확하게 구분되는 정치적 · 경제적 · 문화적 · 지리적 위상을 갖는 것처럼 여겨지게 되었다. 하지만 20세기 초 한국과 일본, 나아가 동아시아의 삶과 문학, 정치를 이해하기 위해서는 제국과 식민지를 관통하는 어떤 하나의 체제를 상정하지 않을 수 없다. 식민지 없는 제국을 말할 수 없듯이, 제국 없는 식민지를 말하는 것은 곤란하다.

물론 제국과 식민지가 어떤 단일한 체제 속에서 동서했다는 식의 접근은 곤란하다. 제국의 질서와 문법이 있듯이, 식민지의 질서와 문법 또한 엄존했다. 하지만 20세기 초 근대 한국을 올곧게 이해하기 위해서는 제국과 식민지를 따로 떼놓는 것이 아니라, 그것들이 헤게모니적으로 한데 뒤섞여 있는 상태로 눈을 돌릴 필요가 있다. 그래서 이 글에서는 '제국-식민지'라는 표현을 쓰고자 한다. 물론 제국과 식민지 사이의 관계를 '-'로 표현하는 것과 '/'로 표현하는 것에는 엄연한 차이가 있다. '-'은 제국과 식민지가 대등한 자격을 갖고 질서화되고 구조화된 체제를 상상하게 하는 반면, '/'은 제국과 식민지 사이의 위계화된 구조적 차이를 상상하게 한다. 그런 점에서 차승기가 『비상시의 문/법』에서

'식민지/제국'이라고 표현한 것은 충분히 수긍할 만하다. 그는 제국에 의한 식민지의 포획과 대상화가 지배/피지배의 관계를 재생산하는 차별과 폭력을 수반하지만, 그것들로 환원되지 않는 관계의 구조를 내재화하고 있다고 전제한 뒤 '함께 연루되어 있음'에 주목한다. 그것은 제국과 식민지의 '공범성'을 부각시키기보다 제국의 차별과 폭력이 식민지 내부에까지 구조화되어 있음을 나타내기 위한 표현으로, 바로 이 차별이 구조화된 연루를 지시하기 위해 차승기는 '식민지/제국 체제'라는 개념을 사용하고 있는 것이다. 그리고 그는 식민지와 제국이 상호 연루된 차별적 구조 속에 함께 들어가 서로 다른 존재론적 · 법적 · 정치적 지위를 차지하는 것은 제국의 식민지 포섭이 발생한 순간부터라는 점을 명확히 하고 있다.[6] 따라서 상호 연루된 차별적 구조 속 서로 다른 지위를 나타내는 데 '/'이 적절할지도 모른다. 하지만, 이 글에서는 차승기의 문제의식에 동의하면서도, '/'의 표현이 자칫 제국과 식민지 사이의 위계화된 '변별점'만을 지나치게 부각시킬 수 있어 '-'의 표현을 사용한다.[7] 그럼에도 제국과 식민지를 하나의 '체제'로서 다뤄야 한다는 『비상시의 문/법』의 문제의식은 이 글에서도 고수된다.

그렇다면 제국과 식민지가 '함께 연루되어 있음'을 포착하기에 가장 적절한 시기(또는 지점)는 언제일까. 물론 1910년 한일병합에서부터 1945년 제국의 패전과 식민지의 해방 이전까지의 제국-식민지 체제기

6 위의 책, 258~259쪽.

7 한 가지 덧붙이자면, 제국과 식민지가 상호 연루된 차별적 구조 속에서 위계화된 지위('/')를 지니고 있지만, 정치적 · 경제적 · 문화적 헤게모니 투쟁의 과정에서 상호 침투 가능하고 그로 인해 미세한 균열을 가할 수 있다는 점을 고려하여 동일한 지평 위에 두기 위해 '-'을 사용하였다. 이는 뒤에 논의하겠지만, 문학의 언어를 통해 제국-식민지 체제의 실정성을 강화하거나 해체할 수 있는 가능성을 염두에 둔 표현이기도 하다.

의 곳곳에서도 제국과 식민지가 '함께 연루되어 있음'의 순간들과 장면들을 심심치 않게 만날 수 있다. 하지만 식민지 조선쪽에서 말하자면, '식민지 말'이라는 시공이야말로 제국 일본과 식민지 조선이 단일한 체제 아래 문법화되면서 상호 연루된 차별적 구조 속에서 서로 다른 지위를 지니고 있었다는 것을 명징하게 드러낸다. 1937년 중일전쟁이 발발한 뒤 이듬해 1938년 4월 국가총동원법이 공포되면서 전시총동원 체제에 돌입했고, 이어 1940년 신체제 선포 이후 1941년 아시아-태평양 전쟁으로 확전되었던 당시의 역사적 사건들의 전개 과정 속에서 제국 일본을 축으로 하는 내선內鮮, (대)동아의 지정학적 공간 구획과 배치를 염두에 두면, 식민지 말은 제국과 식민지를 하나의 체제로 바라보게 하는 중요한 시공이다.

사실 차승기는 '식민지 말'이라는 시공이 지니는 의미에 대해 이미 괄목할 만한 논의를 전개한 바 있었다. 그는 『반근대적 상상력의 임계들』에서 식민지 말 조선의 담론 장에서 다양한 전통들이 출현하고 논의되었던 과정을 고찰하고, 그 담론들이 전제하거나 산출해낸 세계 및 주체 인식의 구조와 성격을 역사철학적 맥락에서 규명한 바 있었다. 그는 식민지 말 '전통'이 특정 집단 내의 개인들을 시간-공간적인 관계 속에서 주체로 구성하는 중요한 문화적 기반으로 기능한다고 상정하고, 그 문화적 기반의 기원을 탐구함으로써 자명한 것의 역사적 생산 과정을 비판적으로 분석하는 한편, '위기'와 '전환기'의 관점에서 식민지 말 전통·세계·주체를 둘러싼 담론을 재해석하여, 임계점으로서 식민지 말이 지닌 특수성을 다음과 같이 부각시켰다.

> 특히 중일전쟁 발발 이후의 시기는 거시적으로 볼 때 지역적인 블록화가 진행되면서 근대 세계체제에 균열이 발생하고 그 현실을 설명하는 반근대적인 (또는 탈근대적인) 역사철학적 정당성 담론들이 경쟁하던 시기였다. 또한 식민지/제국 체제의 관계 변화를 볼 때 제국주의의 지정학적 배치에 의해 식민지(특히 조선)가 제국주의 전쟁을 위한 병참기지로 설정되고 식민지 인민의 신체와 정신이 동원되면서 '인간'에 대한 낯선 인식과 처리방식이 대두하던 시기였다. 국제정치에서 생명정치에 이르기까지 의식과 행위의 현실적 지반 및 힘의 작용이 급격히 변동되던 이 시기의 역사적 특성은 근대적인 시간—공간의 (무)의식을 유동화시켰다. 이 과정에서 전통·세계·주체를 새롭게 이해하고 재정립하고자 하는 시도들이 등장했던 것이다. 이른바 근대적인 자명성의 토대가 뒤흔들리는 '전환기'의 새로운 상황에서 전통·세계·주체를 말한다는 것은 근대와 반근대가 투명하게 뒤얽혀 있는 임계점까지 사고를 이끌어간다는 것을 뜻한다.[8]

식민지 말, 소위 '전환기'(또는 전형기)는 근대와 반근대가 뒤얽혀 있는 상태로 근대의 끝에서 근대 이후를 모색한 시기였다. 물론 그러한 움직임이 제국 일본의 전쟁 수행을 위한 파시즘 체제의 이데올로기로 귀결되었지만, 거기에는 인간 삶의 조건들로서의 근대를 넘어서고자 하는 다양한 기획이 펼쳐지기도 하였다. 다시 차승기의 논의를 빌리자면, "'전환기'에 요구되는 새로운 자명성의 토대를 모색하는 과정에서 전통·세계·주체가 논의되고 담론화되었다는 점에서 이 담론의 장 속

8 차승기, 『반근대적 상상력의 임계들—식민지 조선 담론장에서의 전통·세계·주체』, 푸른역사, 2009, 29~30쪽.

에는 근대와 탈근대, 식민과 탈식민의 욕망이 복잡하게 충돌하고 있었"[9]던 것이다. 따라서 제국 일본과 식민지 조선을 관통하는 체제를 사유한다고 했을 때, 그러한 체제를 가능하게 한 근대 세계에 대한 회의와 의심, 지양과 극복의 담론들이 생성된 전환기라는 임계점에 설 필요가 있다. 나아가 식민지 말 전시총동원 체제 아래 질서화되고 문법화된 삶의 조건들과 인간의 욕망들에 대해 탐색하기 위해서도 이 임계점에 설 필요가 있는 것이다.

> '구주대전(歐洲大戰)'과 중일전쟁 등 거대한 규모의 전쟁이 무수한 인명과 재산뿐만 아니라 기존의 문명과 문화와 가치까지 파괴하면서 전 지구적인 혼란을 야기하던 시기, 정치적 영역에서의 나치즘, 파시즘 및 일본주의의 대두가 문화적인 영역에서의 자유주의, 개인주의, 합리주의에 대한 비판으로까지 확대되던 시기, 역사철학자들이 근대적 원리의 종언을 선언하면서 '현대'의 새로운 질서의 도래를 예감하던 시기, 또한 발레리의 '사실의 세기'라는 명명이 서양의 문명사적 몰락을 드러내는 징표로서 거론되며 '동양'의 세계사적 '사실'에 눈을 돌릴 것이 요구되던 시기, 그런가 하면 '국가총동원법'(1938) 공포 이후 '외지'/'내지'의 차이(및 동일성) 위에 '전선'/'총후'의 차이(및 동일성)가 덧씌워지던 시기, 그리하여 식민지에서는 말할 것도 없이 식민 본국에서조차 전쟁하는 국가를 총력으로 익찬하는 이외의 정치적 활동 일체가 부정되었던 강요된 '탈정치화'의 시기.[10]

9 위의 책, 276쪽.
10 차승기, 『비상시의 문/법-식민지/제국 체제의 삶, 문학, 정치』, 그린비, 2016, 112~113쪽.

차승기는 『비상시의 문/법』에서 전시총동원 체제의 '비상시'에 대해 위와 같이 정리한 바 있다. 물론 식민지 조선의 입장에서 보자면, 식민지 말의 전시총동원 체제를 포함한 제국-식민지 체제 전체를 예외상태로 간주할 수 있고, 그런 만큼 비상시의 의미를 확장해서 사용할 수 있을 것이다. 하지만 전쟁이라는 세계사적 사건을 통해 근대 세계 체제가 추동한 기존의 가치와 질서가 붕괴되었다고 여기고 새로운 가치와 질서를 모색하기 위해 제국과 식민지의 담론 장에서 다채로운 언설들이 쏟아지는 한편, 파시즘 체제하 전쟁 수행을 위한 인간 개조와 일상의 재편이 강제되던 때. 그리고 그러한 가운데 식민지 조선인들은 비상시에 조응하여 자신들의 욕망을 새롭게 발현하면서 또 다른 자기를 구축해가던 때. 그런 점에서 비상시는 당대에도, 지금-여기에서도 식민지의 삶과 식민지인의 욕망을 이해하기 위한 임계점이라고 할 수 있을 것이다.

식민지 말 전시총동원 체제로 재편된 조선 사회의 풍속과 그러한 사회를 살아가는 조선인의 행위와 욕망, 정치적 무의식을 서사화한 문학 작품을 찾아보기란 쉬운 일이다. 해방 이후 민족문학사 서술에서 손쉽게 '친일문학'이라고 일갈되었던, 식민지 말 동아시아 지역 질서와 식민지 조선의 위상 변동 과정 속에서 식민지 지방문학이라는 제한적·폐쇄적 위상으로부터 벗어나 제국 일본의 국민문학으로서 자신의 위상을 재구축하고자 했던 조선문학은 대체로 전시총동원 체제의 문/법을 서사화한 것으로 이해할 수 있다. 『그들의 사랑』이나 『진정 마음이 만나서야말로』를 비롯해 이광수의 일본어 소설의 서사들이 극명하게 드러내듯, 식민지 조선인들로 하여금 제국 일본의 충직한 황국신민 되기의 과정을 수행 가능하게 한 것은 전시총동원 체제가 펼쳐 보인 욕망의 파토스였다. 그런가하면 김남천의 『사랑의 수족관』이나 이태준의 『별은 창마다』를 통해 확인할 수 있듯이, 전환기의 시대 인식이 전시총동원 체제기 서사 추동의 핵심적인 메커니즘에 놓이는 것 또한 알 수 있다.

이와 관련해 전시총동원 체제하 식민지 조선인들의 일상이 재편되고, 개인들의 행위와 욕망이 발현되는 당대의 풍속도를 흥미롭게 스케치한 정비석의 「삼대」를 참고할 수 있다. 1940년 정초임에도 통조림 공장에 출근하는 미례는 자신이 만든 통조림이 전장 제일선의 용사들에게 공급된다며 자신의 근로 행위가 병사로서 전쟁을 수행하는 것과 동일선상에 놓여 있다고 인식한다. 통조림 공장의 근로 행위를 전쟁터에서 목숨을 걸고 싸우고 있는 군인의 전투 행위와 동일시할 수 있었던 것은 물론 당대 광범위하게 선전된 직역봉공職役奉公의 문법 때문이었다. 그리고 그러한 문법은 전시총동원 체제가 식민지 조선인들의 일상을 관리하고 통치하고 있었기 때문에 가능한 것이었다. 그런데 이러한 관리와 통치의 문법이 일상의 영역만이 아니라 개인의 욕망을 추동하고 있어 주목된다. 2년여 동안 교제를 이어왔지만 성관계를 갖지 않았던 형세와 미례는 전시총동원 체제의 '비상시'에 대한 시대 인식 속에서 비로소 성관계를 갖게 된다. 그들은 영화관에서 상영된 '뉴스 영화'를 보게 되는데, 형세는 일본군 기마병대가 험준한 산악을 정벌하는 스펙터클한 광경 속에서 정복의 찬란함을 깨닫게 되고, 미례는 피정복자가 정복당하는 쾌감을 느끼게 된다. 비상시의 '뉴스 영화' 관람의 체험이 그들로 하여금 "정복, 피정복의 쾌감"[11]을 맛보게 하였고, 그러한 쾌감이 성관계로 이어진 것이다.

전장의 스펙터클한 재현이 총후 식민지 조선인들의 욕망을 추동[12]하는 이 흥미로운 장면은 전쟁 상태의 비상시가 개인들로 하여금 새로운 욕망을 기획하고 발현하게 한다는 것을 알려준다. 서사의 말미에서 북지北支 전근을 희망하는 미례와 함께 가족과 학업을 버리고 대륙에 진출하고자 하는 형세의 욕망이 집을 나서는 행위로 발현된 것, 그로 하여금 대륙 개척자로서의 영웅적인 자기 환상을 탐닉할 수 있게 한 것 또한 같은 맥락에서 이해할 수 있다. 그런데 이러한 욕망의 발현이 비상시에 대한 시대 인식, 특히 중일전쟁 이후 전시총동원 체제로 재편된 제국-식민지가 '전환기'에 놓여 있다는 시대 인식에 의해 가능해졌다는 점은 누차 강조해도 지나치지 않다. 기존의 가치와 질서가 붕괴되고 구舊체제가 해체되어 새로운 시대에 들어섰다는 것, 그리하여 새로운 시대에 맞는 가치와 질서가 마련되고 그것이 정언명령처럼 당위성을 갖는다는 것은 '근대'의 파탄 이후 '현대'의 도래를 수리한 결과였다.

정비석의 「삼대」에서 '근대'의 파탄과 '현대'의 도래라는 전환기 시대 인식은 형 경세를 바라보는 형세의 시선을 통해 드러난다. 과거 사회주의 운동에 가담한 것으로 짐작되는 경세는 투옥 이후 출소하여 귀향한 뒤 시세의 변화 속에서 적응하지 못하고 우울증을 앓고 있다. 구舊한국 시대 병조판서를 지냈던 아버지가 벼슬에 대한 미련으로 사회과 촉탁으로 취직을 알선해 취업할 것을 종용하지만, 그는 무기력한 일상

11 鄭飛石, 「三代」, 『人文評論』, 1940.2, 149쪽.
12 이와 관련해서 중일전쟁기 전시총동원 체제하 식민지 조선이 전쟁 스펙터클 사회로 구조화되는 과정과 식민지 조선인 다중의 내부 분할 및 그에 따른 생명정치의 적용 방식에 대해 논의한 김예림, 「전쟁 스펙터클과 전장 실감의 동력학—중일전쟁기 제국의 대륙 통치와 생명정치 혹은 조선·조선인의 배치」, 한국-타이완 비교문화연구회, 『전쟁이라는 문턱—총력전하 한국-타이완의 문화 구조』, 그린비, 2010, 63~95쪽 참고.

을 보내다 집을 나서 종적을 감춘다. 이러한 형의 몰락을 바라보면서 형세는 기존 질서의 파멸을 예찬하고, 나아가 '사실의 세기'를 긍정한다. 그는 형에게 오늘의 시대를 긍정의 시대로 볼 것인지, 부정의 시대로 볼 것인지 물으면서도, 긍정/부정의 여부와 무관하게 사실은 사실대로 전개될 것이라 판단한다며 현대야말로 운명의 시대라고 말한다. 그러면서 질서 뒤에 무질서의 세계가 오는 것은 필연적인 것이라고 단정한다. 그는 형을 비롯해 근대의 임계점에서 그 끝을 붙잡고 있는 사람들을 "스스로 생을 포기하고 자기의 무덤을 손톱으로 파고 있는 무리들"[13]이라고 일갈한다.

> 형은 2+3=5를 어디까지든지 믿어왔다. 그리고 사실 그러한 시대가 오래 — 너무나 오래 계속 되었든 것이다. 그러므로 사람들은 2+3=5를 굳세게 믿으면서도 거기에 적지 않은 염증을 느낀 것도 사실이었다. 거기서 비로소 사람들은 2+3=5로서는 해결할 수 없는 — 다시 말하자면 2+3=5가 되는 질서를 파괴하는 비상시라는 것을 무의식중에 갈망한 것이 아니었을가. (물론 갈망한다고 기적처럼 올 것은 아니지만) 그리하여 만인이 학문의 위력을 확신하는 그 절정에 도달하였을 때에 무질서의 시대가 영웅처럼 나타난 것이 아닐가. 따라서 경세(經世)가 새로운 사실에 아연실색하는 반면 형세(亨世)는 농간 없는 형을 비웃으면서 새날을 환영하지 않을 수 없었다. 누구는 삼십(三十)년대와 이십(二十)년대 사이에 언어가 통치 않는다고 했지만 형세(亨世)의 생각으로는 오히려 문제의 출발점부터 부인하고 싶었다.

13 鄭飛石, 앞의 글, 165쪽.

> 왜냐하면 오늘에는 벌써 삼십(三十)년대의 언어는 이십(二十)년대에게는 커녕 삼십(三十)년대인 그들 자신에게까지 통치 않을 것이니까. 아니 **언어란 언제나 질서를 설명할 수 있는 것이지 결코 무질서까지를 설명할 수는 없는 것이니까.**[14] (강조-인용자)

2+3=5로 상징되는 근대는 '비상시'에 의해 파괴되었고, 기존의 질서는 새로운 무질서로 대체되었다. 그럼에도 경세로 대표되는 근대주의자들은 바로 그 근대의 언어를 통해 비상시의 무질서를 설명하고자 한다. 하지만 이는 형세가 보기에 불가능한 일이다. 근대의 언어로 현대를 설명할 수 없듯이, 그들의 언어는 이제 존립 근거를 상실한 것이다. 현실생활에 충실한 미례와 세상을 부정하고 회의하는 형을 대비적으로 인식하는 것을 통해 시대의 변화에 따라 '이성'이 '감정'에 자리를 내주었다고 인식하고 있는 형세에게 전시총동원 체제의 비상시는 현대를 추인하고 긍정하며, 예찬하게 한다. 물론 그는 파탄난 근대의 자리에 너무나 손쉽게 비상시의 현대를 위치시켰다. 그래서 그에게서 근대 초극의 내적 논리 따위를 찾아보기란 어렵다. 하지만 여기에서 보다 주목되는 것은 전시총동원 체제가 식민지 조선인인 그로 하여금 기존의 가치와 질서를 극복하기 위한, 또는 도래할 것이라고 여겨지는 현대의 가치와 질서를 수용하기 위한, 문/법을 마치 '뉴스 영화'의 스펙터클한 장관에 압도되는 관객처럼 제시하고 있다는 점이다. 김기림이 역설했듯, 근대의 종언에 대한 성찰과 반성은 이미 도래한 것으로 여겨진 현

14 위의 글, 155~156쪽.

대 속에 괄호 쳐진 것이다.

근대의 언어로 현대를 말할 수 없다는 것, 파탄난 근대 세계 체제의 문법이 아닌 새로운 현대의 문법이 필요하다는 비상시의 시대 인식은 당시 사회 구조의 변동을 가속화시켰고, 인간의 욕망을 새롭게 구획 지었다. 물론 전시총동원 체제 아래 그것들은 다시금 균질화되고 단일한 어떤 것으로 통합되어갔지만, 쉽게 짐작할 수 있듯이 근대에서 현대로의 전환이 간명하게 이루어졌을 리 만무하다. 따라서 근대와 현대가 뒤섞인 전환기의 임계점에 서서 그것들이 뒤섞인 상태를, 제국과 식민지가 함께 연루되어 있으면서도 차별적 구조 속에서 차이를 발생시킨 양상을 면밀하게 탐색할 필요가 있을 것이다. 차승기의 『비상시의 문/법』의 논의 내용을 따라 읽다보면, 이에 대한 학문적 탐색의 결과를 확인할 수 있다.

3. 제국-식민지 체제의 장치들

앞서 차승기의 『비상시의 문/법』의 부제가 '식민지/제국 체제의 삶, 문학, 정치'인데, 거기에서 주목되는 표현이 '식민지/제국'이고, '/'의 표현을 통해 제국과 식민지가 상호 연루된 차별적 구조 속에서 서로 다른 지위를 지니고 있었음에 대해 살펴보았다. 또한, 제국-식민지 체제의 임계점인 전환기, 비상시의 시대 인식이 어떻게 인간 삶의 조건들을 재편하고 개인들로 하여금 자신들의 욕망을 새롭게 기획하고 발현하게 했는가에 대해 간단하게 확인할 수 있었다. 그런데 그러한 시대 인식이 제국과 식민지가 함께 연루되어 있음을 가능하게 한 '체제'로부터 기인했다는 점을 간과해서는 안 된다. 다시 말해, 제국 일본과 식민지 조선이 함께 연루되는 가운데 차별적 구조와 서로 다른 지위를 갖게 한 것이 다름 아닌 체제, 즉 레짐에 있다는 것이다.

인간 삶의 조건으로서의 사회 구조를 변화시키고, 개인의 욕망과 행위를 추인하고 작동시키는 메커니즘의 핵심에 체제가 놓여 있다고 했을 때 그것은 단순히 물질적, 정신적 토대나 조건들만을 의미하지 않는다. 또한 같은 맥락에서 그것은 규율 권력이나 통치 질서로 간단하게 정의될 수 없다. 따라서 자연스럽게 정체政體나 통치 방식, 관리 체제, 나아가 사회 제도나 사건(또는 행위)의 일정한 형形을 포괄하는 '레짐regime'의 개념을 떠올리게 된다. 물론 레짐을 한 마디로 정의하는 것은 난망한 일이다. 일반적으로 국제정치학에서 레짐의 의미는 주어진 문제 영역에 대한 행위자들의 기대가 수렴되는 원칙, 규범, 규칙, 그리고 의사결정 절차 정도로 정의[15]되는데, 커헨과 나이는 레짐을 "일단의 통치적인 배열"이라고 보면서 "행위를 규제하고 그 효과를 통제하는 규칙, 규범, 절차"라고 정의[16]하고, 하스는 레짐을 "상호 응집되는 일단의 절차, 규범, 규칙"[17]으로, 불은 "어떤 처방된 방법으로 행하는 개인, 집

15 Stephen D. Krasner, *International Regimes*, Press Ithaca and London, 1982, pp.1~2.
16 Robert O. Keohane · Joseph S. Nye, *Power and Interdependence*, TBS The Book Service Ltd, 1977.
17 Ernst Hass, "Technological self-reliance for Latin America－the OAS contribution", *International Organization* 34-4, 1980, p.553.

단에게 요구되는 일반적이며 강제적인 원칙"[18] 정도로 규정한다.

차승기 또한 『비상시의 문/법』에서 레짐의 개념을 다음과 같이 밝히고 있다. "체제regime란 정치적 · 사회적 제도가 가지고 있는 구조성뿐만 아니라 사회적 존재들의 가치와 행위 형성에 작용하는 습속의 차원까지 포괄하는 개념이다. 따라서 체제는 정치경제적 권력의 억압적 비대칭성과 그 재생산 구조를 지시할 뿐만 아니라 역사-지정학적으로 공유되고 있는 문화적 · 상징적 기호들의 체계를 포착하게 해준다."[19] 인간 삶의 조건이자 개인의 행위와 욕망을 구획 짓는 한편, 사회 구조 변동의 추동 원리로서의 레짐을 염두에 두었을 때, 식민지 조선인들은 제국-식민지 체제의 문법 속에서 질서화되고 구조화된 삶을 살아갔다고 볼 수 있다. 물론 그러한 질서화되고 구조화된 삶을 제국/식민지 사이의 지배/피지배의 이분법적 구도로 인식하는 것은 사태를 단순하게 바라보게 할 위험이 있다. 지배/피지배의 관계망 속에서는 제국 일본과 식민지 조선이 상호 연루되어 있는 복잡다기한 상태의 세밀한 국면들이 잘 드러나지 않기 때문이다. 따라서 제국-식민지 체제가 식민지 조선인들의 삶을 질서화하고 구조화하기 위해 어떠한 장치들을 동원하고 있는가, 그리고 그러한 장치들이 식민지 조선인들의 수행적 과정 속에서 어떻게 의미를 생성하는 한편 효과를 발휘하는가에 대해 관심을 가질 필요가 있다. 하지만 이 글에서 이에 대해 본격적인 논의를 전개하는 것은 제한적이다. 이에 따라 여기에서는 식민지 말 전시총동원 체제

18 Hedley Bull, *The Anarchical Society—A study of Order in World Politics*, Columbia University Press, 1977, p.54.

19 차승기, 앞의 책, 10쪽.

속에서 식민지 조선인들의 삶을 재편했던 장치들에 대해 차승기의 논의를 빌려 살펴보고자 한다.

차승기는 제국과 식민지를 하나의 지속적인 체제로 성립시키는 것이 일련의 장치들의 네트워크라고 상정한 뒤, 이 장치들의 네트워크로 이루어지는 실정성positivity 위에서 비로소 제국-식민지 체제가 존속할 수 있다고 말한다. 그리고 제국-식민지 체제로서의 성격이 극명하게 드러난 전시총동원 체제기 제국-식민지 권력의 통치를 가능하게 하기 위해 식민지 조선인들의 삶을 포섭하고, 그들의 욕망의 조건이자 형식으로서 '치안', '고쿠고', '이름'(창씨개명), '전쟁'(징병 및 징용) 등 황민화 과정에서 작동하고 있었던 장치들이 구성한 제국-식민지 체제의 실정성에 대해 다음과 같이 세 가지로 규정한다.

> 첫째, **통제적 합리화**. (…중략…) 이처럼 국가가 주도하는 일종의 산업 합리화 프로그램을 비롯해 고도국방국가 건설을 목표로 식민지/제국 전체를 효율적으로 통제・관리하는 시스템이 구축되기 시작했다. 식민지 조선이 제국의 이른바 '병참 기지'로서 배치된 것은 이러한 통제적 합리화의 시선 아래에서이다. 통제적 합리화는 식민지/제국의 삶을 결정적으로 계산 가능성의 영역으로 포획했다.
>
> 둘째, **욕망의 내재화**. 전시 체제에서 극적으로 드러나는 식민지/제국 체제의 미시 정치학은, 그 내부의 삶과 욕망을 식민지/제국이 열어(=닫아) 놓은 생명정치의 울타리 안으로 내재화하는 데 그 특징이 있다. (…중략…) 식민지/제국의 인민들에게 오로지 '황민(일본인)'이 되는 길만이 허락되었다는 점에서, 욕망의 경제는 그 길의 목적지 — '일본인으로 죽기'만이 남아

있다는 점에서 영원히 도달할 수 없는 목적지—에 의해 언제나—이미 제한되는 방식으로 작동했다. 황민화로의 욕망의 내재화는 욕망을 실현 가능성의 영역으로 포획하는 효과를 낳았다.

셋째, **가시성의 절대화**. 식민지/제국은 비가시적인 영역을 남겨 놓지 않으려는, 아니 비가시적인 영역의 존재를 인정하지 않으려는 절대적인 가시성의 체제라고 할 수 있다. 요컨대 식민지의 삶과 영토와 역사를 기입하고 분류・배치한 문서고 바깥의 세계는 존재하지 않으며, 식민지/제국의 표상의 세계 바깥도 존재하지 않은 듯이 간주되는 체제이다. (…중략…) 절대적 가시성이 이렇듯 모든 것을 가시화하고 가시화될 수 있는 것의 존재 가치만을 인정함으로써 그 반대편, 즉 부재하는 비가시적 영역에는 무수한 죽음의 자리가 마련된다. 삶은 권력의 시선 아래로 포섭되고 그 시선 바깥의 영역은 죽게 방치되는 생명정치가 작동되는 것이다. 이렇듯 가시성의 절대화는 식민지/제국의 삶 전체를 표상 가능성의 영역에서 포획하려는 기획이었다.[20]

(강조—원문)

제1차 세계대전 이후 총력전 체제를 구축하기 위해 고도국방국가 건설을 기치로 내걸면서 제국 일본을 축으로 하는 식민지들의 정치경제적 위상이 재편되고, 그러한 과정 속에서 대륙전진병참기지로 식민지 조선이 위치 지어진 것, 동아시아의 블록 경제구조의 재편 과정 속에서 대륙 아시아와 해양 아시아가 대동아공영권 속에서 지정학적으로 통합된 것 모두 통제적 합리화의 일환으로 이루어진 것이었다. 그리고 중일

20 위의 책, 260~263쪽.

전쟁 이후 제국 일본이 동아시아 지역에서 본격적으로 전쟁을 수행하는 과정 속에서 식민지 조선인들은 오직 제국 일본의 충직한 신민臣民으로서만 존재의 의미를 가질 수밖에 없는 생명정치의 장으로 호명되었고, 그럼에도 불구하고 결코 달성될 수 없는 일본인-되기의 욕망만이 주어진 상황 속에서 자신들의 욕망을 기획하고 발현하는 것이 식민지 조선인들에게 유일하게 허락되었다. 또한, 모든 것들이 가시적인 영역으로 이끌려 권력의 시선 아래 포섭되고, 재편되어 의미 부여되었고, 비가시적인 것들은 부재하는 것으로 치부되어 가시적인 영역 밖은 상상될 수 없었던 가시성의 절대화가 이루어지게 되었다. 이것들은 황민화 과정에서 작동하고 있었던 '치안', '고쿠고', '이름'(창씨개명), '전쟁'(징병 및 징용)이라는 장치들을 통해 나타나게 되었던 것이다.

차승기는 이러한 통찰에 이어 제국-식민지 체제의 장치들과 그 네트워크의 효과가 통제적 합리화, 욕망의 내재화, 가시성의 절대화로 나타나는 가운데 구성되는 주체성에 대해 묻고자 제국-식민지 체제의 통치성의 임계를 드러내주는 주체성의 형식을 탐색하기 위해 '문학'이라는 장치로 이동한다. 그리하여 근대문학이라는 장치의 규범성을 의심하거나 그것이 지니고 있는 작위성을 폭로하는 실천의 지점들을 제국-식민지 문학 장의 변동에서 찾고 있다. 물론 제국-식민지 문학 장의 변동은 문학 외부의 영역에 자리 잡고 있는 장치들에 의해 문학 장치가 폭력적으로 포섭되거나, '식민지 문학'이 '제국 문학'에 통합되면서 발생한 것이다. 그는 식민지 말 전쟁이라는 장치에 포섭된 문학이 기술적 영역으로 이행해갔고, 그렇게 변형된 문학적 장치에 의해 산출된 주체를 '기술자-작가'라고 명명하는 한편, 고쿠고를 축으로 식민지 외지 문학으로서 내지의 제국 문학에 통합되어가는 과정 속에서 산출된 주체를 '번역가-작가'라고 명명하였다. 전자는 반성적 주체와 상상적 연대의 주체를 생산해냈던 근대문학의 파탄을 수리하고, 그 자리에 전선기행이나 보고문학 등 '사실'에 대한 관찰의 시선을 대체한 결과였고, 후자는 일본어, 내지 문단을 매개로 단일한 표상 세계에 진입한 결과였다. 다시 말해, "기술자-작가와 번역가-작가는 각각 근대 문학이라는 장치에 의해 구성된 반성적(내면적) 주체와 상상적 연대의 주체=국민적 주체가 식민지/제국 체제의 문학 장의 특이성 속에서 극단적으로 재구성된 결과"[21]였던 것이다.

이와 관련해 식민지 말 조선문학의 위상 변동 과정에 대해 살펴볼 필요가 있다. 전환기라는 시대 인식이 기존의 근대 세계를 추동해오던 질서와 가치에 대한 의심과 회의의 결과 근대의 파탄을 수리하고 사실의 세기로서 도래한 현대의 질서와 가치를 수리하였을 때, 근대 세계 체제의 산물인 근대문학 또한 종언을 고하지 않을 수 없었다. 그리하여 근대문학을 성립시키고 발전시켜왔던 역사적 조건들은 그 지지 기반을 상실한 상태에서 현대문학으로 새롭게 거듭나지 않으면 안 되었다. 그리고 거기에 제국 일본을 축으로 하는 동아시아 지역들의 문화지정학적 위상이 재편되어가는 가운데 식민지 지방문화들이 국민문화로 포섭되고 통합되는 사태가 가속화되었다. 이는 식민지 조선문학의 경우에도 예외가 아니었다.

식민지 말 전시총동원 체제기 전 세계적인 파시즘 체제의 강화, 자본주의 체제의 몰락 징후 속에서 세계사적으로 동양사적으로 팽배해진 근

21 위의 책, 274쪽.

대성 자체에 대한 불신으로 인해 '조선문학=근대문학'이라는 등식에 균열이 발생하였고, 조선문학은 '현대=동양'이라는 새로운 세계사적 질서에 조응해 그 위상을 재구축해야 했다. 당시 식민지 조선의 문학자들은 제국의 문화적 권역 내에서 조선문학의 위상을 새롭게 정립하기 위해 다양한 담론적 실천을 수행했다. 제국 일본의 지방문학으로서 조선문학을 위치 지으려고 하거나, 조선문학이 특수한 위치에서 국민문학을 변혁시킬 수 있다는 가능성을 역설하거나, 세계문학의 지방문학으로서 조선문학을 위치 지으려고 하는 등 조선문학의 위상 재정립을 둘러싼 이질적이고 다양한 움직임들이 있었다. 당시 식민지 조선문학은 지방문학, 국민문학, 세계문학 사이의 다중적 역학 관계 속에서 자신의 위상을 찾고 있었던 셈인데, 그것은 전시총동원 체제가 촉발한 지방, 국가, 지역, 세계에 대한 새로운 인식과 감각의 결과이기도 하였다.[22]

이처럼 전시총동원 체제 아래 식민지 조선문학의 위상이 재편되었고, 그러한 가운데 기술자-작가와 번역가-작가가 새로운 주체로 출현하였다. 이는 식민지 말 조선문학이라는 장치의 수행적 효과를 파악하는 데 있어서도 긴요한데, 특히 식민지 조선인의 황민화 과정에서 작동하고 있었던 문학 외부의 장치들이 갖는 실정성이 어떻게 식민지 말 조선문학을 추동했는지를 파악하는 데 있어서 중요한 참조점을 제공한다. 앞서 정비석의 「삼대」의 서사를 다시 떠올려보면, 식민지 조선인들의 삶이 어떻게 합리적으로 통제되고, 황민화 되기라는 욕망으로 내재화되며, 비가시적 영역이 죽음으로 내몰리는 것을 통해 역설적으로 가

22 이에 대해서는 오태영, 『오이디푸스의 눈-식민지 조선문학과 동아시아의 지리적 상상』, 소명출판, 2016, 116~118쪽.

시성이 절대화되는지를 알 수 있다. 또한, 그 모든 것들이 전쟁이라는 장치에 의해 포섭된 문학이 사실에 압도되어 그것을 수리하는 기술적인 영역으로 이행한 결과였다는 것을 확인하게 한다. 해서 여기에서는 번역가-작가라는 주체에 의해 산출된 문학, 내지문단에 회수되는 식민지 조선문학의 한 사례를 김사량의 「풀이 깊다」를 통해 간단하게 살펴보고자 한다.

김사량의 「풀이 깊다」는 일본의 문예잡지 『문예』 1940년 7월호의 '조선문학특집'에 수록되어 있다. 『문예』의 편집자는 조선문학이 그동안 훌륭한 작가들을 배출해왔고, 조선문학의 내지 소개가 조금씩 이루어지고 있었다며, '조선문학특집'이 우연의 결과가 아니라고 말한다. 그런데 그는 무엇보다 이 특집이 가능할 수 있었던 것이 중일전쟁 이후 내지와 외지를 불문하고 일본이 하나의 국민적 감정에 휩싸이고 있기 때문이라고 말한다.[23] 중일전쟁을 계기로 외지에 대한 새로운 관심이 촉발되고, 내지문단의 외지문학의 포섭 속에서 조선문학특집이 마련된 것이다. 물론 같은 호에 실린 하야시 후사오林房雄의 「조선의 정신」을 통해 확인할 수 있듯이, '조선문학특집'은 식민지 말 외지문학에 대한 관심의 고조 분위기 속에서 식민지 지배자의 식민지에 대한 나르시시즘적인 호기심과 신기성의 추구가 착종되어 발현된 결과물이었다고도 할 수 있다. 하지만 여기에서 보다 주목되는 것은 외지문학의 내지문단으로의 통합 과정에서 고쿠고(일본어)를 매개로 식민지 조선(의 삶과 문학)이 '번역'되었다는 데 있다. 조선어의 표상 공간이 고쿠고를 통해 일

23 「編輯後記」, 『文藝』, 1940.7, 248쪽.

본어의 표상 공간, 제국의 통치역으로 확장된 것이다.

고쿠고를 매개로 한 표상 공간의 확장 속에서 비가시적인 영역이었던 외지의 식민지인들의 삶은 가시적인 영역으로 들어오고, 결국 통치성의 대상으로 자리매김하게 된다. 김사량의 「풀이 깊다」는 이러한 상황을 여실히 보여준다. 봉건적 출세욕에 사로잡혀 있는 조선인 군수는 몇 년 동안 누더기를 입었는지 알 수 없을 정도로 죄수복처럼 흙빛의 옷을 입고 있는 산민들을 대상으로 '색의장려'에 대해 연설하는데, 흰 옷을 입고 있는 자는 일본인 실권자인 내무주임이 유일하다. 극빈한 경제적 상황으로 인해 흰 옷 따위를 입을 수 없는 조선인 산민들을 대상으로 색의장려라는 당국의 시책을 설파하고 있는 코미디를 연출하고 있는 셈이다. 더구나 그는 "누구 하나 내지어를 알 리 없는 산민들을 향해 일부러 통역자를 동반해 너무나 불쌍할 정도로 이상한 내지어 연설을 한다."[24] 조선인 군수가 일본어로 말하고, 자신의 일본어를 군청 교화주사인 조선인으로 하여금 통역하게 하고 있는 것이다. 언어가 권력의 위계 관계를 상징적으로 드러낸다는 것은 상식에 속하지만, 그래서 누가 말을 하느냐가 통치의 주체와 대상을 구획 짓는 것이라는 점은 쉽게 알 수 있지만, 조선인 군수가 조선인들을 대상으로 조선어를 사용하는 것이 아니라, 일본어로 말하고 그것을 통역을 통해 설파하는 것은 역설적으로 고쿠고라는 장치가 어떻게 식민지 조선인의 삶을 재편했는지 짐작할 수 있게 한다.

김사량의 「풀이 깊다」에서 조선인 군수의 산민들을 대상으로 한 색

24 金史良, 「草深し」, 『文藝』, 1940.7, 38쪽.

의장려 일본어 연설의 이 희극적 장면은 단순히 고쿠고를 매개로 한 권력의 위계화된 관계만을 드러내는 것이 아니다. 그것은 통치성의 외부에 놓여 있던 벌거벗은 생명이라고 여겨진 산민들, 나아가 통치역의 바깥으로 내몰렸던 식민지 조선의 화전민들을 통치의 대상으로 포획하려고 하는 제국-식민지의 통치 권력이 비가시적인 영역을 남김없이 가시적인 영역으로 만들고자 하는 체제의 실정성을 함축적으로 보여준다. 물론 김사량은 「풀이 깊다」의 서사를 통해 "여기에는 힘들여 씨 뿌릴 땅도 없고, 거둘래야 거둘 것도 없고, 먹을래야 먹을 것도 없고, 하늘을 나는 새보다도, '오늘이 지나 내일이면 불에 던져질 들꽃'처럼 버려진 백성이 있다. 그리고 그들의 생명은 무도한 자들의 손에 맡겨져 있다"[25]는, 식민지 조선의 척박한 현실을 비판적으로 말하고자 했는지도 모른다. 하지만 그가 "조선의 문화나 생활이나 감정을 보다 넓은 내지의 독자에게 호소하려는 동기, 또는 다른 의미에서 말하자면, 조선문화를 내지나 동양이나 세계로 퍼트리기 위해, 미력하나마 그 중개자의 힘을 쓴다는 동기"[26]를 가지고 식민지 조선인들의 비참한 현실을 내지인들을 향해 호소할 수 있었던 것은 고쿠고와 내지문단을 축으로 통합된 문학장에 의해 산출된 번역가-작가로서의 주체 구성이 가능했기 때문이었다는 것 또한 명백하다. 따라서 김사량의 문학이 재현한 세계가 얼마나 식민지 조선의 현실을 핍진하게 육박했느냐보다 관심을 기울여야 하는 것은 김사량 문학을 가능하게 한 고쿠고와 내지문단이라는 장치들, 그리고 그러한 장치들을 작동시킨 식민지 말의 전시총동원 체제가 마련

25 위의 글, 60쪽.
26 金史良, 「朝鮮文化通信」, 『文藝春秋』, 1940.9; 『金史良全集』 Ⅳ, 河出書房新社, 1973, 29쪽.

한 문법에 있는 것이다.

물론 전시총동원 체제기 식민지 조선인의 황민화 과정에서 작동한 장치들이 식민지 조선문학의 장치들로 단순 전이된 것은 아니었다. 만약 그러하다면, 문학이라는 장치가 문학 바깥의 장치들과 변별성을 가질 리 만무하다. 다만 제국-식민지 체제의 장치들과 그 네트워크의 효과가 통제적 합리화, 욕망의 내재화, 가시성의 절대화로 나타나는 가운데 근대문학으로서의 식민지 조선문학에도 심대한 변화가 가해졌다는 점, 그리고 그러한 변화의 지점을 파악하기 위해서 '기술자-작가'와 '번역자-작가'라는 새롭게 구축된 주체에 의해 수행된 문학이라는 장치에 대해 주목할 필요가 있다는 점을 강조하고 싶다. 그것은 제국-식민지 체제기 한국 근대문학의 역사적 조건들의 변화 과정에 대해 되묻는 것이자, 문학이라는 장치가 문학 바깥의 장치들에 어떻게 응수해 체제의 실정성을 강화하거나 해체하는 지를 확인하는 길이 될 것이기 때문이다. 차승기의 『비상시의 문/법』에 주목해야 하는 또 다른 이유가 바로 여기에 있다.

4. 식민지를 (재)사유한다는 것

이 글은 인간 삶의 조건들로서의 식민지 조선을 관통한 체제가 무엇이었던가를 되묻기 위해 차승기의 『비상시의 문/법』에 기대어 식민지 말 전환기의 임계점에 서서, 제국-식민지 체제의 장치들이 구성한 실정성에 대해 확인하는 한편, 새로운 주체에 의해 수행된 식민지 조선문학이 그러한 체제의 실정성을 강화/해체하는지에 대해 살펴보았다. 물론 『비상시의 문/법』에 대한 서평 형식의 이 글은 "식민지/제국 체제의 언어-법-미디어의 문법을 탐구함으로써 동시에 '문/법'의 결여를 확인하고 그 절개된 곳에서 시대의 문법으로 환원되지 않는 내재적 초월성의 구멍들을 탐색"[27]하는 것이 갖는 의미를 제대로 드러내지 못했을 뿐만 아니라, 『비상시의 문/법』의 핵심적인 논지를 선명하게 부각시키지도 못했다. 아울러 그에 대한 대항/대안적 목소리를 담아내지도 못했다. 그것은 나의 공부가 미숙한 탓이지만, 변명을 덧붙이자면 무엇보다 20세기 전반기의 한국 근대문학을 제국-식민지 체제의 실정성에 응수한 식민지 문학이라는 관점에서 바라봐야 한다고 판단했기 때문이다. 해서 이 글은 근대 한국(나아가 동아시아)의 삶과 문학을 이해하기 위해서 제국-식민지 체제의 임계점인 '식민지 말'[28]에 주목할 것과 제국-식민지 체제의 실정성을 해체하는 '문학의 언어'에 관심을 기울일 필요

27 차승기, 앞의 책, 13~14쪽.

28 황호덕이 명쾌하게 정리했듯이, 1990년대 이후 '식민지 말'은 다양한 관점에서 재조명되었다. "계급사, 민중사, 민족사의 시각을 비판하며 1990년대 이후 대두된 사상사적 전회에서, 식민지 말이라는 시기가 가진 함의는 다대하고도 다양했다. 식민지와 후기식민지 사이의 사상적・인적 연쇄를 통해 식민지 말로 소급되곤 하는 파시즘 비판, 대중을 조직하는 방식과 국민병제도, 전쟁에 수반되는 충성과 재화의 동원을 식민지 말 총동원 체제로부터 연역하려는 국민국가 비판, 국가와 관료의 주도 속에 행해진 인간과 재화의 배치 및 제도의 구성을 개인과 사회의 권리라는 관점에서 해체하려 한 국가이성 비판, 식민지와 후기식민지 사이의 물적・인적・제도적 연쇄를 전후 경제성장의 원천으로 보고 이를 통해 기왕의 부정적 근대화론을 분쇄하려는 (신)자유주의 등은 공히 '식민지(말)의 제도, 관념, 문화를 주요한 착점으로 삼아 왔다."(황호덕, 『벌레와 제국—식민지 말 문학의 언어, 생명정치, 테크놀로지』, 새물결, 2011, 600쪽)

가 있다는 것을 넌지시 말하고 있을 뿐이다.

'식민지 말'에 주목할 것과 '문학의 언어'에 대한 관심을 촉발하는 이 글은 물론 식민지 말 문학 연구에 대한 차승기의 자기반성의 목소리와 배치되는 것인지도 모른다. 그는 식민지 말, 나아가 제국-식민지 체제의 삶과 문학, 정치를 특권화하는 연구자의 욕망이 갖는 문제점을 다음과 같이 냉철하게 지적한다. "'근대=식민지'에 대한 멜랑콜리적 '집착'은 '낯선 나라'로서의 과거, 또는 '파국'으로서의 원천에로 종결될 수 없는 회귀를 반복함으로써 '몰락'의 경험을 망각하지 않으려는 몸짓이었다고 할 수 있다. 이 '집착'의 관계에서 주도권을 쥐고 있는 것은 '과거'이며 '원천'이었다. 멜랑콜리적 주체는 대상에 침잠하는 태도로, '근대=식민지'의 극단의 지점이자 붕괴의 현장, 그 폐허를 응시하는 눈만 남기고 자신을 소멸시키고자 할 뿐이었다. 결국 이러한 멜랑콜리적 '집착'을 통해 '한국 근대문학사'에서 배제되었던 잡종적인 언어들을 발견할 수 있었고, 식민지와 식민 본국을 가로질러 형성되었던 문화적·사상적 연쇄 고리를 파악할 수 있었으며, 근대와 식민지와 파시즘이 뒤섞인 곳에서 그것들의 불가능성을 확인할 수 있었다. (…중략…) 그러나 멜랑콜리적 태도는 '근대=식민지'로 부단히 회귀하면서, 특히 전시 체제기로 반복해 돌아감으로써 역사적·시간적으로 존재했던 한 극단적인 지점을 "절대적인 것으로 승격"시킨 것은 아닐까. 즉 '파국'으로서의 원천으로 강박적인 회귀를 반복하면서, 정작 '역사적인 것'을 '불변적인 것'으로 박제화하고 있었던 것은 아닐까."[29]

29 차승기, 앞의 책, 352~353쪽.

'식민지 말'에 주목한다는 것은 확실히 근대의 임계점, 제국-식민지 체제의 극단이자 붕괴의 폐허를 응시하는 데 몰입하게 하고, 그로 인해 역사적인 것을 불변적인 것으로 고정화시킬 우려를 낳는다. 하지만 그러한 집착이 한국 근대문학사에서 배제되거나 무시되었던 혼종적인 언어를 발견하게 하고, 제국과 식민지 사이의 문화적·사상적 연쇄 고리를 파악할 수 있게 했다는 것은 틀림없는 사실이다. 그리고 아직 그러한 작업은 완수되지 못했다. 아니 그것은 완수될 리도 없고, 완수되어서도 안 된다. 해서 자기 연민의 멜랑콜리적 태도에 대한 경계를 늦춰서는 안 되겠지만, 지금-여기의 또 다른 근대의 임계점에 서서 식민지 말의 체제, 삶, 문학에 대한 탐색을 지속하는 것은 여전히 중요하다. 그리고 그때 근대 제국-식민지 체제의 실정성을 위반하거나 전복하고 있었던 문학의 언어를 발굴하고 그것이 갖는 의미에 말할 필요가 있다. 물론 문학의 언어에 포로가 될 위험은 곳곳에 산재해 있다. 하지만 차승기의 표현을 빌리자면, 미라를 찾기 위해 기꺼이 미라가 되는 것을 마다할 이유는 없다. 어쩌면, 미라가 되는 것이 두려워 미라를 찾아 나서지도 않고 저기에 미라가 있다고 말하고 있는지도 모른다. 식민지를 사유한다는 것은 제국-식민지 체제의 구멍을 응시하는 위험한 눈을 갖는 것이다.

제14장

연속/단절의 이분법적 시각을 넘어

정종현의 『제국의 기억과 전유』에 대한 몇 가지 물음

1. 사건으로서의 1945년 8월 15일

해방은 그 시절의 우리에게 하나의 충격으로 다가왔다. 어제까지 듣던 얘기와는 정반대의 얘기를 같은 교사의 입을 통해 듣는다는 것은 정신이 멍멍해지는 충격이었으나 그것을 깨끗이 잊어버린 것이다. 사람의 기억이나 회고담처럼 못 믿을 것은 없다고 보아야 할지도 모른다. 다만 그 이튿날이던가 다시 있었던 조회에서는 자기의 본래 성이 아마기가 아니라 조(趙)씨이니 조 교장 선생으로 불러달라고 했던 기억이 남아 있다. 그때는 해방이니 독립이니 생소한 낱말을 사용하며 그전과는 정반대되는 얘기를 하여 무엇인가 세상이 크게 달라졌다는 실감을 다시 갖게 되었다. 조회가 끝난 후 우리는 교실로 돌아왔다. 담임인 니시하라(西原) 선생이 들어와 칠판에 커다랗게 이종환(李鍾煥)이라고 한자로 판서를 하더니 이종환이라고 발음을 하고 나서 이것이 나의 이름이니 그리 알라고 하였다. 그러고는 각자 집에서 부르는 이름과 성을 대라고 하였다. 돌아가며 출석부 번호 순서대로 자기의 성명을 밝혔다. 이렇게 기이한 통성명을 통한 이름 찾기가 해방 이후 우리가 치른 첫 의식(儀式)이었다.[1]

과거 이해에 있어 풍문에 기초한 상상력이 신화 작용을 일으켜 그에 대한 올바른 이해를 저해/방해하고 있고, 개인들마다 특정 지역과 상황에 얽매인 체험을 가지고 있어 가능한 많은 사람들의 경험을 기록하고 교환하여 올바른 과거 이해에 다가서기를 바라는 마음에서 (기억에 의존해) 자신의 소년기를 기록한 유종호의 『나의 해방 전후 1940~1949』에는 위의 인용문처럼, 1945년 8월 16일의 학교 교실 풍경이 비교적 자세히 묘사되어 있다.[2] 해방 이전과 마찬가지로 등교한 화자에게 해방은 '하나의 충격'으로 다가왔는데, 무엇보다 그것은 '해방'이나 '독립'이라는 생소한 낱말을 사용하여 이전과는 정반대되는 이야기를 들었기 때문이었다. 불과 하루를 기점으로 '세상이 크게 달라졌다는 실감'을 갖게 된 것인데, 이러한 변화에 조응해 '이름 찾기'라는 상징적 의식이 제시

1 유종호, 『나의 해방 전후 1940~1949』, 민음사, 2004, 111~112쪽.

2 이와 관련해 『나의 해방 전후 1940~1949』에 나타난 유종호의 개인사적 경험의 기록을 자연사(natural history)적 접근의 특징으로 파악한 서영채의 다음과 같은 논의를 참고할 수 있다. "『나의 해방 전후』에서 유종호는 60년 전의 기억을 더듬어가며 사소한 삶의 경험들을 기록해냈다. 그것은 그 어떤 목적론적 서사의 틀로부터도 자유롭다는 점에서 한 시대 삶의 자연사에 해당되며, 따라서 그것은 민족 담론은 물론이고 어떤 집단적인 담론에 대해서도 외부자로만 존재한다. 거기에는 외부에서 부여된 어떤 외삽적 의미도 또 자체에 내장된 교훈도 존재하지 않는다." 서영채, 「기억의 글쓰기, 역사 밖의 작은 서사들」, 『미메시스의 힘』, 문학동네, 2012, 48쪽.

된다. 교장 아마기天城는 조趙씨로, 담임 니시하라西原는 이종환李鍾煥으로, 반의 학생들은 학생들대로 자신들의 이름을 되찾는다. 이 집합적 제의collective ritual의 과정은 말할 것도 없이 제국 일본의 신민臣民에서 해방 조선의 민족民族으로의 전신轉身 과정이다.[3] 그런데 이 이름 찾기의 상징적 제의가 이루어지기 위해서는 자의든 타의든 자신의 이름을 상실했다는 전제가 마련되어야 할 필요가 있다. 다시 말해 식민지시기 조선인으로서의 이름을 박탈당하고 일본인으로서 이름이 강제되었으며, 해방 이후 일본인의 이름을 버리고 조선인으로서의 이름을 다시 되찾았다고 하는 상실/회복의 감각이 그러한 의식의 기저에 깔려 있는 것이다. 이처럼 해방 이후 조선인으로서의 정체성 재구축을 가능케 한 핵심적인 동력 중 하나는 바로 그 상실/회복의 감각이었다. 물론 상실은 제국의 지배 권력에 의해 타율적으로, 회복은 스스로의 능동적이고 주체적인 행위에 의해 이루어진 것이어야만 했다.

그런데 과연 조선인들은 자신의 이름을 상실했는가? 위의 인용문에서 담임인 이종환 선생이 반 학생들에게 "각자 집에서 부르는 이름과 성을 대라고 하였다"는 문장에 주목한다면, 이 반의 학생들이 두 개의

3 1945년 11월 19일 『요미우리신문』의 한 기사에서는 1945년 8월 16일 문 앞의 일본명 문패를 뜯어내고 원래의 조선명 문패를 내건 정황이 묘사되어 있다. ("창씨개명도 이미 조선인 일반이 일본으로부터 이반(離反)하고 있었던 이상 전혀 효과가 없었으며, 창씨개명 이후 곳곳에서 부자연스러운 행위가 산견됐다. 종전 다음날 그들이 다투어 문전의 일본명 문패를 뜯어내고 원래의 조선명 문패를 단 것에 비추어보다도 분명할 것이다.") 이러한 정황과 관련된 논의에서 미즈노 나오키(水野直樹)는 해방 이후 경상북도 울산군의 초등학교에 재직하던 정재도가 제국 일본의 패전 후 9월 중순 다시 문을 연 학교에서 처음으로 한 일이 출석부의 이름을 일본 이름에서 조선 이름으로 바꾸는 것이었음을 설명하고 있다. 미즈노 나오키, 정선태 역, 『창씨개명 – 일본의 조선지배와 이름의 정치학』, 산처럼, 2008, 300~301쪽. 이처럼 해방 직후 조선인의 자기 이름 찾기의 집합적 제의는 신속하고 광범위하게 이루어졌던 것으로 여겨진다.

이름을 가지고 있었다는 것이 드러난다. 즉, 학교에서는 창씨개명한 이름을 사용하고, 집에서는 조선식 이름을 사용하였다는 것이 은연중에 드러나는 것이다. 이를 좀 더 확대해서 적용해보면, 반의 담임이었던 이종환이라는 조선인이 니시하라가 되었다가 다시 이종환이 되었던 과정에서 이종환과 니시하라는 하나이면서 둘인 상태로 존재했다는 역설적 상황이 마련된다. 즉, 이종환/니시하라는 둘이면서 하나로 식민지 시기, 특히 식민지 말 전시총동원 체제기를 살아오다 해방과 동시에 단일한 정체성을 표지하는 이종환이 되었다고 보는 것이 옳을 것이다. 이는 일본인이면서 동시에 조선인인 모순적으로 중첩된 이중적 위상을 지닐 수밖에 없는 식민지인의 존재 방식을 보여주는 것이다. 동화와 이화, 통합과 배제의 식민정책 속에서 피식민자는 항상 식민지 조선인/제국 일본인의 경계 위에 놓여 있었던 유동적이고 분열적인 존재는 아니었을까?

그런데 이러한 상황을 '연속/단절'이라는 관점에서 보면 어떻게 될까? 단일한 민족적 정체성의 측면에서 보자면, 그는 이종환(조선인) → 니시하라(일본인) → 이종환(조선인)의 단절적 변화 과정을 겪은 셈이다. 하지만, 이종환이 곧 니시하라라는 점에서 보자면, 그가 비록 정체성의 분열적 상태에 놓여 있었다고 하더라도 그는 한 개인이었을 뿐이다. 따라서 상황이 이러하다면 개인의 정체성 구축 과정을 고찰하는 데 있어 '연속/단절'의 관점은 유용하지 않다. 왜냐하면 연속이든, 단절이든, 그것은 개인의 정체성 자체를 단일한 어떤 것으로 상정하기 십상이기 때문이다. 조선인/일본인이라는 확고한 경계 긋기가 여기에도 정치적 무의식으로 작동하고 있는 것이다. 하지만 근대적 주체가 하나의 고정된 실체로서 존재하는 것이 아니라 끊임없이 유동적인 상태에 놓여 있다는 것은 두말할 필요도 없다. 따라서 중요한 것은 한 개인의 정체성이 어떠한 자기 테크놀로지의 전략 속에서 재구축되었느냐에 있지, 해방을 전후로 하여 연속되었느냐, 단절되었느냐에 있지 않다. 단순화해 말하자면, 개인의 정체성 구축 과정에 있어 연속과 단절은 상수이지 변수가 아닌 것이다.

그럼에도 불구하고 1945년 8월 15일이라는 '사건'은 그 전후 시기를 단절된 것으로 인식하게끔 하는 핵심적인 서사 장치로 여겨진다. 제국-식민지 체제의 붕괴와 탈식민-냉전 체제의 성립, 제국적 질서의 해체와 동아시아 민족국가들의 발흥 속에서 확실히 1945년 8월 15일은 하나의 '단절'로 여겨졌다. 특히, 남한사회의 형성에 있어서 시원으로 간주되는 해방 이후의 시기에 대한 역사적 인식이 이를 강하게 보여준다. 상실된 국토를 회복하고, 훼손된 민족 정체성을 복원하여 국가를 건설하고 민족을 결집시키기 위해서는 식민지시기의 체험과 기억은 망각되거나 극복되어져야 할 필요가 있으며, 그러한 망각과 극복은 과거와의 단절을 통해 미래로 나아간다는 레토릭을 생산하게 한다. 임종국은 그의 저서 『친일문학론』 서두의 「자화상」에서 "한국어를 제외한 모든 관념, 이것을 나는 해방 후에 얻었고 민족民族이라는 관념도 해방 후에 싹튼 생각이었다. // 이제 친일문학론親日文學論을 쓰면서 나는 나를 그토록 천치天痴로 만들어 준 그 무렵의 일체를 증오하지 않을 수 없었다. 내가 신라新羅 고구려高句麗의 핏줄기인 줄 알았던들 나는!"[4]이라며

4 임종국, 「자화상」, 『친일문학론』, 평화출판사, 1966, 6쪽.

절규어린 문장을 통해 식민지시기의 자신과 결별을 고하고 있다. 이는 해방을 기점으로 단절의 감각을 통해 자기 정체성을 재구축하고자 하는 자에게는 자연스러운 언술이라고 할 수 있다.

이런 점에서 "해방기를 식민지와 완전히 절연된 시기로 파악하는 민족주의, 계급주의적 범주의 연구와, 거꾸로 해방 이후의 문화와 식민지시기의 문화 간의 연속성을 과도하게 강조하는 내셔널리즘 비판을 표방한 연구의 역편향, 이 두 가지 유형의 기존 연구의 문제점을 지양하면서 새로운 연구 패러다임을 고민해보려는 것"[5]을 연구 목적으로 제시한 정종현의 『제국의 기억과 전유』는 비교적 최근의 괄목할 만한 논의를 집적하고 있다. 그는 "탈식민지 한국문학, 문화의 형성과정을 이해하기 위해서는 무엇보다도 그 기원에 해당되는 '8・15'의 순간에 대한 개별적 경험과 그 복수의 시간성의 감각을 복원하는 것에서 시작해야 할 것"[6]이라는 전제 아래 해방 이후 한국사회와 문화 형성 과정에 있어서의 중층적이고 혼종적인 현상을 구명하기 위해서는 1940년대 전반기와 후반기를 겹쳐 읽을 필요성이 있다고 강조한다. 특히 1940년대 전반기와 후반기를 '암흑기'와 '해방기'로 변별하는 것이 아니라, '1940년대'라는 동일한 지평 위에서 사고할 필요성을 제기하고 있다. 당대를 연속과 비연속, 지속과 기원이 모순적으로 병존하는 시기였다고 명명하는 그의 논의는 기존 관련 연구에서 주로 보였던 단절과 연속이라는 어느 하나의 관점으로 포착하기 어려운 해방 이후 남한 사회 형성 과정

5 정종현, 『제국의 기억과 전유-1940년대 한국문학의 연속과 비연속』, 어문학사, 2012, 29쪽.
6 위의 책, 28쪽.

속에서의 문학과 문화, 지식과 제도 등의 제양상에 대한 흥미로운 독법을 보여주고 있어 주목된다.

2. '제국적 주체'의 후예들

정종현은 『제국의 기억과 전유』가 그의 『동양론과 식민지 조선문학』의 후속편에 해당한다고 밝히고 있다. 그는 『동양론과 식민지 조선문학』에서 '동양론'과 '제국적 주체성'의 관점에서 소위 '암흑기'로 표상되는 식민지 말 한국문학의 상황을 재해석하였다. 그는 근대 이후 새로운 원리를 '동양'으로 표상되는 시공간에서 모색한 논의들을 광의의 의미에서 '동양론'으로 규정하는 한편, '식민지-제국'을 배경으로 의사-제국주체colonizer를 욕망하며 구성된 새로운 주체성을 '제국적 주체성imperial subjectivity'이라고 명명하여 동양론과 결부된 주체의 구성과 분열의 양상을 가장 심층적인 차원에서 보여주었다고 판단된 김남천 · 김내성 · 이기영 · 이태준 등의 문학작품을 면밀히 분석한다. 그리고 이를 통해 제국주의 이데올로기로만 취급되었던 동양론의 담론적 배치 안에서 식민지 지식인의 주체성 형성 과정에 내재한 제국과의 공모의 구체적인 지점과 더불어, 분열과 저항의 면모에 주목함으로써 식민지 조선 지식인의 발화가 지니는 양가성을 예리하게 포착해낸다.[7] 결국, 그의 논의는 이전까지 한국문학사에서 암묵적으로 시인되거나 동조되었던

'식민지 말=암흑기'라는 명명법을 해체하고, 1940년대 초 문학 장을 새롭게 복원한 점에서 커다란 의의가 있다고 할 수 있다.

그는 『동양론과 식민지 조선문학』의 논의를 마무리하면서 "'식민지-제국'의 영역에서 축적된 제국적 주체화 경험이 해방 이후 남북한 국가수립 과정에 어떻게 연결되는지, 또한 어떻게 변형되었는지에 대한 연구가 필요하다"[8]고 하여 이후 작업을 예비하였다. 따라서 『제국의 기억과 전유』의 논의를 구성하는 키워드 중 하나인 '연속'의 관점에서 '제국적 주체'가 다시금 소환되는 것은 자연스러운 일이다. 좀 더 직접적으로 말하자면, 해방 이후 제국적 주체의 이후 행보에 대한 관심이 이 책의 핵심적인 논의 내용이라고 해도 과언은 아닐 것이다. 이런 점에서 이 책의 서두에서 김송의 「만세」, 「무기 없는 민족」, 「인경아 우러라!」 연작에 대한 논의를 시작으로 문제의식을 펼쳐 보이는 것 또한 우연이 아니다. 이 세 작품은 해방 전후 경성/서울을 배경으로 제국-식민지 체제의 붕괴 이후의 혼돈상이 다채로운 풍경으로 묘사되어 있는 한편, 그러한 혼돈상의 핵심에 강신행이라는 인물의 주체성 형성 과정이 서사화되어 있어 '제국적 주체'의 전신 과정을 상징적으로 보여준다. 강신행은 1945년 봄 징병검사를 받고 훈련소에 입소하여 3개월 간 군사훈련과 일본어 교육을 받는다. 훈련소 퇴소 후 이틀 만에 용산 군영에 입영하였으나, 보름 후 1945년 8월 15일을 맞이하게 되고 17일 제대하지만, 해방의 감격에 겨워 '조선독립만세'를 부르다 붙잡혀 옥살이를 한 뒤 25일에 풀려난다. 이후 조선어학회 주최 한글강습회에 참

7 정종현, 『동양론과 식민지 조선문학-제국적 주체를 향한 욕망과 분열』, 창비, 2011.
8 위의 책, 372쪽.

가하여 한글을 배우는 동시에 조선 역사에 대해 학습하고, 과거 일선日鮮인쇄소였던 대한인쇄소 직공으로 취직해 근무하게 된다.

1945년 봄부터 1946년 초에 걸친 비교적 짧은 시기 동안의 강신행의 인생유전을 서사화하고 있는 이들 연작에서 주목되는 부분은 제국-식민지 체제기 강신행과 탈식민-냉전 체제 형성기 강신행의 변모 과정에 있다. "교육을 받지 못한 탓으로 단순하고 소박하야 때로는 야수적인 근성이 있"[9]던 강신행은 3개월 동안의 군사훈련을 통해 다른 사람으로 변모한다. 그의 아내 봉이는 "일어를 몰으든 남편이 각금 일어로 말할 때 마치 딴 사람을 대하는 듯 했다. 게다가 훈련소에서 내여준 국방복을 입은 으젓한 체격을 바라볼 때 딴 민족을 대한 듯 어마어마한 감상이 댓뜸 일어나 남편 몰으게 가만가만 도적눈을 보"[10]낼 정도로 선망어린 시선으로 변화된 남편의 모습을 바라본다. 강신행은 훈련소에서 군사훈련과 일본어 교육을 받고 '제국적 주체'화 과정을 겪었던 것이다. 그런데 해방과 함께 강신행은 자기 정체성을 재구축해야 할 상황에 놓이게 된다. 이를 상징적으로 보여주는 것이 그의 아버지가 종로 거리에서 주워 온 삐라를 읽지 못해 스스로를 '병신'으로 경멸하고 있는 장면이다. "신행은 저번 날 아버지가 내보이든 삐라의 문구를 해득지 못했을 때 그 부끄러움 그 슲음 그 울분, 그 통탄은 그의 오관五管을 억죄이는 듯 아품과 저림을 느꼈다. 우리글을 읽지 못하는 병신! 신행은 수없이 자기를 경멸했다."[11] 제국 일본의 군대교육을 통해 선망의 대상이

9 金松, 「萬歲」, 『백민』, 1945.12, 44쪽.
10 위의 글, 45쪽.
11 金松, 「인경아 우러라!」, 『백민』, 1946.3, 43쪽.

되었던 강신행은 해방 직후 '병신'이라는 자기모멸감을 느낄 수밖에 없었고, 이를 극복하기 위해 다시금 자기 정체성을 재구축해야 하는 상황에 처하게 되었던 것이다. 그리고 이를 위해 조선어학회 주최 한글강습회에 참여해 한글을 배우고 한국사를 학습한 뒤 비로소 민족적 주체로 거듭날 수 있었던 것이다.

> 신행은 한글과 역사에서 조선 민족의 위대한 힘과 발전성을 발견하였다. 그는 민족성이란 물과 같은 것이라 했다. 막고 막어도 물은 넘처흘으듯이 민족은 영원히 발전하면서 살어간다는 철리(哲理)를 얻었다. 한 민족은 우주의 대기를 같이 호흡하면서 그 국가 안에서 공생영광(共生榮光)하여야 함도 깨달었다.[12]

이런 점에서 "강신행으로 표상되는 익명의 군중들이 정치적인 주체로 부상될 수 있었던 과정이 식민지의 제도와 규율에 기반을 두고 있다"[13]는 정종현의 지적은 적확한 것이다. 식민지 제도와 규율에 의해 정치적 주체로 성장했던 조선인이 해방 이후 그러한 체험을 바탕으로 새로운 정치적 주체로 거듭나는 과정은 제국-식민지 체제와 탈식민-냉전 체제의 연속 속에서 조선인들의 자기 정체성 (재)구축 과정의 핵심적인 양상이라고 할 수 있다. 그런데 이들 김송의 연작이 보여주는 서사에서 고려해야 할 것은 제국적 주체에서 민족적 주체로의 전화 과

12 위의 글, 44쪽.
13 정종현, 『제국의 기억과 전유－1940년대 한국문학의 연속과 비연속』, 어문학사, 2012, 16쪽.

정이라기보다는 민족적 주체가 어떻게 과거의 제국적 주체로서의 자신을 부인하는 전략을 펼쳐 보이는가에 있다. 다시 말해, 해방 이후 신생 조선의 민족적 주체로 자신을 정위定位하려고 했을 때, 결국 과거 자신의 행적을 어떻게 부인하거나 극복하느냐에 사태의 관건이 있는 것이다. 그리고 이러한 전략의 심연에 다가가야만 해방 이후 민족적 주체 형성 과정에 나타난 해방 이전의 체험과 기억이 전유된 양상이 보다 명확히 밝혀질 수 있을 것이다. 이런 점에서 김송의 연작에서 주목되는 것은 서사 내 시간과 서사 밖 시간의 불일치, 좀 더 구체적으로 말해 서사 밖 시간이 서사 내 시간을 질서화하고 있는 점에 있다. 단적으로 말해, 이들 연작은 해방 이후의 시점에서 바로 그 해방 이후의 민족적 주체의 비전을 강화하기 위해 근近과거인 해방 직전의 시간을 소환해 인과 관계로 재배치하여 서사화한 것이기 때문이다. 따라서 '연속'의 관점에서 이들 연작에 나타난 '암흑기' 제국적 주체로서의 강신행과 '해방기' 민족적 주체로서의 강신행을 겹쳐 있는 작업보다 중요한 것은 '해방기' 민족적 주체로서의 강신행이 어떻게 '암흑기' 제국적 주체로서의 강신행을 지양하는 한편 그 속에서 민족적 주체의 배태 가능성을 마련하고 있는가, 즉 이들 작품이 그러한 서사적 전략을 어떻게 보여주고 있는가를 고찰하는 작업에 있다.

강신행이 해방 직전 일본 군대 교육을 받으면서 매 맞는 것이 두려워 일본어를 학습했다고 밝히고 있는 것, 종로 가두시위에서 선두에 서서 누구보다 강한 건국 의지를 불태우다 일본군의 총에 맞아 다리에 부상을 입은 것, 일본군 헌병에 잡혀 감옥에 수감되어 온갖 고초를 겪은 것 등은 모두 과거 부인/현재 긍정의 전략적 알리바이로 작동해 해방 이전의 체험이 민족적 주체 형성 과정이었음을 역설하는 서사 전략의 일환이 된다. 그래서 그가 해방 직후 건국준비위원회 부속 치안대에 자원하면서 "일본 군대에서 훈련받은 총검술을 우리 동포를 위하야 쓸 대가 왔다고 역이였다"[14]고 했을 때 방점은 "일본 군대에서 훈련받은 총검술"에 있는 것이 아니라 그것을 "우리 동포를 위해 쓸 대가 왔다"는 데 있다. 제국 일본의 침략 전쟁을 수행하기 위해 훈련받은 총검술은 어느새 민족국가 건설을 위한 (예비적) 자질이 되고 있는 것이다. 그리고 이때 총검술은 해방 이전부터 조선을 건국하고 조선인을 보호하기 위한 장치로 위치 지어지면서 과거 식민지 경험이 현재의 입장에서 얼마든지 변용될 수 있음을 암시하는 것이기도 하다. 바꿔 말해, 해방 이후 민족적 주체로서의 재구축 전략 속에는 해방 이전 '제국적' 주체 형성 과성 속에 어떻게든 '민족적' 요소가 있었음을 덧칠해야만 했던 것이다. 결국 제국적 주체와 민족적 주체 사이의 연속/단절의 문제를 고찰하기 위해서는 어떻게 그것들이 서로의 메커니즘을 타자화해 자기 논리를 구축하는지 보다 세밀하게 살펴볼 필요가 있다. 단절의 극복으로서의 연속과 연속의 지양으로서의 단절 사이에 해방 전후 1940년대가 가로놓여 있는 것이다.

한편, '암흑기' 제국적 주체와 '해방기' 민족적 주체 사이의 연속성을 고찰하기 위해서 그것들을 겹쳐 읽는다고 했을 때, 텍스트의 굴절과 변용에 주의를 기울일 필요가 있다. 이런 점에서 『동양론과 식민지 조선문학』에서의 주된 논의의 대상이었던 이태준과 그의 문학작품에 다시금 눈을 돌리는 것은 필연적이다. 『제국의 기억과 전유』에서 정종현은 "해

14 金松, 「武器 없는 民族」, 『백민』, 1946.1, 41쪽.

방 이후의 이태준 문학은 식민지시기 서사의 모형과 주제의식을 변주하면서, 그리고 새로운 시대의 정체성에 맞게 조정하면서 과거의 제국적 정체성을 민족적 정체성으로 변형시켰다"[15]라고 논의하였다. 이에 대한 근거로 해방 이후 『사상의 월야』 개작 양상과 『성모』의 서사 모형을 변주하여 민족주의적 서사를 주조한 「불사조」 등을 제시하였다. 개작과 서사 모형의 변주라는 측면은 확실히 1945년 8월 15일을 기점으로 이전/이후 시기의 문학작품을 겹쳐 읽게 만든다. 『매일신보』 연재본에서 송빈이 제국의 중앙 도쿄로 이동하여 '과학'을 발견[16]하게 된 과정, 즉 제국적 주체화 과정을 소거한 채 1946년 을유문화사에서 발간한 단행본에서는 "일본에 협력하기 위해서가 아니라 이 앞으로 일본과 투쟁하여 조선을 찾을 그런 준비로 학문과 사상을 배우러 가는 진정한 애국청년들"[17]과 마찬가지로 자신을 위치 지으면서 민족적 주체화 가능성을 마련하는 방식으로 개작했다는 점에 주목한다면, 과거의 제국적 주체성을 민족적 주체성으로 변형시켰다는 정종현의 지적은 타당한 것이다. 「해방전후」에서 해방 이후 문협에 가담한 자신의 변화를 합리화하기 위

15 정종현, 앞의 책, 175쪽.

16 이와 관련해서는 1940년 '신체제' 수립 전후 제국 일본의 고도국방국가 건설 기획의 성격과 그에 따른 식민지 동원의 특성, 과학기술의 논의 및 실천이 갖는 문화사적 의미, 지식인들의 전향의 윤리와 기술의 관계에 대해 고찰한 차승기의 「명랑한 과학과 총체적 포섭의 꿈-전시 체제기 기술적 이성 비판」, 『비상시의 문/법-식민지/제국 체제의 삶, 문학, 정치』, 그린비, 2016, 180~212쪽과 당시 대중소설에서 과학을 기반으로 하는 남성 젠더적 기술적 주체성을 중심으로 병적이고 에로스적인 것으로 표상되는 사회주의 이데올로기와 근대문학을 주변부화하는 한편, 식민지의 과학 엘리트를 주인공으로 삼아 과학을 통해 왜소한 식민지적 자아를 벗어나 보편적 주체성을 획득하는 과정을 서사화하였음을 밝힌 정종현의 「사실, 과학 그리고 문학의 신생-신체제기 한국 대중소설에 나타난 '기술적' 주체와 문학의 재편」, 『상허학보』 23호, 상허학회, 2008, 47~82쪽의 논의를 참고할 수 있다.

17 이태준, 『사상의 월야』, 을유문화사, 1946, 317쪽.

해 과거 식민지시기의 체제 협력적 행위를 '잊어야 할 기억'으로 봉인한 자기 망각의 서사적 전략을 펼쳐 보인 것과 마찬가지로 제국적 주체화의 과정은 민족적 주체화의 그것으로 대체되어야만 했던 것이었다.

이처럼 정종현의 『제국의 기억과 전유』의 핵심에는 제국적 주체의 후예들이 어떻게 민족적 주체로 거듭나고 있는가에 대한 논의가 주조를 이루고 있다. 제국-식민지 체제기 지식인, 문학자의 자기 정체성 구축의 방식이 탈식민-냉전 체제기 어떻게 변용되고 굴절되었는지를 세밀하게 보여준다는 점에서 이러한 논의는 그 자체로 의미 있는 것이다. 그런데 제국적 주체에서 민족적 주체로의 전신 과정에 대한 이 책의 논의가 1940년대 한국 사회와 문화 형성 과정에 있어서의 중층적이고 혼종적인 현상을 구명하는 데 핵심적인 의제라는 것은 두말 할 필요도 없지만, 제국적 주체→민족적 주체의 전신 과정이 다소 단선적으로 조망되고 있는 것은 아닌지 의문이 든다. 즉, '암흑기'와 '해방기'라는 단절의 관점을 극복하고 '1940년대'라는 연속성을 확보하기 위해 제국적 주체와 민족적 주체 사이에 과도한 인과성을 부여하고 있는 것은 아닌지 묻지 않을 수 없다. 이러한 물음이 가능한 것은, 식민지 말 제국적 주체가 해방 이후 민족적 주체로의 자기 정체성을 조정하는 과정이 너무나 매끄럽게 연결되고 있기 때문이다. 단순한 물음이지만, 과연 제국적 주체가 민족적 주체로 전화하는 과정이 그렇게 '자연스러운' 것일까? 또는, 제국적 주체의 후예들 중 민족적 주체로의 전신화에 실패한 자들은 없는가? 식민지시기 제국적 주체성을 확보하지 못한 자들이 해방 이후, 해방이라는 역사적 사건을 계기로 해서 민족적 주체로 자기 정체성을 확립한 경우는 없는가? 이와 관련된 물음은 얼마든지 그 편

폭을 넓힐 수 있을 것이다. 정종현의 괄목할 만한 논의에도 불구하고 이러한 의문이 드는 것은 제국-식민지 체제기에서 탈식민-냉전 체제 형성기를 관통하는 다양하고 이질적인 주체들에 관심을 기울일 필요가 있기 때문이다.

3. 한국 근대문학의 해방 전후

'연속/비연속'의 관점에서 1940년대 한국 사회의 구조 변동과 문화 형성 과정에 대해 고찰하고 있는 정종현의 『제국의 기억과 전유』의 논의를 따라 읽다보면, 자연스럽게 한국문학의 해방 전후 전개 양상에 관해 관심을 기울이게 된다. 무엇보다 그것은 그가 한국문학을 통해 1940년대를 새롭게 독해하고 있기 때문이다. 즉, 제국-식민지 체제의 '암흑기' 조선문학과 탈식민-냉전 체제의 '해방기' 조선문학을 '겹눈'으로 바라보고 있는 그의 관점에 동의한다면, 1945년 8월 15일을 기점으로 한국문학에 어떠한 변화가 발생했는지/하지 않았는지에 눈을 돌리게 되는 것이다. 그 스스로 이 책의 부제를 '1940년대 한국문학의 연속과 비연속'이라고 제시하고 있다는 점에서도 한국문학의 역사적 전개 과정 속에서 해방 전후의 관련성에 대해 의문을 가지는 것 또한 무리는 아닐 것이다. 정치 체제의 변화와 사회 구조의 변동을 염두에 둔다면, 해방을 기점으로 한국문학에 커다란 전환이 발생했을 것이라고 짐작할 수 있고, 그런 점에서 '단절'의 관점으로 그것을 이해할 수 있다. 특히, 제국의 지방문학으로서의 식민지 조선문학과 신생 조선의 민족문학으로서의 그것들 사이에는 건널 수 없는 간극이 존재하고 있는 것처럼 여겨진다.

하지만 정종현의 관심은 '연속'의 관점에서 식민지시기 문학적 관습/관행이 해방 이후에 어떻게 전유되고 있는가에 있다. 이를 명확히 확인할 수 있는 것이 소위 '대중문학의 해방 전후'에 대해 논의를 전개하고 있는 부분이다. 그는 먼저 1940년대 한국문학의 연속과 단절 양상을 대중서사의 차원에서 보여준다고 판단되는 김내성의 문학작품에 주목하여, 식민지 말 그의 문학작품이 구성했던 제국적 주체가 해방 이후 민족적 주체로 변형되어가는 과정과 방식을 고찰하였다. 그에 의하면, "『백가면』－「태풍」－「매국노」－『청춘극장』－「붉은 나비」로 이어지는 스파이－탐정서사적 특성의 연속은 식민지 말기 김내성 소설의 중심적 경향이었던 파시즘 이데올로기에 기반한 스파이물의 구조와 장치가 해방 이후 자신의 제국적 정체성을 조정하여 민족적 정체성을 재구성할 때에도 여전히 유용하게 활용되었고, 1950년대 중반까지도 영향을 미치고 있다는 사실을 일러준다."[18] 제국-식민지 체제의 파시즘에서 탈식민-냉전 체제의 내셔널리즘으로 국가 정치 체제 추동의 이데올로기가 바뀌었음에도 김내성의 서사 모형, 특히 인물 유형화 방식이 변형/굴절되어 지속되고 있음을 밝히는 동시에 민족 서사 구성에 제국의 경험과 기억이 잔존하고 있음을 밝히고 있다. 한편, 해방 전후 정비석의 대중문

18 정종현, 『제국의 기억과 전유－1940년대 한국문학의 연속과 비연속』, 어문학사, 2012, 185쪽.

학을 검토하는 것을 "1940년대부터 1950년대에 걸쳐서 한국 사회에서 일어난 문화적 패러다임의 변동을 생활세계에서의 풍속과 윤리를 통해 천착해가는 과정"[19]이라고 전제한 뒤, 정비석의 문학작품에 대한 세밀한 독해를 통해 식민지 말 전시총동원 체제의 이데올로기를 내면화하며 구성하였던 윤리적 세목들—"'직분'에 충실하고, 전체(사회, 민족, 국가)를 위한 공적 대의에 사적 이익을 희생시키고, 이러한 목표를 실현하기 위해서 남성 주체에게는 행동력과 정열을 요구하며, 여성에게는 '부덕'에 기반해 국가를 위한 '현모양처'가 되기를 독려하는 이러한 특징들"[20]—이 1950년대의 상황에서 재구조화한 측면을 밝혔다.

식민지시기 대중문학의 다양한 관습과 서사 전략이 해방 이후에 전유되고 있는 양상을 고찰하는 것을 통해 단절의 관점을 극복하고, 해방 전후 나아가 1950년대와 1960년대에 이르기까지 한국문학과 문화의 연속성을 구명하는 이러한 작업은 한편으로는 문학사 재서술의 필요성을 제기하는 것이기도 하다. 선택과 배제의 패러다임 속에서 기존 문학사 서술에서 주변부화되었던 대중문학에 대한 관심을 촉발하는 것과 아울러 단절과 연속의 이분법적 구분을 넘어 다양하고 이채로운 문학적 현상을 포괄할 수 있는 새로운 문학사 서술에까지 나아가기 위한 포석을 마련하고 있는 것이다.

그런데 이러한 논의가 그 자체로 흥미롭고 타당한 것이라고 하더라도, 여기에서 드는 핵심적인 의문 중 하나는 과연 해방을 기점으로 한국 근대문학에 어떠한 변화가 발생했는가에 있다. 다시 말해, 근대전환

19 위의 책, 236쪽.
20 위의 책, 255쪽.

기 이래 한국 근대문학의 역사적 전개 과정 속에서 해방 전후를 포괄하여 1940년대를 바라봤을 때, 과연 해방을 기점으로 한국 근대문학에 어떠한 전환이 발생했는지/발생하지 않았는지 의문이 드는 것이다. 따라서 해방을 기점으로 한국문학의 연속과 비연속의 양상을 고찰하기 위해서는 식민지 말 제국 일본의 지방문학으로서의 '조선문학'과 신생 조선의 민족문학으로서의 '조선문학' 사이에 어떠한 연속과 단절이 있는지, 나아가 해방이라는 역사적 사건을 임계점으로 하여 과연 한국 근대문학의 형성과 전개 과정에 어떠한 (비)변화가 발생하였는지 밝혀야 한다. 그래야만 식민지 '조선문학'과 해방기 '조선문학'을 '겹눈'으로 바라봤을 때의 어떤 새로운 가능성이 도출될 수 있을 것이다.

> 오늘날 우리들은 건전한 국민문학을 건설해야 할 중대한 책무를 짊어지고 있다. (…중략…)
>
> 문학은 의식적으로나 무의식적으로 국가의 선전 수단이 되는 것이지만, 그러나 그와 동시에 **문학은 국민의 성격을 형성해간다는 훨씬 유구하고도 근본적인 책무를 떠안고 있는 것**이다. (…중략…)
>
> 국민문학은 단지 문단의 막다른 길을 타개하기 위해 이것저것 생각나는 것 중에서 막연하게 선택된 제목은 아니다. 그것은 국민생활의 다른 여러 부분과 마찬가지로, 오늘날 고도국방국가 체제의 필요에 부응하기 위해 세워진 혁신적인 문학상의 목표이다. 그것은 아직 명료한 형태와 성격을 갖추지 않았다고는 하나, 이미 명확한 사명을 띠고 있는 문학이다. 단적으로 말하면 유럽의 전통에 근거한 이른바 근대문학의 한 연장으로서가 아니라, **일본정신에 의해 통일된 동서 문화의 종합을 지반으로 하여, 새롭게 비약하려는 일본국민**

의 이상을 구가한 대표적인 문학으로서, 이후 동양을 지도해야 할 사명을 띠고 있는 것이다.[21] (강조－인용자)

조선문학(朝鮮文學)의 발전(發展)과 성장(成長)의 가장 큰 장애물(障碍物)이었든 일본 제국주의(日本 帝國主義)가 붕괴(崩壞)된 오늘 우리 문학(文學)의 일로부터의 발전(發展)을 방해(妨害)하든 이러한 잔재(殘滓)의 소탕(掃蕩)이 이번에 조선문학(朝鮮文學)의 온갔 발전(發展)의 전제조건(前提條件)이 되는 것이다. 그럼으로 이것의 제거(除去) 없이는 었더한 문학(文學)도 발생(發生)할 수도 없고 성장(成長)할 수도 없는 것이 현실(現實)이다. 그러면 이러한 장애물(障碍物)을 제거(除去)하는 투쟁(鬪爭)을 통(通)하야 건설(建設)될 문학(文學)은 었더한 문학(文學)이냐? 하면 그것은 **완전(完全)히 근대적(近代的)인 의미(意味)의 민족문학(民族文學) 이외(以外)에 있을 수가 없다. 이러한 민족문학(民族文學)이야 말로 보다 높은 다른 문학(文學)의 생성(生成), 발전(發展)의 유일(唯一)한 기초(基礎)일수가 있는 것이다.**

이것이 우리가 일로부터 건설(建設)해나갈 문학(文學)의 과제(課題)이며 이 문학적 과제(文學的 課題)는 또한 일로부터 조선 민족(朝鮮 民族)이 건설(建設)해나갈 사회(社會)와 국가(國家)의 당면(當面)한 과제(課題)와 일치(一致)하고 공통(共通)하는 과제(課題)다.

여기에 문학 건설(文學 建設)의 운동(運動)이 조선 사회(朝鮮 社會)의 근대적 개혁(近代的 改革)의 운동(運動)과 조선(朝鮮)의 민주주의적(民主主義的) 국가 건설(國家 建設)의 사업(事業)의 일익(一翼)이 될 의무(義務)와

21 崔載瑞, 「國民文學の要件」, 『轉換期の朝鮮文學』, 人文社, 1943, 51~53쪽.

권리(權利)가 있는 것이다.[22] (강조—인용자)

위의 인용문은 최재서의 『전환기의 조선문학』과 제1회 조선문학자대회 회의록을 정리한 『건설기의 조선문학』에 실린 임화 글의 일절이다. 두 책의 제목이 명시하고 있는 바, 식민지 말은 '전환기'로, 해방기는 '건설기'로 각각 인식되고 있으며, 무엇보다 이러한 시기 구분은 해방을 기점으로 한 단절의 감각을 명확하게 보여준다. 세계 대공황에 이은 자본주의의 몰락 징후와 전 세계적인 파시즘 체제의 대두에 따라 식민지 말은 근대의 종언과 초극을 위한 '전환기'로 인식되었고, 제2차 세계대전의 종식과 함께 전 세계적으로 진행되었던 제국의 몰락 및 과거 식민지 국가들의 신생 민족국가 건설의 움직임 속에서 해방기는 '건설기'로 인식되었다. 최재서와 임화 역시 이러한 역사적 전환에 대한 현실 인식을 바탕으로 조선문학을 바라보고 있었던 것이다. 식민지 말 전시총동원 체제기에 조응한 '국민문학'으로서의 조선문학과 해방 이후 민족국가 건설의 열망 속에서 '민족문학'으로서의 조선문학은 모두 이러한 인식의 산물이었다. 그런데 흥미로운 것은 최재서든, 임화든, 근대 세계 체제의 변화 과정을 근대문학으로서의 조선문학의 그것으로 자연스럽게 수리하고 있다는 데 있다. "유럽의 전통에 근거한 이른바 근대문학의 한 연장"이 아닌, 그것을 초극하는 형태의 조선문학과 일본 제국주의의 잔재를 소탕하고 건설해야 할 "완전完全히 근대적近代的인 의미意味의 민족문학民族文學"인 조선문학은 확실히 다른 것처럼 보인다. 하지만 전환기 국

22 임화, 「조선 민족문학 건설의 기본과제에 관한 일반보고」, 홍구 편, 『건설기의 조선문학』, 조선문학가동맹 중앙집행위원회 서기국, 1946, 41~42쪽.

민문학으로서의 조선문학과 건설기 민족문학으로서의 조선문학은 모두 '근대문학'의 자장 안에서 사유되고 있다. 따라서 1940년대 한국문학의 연속과 비연속을 고찰하기 위해서는 해방을 기점으로 하여 근대문학으로서의 조선문학을 어떻게 규정하고 있는지 보다 세밀하게 살펴야 할 것이며, 그것은 한편으로는 근대 이후 한국문학의 위상 변동 과정 자체를 조망할 수 있는 보다 넓은 시야를 요구하는 것이기도 하다.

이런 점에서 연속/단절의 관점으로 '암흑기'와 '해방기'를 '겹눈'으로 바라보고자 한 정종현의 『제국의 기억과 전유』의 논의에서 무엇보다 아쉬운 점은 과연 '해방'을 기점으로 한국문학을 연속/단절의 관점에서 이해할 수 있느냐에 있다. 이러한 질문이 가능한 것은 당대 한국사회와 문화의 형성이 중층적이고 혼종적이었다는 그의 주장에 반론을 제기하기 위해서가 아니라, 그러한 중층적이고 혼종적인 당대 한국사회와 문화의 형성 과정을 한국문학을 통해서 이해하는 것의 어떤 가능성을 묻기 위함이다. 익히 알려져 있다시피, 한국 근대문학의 100년 역사에 있어 그 전환점은 근대문학이 발흥한 근대전환기와 근대문학의 종언을 운운하던 1990년대 중반 정도이다. 대체적으로 20세기의 시작과 끝으로 수렴되는, 근대문학의 태동기나 근대문학의 종언이 회자되던 시기에는 한국문학을 구성하는 역사적 조건들이 변화했다.

> 활자문화의 발달, 민족주의 발흥, 근대적인 자아관념 등은 그 근대적인 의미에서의 문학의 불가결한 조건으로 흔히 거론된다. (…중략…) 20세기 후반부터 전 지구적으로 일어나고 있는 문화변동은 근대문학을 가능케 했던 역사적 조건들이 사실상 붕괴하고 있음을 알려주고 있다. 인쇄된 서적은

> 문화 생산과 수용에서의 주도적인 위치를 라디오, 텔레비전, 시네마, 비디오, 인터넷 등 새로운 미디어에 내주었고, 경제, 정치, 기술에서의 전 지구화의 결과 국민국가는 그 독립성, 건재성, 동질성이 약화되는 사태를 맞이했으며, 통일된, 항상적인, 주권적인 자아에 대한 확신은 20세기 문학과 철학에 이룩된 가장 중요한 혁신들 속에서 자아의 파편화에 대한 감각, 자아의 구성물적 성격에 대한 인식으로 대치되었다.[23]

이러한 견해에 동의할 수 있는 것은 활자문화, 민족주의, 근대적 자아 등 근대문학으로서의 한국문학의 역사적 조건들의 변화에 근거해 한국 근대문학의 처음과 끝을 규정하고 있기 때문이다. 하지만 과연 1945년 8월 15일을 전후로 한 시기에 한국문학에 그러한 일이 발생했는가? 결국, 세계 체제, 동아시아 지역 질서, 국민국가의 역사적 전환과 정치 체제의 변화, 사회 구조의 변동 과정을 너무나 자연스럽게 한국문학의 그것으로 간주한 것은 아닌지 의문이다. 비록 당대의 문학자들의 시선이 그곳에 집중되어 있었다고 하더라도, 현재의 시점에서 문학 연구자의 입장에서는 한국 근대문학의 역사적 조건들의 (비)변화에 주목해야 하는 것은 아닐까? 만약 1940년대 한국문학의 역사적 조건들이 변화하지 않았다면, 연속/단절의 관점으로 그것을 이해하는 것은 원론적으로 새로운 것이 아니다. 당시 근대문학으로서의 한국문학의 개념과 범주, 한국문학에 대한 인식, 한국문학을 둘러싼 제도, 한국문학을 구성하는 담론 등에 어떤 커다란 전환이 일어났다고 보기는 어렵

23 황종연, 「문학의 묵시록 이후」, 『탕아를 위한 비평』, 문학동네, 2012, 14쪽.

다. 오히려 식민지 말 국민문학과 해방기 조선문학은 '근대문학=민족문학'의 측면에서 연쇄하고 있었다고 보아야 할 것이다. 따라서 단절과 연속을 논의하기에 앞서 근대문학의 어떠한 자질과 속성이 그러한 단절과 연속을 가능케 한 것인지 먼저 밝혀야 할 것이다. 어쩌면 1940년대 한국사회와 문화를 이해하는 데 문학 연구가 기여할 수 있는 부분은 바로 이 지점에서 찾아야 할지도 모른다.

4. 팰림시스트 위의 흔적들

1940년대 한국의 사회구조 변동과 문화 형성 과정은 대체로 '단절'의 관점에서 이해되어왔다. '암흑기'와 '해방기'라는 명명법이 상징적으로 보여주듯이, 1940년대는 1945년 8월 15일을 기점으로 제국-식민지 체제기와 탈식민-냉전 체제기로 양분되었다. 하지만, 식민지시기 정치적・제도적・문화적 경험이 해방 이후 한국 사회와 문화 형성, 개인의 정체성을 재구축하는 데 영향을 끼쳤음은 주지의 사실이다. 해방 이후 과거 식민지시기의 체험과 기억은 극복/지양되거나 굴절/변형되어 한국 사회와 문화 형성의 핵심적인 동력 중 하나가 되었다. 이런 점에서 '연속'의 관점에서 1940년대를 동일한 지평 위에 놓고 바라보는 것은 해방 이후 한국 사회와 문화 형성 과정에 있어서의 중층적이고 혼종적인 현상을 구명하기 위해서 필수적이다. 정종현의 『제국의 기억과 전유』는 이러한 점에 착목하여 1940년대 문학, 문화연구의 괄목할 만한 성과를 보여주었다. 하지만 이질적이고 분열증적인 개인들의 정체성 구축 과정에 대한 세밀한 탐구나, 한국 근대문학의 역사적 조건들의 변화 과정에 대한 엄밀한 접근이 이루어졌을 때에만, '연속'과 '단절'의 이분법적 시각을 넘어 1940년대 한국 사회와 문화, 문학 이해에 새로운 관점을 제공할 수 있을 것이다.

이와 관련하여 1939년 충청도 소재 공립농업실수학교를 다녔던 자의 근로일지, 연초경작조합 기수의 일기, 한국전쟁에 참전한 인민군 장교의 전투 일지 등 덧씌어진 일기를 대상으로 근대 한국에서 이중 언어 상황이 개인의 일상과 반성 언어 속에서 나타나는 방식을 검토해 지배의 테크놀로지가 자기의 테크놀로지로 전화되는 방식을 해명한 황호덕의 논의가 있어 주목된다. 그는 이들 "덧씌어진 일기들이 말해주는 것은 한국의 이중 언어 상황이 근원적인 수준에서 국가이성과 지배 언어의 영토의 비대화를 초래했으며, 이러한 한계를 모르는 지배 언어의 범위 아래에서, 내면은 오직 '쓸 수 없는 것'이라는 한계 개념으로서만 존재 가능했다는 사실"을 논의하였다.[24] 황호덕의 논의에서 흥미로운 부분은 제국-식민지 체제기에서 탈식민-냉전 체제기에 걸쳐 계속해서 '덧씌어진 일기들'이다. 제국의 언어와 민족어, 일상어와 지배 언어가 계속해서 덧씌어진 일기들을 보고 있자면, 양피지 위의 글자가 여러 겹 겹쳐서 보이는 것을 말하는 팰림시스트Palimpsest가 자연스럽게 연상된다. 어쩌면 한국 근대문학은 그 자체로 팰림시스트라고도 할 수 있을

24 황호덕, 「피와 문체, 종이 위의 전쟁—중일전쟁에서 한국전쟁까지, 덧씌어진 일기장을 더듬어」, 『한국어문학연구』 제54호, 한국어문학연구학회, 2010, 135~179쪽.

것이다. 이광수의 문학작품과 이후 한국문학에 나타난 근대적 주체로서의 개인들은 제국적 주체, 민족적 주체, 계급적 주체, 젠더적 주체 등 다양한 이름으로 호명되었지만, 한편으로 그들은 다채롭고 이질적인 상태로 잡거하면서 양피지 위의 여러 겹의 글자들처럼 그 흔적을 아로새기고 있었던 것이다. 따라서 제국적 주체에서 민족적 주체로라는 연속/단절의 이분법적 시각을 넘어 제국적 주체 위에 민족적 주체가 덧씌어진 상황, 아니 민족적 주체 아래 희미하지만 결코 지울 수 없는 제국적 주체의 흔적들을 응시할 필요가 있을 것이다.

끝으로 『제국의 기억과 전유』 결론에서 '냉전 시민론'의 개진 가능성을 열어두고 있어 한 가지 덧붙이고자 한다. 제국적 주체-민족적 주체-냉전 시민이라는 단선적 주체화 과정에 정종현이 천착할 리 만무하다고 여겨지지만, 한편으로 그러한 구도 아래 한국전쟁 이후 남한 사회와 문화 구성의 동력을 해명하려는 작업을 예비하고 있는 듯한 인상을 주고 있다. 이 기본적인 도식 자체에 굳이 이견을 피력할 필요가 없지만, 제국적 주체에서 민족적 주체로의 전화 과정이 그러한 것처럼, 민족적 주체에서 냉전 시민으로의 전화 과정이 매끄럽게 이루어지지 않았으면 하는 바람이다. 물론, 국가 권력에 의해 호명된 개인들의 주체화 과정에 대한 세밀한 고찰을 통해 국가 권력의 폭력성과 개인들의 다양하고 이질적인 욕망을 드러낼 수 있을 것이다. 하지만, 한편으로는 그러한 국가 권력에 저항하고 미끄러지며 주체화 과정에 실패하거나 그러한 자장 밖에 위치한 사람들에게도 관심을 기울일 필요가 있을 것이다. 그래야만 국가 권력 또는 정치권력이 만들어내는 개인이 아니라, 그것과 끊임없이 길항 관계에 놓여 있는 개인들의 다채로운 양상을 파악할 수 있을 것이다. 주체화 과정에 성공한 자들이 아니라 주체화 과정에 실패한 자들, 또는 그러한 주체화 과정에 스스로를 위치시키지 않는 자들에 대한 문학적 상상이 국가와 개인, 사회 구조와 문화 현상에 대한 새로운 이해 지평을 넓힐 수 있을 것이다.

현재 한국인의 과거 이해, 과거사 인식은 아직도 '연속/단절'의 이분법적 시각을 벗어나고 있지 못한 듯 보인다. 특히, 진보적 가치를 지향하든, 보수적 자기 충족을 탐닉하든, 정치권력에 기생하고 있는 개인과 집단은 자기/집합적 정체성을 구축하기 위해 연속과 단절의 관점에서 식민지시기부터 최근의 노무현 정부 시기까지의 과거를 '제멋대로' 소환하고 있다. 그러한 연속과 단절의 과거 이해에는 자기 해체나 자기 부정의 어떠한 균열의 지점도 용납하지 않는 강고함이 웅크리고 있다. 이 엄혹한 파국의 시기에 1940년대 제국-식민지 체제의 경험과 기억이 탈식민-냉전 체제의 남한 사회와 문화 형성 과정에 있어서 전유된 양상을 당대 한국문학의 연속과 비연속을 통해 고찰하고 있는 문학 연구서를 읽는 행위는 어떤 의미가 있을까? 과문한 나로서는 답하기 요원하다. 다만, '연속/단절'의 이분법적 시각을 넘어서기 위해서 필요한 것은 어느 한쪽의 시각이 다른 한쪽의 시각을 인정하고 수용하는 데 그치는 것이 아니라, 자기 해체와 자기 부정을 통한 내파內破의 가능성을 묻고, 그러한 움직임을 지속할 수 있는 자기 극복의 논리를 내부로부터 모색하는 데 있을지도 모른다. 환멸의 대상을 자기 밖에서 찾는 것이 아니라, 자기 자신이 곧 환멸의 대상이 되지 않는 한 자기 극복의 가능성은 어떠한 경우에도 배태되지 않는다. 이때 자기 해체와 자기 부정이라는 환멸의 언어로 이루어진 문학, 그러한 언어의 흔적들이 아로새겨져 있는 팰림시스트로서의 한국문학에 다시금 관심을 기울일 필요가 있다. 지금, 문학이 나를 환멸하게 한다.

참고문헌

1. 자료

1) 신문·잡지

『경향신문』『국민문학』『녹기』『동아일보』『매일신보』『문예』『문장』『문학비평』『문학사상』『문학』『민성』『백민』『삼천리』『신시대』『신천지』『우리문학』『월간조선』『인문평론』『인민예술』『조광』『춘추』『한글』『협동』『흥아협회』

2) 단행본

경성제국대학 위생조사부 편, 박현숙 역, 『토막민의 생활과 위생』, 민속원, 2010.
金子斗禎, 『半島皇民生活物語』, 朝鮮思想國防協會, 1943.
金萬善, 『鴨綠江』, 同志社, 1948.
金史良, 『光の中に』, 小山書店, 1940.
______, 『金史良全集』, 河出書房新社, 1973.
김사량, 오근영 역, 『김사량 작품집－빛 속으로』, 소담출판사, 2001.
金松, 『百萬人의 敎師－해방된 조선민중의 계몽을 위하야』, 白民文化社, 1945.
____, 『武器 없는 民族』, 白民文化社, 1946.
____, 『金松短篇集 南寺黨』, 崇文社, 1948.
김현주 편, 『정비석 문학 선집』 3－단편소설, 소명출판, 2013.
金亨燦 編, 『日常生活에 必要한 經濟의 基礎知識』, 建國社, 1946.
______, 『今後 活動에 必要한 社會思想의 基礎知識』, 建國社, 1947.
農林局林政課 編, 『北鮮開拓事業計劃に依る火田民指導及森林保護施設の概要』, 朝鮮總督府, 1932.
牧洋, 『逢島物語』, 普文社, 1945.
朴魯植, 『新朝鮮地理』, 同志社, 1947.
박헌영, 『조선 인민에게 드림』, 종합출판 범우, 2008.
白南雲, 『朝鮮民族의 進路』, 新建社, 1946.
쏘聯國立百辭典硏究所, 朝鮮文化普及會 譯, 『쏘聯이 본 美國의 實情』, 建國社, 1946.
安懷南, 『불』, 乙酉文化社, 1946.
廉想涉, 『廉想涉全集』 10－중기단편 1946～1953, 民音社, 1987
염상섭, 『효풍』, 실천문학사, 1998.
우쥐류, 송승석 역, 『아시아의 고아』, 아시아, 2012.
유종호, 『나의 해방 전후 1940～1949』, 민음사, 2004.

이강국, 『민주주의 조선의 건설』, 범우사, 2013.
이경훈 편역, 『한국 근대 일본어 소설선 1940~1944』, 역락, 2007.
李泰俊, 『書簡文講話』, 博文書館, 1943.
______, 『思想의 月夜』, 乙酉文化社, 1946.
이태준, 『이태준문학전집』 7-사상의 월야 · 법은 그렇지만, 깊은샘, 1996.
鄭飛石, 『故苑』, 白民文化社, 1946.
朝鮮圖書出版株式會社 編, 『半島作家短篇集』, 朝鮮圖書出版株式會社, 1944.
朝鮮文學家同盟 中央執行委員會書記局 編, 『建設期의 朝鮮文學』, 白楊堂, 1946.
朝鮮總督府, 『朝鮮に於ける國民精神總動員』, 朝鮮總督府, 1940.
蔡萬植, 『蔡萬植全集』, 創作社, 1987.
崔載瑞 著作兼發行, 『大東亞戰記』, 人文社, 1943.
______, 『轉換期の朝鮮文學』, 人文社, 1943.
表海雲, 『朝鮮地政學概觀-朝鮮의 過去 · 現在와 未來』, 建國社, 1947.
表文化, 『政治地理學概要』, 高麗出版社, 1955.
海軍省人事局 監修, 『海軍志願兵讀本』, 興亞日本社, 1944.
許俊, 『殘燈』, 乙酉文化社, 1946.
朝鮮文學家同盟 中央執行委員會書記局, 『建設期의 朝鮮文學』, 白楊堂, 1946.
후지와라 데이, 위귀정 역, 『흐르는 별은 살아 있다』, 청미래, 2003.

2. 국내논저

1) 논문

공임순, 「일제 말 흥망사 이야기와 타락의 표지들에 관한 연구」, 『국어국문학』 제141권, 국어국문학회, 2005.
곽건홍, 「일제하의 빈민-토막민 · 화전민」, 『역사비평』 제46호, 역사비평사, 1999.
권은, 「식민지 교양소설과 이태준의 공간지향-이태준의 『사상의 월야』를 중심으로」, 『상허학보』 제44집, 상허학회, 2015.
권보드래, 「'풍속사'와 문학의 질서」, 『현대소설연구』 제27호, 한국현대소설학회, 2005.
김경미, 「1940년대 어문정책하 이광수의 이중어 글쓰기 연구」, 『韓民族語文學』 제53집, 한민족어문학회, 2008.
김계자, 「근대 일본문단과 식민지문학자-김사량과 룽잉쭝을 중심으로」, 『아시아문화연구』 제22집, 가천대 아시아문화연구소, 2011.
김명훈, 「고아들의 감정교육, 해방 전후 이태준 소설의 인정투쟁」, 『상허학보』 제41집, 상허학회, 2014.
김복순, 「해방 후 대중성의 재편과 젠더 연관-『1945년 8 · 15』 『효풍』 『해방』을 중심으로」, 『여성문학연구』 제26호, 한국여성문학회, 2011.

김석희, 「식민지인의 가책과 폭로의 구조－김사량 「빛 속으로」를 중심으로」, 『日語日文學硏究』 第17輯, 한국일어일문학회, 2009.
김성욱, 「‘재조선 미국 육군사령부 군정청 법령’ 제33호에 의한 소유권의 강제적 귀속」, 『法學硏究』 第42輯, 한국법학회, 2011.
김수자, 「해방 이후 우익 민족 담론의 공고화 과정(1945～1953)－일간지를 중심으로」, 『歷史學報』 第198輯, 歷史學會, 2008.
김양수, 「한국과 타이완 문학 속 ‘광복(光復)’의 기억」, 『중어중문학』 제48집, 한국중어중문학회, 2011.
김영경, 「해방기 염상섭의 정치・경제의식과 서사의 비균질성－염상섭의 『효풍』론」, 『우리말글』 제67집, 우리말글학회, 2015.
김영찬, 「끝에서 본 기원과 비평/문학 연구」, 『상허학보』 제35집, 상허학회, 2012.
김예림, 「냉전기 아시아 상상과 반공 정체성의 위상학－해방～한국전쟁 후(1945～1955) 아시아 심상지리를 중심으로」, 『상허학보』 제20집, 상허학회, 2007.
김은정, 「일제 말 총동원 시기 ‘신민≠국민’의 표상과 의미작용 함수관계－김사량 작품을 중심으로」, 『세계문학비교연구』 제37집, 세계문학비교학회, 2011.
______, 「이태준의 「해방전후」 연구－욕망과 플롯을 중심으로」, 『배달말』 제30호, 배달말학회, 2002.
김점숙, 「미군정과 대한민국 초기(1945～50년) 물자수급정책연구」, 이화여대 박사논문, 2000.
김종욱, 「‘거간’과 ‘통역’으로서의 만주 체험」, 『한국현대문학연구』 제24집, 한국현대문학회, 2008.
______, 「해방기 국민국가 수립과 염상섭 소설의 정치성－『효풍』을 중심으로」, 『외국문학연구』 제60호, 한국외대 외국문학연구소, 2015.
김주현, 「김동리의 「해방」 연구」, 『어문학』 제121집, 한국어문학회, 2013.
김주형, 「김사량의 「빛 속으로」를 통해 본 균열의 제국」, 『세계문학비교연구』 제37집, 세계문학비교학회, 2011.
김철, 「비천한 육체들은 어떻게 응수(應酬)하는가－산란(散亂)하는 제국의 인종학(人種學)」, 『사이間SAI』 제14호, 국제한국문학문화학회, 2013.
김태운, 「해방기 귀환소설 연구」, 『어문연구』 제25집, 어문연구학회, 1994.
김흥식, 「『사상의 월야』 연구－개작 문제를 중심으로」, 『한국현대문학연구』 제35집, 한국현대문학회, 2011.
남광규, 「제2장 김구 통일운동의 기본 성격과 현실적 한계」, 『민족사상』 제8권 제3호, 한국민족사상학회, 2014.
류보선, 「해방 없는 해방과 귀향 없는 귀환－채만식의 『소년은 자란다』 읽기」, 『현대소설연구』 제49호, 한국현대소설학회, 2014.
류진희, 「해방기 탈식민 주체의 젠더전략－여성서사의 창출을 중심으로」, 성균관대 박사논문, 2015.
문경연, 「일제말기 ‘부여’ 표상과 정치의 미학화－이석훈과 조택원을 중심으로」, 『한국극예술연구』 제33집, 한국극예술학회, 2011.
문명기, 「근대 일본 식민지 통치모델의 轉移와 그 의미-'臺灣모델'의 關東州・朝鮮에의 적용 시도와 변용」, 『중국근현대사연구』 제53집, 중국근현대사학회, 2012.
______, 「대만・조선의 '식민지근대'의 격차-경찰 부문의 비교를 통하여」, 『중국근현대사연구』 제59집, 중국근현대사학회, 2013.
______, 「식민지 '문명화'의 격차와 그 함의-의료 부문의 비교를 통해 보는 대만・조선의 '식민지근대'」, 『한국학연구』 제46집, 고려대 한국학연구소, 2013.
______, 「일제하 대만・조선 공의(公醫)제도 비교연구」, 『의사학』 제23권 2호, 대한의사학회, 2014.
박광현, 「조선문인협회와 '내지인 반도작가'」, 『현대소설연구』 제43호, 한국현대소설학회, 2010.
박상수, 「동아시아 근대 '아시아主義' 讀法-系譜, 類型, 層位」, 『아세아연구』 제56권 4호, 고려대 아세아문제연구소, 2013.
박상준, 「「민족의 죄인」과 고백의 전략-해방기 채만식 소설세계와 관련하여」, 『한국현대문학연구』 제27집, 한국현대문학회, 2009.
박상진, 「동아시아 문학은 어떻게 가능한가?-해석을 통한 보편적 문학가치의 지향」, 『세계문학비교연구』 제15집, 세계문학비교학회, 2006.
박용재, 「해방기 자기서사와 주체성 복원의 기획」, 동국대 석사논문, 2009.
박지영, 「복수의 '민주주의'들-해방기 인민(시민), 군중(대중) 개념 번역을 중심으로」, 『大東文化研究』 제85집, 성균관대 동아시아학술원, 2014.
박필현, 「해방기 문학 비평에 나타난 민족담론 연구」, 이화여대 박사논문, 2010.
배성준, 「대만과 조선에서 '식민지 화폐영역'의 형성」, 『동양사학연구』 제121집, 동양사학회, 2012.
배지연, 「해방기 '민족'이라는 기호의 변화 양상과 그 의미-임화의 '민족', '민족문학' 개념을 중심으로」, 『현대문학이론연구』 제55집, 현대문학이론학회, 2013.
서승희, 「일제말기 소설과 '자기'의 정치-이석훈 소설론」, 『한국문학이론과 비평』 제53집, 한국문학이론과비평학회, 2011.
서재곤, 「「특별공격대」 내러티브 연구 시론」, 『日本研究』 제59호, 한국외대 외국학종합연구센터 일본연구소, 2014.
서중석, 「국내 독립운동세력의 해방 후 국가건설방향-여운형의 인민공화국・인민당・신탁통치 관련 문제를 중심으로」, 『大東文化研究』 第56輯, 성균관대 대동문화연구원, 2006.
신민영, 「우줘류(吳濁流)의 장편소설 『아시아의 고아(アジアの孤兒)』에서 드러나는 식민지인의 정체성 연구」, 『인문논총』 제71권 2호, 서울대 인문학연구원, 2014.
신지영, 「'대동아 문학자 대회'라는 문법, 그 변형과 잔여들」, 『한국문학연구』 제40집, 동국대 문화학술원 한국문학연구소, 2011.
안미영, 「이태준의 근대 소설에 반영된 식민지 어문정책과 민족어의 성격」, 『국어국문학』 제142호, 국어국문학회, 2006.
양운덕, 「미시권력들의 작용과 생명 정치-푸꼬의 권력분석틀과 아감벤의 근대 생명정치학 비판」,

『철학연구』 제36집, 고려대 철학연구소, 2008.
양창렬, 「생명권력인가 생명정치적 주권권력인가－푸코와 아감벤」, 『문학과사회』 통권 제75호, 문학과지성사, 2006.
염복규, 「日帝下 京城도시계획의 구상과 시행」, 서울대 박사논문, 2009.
유석환, 「한반도의 안과 밖, 해방의 서사들－해방을 둘러싼 기억투쟁과 민족문학(론)의 지정학」, 『상허학보』 제29집, 상허학회, 2010.
유철상, 「해방기 민족적 죄의식의 두 가지 유형」, 『우리말글』 제36집, 우리말글학회, 2006.
윤대석, 「서사를 통한 기억의 억압과 기억의 분유」, 『현대소설연구』 제34호, 한국현대소설학회, 2007.
이동연, 「문학연구의 대안적 지식생산을 위한 질문」, 『문화/과학』 통권 34호, 문화과학사, 2003.
______, 「문화연구와 해석의 정치」, 『문화/과학』 통권 71호, 문화과학사, 2012.
이민영, 「해방기 소설에 나타난 '국가－집' 표상 연구－김동리, 김동인, 엄흥섭의 소설을 중심으로」, 『현대소설연구』 제49호, 한국현대소설학회, 2012.
______, 「1947년 남북 문단과 이념적 지형도의 형성」, 『한국현대문학연구』 제39집, 한국현대문학회, 2013.
이봉범, 「잡지 『신천지』의 매체 전략과 문학」, 『한국문학연구』 제39집, 동국대 문화학술원 한국문학연구소, 2010.
이선옥, 「吳濁流와 타이완 의식」, 『중국문학』 제50집, 한국중국어문학회, 2007.
이승일, 「일제의 동아시아 구관조사와 식민지 법 제정 구상－대만과 조선의 구관 입법을 중심으로」, 『한국사연구』 제151호, 한국사연구회, 2010.
이양숙, 「해방기 문학비평에 나타난 '기억'의 정치학－1945~1948년 '문학가동맹'을 중심으로」, 『한국현대문학연구』 제28집, 한국현대문학회, 2009.
______, 「에스니시티와 민족의 거리－김만선 소설에 나타난 도시체험과 난민의식」, 『인문과학연구』 제38집, 강원대 인문과학연구소, 2013.
이영미, 「성애(性愛)의 시대, 여성 주체와 섹슈얼리티－해방공간의 성담론(性談論) 시고(試考)」, 『국제어문』 제33집, 국제어문학회, 2005.
이완범, 「조선공산당의 탁치 노선 변화 과정(1945~1946)」, 『한국근현대사연구』 제35집, 한국근현대사학회, 2005.
이원동, 「주체의 시선과 타자 경험의 정치학－이석훈 소설의 내적 논리」, 『語文學』 제112집, 한국어문학회, 2011.
이정석, 「대중문화 시대, 인문학과 문학연구의 향방에 대한 고찰」, 『우리文學硏究』 제19집, 우리문학회, 2006.
이정선, 「식민지 조선・대만에서의 '家制度'의 정착 과정－'戶主・家族'과 '戶主相續' 개념을 중심으로」, 『한국문화』 제55집, 서울대 규장각 한국학연구원, 2011.
이종호, 「해방기 이동의 정치학－염상섭의 단편소설을 중심으로」, 『한국문학연구』 제36집, 동국대 문화학술원 한국문학연구소, 2009.

이혜령, 「'해방기' 식민기억의 한 양상과 젠더」, 『여성문학연구』 제19호, 한국여성문학학회, 2008.
______, 「채만식의 「미스터 방」과 김동인의 「망국인기」, 해방 후 일본어가 사라진 자리」, 『내일을 여는 역사』 제32호, 내일을여는역사재단, 2008.
임덕순, 「한국 정치지리학과 인문지리학 일반 50년의 회고와 전망」, 『대한지리학회지』 제31권 제2호, 대한지리학회, 1996.
임종명, 「脫식민지시기(1945~1950) 남한의 국토 민족주의와 그 내재적 모순」, 『歷史學報』 第193輯, 역사학회, 2007.
______, 「脫식민지시기(1945~1950) 남한의 지리교육과 국토표상」, 『韓國史學報』 제30호, 고려사학회, 2008.
______, 「脫식민 초기(1945.8~1950.5), 남한국가 엘리트의 아시아紀行記와 아시아表象」, 『민족문화연구』 제52호, 고려대 민족문화연구원, 2010.
장미경, 「'일본어교과서'로 본 植民地 교육—朝鮮 『普通學校國語讀本』과 臺灣 『公學校國民讀本』을 중심으로」, 『일본어문학』 제48집, 한국일본어문학회, 2011.
장세진, 「해방기 공간 상상력의 전이와 '태평양'의 문화정치학」, 『상허학보』 제26집, 상허학회, 2009.
______, 「역내 교통의 (불)가능성 혹은 냉전기 아시아 지역 기행」, 『상허학보』 제31집, 상허학회, 2011.
장인성, 「한국의 동아시아론과 동아시아 정체성—'동아시아의 새로운 상상'과 '국제사회로서의 동아시아'」, 『세계정치』 제26집 2호, 서울대 국제문제연구소, 2005.
전성규, 「해방의 우울과 퇴폐・거세된 남성성 사이의 '명랑'—정비석의 『장미의 계절』과 『도회의 정열』을 중심으로」, 『대동문화연구』 제85집, 성균관대 대동문화연구원, 2014.
전흥남, 「해방기 '귀환형소설' 연구」, 『한국언어문학』 제32집, 한국언어문학회, 1994.
정백수, 「'말할 수 없는' 존재의 표상, 그리고 대변—김사량의 「土城廊」」, 『한국 근대문학연구』 제1권 제2호, 2000.
정상우, 「식민지에서의 제국 일본의 역사편찬사업—조선・대만을 중심으로」, 『한국사연구』 제160호, 한국사연구회, 2013.
정선태, 「삐라, 매체에 맞서는 매체—해방 직후 소설을 통해 본 삐라의 정치학」, 『서강인문논총』 제35집, 서강대 인문과학연구소, 2012.
정재석, 「해방기 귀환서사, 결속의 상상력과 균열의 역학」, 『사이間SAI』 제4호, 국제한국문학문화학회, 2007.
정종현, 「사실, 과학 그리고 문학의 신생」, 『상허학보』 제23집, 상허학회, 2008.
조관자, 「제국일본의 로망과 동아시아 민족주의—일본낭만파에 대한 기억, 1950~1960년대」, 『일본비평』 2010 상반기, 서울대 일본연구소, 2010.
조성면, 「입신출세주의의 문학적 의미—이태준의 『사상의 월야』와 그 밖의 작품들」, 『민족문학사연구』 제40권, 민족문학사연구소, 2009.
지상현・콜린 플린트, 「지정학의 재발견과 비판적 재구성」, 『공간과 사회』 제31호, 한국공간환경학회, 2009.
진영복, 「일제 말기 만주 여행서사와 주체 구성 방식」, 『대중서사연구』 제23호, 대중서사학회, 2010.
_____, 「해방 후 문화적 본질주의 글쓰기 양상 연구—김동리의 『백민』 활동을 중심으로」, 『한민족어문학』 제56집, 한민족어문학회, 2010.
_____, 「재만조선인의 내선일체 담론과 균열」, 『韓民族語文學』 제58집, 한민족어문학회, 2011.
진태원, 「생명정치의 탄생—미셸 푸코와 생명권력의 문제」, 『문학과사회』 통권 제75호, 문학과지성사, 2006.
차혜영, 「지식의 최전선—'풍속-문화론 연구'에 대한 비판적 검토」, 『민족문학사연구』 제33호, 민족문학사연구소, 2007.
차희정, 「해방기 소설의 탈식민성 연구—잡지 게재 소설을 중심으로」, 아주대 박사논문, 2009.
채지원, 「동아시아 문학의 비교론적 고찰—근대 문학의 형성과 발전」, 『문예시학』 제28집, 문예시학회, 2013.
천정환, 「'문화론적 연구'의 현실 인식과 전망」, 『상허학보』 제19집, 상허학회, 2007.
_____, 「해방기 거리의 정치와 표상의 생산」, 『상허학보』 제26집, 상허학회, 2009.
_____, 「포스트—근대문학의 시대, 또는 연장전에 대하여—'근대문학의 종언' 담론을 돌아보며」, 『실천문학』 통권 103호, 실천문학사, 2011.
최병택, 「조선총독부의 화전 정리 사업」, 『한국문화』 제58호, 서울대 규장각 한국학연구원, 2012.
최성윤, 「해방기 좌익 문학단체의 성격과 '민족문학론'의 전개」, 『국어문학』 제58집, 국어문학회, 2015.
최용석, 「이태준의 「解放前後」에 나타난 글쓰기 전략 고찰」, 『현대소설연구』 제24호, 한국현대소설학회, 2004.
최원식 · 백영서, 「인문학의/에 길을 묻다」, 『창작과비평』 2009년 여름 통권 144호, 창비, 2009.
최지현, 「학병(學兵)의 기억과 국가—1940년대 학병의 좌담회와 수기를 중심으로」, 『한국문학연구』 제32집, 동국대 문화학술원 한국문학연구소, 2007.
하재연, 「식민지 문학 연구의 역사주의적 전환과 전망」, 『상허학보』 제35집, 상허학회, 2012.
허윤, 「1950년대 한국소설의 남성 젠더 수행성 연구」, 이화여대 박사논문, 2015.
_____, 「해방기 김동리 소설의 남성성 연구—『해방』을 중심으로」, 『한국현대문학회 학술발표회 자료집』, 2015.
호테이 토시히로, 「일제 말기 일본어 소설 연구」, 서울대 석사논문, 1996.
황호덕, 「피와 문체, 종이 위의 전쟁—중일전쟁에서 한국전쟁까지, 덧씌어진 일기장을 더듬어」, 『한국어문학연구』 제54호, 한국어문학연구학회, 2010.

2) 단행본

강진호, 『한국문단이면사』, 깊은샘, 1983.
근대문학100년 연구총서 편찬위원회, 『논문으로 읽는 문학사』 2—해방 후 남한 1, 소명출판, 2008.

김백영, 『지배와 공간―식민지도시 경성과 제국 일본』, 문학과지성사, 2009.
김예림, 『국가를 흐르는 삶』, 소명출판, 2015.
김윤식, 『해방 공간 문단의 내면 풍경』, 민음사, 1996.
_____, 『일제 말기 한국 작가의 일본어 글쓰기론』, 서울대 출판부, 2003.
_____, 『해방공간 한국 작가의 민족문학 글쓰기론』, 서울대 출판부, 2006.
김윤식 · 정호웅, 『한국소설사』, 문학동네, 2000.
김재용, 『협력과 저항―일제 말 사회와 문학』, 소명출판, 2004.
김진송의, 『현대성의 형성―서울에 딴스홀을 許하라』, 현실문화연구, 1999.
동국대학교 문화학술원 한국문학연구소 편, 『'고향'의 창조와 재발견』, 역락, 2007.
류보선, 『한국문학의 유령들』, 문학동네, 2012.
방기중 편, 『일제 파시즘 지배정책과 민중생활』, 혜안, 2004.
백영서, 『핵심현장에서 동아시아를 다시 묻다―공생사회를 위한 실천과제』, 창비, 2013.
상허학회 편, 『상허 탄생 100주년 기념 이태준과 현대소설사』, 깊은샘, 2004.
서영채, 『미메시스의 힘』, 문학동네, 2012.
소래섭, 『불온한 경성은 명랑하라』, 웅진지식하우스, 2011.
손정목, 『日帝强占期 都市社會相 硏究』, 一志社, 1996.
신명직, 『모던뽀이, 京城을 거닐다』, 현실문화연구, 2003.
신형기, 『분열의 기록―주변부 모더니즘 소설을 다시 읽다』, 문학과지성사, 2010.
오태영, 『오이디푸스의 눈―식민지 조선문학과 동아시아의 지리적 상상』, 소명출판, 2016.
와타나베 나오키 · 황호덕 · 김응교 편, 『전쟁하는 식민, 식민지의 국민문화―식민지 말 조선의 담론과 표상』, 소명출판, 2010.
유선영 · 차승기 편, 『'동아' 트라우마』, 그린비, 2013.
윤대석, 『식민지 문학을 읽다』, 소명출판, 2012.
이경민, 『경성, 사진에 박히다』, 산책자, 2008.
_____, 『경성, 카메라 산책―사진으로 읽는 경성 사람, 경성 풍경』, 아카이브북스, 2012.
이병순, 『해방기 소설 연구』, 국학자료원, 1997.
이성욱, 『한국 근대문학과 도시문화』, 문화과학사, 2004.
이혜령, 『한국소설과 골상학적 타자들』, 소명출판, 2007.
임종국, 『친일문학론』, 평화출판사, 1966.
임형택 · 한기형 · 류준필 · 이혜령 편, 『흔들리는 언어들―언어의 근대와 국민국가』, 성균관대 대동문화연구원, 2008.
장유정, 『다방과 카페, 모던보이의 아지트』, 살림, 2008.
전흥남, 『해방기 소설의 시대정신』, 국학자료원, 1999
정백수, 『한국 근대의 植民地 體驗과 二重言語 文學』, 아세아문화사, 2000.
정종현, 『동양론과 식민지 조선문학―제국적 주체를 향한 욕망과 분열』, 창비, 2011.
_____, 『제국의 기억과 전유―1940년대 한국문학의 연속과 비연속』, 어문학사, 2012.

차승기, 『반근대적 상상력의 임계들－식민지 조선 담론장에서의 전통・세계・주체』, 푸른역사, 2009.
_____, 『비상시의 문/법－식민지/제국 체제의 삶, 문학, 정치』, 그린비, 2016.
천정환, 『시대의 말 욕망의 문장－123편 잡지 창간사로 읽는 한국 현대 문화사』, 마음산책, 2014.
최덕교 편저, 『한국잡지백년』 3, 현암사, 2004.
최병택・예지숙, 『경성 리포트』, 시공사, 2009.
친일인명사전편찬위원회, 『일제협력단체사전－국내중앙편』, 민족문제연구소, 2004.
한국-타이완 비교문화연구회, 『전쟁이라는 문턱－총력전하 한국-타이완의 문화 구조』, 그린비, 2010.
한성환 편, 『이토록 아찔한 경성』, 꿈결, 2012.
허병식, 『교양의 시대－한국근대소설과 교양의 형성』, 역락, 2016.
황종연 편, 『고도의 근대』, 동국대 출판부, 2012.
_____, 『탕아를 위한 비평』, 문학동네, 2012.
황호덕, 『벌레와 제국－식민지 말 문학의 언어, 생명정치, 테크놀로지』, 새물결, 2011.
가와무라 미나토, 유숙자 역, 『전후문학을 묻는다－그 체험과 이념』, 소화, 2005.
고마고메 다케시, 오성철・이명실・권경희 역, 『식민지제국 일본의 문화통합－조선・대만・만주・중국 점령지에서 식민지 교육』, 역사비평사, 2008.
다카사키 소지, 이규수 역, 『식민지 조선의 일본인들－군인에서 상인, 그리고 게이샤까지』, 역사비평사, 2006.
미즈노 나오키, 정선태 역, 『창씨개명－일본의 조선지배와 이름의 정치학』, 산처럼, 2008.
사카이 나오키 외, 이종호・임미진・정실비・양승모・이경미・최정옥 역, 『근대 일본의 문화사』 7－1935～1955년 1 총력전하의 앎과 제도, 소명출판, 2014.
시라카와 유타카, 곽형덕 역, 『한국근대 知日작가와 그 문학연구』, 깊은샘, 2010.
오카 마리, 김병구 역, 『기억・서사』, 소명출판, 2004.
이연숙, 고영진・임경화 역, 『국어라는 사상－근대 일본의 언어 인식』, 소명출판, 2006.
H. 포터 애벗, 우찬제 외역, 『서사학 강의－이야기에 대한 모든 것』, 문학과지성사, 2010.
데이비드 앳킨슨・피터 잭슨・데이비드 시블리・닐 워시본 편저, 이영민・진종헌・박경환・이무용・박배균 역, 『현대 문화지리학－주요 개념의 비판적 이해』, 논형, 2011.
루이 알튀세르, 이종영 역, 『맑스를 위하여』, 백의, 1997.
뤼스 이리가레 외, 권현정 편, 『성적 차이와 페미니즘』, 공감, 1997.
리베카 솔닛, 김명남 역, 『남자들은 자꾸 나를 가르치려 든다』, 창비, 2015.
미셸 푸코 외, 이희원 역, 『자기의 테크놀로지』, 東文選, 1997.
알랭 바디우, 이종영 역, 『윤리학』, 동문선, 2001.
앤소니 킹, 이무용 역, 『도시문화와 세계체제』, 시각과언어, 1999.
조르조 아감벤, 박진우 역, 『호모 사케르－주권 권력과 벌거벗은 생명』, 새물결, 2008.
__________, 김항 역, 『예외상태』, 새물결, 2009.
조지 모스, 서강여성문학연구회 역, 『내셔널리즘과 섹슈얼리티』, 소명출판, 2004.

주디스 버틀러·가야트리 스피박, 주해연 역, 『누가 민족국가를 노래하는가』, 산책자, 2009.
지그문트 바우만, 정일준 역, 『쓰레기가 되는 삶들－모더니티와 그 추방자들』, 새물결, 2008.
콜린 고든 외 편, 심성보 외 역, 『푸코효과－통치성에 관한 연구』, 난장, 2014.
콜린 플린트, 한국지정학연구회 역, 『지정학이란 무엇인가』, 길, 2007.
테리 이글튼, 여홍상 역, 『이데올로기 개론』, 한신문화사, 1995.
프랑코 모레티, 성은애 역, 『세상의 이치－유럽 문화 속의 교양소설』, 문학동네, 2005.
필립 모로 드파르쥐, 이대희·최연구 역, 『지정학 입문－공간과 권력의 정치학』, 새물결, 1997.
하랄트 바인리히, 백설자 역, 『망각의 강 레테－역사와 문학을 통해 본 망각의 문화사』, 문학동네, 2004.
호미 바바, 류승구 역, 『국민과 서사』, 후마니타스, 2011.

3. 국외 논저

北河賢三, 『戰後の出發』, 青木書店, 2000.
Michael I. Posner ed., 左伯胖 外 譯, 『記憶と思考』, 産業圖書, 1991.
山室信一, 「國民國家・日本の形成と空間知」, 『「帝國」日本の學知』 第8卷－空間形成と世界認識, 岩波書店, 2006.
和田春樹 外 編, 『岩波講座 東アジア近現代通史』 第6卷－アジア太平洋戰爭と「大東亞共榮圈」 1935～1945年, 岩波書店, 2011.
石田雄, 『記憶と忘却の政治學－同化政策・戰爭責任・集合的記憶』, 明石書店, 2000.
Carol Gluck, 梅崎透 譯, 「記憶の作用－世界の中の「慰安婦」」, 『岩波講座 近代日本の文化史』 8－感情・記憶・戰爭, 岩波書店, 2002.
樋口雄一, 『皇軍兵士にされた朝鮮人』, 社會評論社, 1991.
_______, 『戰時下朝鮮の民衆と徵兵』, 總和社, 2001.
Ernst Hass, “Technological self-reliance for Latin America－the OAS contribution”, *International Organization* 34-4, 1980.
Hedley Bull, *The Anarchical Society－A study of Order in World Politics*, Columbia University Press, 1977.
John Agnew, *Geopolitics－Re-visioning world politics*, Routledge, 2003.
Julia Kristeva, Leon S. Roudiez trans., *Power fo Horror－An Essay on Abjection*, Columbia University Press, 1982.
Lennard J. Davis, *Resisting Novels－Ideology and Fiction*, Methuen, 1987.
Robert O. Keohane · Joseph S. Nye, *Power and Interdependence*, TBS The Book Service Ltd, 1977.
Stephen D. Krasner, *International Regimes*, Press Ithaca and London, 1982.

초출일람

제1부_ 식민지 말 조선문학과 제국적 질서의 전유

「식민지 청년의 이동과 성장의 임계」, 『대동문화연구』 제92호, 성균관대 대동문화연구원, 2015.

「식민지 문학자와 이동의 정치학」, 『동아시아문화연구』 제52호, 한양대 동아시아문화연구소, 2012.

「전쟁과 동원, 식민지 문학의 공백과 균열」(원제 : 전시 총동원체제기 식민지 조선문학의 공백과 균열－김사량의 『바다의 노래』를 중심으로), 『상허학보』 제42집, 상허학회, 2014.

「생명정치의 극한지점, 추방당하는 비체들」(원제 : 「제국-식민지 체제의 생명정치, 비체(卑體)의 표상들－김사량의 문학작품을 중심으로」), 『한국어문학연구』 제61집, 한국어문학연구학회, 2013.

「다이글로시아와 언어적 예외상태」, 『한국어문학연구』 제54집, 한국어문학연구학회, 2010.

제2부_ 해방 조선의 민족문학과 국가 이데올로기의 자장

「민족문학이라는 이념과 인민대중의 호명」(원제 : 해방기 민족문학이라는 이념과 인민대중의 호명－김송의 문학활동을 중심으로), 『인문논총』 제73권 3호, 서울대 인문학연구원, 2016.

「자기의 테크놀로지와 기억/망각의 정치학」(원제 : 해방과 기억의 정치학－해방기 기억 서사 연구), 『한국문학연구』 제39집, 동국대 문화학술원 한국문학연구소, 2010.

「민족적 제의로서 귀환의 젠더 정치」(원제 : 민족적 제의로서의 '귀환(歸還)'－해방기 귀환서사 연구), 『한국문학연구』 제32집, 동국대 문화학술원 한국문학연구소, 2007.

「국가 부재의 가난서사와 민족국가 상상」(원제 : 탈식민-냉전 체제 형성기 가난 서사화 국가 이데올로기), 『한국어문학연구』 제64집, 한국어문학연구학회, 2015.

「남성서사의 젠더 정치와 맨스플레인」(원제 : 해방기 젠더 정치와 맨스플레인－정비석, 김동리, 염상섭 장편소설을 중심으로), 『현대소설연구』 제63호, 한국현대소설학회, 2016.

「지정학적 세계 인식과 해방 조선의 정위」(원제 : 탈식민-냉전 체제 형성기 지정학적 세계 인식과 조선의 정위－표해운의 『조선지정학개관』을 중심으로), 『동아시아문화연구』 제61호, 한양대 동아시아문화연구소, 2015.

제3부_ 보론 논단과 현장

「문학의 위상 변화와 문학 연구의 (탈)영토화」, 『상허학보』 제37집, 상허학회, 2013.

「제국－식민지 체제의 구멍을 응시하는 눈」, 『상허학보』 제49집, 상허학회, 2017.

「연속/단절의 이분법적 시각을 넘어」, 『사이間SAI』 제15호, 국제한국문학문화학회, 2013.